Politische Transaktionskosten in der Demokratie

Kollektive Entscheidungen, Wirtschaftspolitik und öffentliche Finanzen

Herausgegeben von Cay Folkers

Band 13

PETER LANG
Frankfurt am Main · Berlin · Bern · Bruxelles · New York · Oxford · Wien

Stefan Kotte

Politische Transaktionskosten in der Demokratie

PETER LANG
Europäischer Verlag der Wissenschaften

Bibliografische Information Der Deutschen Bibliothek
Die Deutsche Bibliothek verzeichnet diese Publikation in der Deutschen Nationalbibliografie; detaillierte bibliografische Daten sind im Internet über <http://dnb.ddb.de> abrufbar.

Zugl.: Münster (Westfalen), Univ., Diss., 2004

D 6
ISSN 1430-5852
ISBN 3-631-53141-9

www.peterlang.de

VORWORT DES HERAUSGEBERS

Wirtschafts- und finanzpolitisches Handeln bedarf theoretischer und empirischer Fundierung. Es markiert die Schnittstelle zwischen dem ökonomischen und politischen Bereich und bedingt damit in zentraler Weise explizite Analysen kollektiver Entscheidungen. Ökonomische Analysen wirtschafts- und finanzpolitischer Fragen in ihrer Interdependenz mit politisch-ökonomischen Zusammenhängen kollektiver Entscheidungen sind die gemeinsame Klammer der in dieser Schriftenreihe veröffentlichten Untersuchungen. Der Herausgeber verfolgt das Anliegen, Beiträge zur anwendungsbezogenen Lösung theoretischer Grundfragen und zur theoriebasierten und empirisch gestützten Lösung praktischer Gestaltungsprobleme für wirtschafts- und finanzpolitische Fragen zur Diskussion zu stellen. Dabei sind Funktionsweise und Gestaltung politischer Institutionen ebenso als Untersuchungsgegenstände des Ökonomen anzusehen wie theoretische Fragen wirtschaftlicher Prozesse und öffentlicher Finanzen. Erst die gleichgewichtige und integrative Analyse ökonomischer und politischer Tauschprozesse führt zu kohärenten Beurteilungen und zu praktisch relevanten Empfehlungen für wirtschafts- und finanzpolitische Konzepte.

Die Reihe ist theorieorientiert unter besonderer Betonung der Analyse kollektiver Entscheidungen und anwendungsorientiert im Hinblick auf spezielle wirtschafts- und finanzpolitische Fragen im Zusammenhang mit den zugrundeliegenden politischen Verfahren und ihrer Reform. Damit ist ein Forschungsspektrum umschrieben, das ebenso allokationstheoretische, verteilungstheoretische und gesamtwirtschaftliche Problemstellungen in ihrem politischen Bezug wie Analysen von Institutionen und Entscheidungsprozessen in ökonomischer Perspektive umfaßt und die für Fragen der politischen Realität entscheidende Brücke zwischen ökonomischen und politischen Entscheidungen zu schlagen sucht. Der Fragenkreis schließt theoretische Analysen wirtschafts- und finanzpolitisch relevanter Problemstellungen, Untersuchungen zur Public Choice Theorie, zur Institutionenökonomik, zur ökonomischen Analyse des Rechts und zur konstitutionellen Wirtschaftstheorie sowie verwandte Fragestellungen ein. Die Reihe ist für einschlägige Arbeiten offen und bemüht sich, die Vielfalt der theoretischen Ansätze und der praktischen Fragen in innovativen Untersuchungen zur Diskussion zu stellen. Sie will damit einen Beitrag zur Aufdeckung der Ursachen und zur Begründung von Lösungskonzepten für gesellschaftlich drängende Gegenwartsprobleme leisten.

Bochum, im Januar 1996

Cay Folkers

Vorwort

Im Fokus der institutionenökonomischen Forschung stehen vorwiegend die Transaktionskosten des wirtschaftlichen Bereichs einer Gesellschaft. Erst in jüngster Zeit werden die Transaktionskosten weiterer Interaktionssysteme, wie beispielsweise politischer Systeme analysiert. Im Zentrum der vorliegenden Untersuchung stehen die politischen Transaktionskosten einer demokratischen Gesellschaft, die „Betriebskosten des politischen Systems". Diese werden vor dem Hintergrund einer fundamentalen Unzufriedenheit der Bürger mit den Ergebnissen und Verfahren des gegenwärtigen demokratischen Institutionengefüges in ihren verschiedenen Dimensionen beleuchtet. Ziel dieses Vorgehens ist es, Ansätze für Reformen im Sinne der Bürger einer Demokratie aufzuzeigen.

Ein zentrales Anliegen der vorliegenden Arbeit besteht zudem darin, einen ideologisch gefärbten Dualismus im politischen Diskurs – insbesondere im Hinblick auf Delegationsaspekte – durch eine Transaktionskosten-Analyse zu ersetzen. Da der Diskurs im Rahmen der Transaktionskosten-Analyse nicht auf Basis strittiger Werturteile, sondern vielschichtiger wissenschaftlicher Zweckmäßigkeitsargumente geführt wird, können Blockaden im politischen Diskurs durch Abkehr von einer dualistischen Argumentationslinie gelöst werden.

Mein herzlicher Dank gilt zuvorderst Prof. Dr. Karl-Hans Hartwig, der mir für meine Dissertation viele wertvolle Anregungen gegeben hat. Das Zweitgutachten übernahm freundlicherweise Prof. Dr. Heinz Grossekettler.
Ganz besonders möchte ich mich bei Dr. Peter Jakubowski bedanken, der mir in zahlreichen Diskussionen den Weg zum Ziel erleichtert und gerade in der Anfangsphase der Dissertation große Orientierung gegeben hat. Mein Dank geht ebenfalls an Hendrick Haßheider, der mir in Gesprächen am Institut für Verkehrswissenschaft ein wertvoller Ideengeber war. Robert Malina hat zu Beginn der Promotion mit der Literatursuche beträchtliche Dienste geleistet.
Meine Eltern und meine beiden Schwestern hatten ebenfalls einen großen Anteil am Gelingen der Promotion. Nicht zuletzt möchte ich Cornelia Mönster für ihre langjährige Unterstützung danken.

Münster, im August 2004

Inhaltsverzeichnis

Abbildungsverzeichnis 12
Tabellenverzeichnis 13
Abkürzungsverzeichnis 14

1. Problemstellung 15
2. Theoretische Ausrichtung der Untersuchung 19
3. Gang der Untersuchung 25

Kapitel I: Theoretische Grundlagen 26

4. Erkenntnisziel der Neuen Institutionenökonomik 26
5. Das Erklärungsschema des ökonomischen Ansatzes 29
   5.1. Methodologischer und normativer Individualismus 30
   5.2. Eigennütziges Verhalten 32
   5.3. Rationalitätsprinzip 33
   5.4. Verhaltensdeterminanten 34
6. Kollektive Entscheidungen als Gegenstand der Ökonomik 35
7. Markt und Demokratie als ökonomische Koordinationsinstitutionen 36
   7.1. Gemeinsamkeiten der Institutionen Markt und Demokratie 37
   7.2. Unterschiede der Institutionen Markt und Demokratie 40
8. Ökonomische Theorie der Verfassung und Demokratie 45
   8.1. Das vertragstheoretische Verfassungskonzept 46
   8.2. Das individuelle Verfassungskalkül: Die politischen Transaktionskosten als Paradigma der ökonomischen Theorie der Verfassung 49
   8.3. Das Konsensprinzip als Legitimationskonzept der ökonomischen Theorie der Verfassung 52
      8.3.1. Empirischer Konsens 55
      8.3.2. Hypothetischer Konsens 58
9. Fazit 63

Kapitel II: Delegationsgrad kollektiver Entscheidungen in der Demokratie 64

10. Einleitung 64
11. Formale Institutionen, Akteure und Entscheidungsprozess in der Demokratie 67
   11.1. Die repräsentative Demokratie 67
   11.2. Die halbdirekte Demokratie 68
12. Kriterien für eine optimale Delegation kollektiver Entscheidungen auf konstitutioneller Ebene 71
   12.1. Intrapersonelle Konsensfindungskosten 72
   12.2. (Wahrscheinliche) externe Kosten der Delegation 74
   12.3. Gesamtkosten der Delegation 77
   12.4. Determinanten der Kostenverläufe 80
      12.4.1. Komplexität des Entscheidungsgegenstandes 80
      12.4.2. Intensität der Bedürfnisse 81
      12.4.3. Repräsentationsbasis 83
      12.4.4. Zeitliche Reichweite von kollektiven Entscheidungen 84

12.4.5. Wahlsystem ... 85
13. Demokratische Delegation auf operationeller Ebene ... 91
13.1. (Wahrscheinliche) externe Kosten demokratischer Delegation ... 95
13.1.1. (Wahrscheinliche) externe Kosten in einer rein repräsentativen Demokratie ... 95
13.1.1.1. Die Principal-Agent-Theorie als Erklärungsansatz ... 95
13.1.1.2. Principal-Agent-Theorie und repräsentative Demokratie ... 99
13.1.1.3. Delegationsbedingungen in einer rein repräsentativen Demokratie ... 104
13.1.1.3.1. Programmcharakter kollektiver Delegation ... 104
13.1.1.3.2. Zeitabstände der Delegation ... 111
13.1.1.4. Fazit ... 114
13.1.2. (Wahrscheinliche) externe Kosten in einer halbdirekten Demokratie ... 118
13.1.2.1. Die Bestreitbarkeit des politischen Marktes ... 118
13.1.2.1.1. Wettbewerbspolitik und Bestreitbarkeit von Märkten ... 119
13.1.2.1.2. Wettbewerb auf dem politischen Markt einer rein repräsentativen Demokratie . 120
13.1.2.1.3. Die Angreifbarkeit des politischen Marktes mittels der Volksinitiative ... 123
13.1.2.1.4. Direkter und indirekter Einfluss von Volksinitiativen ... 124
13.1.2.1.5. Determinanten der Bestreitbarkeit des politischen Marktes ... 130
13.1.2.1.6. Wettbewerbspolitische Beurteilung von Volksinitiativen in halbdirekten Demokratien ... 138
13.1.2.2. Die Rolle von Interessengruppen in einer halbdirekten Demokratie ... 141
13.1.2.2.1. Theorien organisierter Interessen: Olson versus Becker ... 141
13.1.2.2.2. Analyse des Einflusses von Interessengruppen in einer halbdirekten Demokratie ... 144
13.1.2.2.2.1. Das Modell ... 145
13.1.2.2.2.2. Einflussnahme von Interessengruppen bei effizienten öffentlichen Projekten ... 148
13.1.2.2.2.3. Einflussnahme von Interessengruppen bei ineffizienten öffentlichen Projekten ... 149
13.1.2.2.2.4. Fazit ... 156
13.2. Intrapersonelle Konsensfindungskosten kollektiver Entscheidungen ... 158
13.2.1. Informationskosten in der halbdirekten Demokratie ... 159
13.2.1.1. Nachfragebedingungen ... 161

13.2.1.2. Angebotsbedingungen ... 164
13.2.1.3. Komparative Analyse ... 165
13.2.2. Komplexität von kollektiven Entscheidungen ... 168
13.2.3. Politische Kommunikation in der direkten Demokratie ... 170
13.2.3.1. Spieltheoretische Analyse der Kommunikation in Gefangenendilemma-Situationen ... 173
13.2.3.1.1. Identifikation und Anonymität ... 174
13.2.3.1.2. Sprechen und Schweigen ... 176
13.2.3.1.3. Empirische Evidenz für einen Kommunikationseffekt in direkten Demokratien ... 177
13.2.3.2. Fazit ... 179

Kapitel III: Wahlverfahren in der Demokratie ... 181

14. Einleitung ... 181
15. Die Transformation von Individualpräferenzen in Kollektiventscheidungen – der Social Choice-Ansatz ... 182
15.1. Das Unmöglichkeitstheorem von Arrow ... 183
15.2. Das Condorcet-Paradox und andere Abstimmungsparadoxa ... 185
15.3. Auswege aus Arrow`s Paradoxon ... 188
15.4. Zur (Ir-) Relevanz des Arrow-Theorems ... 192
16. Kriterien für ein optimales Wahlverfahren auf konstitutioneller Ebene ... 198
16.1. Einleitung ... 198
16.2. (Wahrscheinliche) externe Kosten ... 198
16.3. Interpersonelle Konsensfindungskosten ... 200
16.4. Interdependenzkosten ... 201
16.5. Determinanten der Kostenverläufe ... 205
17. Wahlverfahren auf operationeller Ebene ... 210
17.1. Einleitung ... 210
17.2. Anforderungen an Wahlverfahren: ein Kriterienkatalog ... 212
17.3. Darstellung und Beurteilung von Abstimmungsverfahren ... 215
17.3.1. Mehrheitsregel ... 215
17.3.2. Hare-Verfahren ... 219
17.3.3. Coombs-Verfahren ... 225
17.3.4. Borda-Wahl ... 225
17.3.5. Punktwahlverfahren ... 229
17.3.6. Zustimmungsregel ... 230
17.3.7. Abstimmung mittels Veto ... 232
17.3.8. Abstimmung mittels Steuer ... 235
17.3.9. ExCumLex ... 240
17.4. Zusammenfassender Vergleich von Wahlverfahren ... 243

Kapitel IV: Der Zentralisierungsgrad in der Demokratie ... 246

18. Einleitung ... 246
19. Dimensionen des Zentralisierungsgrades in einer Demokratie ... 247
20. Kriterien für einen optimalen Zentralisierungsgrad auf konstitutioneller Ebene ... 248

20.1. (Wahrscheinliche) externe Kosten der Zentralisierung 250
20.2. Interkollektive Konsensfindungskosten 257
20.3. Der optimale Zentralisierungsgrad in einer Demokratie 259
20.3.1. Die optimale Klubgröße 260
20.3.2. Die optimale Größe räumlicher Organisationseinheiten 261
20.3.3. Determinanten der Kostenverläufe 263
20.3.3.1. Grad der intrakollektiven Homogenität der Präferenzen 264
20.3.3.2. Territoriale Reichweite des Kollektivgutes 265
20.3.3.3. Mono- bzw. multifunktionale Bereitstellungskompetenz 266
21. Fazit 267

Schlussbetrachtung 271

Literaturverzeichnis 274

Abbildungsverzeichnis

Abb. 1: Forschungsrichtungen der Neuen Institutionenökonomik 28
Abb. 2: Formale Institutionen und Entscheidungsprozess in einer repräsentativen Demokratie 68
Abb. 3: Formale Institutionen der direkten Demokratie 70
Abb. 4: Formale Institutionen und Entscheidungsprozess in einer halbdirekten Demokratie 71
Abb. 5: Intrapersonelle Konsensfindungskosten 74
Abb. 6: (Wahrscheinliche) externe Kosten der Delegation 76
Abb. 7: Gesamtkosten der Delegation 78
Abb. 8: Optimaler Delegationsgrad in Abhängigkeit von der Komplexität des Entscheidungsgegenstandes 81
Abb. 9: Optimaler Delegationsgrad in Abhängigkeit von der Intensität der Bedürfnisse 82
Abb. 10: Optimaler Delegationsgrad in Abhängigkeit von der Repräsentationsbasis 84
Abb. 11: Optimaler Delegationsgrad in Abhängigkeit vom Wahlsystem 90
Abb. 12: Delegationsbeziehungen in der repräsentativen Demokratie 100
Abb. 13: Vertretungskosten in einer rein repräsentativen Demokratie 116
Abb. 14: Initiativprozess 124
Abb. 15: Räumliche Verteilung der Präferenzen; moderate Position der Initiative 127
Abb. 16: Räumliche Verteilung der Präferenzen; moderate Position der Regierung 128
Abb. 17: Nettonutzen in Prozent der Gewinner in Abhängigkeit von der Zustimmungsquote 152
Abb. 18: (Wahrscheinliche) externe Kosten 200
Abb. 19: Interpersonelle Konsensfindungskosten 201
Abb. 20: Interdependenzkosten 203
Abb. 21: Interdependenzkosten mit diskontinuierlichem Lauf 204
Abb. 22: Einfluss der Komplexität kollektiver Entscheidungen 206
Abb. 23: Einfluss der Bedeutung kollektiver Entscheidungen 207
Abb. 24: Kostenverläufe in einer polarisierten Gesellschaft 209
Abb. 25: Wahlzettel bei ExCumLex 241
Abb. 26: Wohlfahrtsgewinne durch dezentrale Entscheidungsfindung 251
Abb. 27: (Wahrscheinliche) externe Kosten der Zentralisierung 253
Abb. 28: Interkollektive Konsensfindungskosten 259
Abb. 29: Die optimale Mitgliederzahl in einem Klub 261
Abb. 30: Der optimale Zentralisierungsgrad in einer Demokratie 263
Abb. 31: Optimaler Zentralisierungsgrad bei steigender Heterogenität der Präferenzen 264
Abb. 32: Optimaler Zentralisierungsgrad bei größerer territorialer Reichweite eines Kollektivgutes 265
Abb. 33: Zentralisierungsgrad multifunktionaler Körperschaften 266

Tabellenverzeichnis

Tab. 1: Unterschiede der Institutionen Markt und Demokratie 45
Tab. 2: Politische Transaktionskosten 51
Tab. 3: Verfahren direkter Demokratie 70
Tab. 4: Stimmenverteilung 86
Tab. 5: Sitzzuteilung nach dem d`Hondtschen Wahlverfahren 87
Tab. 6: Sitzverteilung der Parteien bei unterschiedlichen Wahlsystemen 88
Tab. 7: Programmcharakter kollektiver Delegation 108
Tab. 8: Verteilung von Nutzen und Kosten und Relevanz von Volksinitiativen 156
Tab. 9: Kooperationsquoten bei anonymem Schweigen und identifiziertem Schweigen 175
Tab. 10: Kooperationsquoten bei identifiziertem Schweigen und identifiziertem Sprechen 176
Tab. 11: Wahlsituation beim Condorcet-Verfahren 185
Tab. 12: Wechselnde Mehrheiten beim Condorcet-Verfahren 186
Tab. 13: Wahlsituation beim Borda-Paradox 187
Tab. 14: Wahlsituation beim Schwartz-Paradox 187
Tab. 15: Die Wahrscheinlichkeit paradoxer Abstimmungsergebnisse 193
Tab. 16: Kein Condorcet-Sieger und kein Abstimmungsparadox 194
Tab. 17: Korrespondenz und Stichwahl 218
Tab. 18: Präferenzen der Wähler bei der Hare-Wahl 221
Tab. 19: Borda-Wahl und Condorcet-Effizienz 226
Tab. 20: Minderheitenschutz und Borda-Wahl 228
Tab. 21: Punktwahlverfahren 229
Tab. 22: Zustimmungswahl und Condorcet-Effizienz 232
Tab. 23: Entscheidungsbeispiel mit Berechnung der Clarke-Groves-Steuer 236
Tab. 24: Entscheidungsbeispiel bei Angabe falscher Bewertungen durch Wähler II 237
Tab. 25: Entscheidungsbeispiel bei ungleicher Einkommensverteilung 240
Tab. 26: Ergebnistabelle 245

Abkürzungsverzeichnis

Bd.	Band
H.	Heft
NIÖ	Neue Institutionen Ökonmik
NPÖ	Neue Politische Ökonomie
o.V.	ohne Verfasser
WiSt	Wirtschaftwissenschaftliches Studium
WISU	Das Wirtschaftsstudium

1. Problemstellung

> Ich selbst habe schon einige Zeit versucht, eine bessere Regierungsform auszudenken, und ich muss zugeben, dass ich total versagt habe. Das heisst noch lange nicht, dass es unmöglich ist. Demokratie ist keine heilige Institution, sondern ein Mechanismus, der recht prosaische Resultate erreichen soll. Ein besonders effizienter Mechanismus scheint es nicht zu sein. Ich kann mir deshalb kaum wichtigere Forschungsaufgaben vorstellen als die Suche nach etwas Besserem.
>
> Gordon Tullock (1987), S. 102.

> No one pretends that democracy is perfect or all-wise. Indeed, it has been said that democracy is the worst form of government, except all those other forms that have been tried from time to time.
>
> Winston S. Churchill

In der Geschichte der Menschheit gab es noch nie so viele demokratisch legitimierte Staatswesen wie heute. Über zweihundert Jahre nach der französischen Revolution ist die Demokratie weltweit noch immer auf dem Vormarsch.[1] Insbesondere seit Beginn der neunziger Jahre des 20. Jahrhunderts gibt es eine entscheidende Kontextveränderung in der politischen Staatenwelt. Während sich bis dato zwei politische Blöcke mit dualistischen Vorstellungen politischer und wirtschaftlicher Organisation gegenüberstanden, veränderte sich die politische Großwetterlage mit dem Abdanken des Kommunismus grundlegend. Es scheint, als ob die Marktwirtschaft und die liberal-pluralistische Demokratie westlicher Prägung auf dem Markt für Ideen der wirtschaftlichen und politischen Organisation zum Monopolisten geworden sind.[2] Da sich in fast allen Industrieländern liberal-demokratische Rechtsstaaten stabilisieren konnten, sieht der amerikanische Politologe *Fukuyama* bereits das „Ende der Geschichte" gekommen.[3]

Gerade auch in der Bundesrepublik Deutschland hat die parlamentarische Demokratie zur Zufriedenheit der großen Mehrheit der wahlberechtigten Bevölkerung funktioniert. Offenbar hat es im Nachkriegsdeutschland einen impliziten Konsens über die Ausgestaltung des politischen Systems gegeben.[4] Dieser Grundkonsens über die wichtigsten Spielregeln der Gesellschaft bestand in erster Linie in einer Ablehnung totalitärer Systeme. Darüber hinaus gab es einen noch weitaus wirksameren Konsens über das Streben nach wirtschaftlicher Prosperität im Rahmen des marktwirtschaftlichen Systems. Wirtschaftliche Prosperität und Demokratie waren für die Nachkriegsdeutschen zwei Seiten der gleichen Medaille.

---

[1] Vgl. Beck (1992), S. 1; Sen (1999a), S. 3.
[2] Vgl. Kaase/Schmid (1999), S. 7.
[3] Vgl. Fukuyama (1992).
[4] Vgl. Fetscher (1984), S. 199.

Weitgehend unabhängig von fachlichen Argumenten einzelner Disziplinen ist in der jüngeren Vergangenheit allerdings bei vielen Bürgern eine latente Unzufriedenheit mit den Prozessen, den involvierten Akteuren sowie den Ergebnissen des politischen Systems entstanden, und zwar nicht nur bezüglich wirtschaftlicher, sondern auch im Hinblick auf viele andere Politikfelder.[5] Dieses mit dem Stichwort der „Politikverdrossenheit"[6] in der Öffentlichkeit diskutierte Phänomen scheint keine kurzfristige Verstimmung der Bürger zu sein,[7] sondern auf grundlegende Defizite des demokratischen Institutionengefüges hinzudeuten.

Folgende Erklärungsfaktoren für Politikverdrossenheit können ausgemacht werden:[8]

- Unter den *strukturellen Determinanten* für Politikverdrossenheit sind jene Faktoren zu verstehen, die auf den sozialen Wandel zurückzuführen sind.
  Auf der einen Seite hat die Steigerung des allgemeinen Bildungs- und Qualifikationsniveaus in demokratischen Großgesellschaften einen tiefgreifenden Wandel von Wertvorstellungen zur Folge gehabt. Wertorientierungen, die der materiellen Sicherheit einen dominanten Stellenwert einräumen, wurden zu einem großen Teil durch postmaterialistische Wertvorstellungen verdrängt. Letztere zeichnen sich durch eine Betonung der Selbstbestimmung aus und bewirkten eine erhöhte Nachfrage nach politischer Partizipation.[9] Ein weitgehender Wandel hin zu postmaterialistischen Wertpräferenzen kann demnach als eine Ursache für das Infragestellen eines elitären Repräsentationsprinzips gesehen werden.[10]
  Auf der anderen Seite fehlen den Individuen durch die Erosion bestehender Gesellschaftsstrukturen althergebrachte Mechanismen, „die persönliche Existenzkrisen auffangen und dem Individuum das Gefühl ökonomischer und sozialer Sicherheit vermitteln könnten."[11] Auf breite Wählerschichten orientierte politische Parteien können ihren Wählern vielfach keine angemessene Interpretation ihrer Notlage respektive entsprechende Perspektiven unterbreiten. Es lässt sich demnach ein Zusammenhang zwischen der subjektiven Deprivation und dem Ausmaß an politischer Unzufriedenheit herstellen.
- Als *rationale Determinante* für Politikverdrossenheit kann ein Performanzdefizit des gegenwärtigen politischen Systems respektive der involvierten Akteure angeführt werden. So wird in der publizistischen und wissenschaftlichen (gerade auch ökonomischen) Öffentlichkeit seit Jahren ein kritischer Diskurs über die Effizienz politischer Koordinationsmechanismen geführt.[12] Dieser Diskurs wurde durch den

---

[5] Vgl. Kruse (1995), S. 1; Zimmermann/Just (2000), S. 147.
[6] Vgl. Greiffenhagen (1997), S. 352ff. Der Begriff „Politikverdrossenheit" wird in der Literatur nicht einheitlich definiert. Vgl. hierzu Maier (2000), S. 17ff.
[7] Vgl. Rattinger (1993), S. 33.
[8] Vgl. Rattinger (1993), S. 24ff.
[9] Vgl. Kaina (2002), S. 1046, 1048.
[10] Vgl. Heußner/Jung (1999), S. 15.
[11] Maier (2000), S. 67.
[12] Vgl. dazu beispielhaft Heuser/von Randow/Watermann (1998), S. 17ff.; Herzinger (2000), S. 12; Blankart (2000a), S. 54; v. Arnim (2000), S. 53; Roth (2002); Bosbach (2002); Rudolph (2003). – Im Rahmen des ökonomischen Diskurses wird insbesondere von v. Hayek das Problem der Verschmelzung von legislativer und exekutiver Staatsmacht sowie der damit entstehenden Kontrolldefizite auf-

Umstand genährt, dass die Bundesrepublik durch die seit Mitte der achtziger Jahre immer weiter steigende Massenarbeitslosigkeit, die nach der Wiedervereinigung grassierende hohe Staatsverschuldung oder die Defizite in der Alterssicherung neue Herausforderungen erfuhr. Bis in die siebziger Jahre konnte die Politik auf eine prosperierende Wirtschaft bauen, so dass es seitens der Bevölkerung keinen großen Widerstand gegen Maßnahmen gab, die durch höhere Staatsverschuldung oder Steuern finanziert wurden. Neue oder neu aufgegriffene Problembereiche haben das Potential an politisch relevanten Maßnahmen in den letzten Jahren allerdings stark vergrößert, ohne dass Haushaltsspielräume zu deren Lösung bestanden.[13]

Ein hoher Stellenwert in der Erklärung des Performanzdefizits wird insbesondere einem von den Bürgern vielfach beklagten Repräsentationsdefizit zugeschrieben, welches sich vor allem gegen die Altparteien CDU/CSU, SPD und FDP richtet. Die relative Exklusivität des repräsentativen Verfahrens hat zur Folge, dass viele Interessen der Wahlbürger nicht über die etablierten Kanäle adäquat vermittelt werden können.[14] In einer Reihe von Sachfragen ergeben sich daher Diskrepanzen zwischen den Präferenzen der Bürger und den Positionen der politischen (Alt-)Parteien.

Es verwundert daher kaum, dass sich die Mehrheit der Bürger in einer Vielzahl von Umfragen für die Einführung von direktdemokratischen Entscheidungselementen auf Bundesebene ausspricht.[15] Laut einer von der *Forschungsgruppe Wahlen* durchgeführten Umfrage sprechen sich beispielsweise 71 Prozent der westdeutschen und 79 Prozent der ostdeutschen Bürger für erweiterte politische Beteiligungsmöglichkeiten aus.[16]

Welche Konsequenzen hat die Politikverdrossenheit der Bürger für deren politisches Verhalten? Folgende (elektorale) Konsequenzen lassen sich ausmachen:

- Seit den achtziger Jahren sinkt die Wahlbeteiligung sowohl bei Bundes-, Landtags- als auch bei Kommunalwahlen kontinuierlich. Während in den siebziger Jahren regelmäßig Wahlbeteiligungen von über 90 Prozent erreicht wurden, stagniert die Wahlbeteiligung auf einem deutlich niedrigeren Niveau.
  Die geringere Wahlbeteiligung kann entsprechend der „Protesthypothese" als *ein* Indiz dafür angesehen werden, dass viele Bürger im Wahlakt keinen adäquaten Ausdruck ihrer Interessen sehen und ihrer Politikverdrossenheit „Luft machen"

---

geworfen. Dieser Themenkomplex soll in der vorliegenden Untersuchung nicht weiter vertieft werden. Vgl. dazu v. Hayek (1969/1994) und v. Hayek (1977), S. 8.

[13] Vgl. Neumärker (1998), S. 187; Wessels (2000), S. 16.

[14] Vgl. Lehner (1979), S. 158.

[15] Vgl. Kirchgässner/Feld/Savioz (1999), S. 7. – Zu den verschiedenen Erklärungsansätzen vgl. Dalton/Bürklin/Drummond (2001), S. 145ff.

[16] Vgl. o.V. (1997), S. 17. Eine vom Wissenschaftszentrum Berlin durchgeführte Umfrage kommt zu dem Ergebnis, dass 53 Prozent der westdeutschen und 61 Prozent der ostdeutschen Bürger direktdemokratische gegenüber repräsentativen Verfahren bevorzugen. Vgl. Dalton/Russel/Bürklin (2001), S. 144f. – Weltweit ist ein Trend zu direktdemokratischen Entscheidungsprozessen zu beobachten. Zur empirischen Evidenz vgl. Scarrow (2001).

wollen.[17] Durch die Wahlenthaltung wird vielfach eine Protesthaltung gegenüber den Repräsentanten respektive dem politischen System artikuliert.
Nicht zuletzt ist seit Ende der sechziger Jahre eine Zunahme sogenannter unkonventioneller Partizipationsformen zu beobachten.[18] Die Existenz von Bürgerinitiativen, öffentlichen Demonstrationen oder das Sammeln von Unterschriften für einzelne politische Vorhaben sind Kennzeichen dafür, dass sich viele Bürger in konkreten Sachproblemen nicht von Politikern vertreten und machtlos fühlen und ein „Mehr an Demokratie“ einfordern.[19]

- Neben einer geringeren Wahlbeteiligung kann weiterhin ein verändertes Wahlverhalten der Bürger konstatiert werden. So müssen die etablierten Parteien CDU/CSU, SPD und FDP seit den siebziger Jahren einen deutlichen Rückgang ihrer Stimmenanteile hinnehmen. Spiegelbildlich konnten sich die Stimmenanteile von nichtetablierten Parteien vergrößern.
  Auf der einen Seite wurde die Partei der Grünen seit Ende der siebziger Jahre zu einem Sammelbecken von politisch Unzufriedenen. Auf der anderen Seite verbuchten nichtetablierte Parteien des rechten Spektrums wie die DVU oder die Republikaner seit Ende der achtziger Jahre wiederholt Wahlerfolge „eruptiver Natur“[20]. Vielfach wird das Votum der Wähler für jene nichtetablierten Parteien als „rationaler Protest“[21] eingestuft.[22] Die Stimmbürger nutzen die Wahl dieser Parteien, um Einfluss auf Entscheidungen in bestimmten Politikfeldern zu nehmen.[23]
  Die Unzufriedenheit mit Politikergebnissen auf bundesstaatlicher Ebene wird nicht zuletzt in vielen Fällen von den Wahlbürgern in Landtagswahlen artikuliert. Da die Wähler keine unmittelbare Möglichkeit besitzen, zwischen den Wahlterminen Einfluss auf die Bundespolitik zu nehmen, nutzen sie Landtagswahlen als Sanktionsinstrument für eine präferenzkonforme Bundespolitik.[24]

---

[17] In den meisten anderen westlichen Demokratien gehören geringe Wahlbeteiligungen zum politischen Alltag. Entsprechend der „Normalisierungshypothese“ ist der Rückgang der Wahlbeteiligungen in Deutschland aus dieser vergleichenden Perspektive als Normalisierung und keinesfalls als ein Krisensymptom zu interpretieren. Vgl. Maier (2000), S. 94f.

[18] Vgl. Detjen (2000), S. 16. Die Zunahme unkonventioneller Partizipationsformen geht einher mit der Abnahme konventioneller, d.h. rechtlich geregelter und sozial anerkannter Beteiligungsformen, wie z.B. die Teilnahme an Wahlen oder die Mitgliedschaft in Parteien. Da unkonventionelle Partizipationsformen allerdings nur von einer Minderheit politisch aktiver Bürger angewendet werden, muss man insgesamt von einer weit verbreiteten politischen Apathie sprechen. Vgl. dazu auch Walter (2001), S. 3ff.; Wiesendahl (2001), S. 7ff.

[19] Vgl. Homann/Suchanek (2000), S. 228f. – Die Unterstützung für direktdemokratische Beteiligungsformen steigt mit dem Ausmaß an Unzufriedenheit gegenüber politischen Parteien. Vgl. Dalton/Bürklin/Drummond (2001), S. 148; Kaina (2002), S. 1061.

[20] Maier (2000), S. 102.

[21] Pappi (1990), S. 38f.

[22] Zur Problematik des Begriffs einer Protestpartei vgl. Maier (2000), S. 105.

[23] Die Wahl der „Schill-Partei“ in das hamburgische Rathaus wird beispielsweise als Reaktion der Bürger auf die zu hoch empfundene Kriminalitätsrate gewertet.

[24] Paradebeispiel sind die Wahlen zum hessischen Landtag 1999. Obwohl die Mehrzahl der Bürger die Arbeit der hessischen Landesregierung als positiv einschätzte, wurde sie dennoch abgewählt. Grund dafür war die Haltung der Bundesregierung zum neuen Staatsbürgerschaftsrecht, die von der Mehrzahl der (hessischen) Bürger abgelehnt wurde. Durch eine geschickte Kampagne der CDU wurde dieses bundespolitische Thema stimmenwirksam in den Mittelpunkt des Landtagswahlkampfes gestellt. Man darf vermuten, dass ohne den Einfluss dieses bundespolitischen Themas die bestehende

2. Theoretische Ausrichtung der Untersuchung

Ein Großteil der Bevölkerung sieht in den individuellen Fehlern und dem „Egoismus" von Politikern den Grund für die vielfach mangelhafte Politik. In der vorliegenden Untersuchung wird dagegen die Auffassung vertreten, dass institutionell bedingte Fehlanreize im politischen System der Bundesrepublik Deutschland der Grund für das negative Erscheinungsbild sind. Die Ursache der Problematik liegt also in den strukturellen Problemen demokratischer Institutionen und Prozesse.[25] Politikern persönliches Fehlverhalten zu unterstellen, führt am Kern des Problems vorbei, denn Politiker handeln im Rahmen der ihnen vorgegebenen Regeln in ihrem eigenen Interesse rational. Das Verhalten der Politiker fördert unter den gegebenen institutionellen Anreizbedingungen allerdings Ergebnisse zu Tage, die für die Gesellschaft als Ganzes abträglich sind. Nicht adäquat ausgestaltete Regeln geben den Akteuren entsprechende Anreize, sich zu Lasten der Allgemeinheit zu verhalten.

In der Ökonomik wird das Ergebnis dieser Fehlanreize als Staatsversagen bezeichnet. Die politischen Instanzen treffen beispielsweise Entscheidungen, die Partikularinteressen befriedigen, jedoch nicht die Präferenzen der Mehrheit der Bürger beachten.[26] Wenn es zu solchen unerwünschten Verhaltensweisen von politischen Akteuren kommt, muss der Blick auf eine ungenügende Ausgestaltung institutioneller Arrangements respektive der Verfassung gelenkt werden.[27] *Buchanan* formuliert die Problemstellung der Verfassungsökonomik daher wie folgt: „How can constitutions be designed so that politicians who seek to serve 'public interest' can survive and prosper?"[28]

Vor dem Hintergrund eines angenommenen strukturellen Defizits demokratischer Institutionen stellt sich die Frage, wie die Regeln in einer Demokratie – nicht nur im Hinblick auf Delegationsaspekte – derart verändert werden können, dass jene mit dem Legitimationsanspruch der Individuen in Einklang gebracht werden können. Die Regeln in einer Demokratie können als legitim betrachtet werden, wenn die erwarteten Kosten kollektiven Handelns minimiert werden. Diese Kosten sollen in der vorliegenden Untersuchung in ihrer Summe als *politische Transaktionskosten* bezeichnet werden. Da die Regelbasis des bestehenden demokratischen Institutionengefüges offenbar vielfach nicht die politischen Transaktionskosten minimiert, muss von einer weitgehenden Ineffizienz kollektiven Handelns ausgegangen werden. In welcher Weise sollte die Verfassung im Sinne der Bürger einer Demokratie reformiert werden, damit kollektives Handeln zu effizienteren Ergebnissen führt?

Um diese Problemstellung adäquat behandeln zu können, wird in der vorliegenden Untersuchung ein institutionenökonomischer Blickwinkel eingenommen. Es findet eine Analyse der für die Neue Institutionenökonomik fundamental bedeutenden Transaktionskosten im politischen Bereich einer demokratisch verfassten Gesellschaft

---

rot-grüne Landesregierung die Wahl für sich entschieden hätte. Zu ähnlichen Ergebnissen kommt die Forschungsgruppe Wahlen für die Europawahl 1999. Vgl. o.V. (1999a), S. 3.

[25] Vgl. Kruse (1995), S. 1.

[26] Vgl. Hoppmann (1987), S. 31f.

[27] Vgl. Homann/Suchanek (2000), S. 217.

[28] Buchanan (1993), S. 1.

statt.[29] Während lange Zeit in der ökonomischen Wissenschaft das Hauptinteresse auf die Transaktionskosten im wirtschaftlichen Bereich einer Gesellschaft gerichtet war, wird in jüngster Zeit vermehrt der Versuch unternommen, die politischen Transaktionskosten des Interaktionssystems Demokratie zu analysieren.[30] Im Zentrum der vorliegenden Untersuchung sollen daher die politischen Transaktionskosten einer demokratischen Gesellschaft, also die „Betriebskosten des politischen Systems“ stehen. So wie sich viele Vertreter der Neuen Institutionenökonomik auf die Transaktionskosten im wirtschaftlichen Bereich und die Einsparungsversuche konzentrieren[31] (was freilich kritisiert wird)[32], soll in dieser Arbeit der Versuch einer institutionenökonomisch ausgerichteten Analyse kollektiven Handelns vorgenommen werden. Auf der Grundlage des institutionenökonomischen Instrumentariums werden die Transaktionskosten der Institution Demokratie in ihren verschiedenen Dimensionen beleuchtet, um damit Ansätze zu Reformen bestehender Regeln aufzuzeigen.[33] Die politischen Transaktionskosten werden in folgenden Dimensionen kollektiven Handelns analysiert:

- Wer soll die Entscheidung im Kollektiv treffen? Sollen alle Individuen selbst über ihre Bedürfnisse abstimmen, oder sollen sie Repräsentanten wählen, die in ihrem Namen entscheiden? Steigt die Qualität politischer Entscheidungen, wenn neben der Institution der repräsentativen Demokratie den Wahlbürgern zusätzlich direkte Volksrechte zur Verfügung stehen?[34] Es stellt sich demnach die Frage nach dem *optimalen Grad der Delegation* kollektiver Entscheidungen in einer Demokratie.
- Mit welchem Aggregationsmechanismus sollen die individuellen Präferenzen zusammengefasst werden? Inwiefern stellen alternative Wahlverfahren produktive gesellschaftliche Arrangements dar? Gibt es für kollektive Entscheidungen in der Demokratie eine *optimale Zustimmungsquote*?
- Welcher Ausschnitt des Kollektivs sollte in welcher organisatorischen Form idealiter Kollektiventscheidungen treffen? Welche Vorteile bieten dezentrale gegenüber zentralen institutionellen Arrangements? Es stellt sich die Frage nach dem *optimalen Zentralisierungsgrad* in einer Demokratie.

---

[29] Der Transaktionskostenansatz von Coase erklärt die Existenz von Unternehmungen in Marktwirtschaften. In der vorliegenden Untersuchung soll die Existenz demokratischer Staaten dagegen transaktionskostentheoretisch nicht näher analysiert werden. Vgl. Coase (1937).
[30] Vgl. dazu North (1992), S. 58ff.; auch Sauerland (1997), S. 58.
[31] Vgl. Williamson (1990), S. 1. Auch Brennan/Buchanan sehen die Funktion von Regeln, respektive Institutionen, in der Gesellschaft darin, die Interaktionsprobleme zwischen Individuen zu verringern, also Transaktionskosten einzusparen. Vgl. Brennan/Buchanan (1993), S. 9.
[32] Auf wirtschaftlichen Märkten können hohe Transaktionskosten aus volkswirtschaftlicher Perspektive durchaus wünschenswert sein. Durch das Kartellrecht werden beispielsweise die privaten Transaktionskosten zum Abschluss von Kartellverträgen (in prohibitiver Weise) erhöht und damit volkswirtschaftlich schädliche Transaktionen verhindert. Vgl. Grossekettler (1997), S. 105ff.
[33] Jones/Hudson kommen zu folgendem Ergebnis: „While public choice analysis characterized political processes as 'political markets' in which there is exchange between rational-choice actors, institutional response to reduce transaction cost have been largely ignored." Jones/Hudson (1998), S. 183.
[34] Vgl. Kirchgässner/Feld/Savioz (1999), S. 4.

Die Analyse von politischen Transaktionskosten in den aufgeführten Dimensionen kollektiven Handelns soll ein (verfassungsökonomisches) Theoriedefizit in zweierlei Hinsicht angehen:[35]

- Ein häufig anzutreffender Dualismus im politischen Diskurs soll durch eine auf wissenschaftlichen Zweckmäßigkeitsargumente stützende Transaktionskosten-Analyse ersetzt werden. Ein dualistischer Theorieaufriss, der im politischen Diskurs vor allem im Hinblick auf Delegationsaspekte gängig ist[36], soll durch einen integrativen Ansatz überwunden werden.[37] Durch diese Abkehr von einer dualistischen Argumentationslinie können Diskursblockaden gelöst werden. Der Diskurs über die grundlegenden Regeln in einer Demokratie wird nicht auf der Basis von strittigen Werturteilen, sondern auf der Basis vielschichtiger wissenschaftlicher Zweckmäßigkeitsargumente geführt.[38]
  Den verschiedenen Institutionen kollektiven Handelns wird aus dieser Perspektive a priori kein Eigenwert zugesprochen; sie werden ausschließlich auf Grundlage ihrer gesellschaftlichen Funktionalität bewertet. Die Normativität der vorliegenden Konzeption besteht gerade nicht darin, bestimmte inhaltliche Positionen einzunehmen, sondern eine Methode zu erarbeiten, die vorschnelle inhaltliche Fixierungen meidet. Die unterschiedlichen Interessenlagen der Bürger in einer Demokratie werden in der vorliegenden Konzeption keinesfalls negiert. Vielmehr wird der Versuch unternommen, eine kategoriale Gemeinsamkeit von Positionen der Bürger in einer Demokratie abzuleiten. Theoriestrategisch wird bewusst eine Konzeption gewählt, die eine wertbeladene Diskussion vermeidet, sondern kollektives Handeln unter Transaktionskosten analysiert und damit jene Kommensurabilität im Diskurs herstellt, ohne den ein Konsens im demokratischen Diskurs kaum erreichbar ist.
- In der vorliegenden Konzeption wird kollektives Handeln nicht mehr ausschließlich als Problem der Aggregation individueller Präferenzen im Rahmen der demokratischen Methode, sondern in seiner mehrdimensionalen Vielschichtigkeit betrachtet. Eine transaktionskostentheoretische Analyse kollektiven Handelns in den dargestellten Dimensionen führt zu einer differenzierteren Betrachtung der Regelbasis von Demokratien. Mit dieser Konzeptualisierung soll die Verfassungsökonomik ihre heuristische Orientierungsfunktion umfassender als bislang erfüllen. Die mehrdimensionale Transaktionskostenanalyse kollektiven Handelns soll im besten Sinne als eine Argumentationsgrammatik zur Rationalisierung politischer Diskurse in einer Demokratie gelten.
  In der vorliegenden Untersuchung sollen die politischen Transaktionskosten für die Mitglieder einer Gesellschaft differenziert offen gelegt und so einem öffentlichen Diskurs zugänglich gemacht werden. Die Verfassungsökonomik kann der demokratischen Öffentlichkeit mit dieser Konzeptualisierung intellektuelle Hilfe-

---

[35] Vgl. hierzu Pies (1998); Homann/Pies (1996), S. 204f.; Rawls (2003), S. 72ff.
[36] Vgl. Kaina (2002), S. 1059.
[37] Vgl. hierzu die Ausführungen in Abschnitt 10.
[38] Das vorliegende Forschungsprogramm ruht damit auf der Grundlage bedingter Werturteile bzw. hypothetischer Imperative. Vgl. Vanberg (1997), S. 708ff.

stellung bei der Lösung politischer Probleme geben, indem konstruktiv Perspektiven aufgezeigt werden, wie alternative institutionelle Arrangements die Transaktionskosten in der politischen Sphäre einer demokratischen Gesellschaft verringern können.[39]

Statt kollektives Handeln in seiner Vielschichtigkeit zu betrachten, wurde in der traditionellen Verfassungsökonomik die konstitutionell zu beantwortende Frage des optimalen Delegationsgrades kollektiven Handelns mit der Frage der Optimalität der Aggregation individueller Präferenzen unzulässigerweise vermengt[40] respektive wurden Delegationsaspekte kollektiven Handelns schlichtweg ausgeblendet.[41] *Frey* bringt dieses Theoriedefizit auf den Punkt: „Economic theory does not have a favorable view of direct democracy. Public economics disregard the issue when assuming a benevolent dictator maximizing social welfare. Public choice associates 'direct democracy' with various voting rules, but the institutions of direct democracy as such are neglected."[42]

In Anlehnung an die grundlegende Arbeit „The Calculus of Consent" von *James M. Buchanan* und *Gordon Tullock* haben sich Verfassungsökonomen bislang nahezu ausschließlich mit der Optimalität von Abstimmungsverfahren in einer Demokratie beschäftigt.[43] Stellvertretend für die Ausblendung des Delegationsaspektes kann folgendes Zitat aus „The Calculus of Consent" herhalten: „... it becomes relatively easy to construct a conceptual normative theory for the 'optimal' degree of representation. At the one extreme, we have direct democracy in which the number of individuals directly participating in collective choice (the number of 'represenitives') and the number of individuals in the total voting population stand in a one-to-one correspondence. At the other extreme, we have a single individual who 'represents' or chooses for the whole group. In either of these two extreme cases, the constitutional-choice problem is greatly simplified. In the case of direct democracy, the single choice to be made, once a basic organizational decision is assumed, concerns the rules under which collectice action shall be taken. Under the other extreme dictatorship model, the rules for collective action are set; the

---

[39] Vgl. Pies (1996), S. 6.

[40] So vermengt beispielsweise Blankart die Frage des optimalen Zustimmungserfordernisses mit dem Delegationsaspekt: „Eine andere Möglichkeit, von der Einstimmigkeit abzuweichen, besteht in der Delegation von Entscheidungsbefugnissen an gewählte Vertreter. Wenn sich z.B. nur noch 50 Vertreter statt 50 Millionen Wähler über ihre Anliegen einigen müssen, so werden die Verhandlungskosten drastisch gesenkt." Blankart (1994a), S. 42; ähnlich Homann (1988), S. 173.

[41] Vgl. auch Frey/Kucher/Stutzer (2001), S. 271; Frey (1994), S. 338. Eine Ausnahme bildet Eschenburg (1977), S. 193ff. Allerdings vermengt auch Eschenburg z.T. die Frage der optimalen Delegation mit der einer optimalen Aggregation individueller Entscheidungen. Die Problematik kollektiver Delegation wird gleichwohl berücksichtigt: „Während also in der direkten Demokratie die persönlichen Interessen der Mitglieder der Entscheidungsgruppe die Entscheidungsgrundlage sein dürften und sollen, sind die persönlichen Interessen der Mitglieder eines Entscheidungsorgans in der indirekten Demokratie der Tendenz nach Störfaktoren." Eschenburg (1977), S. 196.

[42] Frey (1994), S. 338.

[43] Vgl. Lichtblau (1988), S. 1. So betitelt Gordon Tullock ganz bewusst sein 1998 erschienenes Buch „On voting" und nicht „On democracy". Vgl. Tullock (1998a), S. 18.

only choice facing the conceptual constitution-maker concerns the rules for choosing the dictator."[44]

Zwar wird im Rahmen der Neuen Politischen Ökonomie die kollektive Delegation hinlänglich problematisiert.[45] Diese Analyse wird allerdings „im Sinne eher positiver statt normativer Theoriebildung vorwiegend von den Pathologien des Delegationsproblems beherrscht."[46] So wurde seit den sechziger Jahren auf empirischer Basis das Delegationsproblem zwischen Wählern, Politikern sowie Bürokraten vor dem jeweiligen Hintergrund institutioneller Anreizstrukturen untersucht.[47] Auf Basis der eigennutzorientierten Verhaltensannahme wurden die Ineffizienzen des politischen Prozesses einer indirekten Demokratie offengelegt – mit dem Resultat, dass „der Ruf der Agenten der kollektiven Aktion nicht der beste ist"[48]. Da es im Public Choice-Ansatz im Wesentlichen um die Beschreibung politischer Entscheidungsprozesse geht, die einer empirischen Prüfung standhalten müssen, wurde allerdings nur rudimentär die Frage aufgeworfen, wie die Ergebnisse und Verfahren einer indirekten Demokratie im Interesse seiner Bürger bestenfalls ausgestaltet sein sollten.[49]

Mittlerweile hat sich ein reger Diskurs – auch unter Ökonomen – über die Vor- und Nachteile einer stärkeren Beteiligung der Bürger in einer Demokratie ergeben. Gerade schweizerische und amerikanische Ökonomen konnten in einer Reihe empirischer Studien die relativen Vorteile halbdirekter Demokratien gegenüber rein repräsentativ ausgerichteten Systemen valide nachweisen.[50] Demgegenüber soll in der vorliegenden Untersuchung – neben der Analyse optimaler Zustimmungsquoten und Zentralisierungsgrade in einer Demokratie – insbesondere das Delegationsproblem aus verfassungsökonomischer Perspektive angegangen und gefragt werden, welche Verfassung von den Individuen einer Demokratie in einer theoretischen Urvertragssituation gewählt wird, die die erwarteten Transaktionskosten kollektiven Handelns im Hinblick auf die Delegation minimiert. Damit gehen wir über den Anspruch rein positiver Theoriebildung der Public Choice-Sichtweise hinaus und versuchen, das Delegationsproblem in einer Demokratie aus einem normativen Blickwinkel zu analysieren.

---

[44] Buchanan/Tullock (1962, 1999), S. 212. Im Weiteren werden Delegationsaspekte von Entscheidungen nicht weiter problematisiert. Als entscheidende konstitutionelle Variablen im Hinblick auf die Repräsentation werden von Buchanan/Tullock das Aggregationsverfahren zur Auswahl der Repräsentanten, das Wahlverfahren innerhalb des Parlaments, der Repräsentationsgrad sowie die Repräsentationsbasis gesehen. Vgl. dazu Buchanan/Tullock (1962/1999), S. 212ff. Zur Diskussion über direktdemokratische Verfahren vgl. Buchanan (2001), S. 235ff.

[45] Im Unterschied hierzu wird das Delegationsproblem in der Wohlfahrtstheorie durch die Annahme eines benevolenten Diktators vollkommen ausgeblendet. Vgl. Schmidt-Trenz (1996), S. 30.

[46] Schmidt-Trenz (1996), S. 20.

[47] Vgl. hierzu Downs (1968); Niskanen (1971).

[48] Schmidt-Trenz (1996), S. 21.

[49] Bezeichnend für dieses Vorgehen ist die Gliederung im Buch von Mueller (1989). In zwei getrennten Kapiteln wird jeweils „Public Choice in a direct democracy" und „Public Choice in a representative democracy" behandelt, ohne eine Trade off-Beziehung zwischen den beiden Verfahrenstypen herzustellen. Vgl. auch Bernholz/Breyer (1994), S. 42. – Eine Ausnahme bildet Kruse (1989); (1995).

[50] Einen breiten Überblick über die Empirie bieten Kirchgässner/Feld/Savioz (1999), S. 105ff. Zu einer gegenteiligen Meinung vgl. Kleinewefers (1997), S. 81.

Hier wird der Standpunkt eingenommen, dass – gerade auch von Ökonomen vorgebrachte – Reformvorschläge für das gesellschaftliche Zusammenleben sich keinesfalls einseitig nur auf den wirtschaftlichen Bereich einer Gesellschaft richten sollten. Die Fokussierung von Reformvorschlägen auf eine pauschale Verminderung von Staatstätigkeiten – Stichworte: Privatisierung und Deregulierung – greift für sich alleine betrachtet zu kurz. Jene Vorschläge unterschlagen die Interdependenz von wirtschaftlicher und politischer Ordnung[51], so dass durch eine einseitige Optimierung im Entscheidungssystem Markt insgesamt keine befriedigenden Resultate erzielt werden dürften.[52]

Es wird daher argumentiert, dass für sich alleine betrachtet weder Staat noch Markt ideale gesellschaftliche Entscheidungssysteme darstellen. Stellt man einen ideal funktionierenden Markt einem demokratischen Entscheidungsverfahren gegenüber, so wird man „den Markt“ stets als superiore gesellschaftliche Institution gegenüber einem versagensbehafteten Staat einstufen. Umgekehrt wird vielfach die Ansicht vertreten, dass perfekt funktionierende staatliche Entscheidungsprozesse die Defizienzen marktlicher Allokation im Zuge von Marktversagen ausräumen könnten. Es kommt jedoch vielmehr darauf an, die relativen Vorteile der beiden Entscheidungssysteme zur Geltung zu bringen und das Zusammenspiel der beiden sich gegenseitig ergänzenden und bedingenden Institutionen zu optimieren.[53] In den Entscheidungssystemen Demokratie und Markt kann für sich isoliert betrachtet stets „Staatsversagen“ und „Marktversagen“ diagnostiziert werden. Je nach Standpunkt des Betrachters wird man also für ein Mehr oder ein Weniger an Staat oder Markt eintreten. Diese Sichtweise verdeutlicht allerdings, dass einzelne gesellschaftliche Entscheidungssysteme für sich betrachtet nicht an alternativen, ideal funktionierenden Entscheidungssystemen gemessen werden sollten.[54]

Vor diesem Hintergrund wird in der vorliegenden Untersuchung der Fokus des Interesses auf das Entscheidungssystem „Demokratie“ gelenkt, ohne den Blick dafür zu verlieren, dass wirtschaftliche und politische Ordnung einer Gesellschaft „zwei Seiten der gleichen Medaille“ sind. Den Forschungsschwerpunkt auf den politischen Bereich der Gesellschaft zu lenken ist u.E. dadurch gerechtfertigt, dass der Grenznutzen von Reformen im Entscheidungssystem „Demokratie“ vermutlich höher ausfallen wird.

---

[51] Vgl. dazu Leipold (1994), S. 723ff.

[52] Homann macht als Ursache für das Scheitern der Konzeption „Theorie der Wirtschaftspolitik“ ihr vordemokratisches Argumentationsmuster aus. So werden beispielsweise die Annahmen der Homogenität von Präferenzen oder eines wohlwollenden Diktators getroffen. Da die Pluralität von Interessenlagen negiert wird, scheitern jene wirtschaftspolitischen Empfehlungen vielfach in der gesellschaftlichen Praxis. Vgl. Homann (1982), S. 13f.; 23.

[53] Vgl. Eichenberger/Frey (1994), S. 775; auch Koschwald (1976), S. 84f.

[54] Eine solche Sichtweise wird in Anlehnung an Demsetz als „Nirvana-Ansatz“ bezeichnet. Vgl. Demsetz (1969).

3. Gang der Untersuchung

Ausgehend von den oben formulierten forschungsleitenden Fragestellungen werden in den Kapiteln II, III und IV die politischen Transaktionskosten einer Demokratie in ihren jeweiligen Dimensionen analysiert. Zunächst sollen in Kapitel I die theoretischen Grundlagen der Untersuchung gelegt werden. Neben einer kurzen Darstellung des Erklärungsschemas des ökonomischen Ansatzes wird vor allem die Bedeutung des Konsensprinzips für die Regeln der gemeinsamen Beschlussfassung in einer Demokratie im Lichte der ökonomischen Theorie der Verfassung herausgearbeitet.

4. Erkenntnisziel der Neuen Institutionenökonomik

Das Forschungsprogramm der „Neuen Institutionenökonomik" (NIÖ), das die theoretische Basis der vorliegenden Arbeit darstellt, entwickelte sich aus dem Beharren der neoklassischen Ökonomik, menschliches Handeln in einem institutionellen Vakuum zu analysieren.[55] Wurden Institutionen vorher als Datum, also als eine außerökonomische Größe betrachtet, so erfolgte durch die NIÖ eine Endogenisierung von Institutionen in den Problemkanon ökonomischen Denkens.[56] Die NIÖ wird als ein Forschungsprogramm definiert, bei welchem die Wirkung von Institutionen jeglicher Art auf das Verhalten der mit diesen Institutionen konfrontierten Akteure analysiert wird.[57] Eine Institution kann als „eine Regel oder ein Regelsystem, ein [...] Vertrag oder ein Vertragssystem (jeweils inklusive ihrer Durchsetzungsmechanismen), durch den oder die das Verhalten von Individuen kanalisiert wird"[58], definiert werden.[59] Institutionen restringieren das Verhalten von Individuen und sondern inakzeptable Handlungsalternativen aus. Indem die NIÖ das Handeln der Individuen als restriktionsgeleitet rekonstruiert, kann sie die Spielzüge der jeweiligen Akteure als Ergebnis der Spielregeln, also von Institutionen, begreifen.[60]

Gleichzeitig erweitern Institutionen aber auch die Interaktionsmöglichkeiten von Individuen, denn ohne eine verbindliche Regelsetzung würden bestimmte Interaktionen wegen mangelnder Verlässlichkeit des Interaktionspartners nicht zustande kommen.[61] Institutionen sind damit Regelwerke, die wiederkehrende Interaktionsprobleme in einer Gesellschaft durch Begrenzung von Handlungsmöglichkeiten lösen. Erst das Vorhandensein von Institutionen erzeugt damit jene Verlässlichkeit in den Erwartungen der Interaktionspartner, die produktive Interaktionen in einer Gesellschaft ermöglichen.[62]

Das Merkmal der NIÖ besteht weiterhin darin, dass im Unterschied zur neoklassischen Ökonomik explizit Transaktionskosten in die Analyse einbezogen werden.[63] Die Nutzung von Interaktionssystemen wie dem Markt oder der Demokratie ist nicht kostenlos, sondern verursacht Transaktionskosten. Institutionen haben in einer Gesellschaft die Funktion, die Handlungsrestriktionen für die Individuen derart zu verändern, dass die Transaktionskosten innerhalb der jeweiligen Interaktionssysteme gesenkt werden.[64]

---

[55] Vgl. Bonus/Häder (1998), S. 33ff. Brennan/Buchanan bemängeln, dass „die Bedeutung von Regeln [...] vergleichsweise vernachlässigt" wird. Brennan/Buchanan (1993), S. XIX, XXIII.

[56] Vgl. Peters (2000), S. 279.

[57] Vgl. Erlei/Lescke/Sauerland (1999), S. VII.

[58] Erlei/Lescke/Sauerland (1999), S. 23ff.; auch North (1992), S. 3; Richter/Furubotn (1999), S. 7.

[59] Institutionen können sowohl geplant als auch spontan entwickelt werden. Vgl. Hübl/Swieter (2000), S. 308.

[60] Vgl. Pies (1996), S. 5.

[61] Vgl. North (1992), S. 4; 6.

[62] Vgl. Homann/Suchanek (2000), S. 40f.

[63] Zu einem Überblick vgl. Durth (2000), S. 637ff.; Opper (2001), S. 603.

[64] Vgl. Williamson (1990), S. 1.

Es lassen sich allgemein drei Klassifikationen von Institutionen vornehmen:[65]

- Der Markt, die Demokratie, autoritäre bzw. hierarchische Verfahren oder Verhandlungssysteme stellen Institutionen dar, mit deren Hilfe in der Gesellschaft Entscheidungen getroffen werden.
- Institutionen können formlos (z.B. Sitten, Gebräuche, Religionen) oder formgebunden sein. Zu den formgebundenen Institutionen gehören die Regeln des privaten oder öffentlichen Rechts sowie privatrechtliche Verträge.
- Organisationen wie der Staat, die Gewerkschaften, die Kirche oder die Familie werden als die personifizierte Kehrseite von Institutionen bezeichnet.[66] Während die formlosen und formgebunden Institutionen die „Spielregeln der Gesellschaft“ darstellen, gelten die Organisationen innerhalb dieses institutionellen Rahmens als die „Spieler“.[67]

Die jeweiligen Institutionen stehen in einem engen Verhältnis zueinander und je nach Untersuchungsinteresse können die unterschiedlichen Institutionen auch als eine Einheit betrachtet werden. Allen Institutionen ist gemeinsam, dass sie den Handlungsraum der Individuen restringieren.
Im Rahmen der vorliegenden Untersuchung wird das Forschungsinteresse auf die formgebundenen Regeln innerhalb des Entscheidungssystems Demokratie gelenkt. Jene formellen Institutionen sind dem politischen Prozess einer Demokratie vorgelagert und beeinflussen wesentlich den Handlungsraum der Akteure kollektiven Handelns. Die Verfassung, in der die grundlegenden Regeln einer Gesellschaft festgelegt sind, stellt in dieser Hinsicht eine bedeutende Institution dar. In der Verfassung wird festgelegt, unter welchen grundlegenden Rahmenbedingungen kollektives Handeln stattfindet. Der Grad demokratischer Delegation, das Wahlsystem oder die föderale Struktur stellen wesentliche Determinanten einer demokratischen Verfassung dar. In der Hierarchie formgebundener Regeln stehen weiterhin einfache Gesetze sowie spezifische Verordnungen.[68] Sicherlich kanalisieren auch eine Reihe informeller Verhaltensregeln wie verschiedene Religionen oder Sitten das Verhalten der Individuen in Bezug auf kollektives Handeln. Diese Institutionen sollen im Weiteren jedoch nicht näher betrachtet werden.[69]
Im Rahmen der NIÖ lassen sich zwei wesentliche Forschungsrichtungen ausmachen. Auf der einen Seite erfolgt eine Analyse marktlicher Institutionen. Auf der anderen Seite werden außermarktliche Untersuchungsgegenstände mit Hilfe des institutionenökonomischen Instrumentariums analysiert. Der Teilbereich, der sich mit den

---

[65] Vgl. Frey (1990), S. 2f.; Bonus/Häder (1998), S. 36.
[66] Vgl. Erlei/Leschke/Sauerland (1999), S. 25
[67] Vgl. North (1992), S. 5. Das Vorhandensein sowie die Fortentwicklung von Organisationen hängt wesentlich von den institutionellen Rahmenbedingungen ab. Gleichwohl haben Organisationen auch Einfluss auf die institutionellen Bedingungen.
[68] Vgl. North (1992), S. 56; Erlei/Leschke/Sauerland (1999), S. 26.
[69] Insbesondere North weist auf die Bedeutung von formlosen Institutionen als Einflussfaktor auf das Politik- und Wirtschaftsgeschehen hin. Vgl. North (1992), S. 43ff. – Für Leipold stellen die formlosen Institutionen aus spieltheoretischer Sichtweise eine Vorkehrung zur Überwindung sozialer Dilemmata dar. Vgl. Leipold (2000), S. 18.

nicht-marktlichen Institutionen beschäftigt, ist Gegenstand dieser Arbeit. Der nicht-marktliche Forschungszweig der NIÖ umfasst vor allen Dingen die Neue Politische Ökonomik, die Ökonomische Theorie der Verfasssung sowie die Principal-Agent-Theorie.[70] Im Forschungszweig der Neuen Politischen Ökonomik (NPÖ) haben sich mit Public und Social Choice wiederum zwei verschiedene Forschungsrichtungen herausgebildet.[71] In Abb. 1 werden die Forschungsstränge der Neuen Institutionenökonomik im Überblick dargestellt.

Abb. 1: Forschungsrichtungen der Neuen Institutionenökonomik

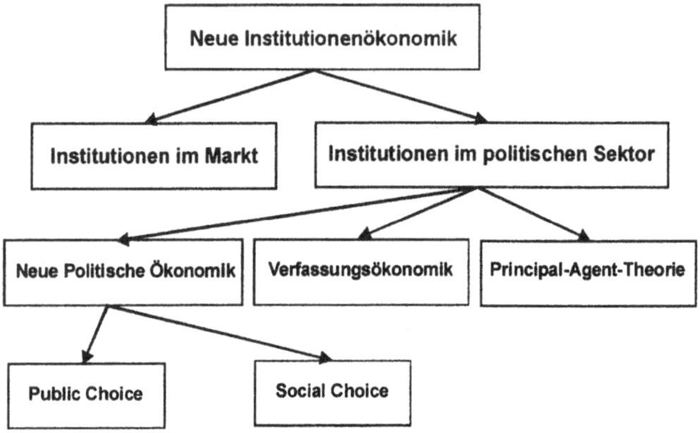

Quelle: In Anlehnung an Erlei/Leschke/Sauerland (1999), S. 44.

Im Public Choice-Ansatz wird auf empirischer Basis das Verhalten politischer Akteure vor dem Hintergrund institutioneller Anreizstrukturen untersucht.[72] Die politische Realität wird modelliert, und unter Anwendung der ceteris paribus-Bedingung werden im Rahmen dieses Ansatzes einzelne Schlussfolgerungen deduziert. Die aufgestellten Hypothesen werden schließlich kritisch, anhand empirischer Beobachtungen, hinterfragt. In dem von *Downs*, *Black*, *Olson*, *Frey* und *Buchanan* begründeten Forschungszweig der Neuen Politischen Ökonomie wird durch die gleiche Analysetechnik eine Verbindung zwischen wirtschaftlichem und politischem Bereich hergestellt:[73] „Public choice theory essentially takes the tools and methods of approach that have been developed to quite sophisticated analytical levels in economic theory and applies

[70] Vgl. Erlei/Leschke/Sauerland (1999), S. 42ff. Die Autoren beziehen die Principal-Agent-Theorie nur auf marktliche Institutionen. Hier wird der Anwendungsbereich der Principal-Agent-Theorie auf den politischen Sektor ausgedehnt.
[71] Vgl. Kirsch (1997), S. 9ff.; Leschke/Erlei/Sauerland (1999), S. 16f.
[72] Vgl. Erlei/Leschke/Sauerland (1999), S. 43; Brennan/Lomasky (1993), S. 3ff.; Behrends (2001), S. 3f.
[73] Vgl. Frey/Kirchgässner (1994), S. 6; Frey (1977), S. 91.

these tools and methods to the political or governmental sector, to politics, to the public economy."[74]

Neben der empirischen Erforschung kollektiven Handelns erfolgt in der Forschungsrichtung des Social Choice eine logische Analyse kollektiver Entscheidungen.[75] Die forschungsleitende Fragestellung des von *Arrow* begründeten Ansatzes lautet: Kann man die individuellen Präferenzen mit einer Methode so zusammenfassen, dass die Gesellschaft als ein Kollektiv ebenso widerspruchsfrei handelt wie ein rationales Individuum?[76]

Die Ergebnisse der Analysen der NPÖ, die die Funktionsschwächen kollektiven Handelns offenlegten, lieferten den Anstoß für die Entwicklung der Ökonomischen Theorie der Verfassung.[77] Das Augenmerk der konstitutionellen Ökonomen richtet sich auf die normative Analyse der grundlegenden Rahmenbedingungen und Regeln einer Gesellschaft.[78] Das wesentliche Erkenntnisziel liegt in einer Ableitung effizienter Regeln kollektiven Handelns.[79] Im Gegensatz zur neoklassischen Theorie, deren Forschungsgegenstand Ergebnisse und Zustände der Interaktion von Wirtschaftssubjekten unter gegebenen institutionellen Rahmenbedingungen war, wird menschliches Verhalten insbesondere auf das regelgestaltende Verhalten untersucht.

In fast allen demokratischen Staaten der Welt haben sich rein repräsentative Demokratien durchgesetzt. In periodisch wiederkehrenden Parlamentswahlen bestimmen die Bürger eines Landes Stellvertreter, die in ihrem Namen die Geschicke des Landes leiten sollen. Im Mittelpunkt der Principal-Agent-Theorie steht die Untersuchung des für eine Demokratie elementaren Verhältnisses zwischen dem Wähler als Auftraggeber (Prinzipal) und den Repräsentanten als Auftragnehmer (Agent).[80] Zur Realisierung der Interessen der Wähler werden den Repräsentanten des Volkes weitreichende Entscheidungskompetenzen übertragen. In der ökonomischen Theorie wird angenommen, dass die Repräsentanten diese Handlungsspielräume nun nicht in jedem Fall im Sinne ihrer Auftraggeber nutzen. Die Principal-Agent-Theorie analysiert diesen Interessenskonflikt und leitet sowohl für Auftraggeber als auch den Auftragnehmer wünschenswerte Vertragsbedingungen ab.

5. Das Erklärungsschema des ökonomischen Ansatzes

Die formgebundenen Regeln innerhalb des Entscheidungssystems einer Demokratie sind kein exogen vorgegebener Datenkranz menschlicher Gesellschaften, sondern ihrerseits das Produkt menschlichen Handelns. Betrachtet man kollektives Handeln

---

[74] Buchanan (1984), S. 13.
[75] Vgl. Arrow (1951/1963); Sen (1970); Sen (1987).
[76] Vgl. Bernholz/Breyer (1994), S. 2.
[77] Vgl. Buchanan (1984); Brennan/Buchanan (1993); Buchanan (1975), S. 17ff.
[78] Gleichwohl werden im Rahmen der Ökonomischen Theorie der Verfassung auch die Wirkungen verschiedener institutioneller Arrangements auf den polit-ökonomischen Komplex untersucht. Der evolutionsorientierte Ansatz v. Hayeks versucht, das Entstehen grundlegender Spielregeln der Gesellschaft zu erklären. Vgl. dazu v. Hayek (1969/1994), S. 97ff.
[79] Vgl. Kirsch (1997), S. 10.
[80] Ursprünglich wurde die Principal-Agent-Theorie nur auf marktliche Institutionen angewendet. Vgl. dazu Jensen/Meckling (1976); Fama (1980).

zu einem gegeben Zeitpunkt, so kann das Verhalten der Individuen aus ihren relativ stabilen Interessen und dem Zusammenspiel gegebener Institutionen erklärt werden.[81] Im Folgenden sollen grundlegende Prämissen der ökonomischen Theorie hinsichtlich des menschlichen Verhaltens expliziert und Konsequenzen für die Analyse kollektiven Handelns aufgezeigt werden.

5.1. Methodologischer und normativer Individualismus

Grundlegend für die Analyse kollektiven Handelns ist die Frage, ob eine individualistische oder holistische Sozialtheorie zugrunde gelegt wird.[82] Je nach methodologischem und normativem Standpunkt ergeben sich gänzlich unterschiedliche Vorgehensweisen und von daher auch Ergebnisse hinsichtlich der Analyse kollektiver Entscheidungen.[83]

In der hier angewandten Methodik soll das Individuum den Ausgangspunkt der Analyse darstellen. Kollektive Einheiten wie „die Gesellschaft", „der Staat" oder „die Partei" stellen im Rahmen der vorliegenden Untersuchung dagegen keine eigenständigen Handlungsträger dar. Damit ist die Erkenntnismethode in ihrem Abstellen auf „Akteure" streng individualistisch ausgerichtet („methodologischer Individualismus").[84] Auf der Grundlage von Gesetzen *individuellen* Verhaltens können gesellschaftliche Prozesse und Strukturen erklärt werden.

Im Gegensatz zu dieser individualistisch ausgerichteten Analysemethode werden in holistischen Sozialtheorien gesellschaftliche Probleme nicht vom einzelnen Individuum, sondern von der Gesellschaft als Ganzem beurteilt.[85] Im methodologischen Holismus[86] wird die Ansicht vertreten, dass die Gesellschaft durch eine spezifische Ganzheit gekennzeichnet ist. Neben dem Einfluss der „Einheit Gesellschaft" auf das Individuum kann darüber hinaus ein Kollektiv auch „Kollektivbedürfnisse" empfinden, die nicht auf individuelle Präferenzen zurückgeführt werden können.[87] Würde man bei der Analyse kollektiver Entscheidungen einen holistischen Ansatz zugrundelegen, so wäre der methodologische Bezugspunkt entsprechend bei einem Kollektiv anzusetzen.[88] *Musgrave* beschreibt treffend die Probleme einer solchen Methodik:

---

[81] Vgl. Frey (1990), S. 3.

[82] Vgl. Buchanan/Tullock (1965/1999), S. 11.

[83] Vgl. Fritsch (1983), S. 18.

[84] Vgl. Suchanek (1994), S. 125.

[85] Der zentrale Gegensatz zwischen einer individualistischen und einer holistischen Sozialtheorie besteht in unterschiedlichen Auffassungen hinsichtlich der „Emergenz-These". Nach dieser These gehen aus einer Verbindung von Individuen Ganzheiten hervor, denen als Gebilde emergente, also spezifisch andere Eigenschaften zukommen. Durkheim, als Vertreter einer holistischen Sozialtheorie, versteht die Gesellschaft als ein Gebilde eigener Art, welche spezifische Organisationsmerkmale aufweist und nicht mit individualistischen Erklärungsansätzen erfasst werden kann. Vgl. Durkheim (1999). Auch Fritsch (1983), S. 23ff.; Bohnen (1975), S. 14.

[86] Der Holismus wird vielfach auch als organische Staatstheorie oder methodologischer Organizismus bezeichnet.

[87] Vgl. Fritsch (1983), S. 18.

[88] Die Forderung Platons, individuelle Interessen den Interessen des Ganzen unterzuordnen, entspricht dieser Haltung: „Der Teil existiert um des Ganzen willen, aber das Ganze existiert nicht um des

„Since the group as such cannot speak, one wonders who is equipped to reveal group feelings."[89]

Der methodologische Individualismus ist mit der Auffassung vereinbar, dass ein Einfluss des menschlichen Verhaltens *in* der Gesellschaft, aber nicht *durch* die Gesellschaft[90] vorhanden ist. Das Individuum ist kein isoliertes Wesen, sondern wird zu einem gewissen Grad durch einzelne Gesellschaftsmitglieder beeinflusst und geformt.[91] Der Ansatz des methodologischen Individualismus wird allerdings missverständlich interpretiert, wenn unterstellt wird, dass das einzelne Individuum stets die letzte Bezugseinheit der Analyse darstellt. Vielfach wird in der ökonomischen Analyse politischer Prozesse auf aggregrierte Handlungseinheiten, wie z.B. „die Politiker", zurückgegriffen.[92] Seine Berechtigung erfährt der methodologische Individualismus allerdings auch bei einer solchen Analyse, da die Ziele kollektiver Akteure stets an individuelle Intentionen rückgebunden werden können.[93]

Auch in *normativer* Hinsicht ist die in dieser Arbeit zugrundegelegte Konzeption individualistisch ausgerichtet. „Der Individualismus als Norm geht von dem Bekenntnis aus, dass der einzelne Mensch – nicht der Mensch als solcher, schon gar nicht die Menschheit – jene Autorität ist, an deren Wollen, Wünschen und Bedürfnissen alles, also auch das politische Handeln auszurichten und zu messen ist."[94] Überindividuelle Instanzen wie beispielsweise das „Gemeinwohl" können nicht als Richtschnur für das Lösen gesellschaftlicher Probleme herhalten.[95]

In der mikroökonomischen Haushaltstheorie bezeichnet man das Postulat, wonach die Individuen im Rahmen der ihnen zur Verfügung stehenden Mittel ohne Bevormundung gemäß ihrer Präferenzen entscheiden können, welche Güter sie in welchen Mengen kaufen, als Konsumentensouveränität. Analog zum wirtschaftlichen Bereich kann man hinsichtlich des Analysegegenstandes kollektiver Entscheidungen von der „Wählersouveränität" sprechen. Die Souveränität der Wähler bedeutet, dass politische Entscheidungen letztlich nur auf der Grundlage individueller Wertungen getroffen werden dürfen.

Wenn aus normativ-individualistischer Sicht argumentiert wird, dass ausschließlich Individuen die Quelle von Werten sein können, dann folgt hieraus, dass die Befriedigung dieser Werte positiv einzuschätzen ist: „Eine Situation, in der individuelle Präfe-

---

Teiles willen... Du bist um des ganzen Willen geschaffen, nicht aber das Ganze um deinetwilllen." Zitiert bei Popper (1945/1992), S. 120f.

[89] Musgrave (1959), S. 87; zitiert bei Fritsch (1983), S. 22.

[90] Wenn von *der* Gesellschaft gesprochen wird, so ist eine Vielzahl voneinander abgesetzter Interaktionssysteme gemeint. Wirtschaftliche, politische, wissenschaftliche, ästhetische oder religiöse gesellschaftliche Interaktionssysteme stellen eine weitgehend funktional differenzierte Gesellschaft dar. Vgl. Kirsch (1997), S. 38ff.

[91] Vgl. Kirsch (1997), S. 18; Frey (1990), S. 4. Im Gegensatz zum methodologischen Individualismus verkennt der ontologische Individualismus jegliche soziale Entitäten Vgl. Schramm (1980), S. 295.

[92] Vgl. Lehner (1981), S. 10.

[93] Vgl. Suchanek (1994), S. 126.

[94] Kirsch (1997), S. 18.

[95] Beispielsweise wendet sich Schumpeter gegen die Gemeinwohlthese. Für Schumpeter ist der Volkswille nicht exogen vorgegeben, sondern endogenes Produkt des politisches Prozesses. Es gibt „kein solches Ding wie ein eindeutig bestimmtes Gemeinwohl, über das sich das ganze Volk kraft rationaler Argumente einig wäre oder zur Einigkeit gebracht werden könnte." Schumpeter (1950/1993), S. 399; vgl. auch Schmidt (1997), S. 134f.

renzen befriedigt werden, ist [..] normativ höher einzuschätzen als eine Situation, in der diese Präferenzen übergangen werden. Diese Schlussfolgerung bietet *das* Kriterium zur Beurteilung verschiedener möglicher politischer Institutionen."[96] Während die nominelle politische Gleichberechtigung lediglich eine Gleichberechtigung in den politischen Verfahren bedeutet, geht die effektive politische Gleichberechtigung weiter: Die individuellen Präferenzen der Individuen sollen sich so weit wie möglich in den politischen Ergebnissen niederschlagen.

5.2. Eigennütziges Verhalten

Im Individualprinzip der ökonomischen Theorie kommt zum Ausdruck, dass sich das Handeln der betrachteten Akteure an ihren eigenen Interessen orientiert.[97] Im ökonomischen Erklärungsschema „bezeichnet Eigeninteresse die für die Forschung konstitutive Annahme, dass die Akteure das, was sie tun, auch wollen – genauer: angesichts der gegebenen Bedingungen am ehesten wollen."[98] In das individuelle Nutzenspektrum gehen keinesfalls nur materieller oder immaterieller Güternutzen ein, sondern darüber hinaus auch außermarktliche Werte, wie gesellschaftliches Ansehen, Wissen oder Macht. Mit der Annahme eigennützigen Verhaltens ist damit also von vornherein nicht festgelegt, was die Individuen am ehesten wollen. Das Eigeninteresse dient im ökonomischen Ansatz als „antreibende Kraft" des Verhaltens.[99]
Die Annahmen der ökonomischen Theorie über das menschliche Verhalten scheinen auf den ersten Blick dem eines Egoisten zu entsprechen. Allerdings ist eigennütziges Verhalten nicht mit egoistischem Verhalten gleichzusetzen. Wenn sich Individuen eigennützig verhalten, so werden sie sich auf der einen Seite nicht ständig altruistisch verhalten und sich für ihre Mitmenschen aufopfern. Auf der anderen Seite werden eigennützig handelnde Akteure im ökonomischen Verhaltensmodell aber auch nicht als malevolente Wesen betrachtet, deren Anliegen es ist, anderen Menschen etwas Böses anzutun. Die Annahme eigennützigen Verhaltens bezieht sich auf ein situationsabhängiges Verhalten, nicht aber auf eine situationsunabhängige Einstellung. Es ist letztlich eine empirische Frage, inwieweit das Wohlergehen anderer Menschen in den Präferenzen eines Individuums enthalten ist.[100]

Eine entscheidende Bedeutung erlangt die Annahme eigennützigen Verhaltens bei der Beurteilung des Verhaltens von Politikern.[101] Der ökonomischen Theorie zufolge

---

[96] Buchanan (1987a), S. 40.
[97] Vgl. Erlei/Leschke/Sauerland (1999), S. 3.
[98] Suchanek (1994), S. 120.
[99] Vgl. Suchanek (1994), S. 120f.
[100] Vgl. Erlei/Leschke/Sauerland (1999), S. 3. Margolis vertritt die Ansicht, dass die Individuen zwei unterschiedliche Nutzenfunktionen besitzen. Auf der einen Seite stehen die S-Präferenzen, die aufgrund des Eigeninteresses gebildet werden. Darüber hinaus existieren die sogenannten G-Präferenzen, in die ausschließlich soziale Belange einfließen. Vgl. Margolis (1982).
[101] Nach Auffassung der Protagonisten der von Schumpeter als „klassische Vertretertheorie" bezeichneten Schule bemühen sich die Vertreter des Volkes, das Gemeinwohl zu erkennen und entsprechend politisch umzusetzen. Eigennützige Handlungsmotive und Machtstreben werden in dieser Theorie vollständig negiert. Vgl. Herder-Dorneich/Groser (1977), S. 60f.

gelten für Politiker keine besonderen Verhaltensmaßstäbe: Politiker als Vertreter des Volkes verhalten sich ebenso eigennützig wie alle anderen Menschen und streben danach, ihren individuellen Nutzen zu erhöhen.[102] Die strikte Betonung des Eigeninteresses als Verhaltensdeterminante bei politischen Akteuren scheint vordergründig unrealistisch zu sein.[103] Natürlich soll nicht ausgeschlossen werden, dass benevolente Akteure existieren, die sich an einem wie auch immer definierten Allgemeinwohl orientieren. Nur dürfte es recht wenige Menschen dieses Typs geben, die neben den mit einem politischen Amt verbundenen Annehmlichkeiten (Prestige, Macht, Einkommen) ausschließlich das Wohl des Volkes zum Ziel haben.
Ebenso muss das Verhalten der Wähler in der Demokratie aus einer eigennutzorientierten Perspektive betrachtet werden. Das vielen politikwissenschaftlichen Modellen zugrundeliegende optimistisch-idealistische Bürgerbild kann unter diesem Blickwinkel als nicht adäquat eingestuft werden. Es ist fern gesellschaftlicher Realität, von Bürgern zu verlangen, stete Tugendhaftigkeit zu zeigen, permant politisch aktiv zu sein und das Wohl des Gemeinwesens über das persönliche Wohl zu stellen. Auch in ihrer Funktion als Staatsbürger werden die Individuen stets von ihren eigenen Interessen geleitetet.[104]

5.3. Rationalitätsprinzip

Das Erklärungsschema des ökonomischen Ansatzes wäre inhaltslos, wenn das Verhalten der Individuen zufällig und nicht vorhersehbar wäre. In der ökonomischen Theorie wird daher angenommen, dass sich die Individuen in systematischer und absehbarer Weise und damit „rational" verhalten.[105] Nach dem Rationalitätsprinzip bewertet jedes Individuum seine Handlungsmöglichkeiten und entscheidet sich für diejenige Alternative, die ihm unter den gegebenen Bedingungen den größten Nutzen stiftet. Rationales Verhalten ist für die Menschen daher kein Selbstzweck, sondern ein Mittel zur Zielerreichung.[106]

Dem Konzept der *beschränkten* Rationalität („bounded rationality") liegt die Annahme zugrunde, dass die Individuen auf der Grundlage unvollständiger Informationen entscheiden und innerhalb dieses Rahmens ihren Nutzen maximieren. Nach *Simon* sind die Individuen weder in der Lage noch willens, die Handlungsalternativen mit all ihren Eigenschaften und Konsequenzen zu bewerten. Auf der einen Seite begrenzen neu-

---

[102] Bereits Schumpeter sah das Verhalten von Politikern als im wesentlichen eigennutzorientiert an. So zitiert Schumpeter einen Politiker: „Was die Geschäftsleute nicht verstehen, ist, dass ich genau so mit Stimmen handle, wie sie mit Öl handeln." Schumpeter (1950/1993), S. 453.
[103] Vgl. Kirsch (1997), S. 232f.
[104] Vgl. Detjen (2000), S. 15. Innerhalb des politikwissenschaftlichen Diskurses dominiert das optimistisch-idealistische Bürgerbild des Republikanismus.
[105] Vgl. Sohmen (1976), S. 343. Diese Annahme der ökonomischen Theorie darf keinesfalls als Beschreibung des Verhaltens lebender Personen missverstanden werden. In psychologischen Experimenten wurde beispielsweise gezeigt, dass Probanden teilweise keine logisch konsistenten Wahlhandlungen vornehmen. Die Annahme rationalen Verhaltens ist vor allen Dingen als Heuristik anzusehen. Vgl. Frey (1990), S. 162ff.; Suchanek (1994), S. 102.
[106] Vgl. Frey (1990), S. 11.

rophysiologische Ursachen die Informationsverarbeitungskapazität des menschlichen Hirns. Auf der anderen Seite ist die Beschaffung und Verarbeitung von Informationen mit Kosten verbunden ist. Damit werden die für eine Entscheidung notwendigen Informationen seitens der Individuen nur selektiv genutzt und beschafft. Individuelle Entscheidungen werden damit notgedrungen immer im Zustand unvollständiger Information getroffen.
Im Konzept der beschränkten Rationalität wird daher angenommen, dass Individuen habituelle Such- und Auswertungsprozeduren, wie z.B. Routinen oder Daumenregeln, nutzen, die nur so lange verfolgt werden, wie das Ergebnis ein bestimmtes, für die Individuen befriedigendes Niveau erreicht hat. In diesem Sinne verhalten sich die Individuen als „Satisfizierer" und nicht mehr als „Maximierer". Die Individuen handeln intendiert rational, dies allerdings nur „begrenzt".[107]
Das Konzept der beschränkten Rationalität verstanden als Konzept subjektiver Zweckrationalität impliziert, dass ausschließlich aus individueller Perspektive beurteilt werden kann, inwieweit menschliches Verhalten als rational zu beurteilen ist. Dieses Rationalitätskonzept ist mit einer individualistisch orientierten Demokratietheorie vereinbar, da strikt die Souveränität der Wähler geachtet wird.

5.4. Verhaltensdeterminanten

Im ökonomischen Modell wird das menschliche Verhalten durch zwei – strikt zu trennende – Variablen determiniert. Auf der einen Seite bestimmen die Wünsche und Motive das Verhalten der Individuen (Präferenzen).[108] Auf der anderen Seite hängt das Verhalten der Individuen von den gegebenen Anreiz- und Sanktionsstrukturen ab (Restriktionen). Entscheidend ist nun, dass *Veränderungen* im Verhalten der Individuen allein durch situative Nebenbedingungen oder Restriktionen und nicht auf Veränderungen der Präferenzen der Individuen zurückzuführen sind. Um Veränderungen im Verhalten der Individuen zu erklären, wird der Bewertungsmaßstab der Individuen invariant gehalten. Durch die Annahme einer stabilen Präferenzordnung der Individuen ist es damit möglich, theoretische Hypothesen über Veränderungen des menschlichen Verhaltens abzuleiten und diese empirisch zu testen.[109]

---

[107] Vgl. Simon (1957); (1959).
[108] Hinsichtlich der Präferenzen der Individuen wird angenommen, dass die Bedürfnisse des Menschen unersättlich sind. Erst aus dieser Annahme resultieren Knappheitsprobleme und damit Restriktionen für das menschliche Handeln. Weiterhin wird eine konsistente Präferenzordnung der Individuen unterstellt. Vgl. Erlei/Leschke/Sauerland (1999), S. 4.
[109] Vgl. Suchanek (1994), S. 116ff.; Frey (1990), S. 5f.

6. Kollektive Entscheidungen als Gegenstand der Ökonomik

Das Erklärungsschema des ökonomischen Ansatzes wurde lange Zeit ausschließlich auf den Gegenstandsbereich „Markt" angewendet. Die ökonomische Wissenschaft konnte damit zweifelsfrei als *Wirtschafts*wissenschaft bezeichnet werden. Eine Gleichsetzung der Wirtschaftswissenschaft im engeren Sinne mit der modernen ökonomischen Wissenschaft ist allerdings nur vordergründig richtig. Der Nobelpreisträger *Gary S. Becker* beschreibt treffend das Wesensmerkmal der ökonomischen Wissenschaft: „[W]as die Ökonomi[k] als Disziplin von anderen Disziplinen in den Sozialwissenschaften hauptsächlich unterscheidet, ist nicht ihr Gegenstand, sondern ihr Ansatz."[110] Die Ökonomik beschäftigt sich also nicht nur mit den Gebieten, die gemeinhin als „Markt" oder „Wirtschaft" bezeichnet werden. Neben der Analyse von Tauschbeziehungen auf dem Markt lenkt die Neue Institutionenökonomik ihr Interesse auch auf Untersuchungsgegenstände außerhalb der reinen Markttransaktionen: Das ökonomische Konzept des interindividuellen Austauschs wird ebenso auf den politischen Sektor einer Gesellschaft übertragen. Mit dieser Analogiebildung zwischen wirtschaftlichem und politischem Bereich löst sich das Forschungsprogramm der Neuen Institutionenökonomik von der theoretischen Fixierung auf marktliche Austauschprozesse. Der Analyse kollektiver Entscheidungen wird im Rahmen der Neuen Institutionenökonomik ein gleichrangiger Status im Forschungsprogramm eingeräumt.[111]

Unter einer kollektiven Entscheidung kann zunächst eine solche Entscheidung verstanden werden, die von mindestens zwei Personen über zwei oder mehr Alternativen getroffen wird.[112] Aus entscheidungstheoretischer Sicht lassen sich nach *Sartori* weiterhin folgende drei Entscheidungstypen unterscheiden:[113]

- *Individuelle Entscheidungen* sind solche Entscheidungen, die von einem einzelnen Individuum getroffen werden, ohne dass andere Individuen in die Entscheidungen involviert sind. Klassisches Beispiel für eine individuelle Entscheidung ist der Kauf von Gütern durch ein Individuum, also die Konsumentscheidung.
- *Gruppenentscheidungen* werden im Gegensatz zu individuellen Entscheidungen von eine Reihe von Individuen getroffen. Das wesentliche Merkmal von Gruppenentscheidungen liegt darin, dass alle entscheidenden Individuen persönlichen Kontakt zueinander haben und entsprechend in Interaktion treten können. Typische Gruppenentscheidungen werden etwa in Familien, Kegelvereinen oder in Musikgruppen getroffen.

---

[110] Becker (1976/1982), S. 3.

[111] Vgl. Homann (1988), S. 134.

[112] Vgl. Bossert/Stehling (1990), S. 74.

[113] Vgl. dazu Sartori (1997), S. 212f. Sartori führt des Weiteren den Begriff der kollektivierten Entscheidung ein. Dies sind solche Entscheidungen, bei denen der Kreis der Entscheidenden nicht mit dem Kreis der Entscheidungsunterworfenen kongruent ist. Im Grenzfall entspricht eine kollektive Entscheidung einer kollektivierten Entscheidung: Das entscheidende Kollektiv stimmt genau mit dem Personenkreis überein, der die Konsequenzen jener Entscheidung zu tragen hat. Der Begriff der kollektivierten Entscheidung soll im Weiteren nicht benutzt werden. Stattdessen wird diesbezüglich die Frage nach dem optimalen Delegationsgrad von kollektiven Entscheidungen gestellt. Vgl. dazu Kapitel II der vorliegenden Untersuchung.

- *Kollektive Entscheidungen* werden schließlich von einer Vielzahl von Individuen getroffen, die wegen des großen Umfangs des Entscheidungsgremiums keinen persönlichen Kontakt zueinander haben können. Beispiele für kollektive Entscheidungen sind Volksabstimmungen, Parlamentsabstimmungen, Abstimmungen in Gewerkschaften oder auch in Aktionärsversammlungen.[114]

In der vorliegenden Arbeit sollen nun ausschließlich jene kollektiven Entscheidungen betrachtet werden, die im *Bereich der Politik in einer Demokratie* getroffen werden.[115] Kollektiventscheidungen in anderen gesellschaftlichen Bereichen bzw. anderen Entscheidungssystemen (wie z.B. einer Diktatur) werden dagegen nicht näher untersucht.[116]
Zudem soll die *Notwendigkeit kollektiven Handelns* im Rahmen der vorliegenden Untersuchung nicht problematisiert werden.[117] Es wird angenommen, dass eine demokratische Gesellschaft kollektiv handelt und beispielsweise über die Bereitstellung von Kollektivgütern, distributive Aspekte oder auch Stabilisierungspolitik entscheidet. Der Vorteil einer solchen Vorgehensweise liegt auf der Hand: Die Analyse der Notwendigkeit kollektiver Entscheidungen würde einen großen Teil faktischen kollektiven Handelns für obsolet erklären und damit einen bedeutenden Teil realer Politikprozesse aus der Analyse ausblenden.[118]

7. Markt und Demokratie als ökonomische Koordinationsinstitutionen

In der vorliegenden Untersuchung wird der Markt als „wirtschaftlicher" und die Demokratie als „politischer" Mechanismus zur Herbeiführung kollektiver Entscheidungen betrachtet.[119] Die Analyse der Übertragung von politischen Verfügungsrechten mittels kollektiver Entscheidungen kann analog zu jener Analyse im marktlichen Bereich

[114] Herber trifft die Unterscheidung in primäre und sekundäre Gruppen. Im Unterschied zur primären Gruppe kennen sich die Mitglieder einer sekundären Gruppe untereinander nicht. Kollektive Entscheidungen werden nach dieser Defintion in sekundären Gruppen getroffen. Vgl. Herber (1982), S. 42f.

[115] Neben der Demokratie und dem Markt stehen einer Gesellschaft weitere Entscheidungsverfahren wie z.B. autoritäre Verfahren oder Verhandlungssysteme zur Verfügung. Markt und Demokratie stellen nach Arrow allerdings die beiden herausragenden Verfahren dar: „In a capitalist democracy there are essentially two methods by which social choices can be made: voting, typically used to make 'political' decisions, and the market mechanism, typically to make 'economic' decisions." Arrow (1951/1963), S. 1. Vgl. auch Dahl/Lindblohm (1953); Tullock (2002); Frey (1976), S. 156; Kirsch (1997), S. 325ff.; Stevens (1993), S. 2ff.

[116] Vgl. Kirsch (1997), S. 9. Die Fokussierung des Interesses auf kollektive Entscheidungen im politischen Bereich einer Gesellschaft soll gleichfalls nicht bedeuten, dass andere kollektive Entscheidungen, wie etwa in Aktiengesellschaften, nicht ebenfalls von großem Interesse sein können. Eine Abgrenzung erscheint aus forschungsökonomischem Blickwinkel allerdings unumgänglich.

[117] Die Grenze zwischen einer privaten Gesellschaft und kollektiven Arrangements ist nicht naturrechtlich gegeben, sondern bedarf einer bewussten Festlegung durch die Gesellschaftsmitglieder einer Demokratie. Wo die Grenze zwischen individuellem und kollektivem Handeln gesetzt wird, ist eine Frage der Leistungsfähigkeit alternativer Koordinationsmechanismen. Vgl. Buchanan (1987a), S. 43; Homann (1980), S. 261; Homann (1988), S. 143ff., S. 151; Albert (1994), S. 28.

[118] Die Vergabe von Steinkohlesubventionen im laufenden politischen Prozess einer Demokratie dürfte aus ökonomischer Perspektive beispielsweise kaum zu legitimieren sein.

[119] Vgl. Frey (1976), S. 154.

erfolgen. Im Folgenden wird gezeigt, dass Markt und Demokratie sich in ihrer grundlegenden Funktionsweise ähneln. Das Entscheidungssystem Demokratie kann allerdings nicht vereinfacht mit privatwirtschaftlichen Wettbewerbsmärkten gleichgesetzt werden.[120]

7.1. Gemeinsamkeiten der Institutionen Markt und Demokratie

Schumpeter gilt als erster Ökonom, der in seinem Werk „Kapitalismus, Sozialismus und Demokratie" den ökonomischen Denkansatz fruchtbar auf den politischen Bereich einer Gesellschaft übertragen hat.[121] Im Demokratieverständnis *Schumpeters*, das sich sich stark von der „klassischen Demokratielehre" abgrenzt[122], spielt der Wettbewerbsgedanke eine zentrale Rolle.[123] Das kompetitive Verständnis des demokratischen Prozesses kommt in folgenden Formeln zum Ausdruck: „Die demokratische Methode ist diejenige Ordnung der Institutionen zur Erreichung politischer Entscheidungen, bei welcher einzelne die Entscheidungsbefugnis vermittels eines Konkurrenzkampfes um die Stimmen des Volkes erwerben."[124] „Das Prinzip der Demokratie bedeutet dann einfach, dass die Zügel der Regierung jenen übergeben werden sollten, die über mehr Unterstützung verfügen als die andern, in Konkurrenz stehenden Individuen oder Teams."[125]
Schumpeter lehnt sich in seinen Ideen stark an *Adam Smith* an, der in seinem Werk „The Wealth of Nations" das Eigennutzaxiom postulierte: „It is not from the benovolence of the butcher, the brewer, or the baker that we expect our dinner, but from their regard to their own interest. We adress ourselves, not to their humanity but to their self-love, and never talk to them of our own necessities but of their advantages."[126] *Schumpeter* überträgt die Annahme eigennützigen Verhaltens auf den politischen Bereich einer Gesellschaft und setzt damit einen Kontrapunkt zu einer benevolenten Verhaltensannahme politischer Akteure.[127]

---

[120] Vgl. North (1992), S. 62.
[121] Behrends weist gleichwohl darauf hin, dass der Politologe George E.G. Catlin bereits 1927 in seinem Buch „The Science and Methods of Politics" wesentliche Grundlagen für die Neue Politische Ökonomie gelegt hat. Vgl. Behrends (2001), S. 10f.
[122] Nach Schumpeter ist die demokratische Methode nach der „klassischen Lehre" der Demokratie „jene institutionelle Ordnung zur Erzielung politischer Entscheide, die das Gemeinwohl dadurch verwirklicht, dass sie das Volk selbst die Streitfragen entscheiden lässt und zwar durch die Wahl von Personen, die zusammenzutreten haben, um seinen Willen auszuführen." Schumpeter (1950/1993), S. 397. Der Wille des Volkes ist aus der Sicht der „klassischen Demokratielehre" damit eine unabhängige, exogene Größe. Politiker sind in dieser Sichtweise weitgehend willenlose Instrumente ihrer Wähler, deren Zweck ausschließlich in der Exekution des Volkswillens besteht.
[123] Zur Kritik hieran vgl. Röhrich (1981), S. 128f.
[124] Schumpeter (1950/1993), S. 428.
[125] Schumpeter (1950/1993), S. 433.
[126] Smith (1776/1986), S. 119.
[127] Das folgende Zitat verdeutlicht diese Überlegung: „Zum Beispiel ist der Grund, warum es etwas wie eine ökonomische Tätigkeit gibt, natürlich der, dass die Menschen sich nähren und kleiden usw. wollen. Die Mittel zur Befriedigung dieser Wünsche zu liefern, ist das soziale Ziel oder der soziale Sinn der Produktion. Trotzdem sind wir uns alle einig, dass diese These ein sehr wirklichkeitsfremder Ausgangspunkt für eine Theorie der wirtschaftlichen Tätigkeit in der kommerziellen Gesellschaft wäre und dass wir besser vorwärtskommen, wenn wir von Thesen über Profite ausgehen. In ähnlicher Weise ist

Der politische Prozess wird unter diesem Blickwinkel als Markt für politische Maßnahmen betrachtet, in dem Anbieter und Nachfrager politischer Leistungen als Akteure auftreten. Das Ziel der in Parteien[128] organisierten Politiker als Anbieter politischer Leistungen liegt keinesfalls darin, die Wohlfahrt und den Nutzen der Bürger zu mehren.[129] Die Parteien entwickeln Wahlprogramme, um möglichst viele Wählerstimmen zu erhalten und damit den Wahlsieg zu erringen. Parteiprogramme werden nicht um ihrer selbst willen geschrieben, sondern dienen als Mittel der Parteien bzw. der Politiker, Wählerstimmen zu „kaufen".[130] Parteien sind demnach den auf Märkten agierenden gewinnmaximierenden Unternehmen ähnlich. Die Politiker der Parteien werden jene Programme entwerfen, mit denen sie bei der Wahl den größten Erfolg haben werden, um damit letztlich wiederum private Ziele zu erreichen. Gemäß dem Eigennutzaxiom des ökonomischen Ansatzes streben die Politiker die Maximierung ihres individuellen Nutzens an, wozu Macht, Prestige, Einkommen und u.U. auch das Durchsetzen ideologischer Zielsetzungen gehören.[131] Weil die Politiker ihre privaten Ziele nur in der Regierung durchsetzen können, müssen sie dem demokratischen Prinzip zufolge von der Mehrheit der Bürger gewählt werden. Das Handeln von Politikern lässt sich damit unter der Annahme der Wiederwahl als restriktionsgeleitet rekonstruieren. Das primäre Ziel der bestehenden Regierung ist es, weiter an der Macht zu bleiben, während die Opposition versucht, die Regierung mit legalen Mitteln zu stürzen.[132]

Die Wähler als Nachfrager politischer Leistungen auf der anderen Seite sind darum bemüht, durch ihre Wahlentscheidung ihren Nutzen aus der Tätigkeit der Regierung (politischen Nutzen) zu maximieren.[133] Neben den zwei zentralen Akteursgruppen Wähler und Politiker ist ein „Zwischenraum" mit einer Vielzahl von Organisationen ausgefüllt, die den Willensbildungsprozess in einem demokratischen Staatswesen beeinflussen.[134]

Die Politiker als Stellvertreter der Bürger können im Rahmen der demokratischen Methode ihren eigenen Nutzen nur dann maximieren, wenn sie gleichzeitig den Nutzen ihrer Wähler maximieren. Falls die Regierung eine Politik betreibt, die sich nicht

---

der Sinn der parlamentarischen Tätigkeit ohne Zweifel die, Gesetze und teilweise auch Verwaltungsmaßnahmen hervorzubringen. Aber um zu verstehen, wie die demokratische Politik diesem sozialen Ziele dient, müssen wir vom Konkurrenzkampf um Macht und Amt ausgehen und uns klar werden, dass die soziale Funktion, so wie die Dinge nun einmal liegen, nur nebenher erfüllt wird – im gleichen Sinne wie die Produktion eine Nebenerscheinung beim Erzielen von Profiten ist." Schumpeter (1950/1993), S. 448.

128 Downs definiert Parteien „als eine Koalition von Personen, die den Regierungsapparat mit legalen Mitteln unter ihre Kontrolle" zu bringen versucht. Downs (1968), S. 24.

129 Die strikte Annahme eigennützigen Verhaltens bei den Anbietern politischer Leistungen mag unrealistisch und sogar zynisch klingen. A priori kann nicht ausgeschlossen werden, dass sich Politiker im Sinne eines „wohlwollenden Diktators" benevolent verhalten. In der gesellschaftlichen Realität dürfte diese Verhaltensweise allerdings relativ selten anzutreffen sein. Vgl. Kirsch (1997), S. 233.

130 Herder-Dorneich/Groser sehen hierin im Vergleich zur „klassischen Lehre" der Demokratie eine Umkehrung des Zweck-Mittel-Verhältnisses. Vgl. Herder-Dorneich/Groser (1977), S. 66.

131 Vgl. Seliger/Herrmann-Pillath (2000), S. 1151.

132 Vgl. Downs (1968), S. 11. Schmidt bezeichnet dies als „These vom Primat des Amtserwerbs und des Machterhalts und von der untergeordneten Rolle der inhaltlichen Politikgestaltung." Schmidt (1997), S. 142f.

133 Vgl. Lehner (1981), S. 22.

134 Vgl. dazu Abschnitt 11.

an den Präferenzen der Mehrheit der Wähler orientiert, wird sie nicht mehr gewählt und entmachtet. Damit führen die Tauschbedingungen der demokratischen Methode dazu, dass sich im Idealfall das Handeln der Regierung stets an den Präferenzen der Mehrheit der Bürger orientiert.

Als Nebenprodukt des eigennützigen Strebens der politischen Akteure werden ebenso die Ziele der Gesellschaftsmitglieder erreicht. *Herder-Dorneich/Groser* nennen die institutionelle Zusammenführung von persönlichem Zweck und sozialem Ziel die „List der Demokratie".[135] Der Wahlstimmenmechanismus führt mittels des Konkurrenzkampfes der Politiker zu einer Orientierung der Programme an den Wünschen der Wähler. Die „unsichtbare Hand" des politischen Marktes hat zur Folge, dass die eigennutzorientierten Motive der politischen Anbieter in einer Weise kanalisiert werden, dass sie zu gesellschaftlich wünschenswerten Resultaten führen.[136] Hierin kann unmittelbar die Analogie zu Märkten im wirtschaftlichen Bereich gezogen werden. Ein Unternehmer produziert Waren, nicht um Konsumenten damit eine Freude zu bereiten, sondern um mit dem Verkauf dieser Waren Gewinne zu erwirtschaften. Damit der Unternehmer Profite machen kann, muss er Käufer für seine Güter finden. Eine Nachfrage nach seinen Gütern wird sich gleichwohl nur dann einstellen, wenn die Güter den Nachfragern entsprechend ihrer Zahlungsbereitschaft einen Nutzen stiften. Im politischen Markt verhält es sich nicht anders: Die Politiker als Anbieter politischer Leistungen werden von den Wählern als Nachfrager nur dann gewählt, wenn diese ihren (politischen) Nutzen maximieren können. Marktmechanismus und demokratische Methode haben damit einander stark ähnelnde Funktionsweisen: Das eigennützige Streben der Akteure führt im Idealfall zu sozial erwünschten Resultaten.[137] Ohne eine lenkende zentrale Instanz werden durch das Funktionsprinzip des Marktes und der Demokratie die individuellen Handlungen zur Wohlfahrt aller Gesellschaftsmitglieder koordiniert. Da sowohl der politische Markt als auch der Markt für Güter und Ressourcen ohne eine zentral steuernde Einheit auskommen und knappe Ressourcen über individuelle Anpassungsprozesse (Kauf von Gütern, Wahlen und Abstimmungen) gesteuert werden, kann man Markt und Demokratie in Anlehnung an *v. Hayek* als spontane Entdeckungsverfahren bezeichnen.[138]

Auf privatwirtschaftlichen Märkten dient der Preismechanismus dazu, einen Ausgleich zwischen dem Angebot an Gütern und Dienstleistungen und der Nachfrage zu schaffen. Steigt die Nachfrage für ein bestimmtes Gut, so wird der Preis des Gutes steigen und die Unternehmen werden mehr von diesem Gut produzieren. Sinken auf der anderen Seite die Produktionskosten eines Gutes, so wird der Preis fallen und die Konsumenten werden mehr von diesem Gut nachfragen. Das Preissystem übermittelt also auf der einen Seite Informationen über die Präferenzen von Individuen und auf der anderen Seite Informationen über die Kosten der Produktion von Gütern.

---

[135] Vgl. Herder-Dorneich/Groser (1977), S. 66.

[136] Vgl. Bürklin/Klein (1998), S. 114.

[137] Vgl. auch Stevens (1993), S. 21

[138] Vgl. v. Hayek (1969/1994), S. 249ff. Vgl. Fritsch/Wein/Ewers (1999), S. 6f.; auch Seliger/Herrmann-Pillath (2000), S. 1149.

Das Preissystem einer Marktwirtschaft ist damit eine Methode, effizient die Ressourcenallokation in einer Wettbewerbswirtschaft vorzunehmen.[139]
Die Allokation von Ressourcen in einer Demokratie findet in analoger Form mittels des Wahl- bzw. Abstimmungsmechanismus statt. Entweder es wird direkt über kollektive Belange abgestimmt oder die Individuen geben ihre Entscheidungskompetenz mittels einer Wahl an Repräsentanten ab, die im Namen der Gesellschaftsmitglieder Entscheidungen treffen. Steigt beispielsweise die Nachfrage nach einer Partei, so schlägt sich die Präferenz des Elektorats in einem verbesserten Abstimmungsergebnis dieser Partei nieder. Entsprechend dem Abstimmungsergebnis wird im Sinne der Präferenzen der Wähler der politische Output verbessert. Der Abstimmungsmechanismus in einer Demokratie übermittelt Informationen über die Präferenzen der Individuen und schafft wie der Preismechanismus einen Ausgleich zwischen der Nachfrage der Wähler und dem politischen Angebot der Parteien.

7.2. Unterschiede der Institutionen Markt und Demokratie

Neben den grundlegenden Ähnlichkeiten können folgende Unterschiede in der Funktionsweise von Markt und Demokratie ausgemacht werden:[140]

- Der wichtigste Unterschied zwischen Markttransaktionen und dem Tausch auf dem politischen Markt ergibt sich aus dem Umstand, dass Leistung und Gegenleistung bei kollektivem Handeln nicht unmittelbar verknüpft sind.[141] Ein marktlicher Tausch kennzeichnet sich durch seine direkte Zurechenbarkeit von Leistung und Gegenleistung aus: Der Kauf eines Gutes zieht die unmittelbare Übertragung der Verfügungsrechte nach sich. Diese marktliche Entscheidungssituation steht im Gegensatz zu einer Situation bei kollektiven Entscheidungen, in der sich das Abstimmungsergebnis aus den Präferenzen einer Vielzahl von Bürgern zusammensetzt und aufgrund des Wahlgeheimnisses kein unmittelbarer Zusammenhang zwischen der Abstimmungspräferenz und der Leistungserbringung hergestellt werden kann. Aus diesem Umstand erwächst für ein Individuum der Anreiz, sich einerseits den Kosten der Leistungserbringung zu verweigern und andererseits einen möglichst großen Anteil am Leistungsspektrum der Gesellschaft zu erhalten. Das Trittbrettfahrerverhalten wird bei Markttransaktionen zu keiner Option, da ein Individuum im Falle der Verweigerung der Leistungserbringung von der Leistungsinanspruchnahme ausgeschlossen werden kann.
- Die unmittelbare Verknüpfung vcn Leistung und Gegenleistung im marktlichen Bereich einer Gesellschaft führt dazu, dass individuelle Entscheidungen zu einer unmittelbaren Verantwortung des Individuums führen. Dieses Prinzip wird durch die Kollektivität von Abstimmungen aufgeweicht. Die Unmittelbarkeit zwischen individueller Entscheidung und Entscheidungsfolge ist nicht gegeben, so dass sich

---

[139] Vgl. Stiglitz (1989), S. 142; Frey/Kirchgässner (1994), S. 87.
[140] Vgl. dazu Buchanan (1954a), S. 334ff.; Stigler (1971), S. 258ff.; Jakubowski (1999), S. 172ff.; Pearce/Nash (1981), S. 9.
[141] Vgl. Leipold (1988), S. 258f.

der Einzelne in gewisser Weise seiner Verantwortung entziehen kann. Die von Individuen im Rahmen marktlicher Transaktionen getroffenen Entscheidungen zeichnen sich daher durch eine intensivere Abwägung der Entscheidungsfolgen aus.[142]

- Die privatwirtschaftliche Ressourcenallokation unterscheidet sich weiterhin von der Allokation im politischen Bereich durch den Grad der Sicherheit einer Entscheidung. Der Kauf eines Gutes hat auf wirtschaftlichen Märkten den unmittelbaren Übergang der Property Rights zur Folge. Das Individuum als Entscheidungseinheit kann damit unmittelbar auf die Folgen seiner Entscheidung schließen. Kollektive Entscheidungen zeichnen sich demgegenüber gerade dadurch aus, dass Individuum und entscheidungsrelevante Referenzeinheit auseinanderfallen. Da das Abstimmungsverhalten des Elektorats für die Individuen nicht absehbar ist und gleichzeitig das Entscheidungsverhalten jedes Abstimmungsberechtigten Ergebnisrelevanz besitzt, ist eine individuelle Entscheidung im Rahmen einer Abstimmung durch ein hohes Maß an Unsicherheit gekennzeichnet. Damit eröffnen sich für ein Individuum bei kollektiven Entscheidungen u.U. strategische Entscheidungsspielräume.[143] Auf Märkten existiert dieses Problem nicht, da Entscheidungsträger und Entscheidungsunterworfener eine Einheit darstellen, also kongruent sind. Verhielten sich Individuen bei marktlichen Transaktionen strategisch, so würden sie gegen ihre eigenen Interessen verstoßen, da sie Güter konsumieren würden, die ihnen keinen Nutzen stiften.
- Den beiden Institutionen Markt und Demokratie ist gemeinsam, dass sie als Austauschmedium zwischen Individuen dienen. Auf Märkten werden zwischen eigennützig agierenden Individuen im Rahmen einer freiwilligen Einigung Verfügungsrechte getauscht.[144] Das entscheidende Merkmal marktlicher Transaktionen besteht darin, dass im Rahmen eines direkten zweiseitigen Austauschprozesses bilaterale Vorteile für die Beteiligten entstehen. Markttransaktionen zwischen wirtschaftlichen Akteuren kommen daher nur dann zustande, wenn für die Beteiligten aus dieser Transaktion ein Nutzenzuwachs resultiert. Kollektive Austauschprozesse genügen in der Regel nicht dem Kriterium der bilateralen Vorteilhaftigkeit. Durch kollektives Handeln wird es immer Verlierer geben.[145] Dem normativem Kriterium der Pareto-Optimalität[146], bezogen auf einzelne Transaktionen, kann das Entscheidungssystem Demokratie in der Praxis nicht genügen.
- Kennzeichnend für Markttransaktionen sind bilaterale Austauschprozesse zwischen Individuen. Kollektives Handeln lässt sich nicht in einen bilateralen Aus-

---

[142] Vgl. Jakubowski (1999), S. 174. Zu einer Diskussion über Kleinkostenentscheidungen vgl. auch Kapitel II.

[143] Abstimmungsverfahren sind in unterschiedlichem Ausmaß immun gegenüber strategischem Abstimmungsverhalten der Wähler. Zur Diskussion der Renitenz von Abstimmungsverfahren vgl. Kapitel III.

[144] Streng genommen werden auf Märkten Verfügungsrechte (Property Rights) getauscht. Ein Tausch von physischen Gütern findet oft nicht statt.

[145] Vgl. Buchanan (1984), S. 19. Kollektives Handeln wird nur dann kein Individuum in der Gesellschaft schlechter stellen, wenn die Einstimmigkeitsregel gilt oder die Präferenzen aller Gesellschaftsmitglieder vollständig homogen sind. Vgl. auch Stevens (1993), S. 12f.

[146] Ein sozialer Zustand ist dann als pareto-optimal einzustufen, wenn kein Individuum mehr besser gestellt werden kann, ohne dass gleichzeitig ein anderes Individuum schlechter gestellt wird.

tausch auflösen, da sich stets eine Interessenvermittlung von einer Reihe von Individuen ergibt: „...even within a well-defined and functioning legal order, 'political exchange' necessarily involves *all* members of the relevant community rather than the two trading partners that characterize economic exchange."[147] Kollektives Handeln muss entsprechend als multilateraler Tausch zwischen Individuen aufgefasst werden.[148]

- Ein bedeutender Unterschied zwischen marktlichen und kollektiven Entscheidungen liegt in dem Bewusstsein der Individuen, durch das Abstimmungsverhalten die Nutzenpositionen von Individuen zu verändern. Das Kennzeichen bilateraler marktlicher Transaktionen besteht darin, dass ausschließlich die Nutzenpositionen der am Tausch beteiligten Individuen verändert werden.[149] Aus dem multilateralen Charakter von Abstimmungen heraus steht ein Individuum diesbezüglich einer vollständig anderen Situation gegenüber. Es muss damit rechnen, dass von seiner Entscheidung Folgen für das gesamte Kollektiv ausgehen. *Buchanan* nimmt daher an, dass Individuen in kollektiven Austauschprozessen auf Basis einer anderen Präferenzskala entscheiden. Aufgrund des Bewusstseins der sozialen Interdependenz der individuellen Entscheidung in einer kollektiven Abstimmung werden Individuen u.U. eher aufgrund von „Werten" als aufgrund eines für marktliche Entscheidungen bestimmenden „Geschmacks" entscheiden.[150]
- Marktliche und politische Koordinationsmechanismen unterscheiden sich weiterhin durch die der Entscheidungssituation zugrundeliegenden Machtverhältnisse. Auf Märkten werden die Wahlmöglichkeiten der Individuen durch deren Zahlungsfähigkeit determiniert. Geht man von einer nicht-egalitären Einkommensverteilung in der Gesellschaft aus, liegen unterschiedliche Wahlmöglichkeiten der Individuen und damit aus marktlicher Perspektive unterschiedliche Machtverhältnisse vor. Diese unterschiedlichen Machtverhältnisse treten im politischen Bereich wegen des allgemeinen und gleichen Stimmrechts („one man one vote") formal nicht auf.[151]
- Marktliche Tauschprozesse spielen sich stetig in enger zeitlicher Abfolge ab, während das Kennzeichen der meisten Demokratien eine weitgehende Delegation von Entscheidungskompetenzen an Intermediäre ist. Eine unmittelbare politische Betätigung der Bürger findet in aller Regel nur in den periodisch wiederkehrenden

---

[147] Buchanan (1984), S. 14.

[148] Vgl. Leipold (1988), S. 258; Folkers (1996), S. 120f.

[149] Das Vorhandensein externer Effekte soll ausgeschlossen werden. In jenem Fall tangieren marktliche Transaktionen die Nutzenpositionen Dritter.

[150] Vgl. Buchanan (1954a), S. 336; auch Stevens (1993), S. 5.

[151] Unterschiedliche Machtverhältnisse bei Wahlen wurden beispielsweise durch das preußische Dreiklassenwahlrecht gebildet. Bei dem von 1849 bis 1918 gültigen Wahlrecht wurden die Abgeordneten indirekt über Wahlmänner gewählt und jeder einzelne Wähler einer Wahlklasse zugeordnet. In der obersten Wahlklasse befanden sich Bürger mit besonders hohem Einkommen wie z.B. Großgrundbesitzer. In der zweiten Klasse fanden sich Bürger wie beispielsweise Kaufleute mit durchschnittlichem Steuereinkommen. Die dritte Klasse wurde von Bürgern der unteren Einkommensschichten besetzt. Jede Wahlklasse bestimmte ein Drittel der Wahlmänner. 1849 stimmten 4,7 Prozent in der ersten, 12,6 Prozent in der zweiten und 82,6 Prozent der Wähler in der dritten Klasse. Damit hatte die Stimme eines Wählers der ersten Klasse ungefähr das 17,5fache Gewicht der Stimme eines Wählers der dritten Klasse.

Wahlen zum Parlament statt.[152] In einer halbdirekten Demokratie wird den Bürgern auch zwischen den Parlamentswahlen die Möglichkeit der Präferenzartikulation gegeben.

- Ein weiterer Unterschied zwischen marktlichen Transaktionen und kollektiven Entscheidungen besteht in dem Umstand, dass bei Transaktionen auf dem Markt stetige Entscheidungsgrößen vorliegen, also ein mehr oder weniger möglich ist.[153] Der Tausch im politischen Bereich kann demgegenüber nicht als ein simples Austauschen von Gütern betrachtet werden, die individuell teilbar und konsumierbar sind.[154] Kollektives Handeln zeichnet sich dadurch aus, dass von den Akteuren eine eindeutige Entscheidung zwischen Alternativen verlangt wird, die keine Abstufung zulässt.[155] Die Vielfalt an Auswahlmöglichkeiten bei kollektiven Entscheidungen wird insbesondere durch die Vorauswahl der Entscheidungsgegenstände eingeschränkt. Mit Ausnahme von Entscheidungssituationen, bei denen die Alternativen quasi natürlich vorgegeben sind, werden den Individuen Entscheidungsalternativen präsentiert, die von vornherein eine präferenzgerechte Entscheidung ausschließen können. Die Quasi-Unteilbarkeit von kollektiven Entscheidungen und die damit notwendigerweise verbundene Vorauswahl von Alternativen verhindert u.U. eine präzise Präferenzartikulation im politischen Bereich. Die individuelle Entscheidungssituation im Markt kennzeichnet sich demgegenüber durch eine nahezu unbegrenzte Auswahl an Entscheidungsalternativen mit der Möglichkeit einer differenzierten Präferenzartikulation aus.
- Nicht zuletzt besitzen die Individuen in aller Regel in Abstimmungen nicht die Möglichkeit, die Intensität ihrer Präferenzen auszudrücken. Abgesehen von Mechanismen wie der Abstimmung mittels Steuer oder der Punktwahl halten kollektive Entscheidungen in der Regel nur eine begrenzte Auswahl an Alternativen bereit, die die Individuen in einfacher Form ablehnen oder annehmen können. Demgegenüber ermöglicht der Marktmechanismus den Wirtschaftssubjekten eine präzise Form der Artikulation von Präferenzintensitäten im kardinalen Maßstab.[156]
- Das Nichtausdrücken von Präferenzen hat in den Institutionen Markt und Demokratie unterschiedliche Konsequenzen. In der Demokratie hat die Wahlenthaltung eines Bürgers zur Folge, dass die Entscheidung nur noch von denjenigen getroffen wird, die an der Wahl tatsächlich teilnehmen.[157] Und obschon sich der Einzelne an der Entscheidung nicht aktiv beteiligt, ist er doch durch den Zwangscharakter der kollektiven Entscheidung betroffen. Entscheidet sich ein Individuum im marktlichen Geschehen für oder gegen ein Gut, so hat das „Nichtwählen" für ihn

---

[152] Gleichwohl sollte nicht übersehen werden, dass sich die Bürger einer Demokratie auch außerparlamentarisch an der politischen Willensbildung beteiligen können. Der einzelne Bürger kann beispielsweise durch Demonstrationen oder durch die Gründung einer Bürgerinitiative politisch partizipieren. Vgl. dazu Kirsch (1997), S. 227ff.

[153] Vgl. Buchanan (1984), S. 19.

[154] Vgl. Brennan/Buchanan (1993), S. 33.

[155] Eine Ausnahme bildet die Abstimmung mittels Veto, bei der den Individuen die Möglichkeit gegeben wird, die Auswahl der zur Abstimmung stehenden Alternativen vorzunehmen. Vgl. dazu Abschnitt 17.3.7.

[156] Vgl. Seliger/Herrmann-Pillath (2000), S. 1150f.

[157] Das Vorhandensein einer Mindestwahlbeteiligung (Quorum) kann bei zu geringer Wahlbeteiligung zur Ungültigkeit einer Wahl führen. Dieser Fall soll an dieser Stelle ausgeschlossen werden.

keinerlei weitere Konsequenzen. Das Nichtzustandekommen von marktlichen Transaktionen bedeutet eine klare Abstimmung *gegen* ein Gut. Das Nichtausdrücken von Präferenzen im Marktmechanismus bedeutet also keinesfalls Indifferenz oder implizite Zustimmung. Die Enthaltung eines Individuums im Wahlmechanismus kann demgegenüber nicht eindeutig inhaltlich bestimmt werden. Obwohl ein Individuum eindeutige Präferenzen für oder gegen eine Alternative hat, also nicht indifferent ist, kann es sich bei einer Abstimmung enthalten. In diesem Fall sind die Kosten der Wahlteilnahme höher als die Nutzen, so dass es aus individueller Perspektive lohnenswert ist, der Abstimmung fern zu bleiben.

- Umgekehrt hat das explizite Ausdrücken von Präferenzen in beiden Interaktionssystemen ebenfalls einen unterschiedlichen Charakter. Das Abgeben einer Stimme im Markt, also die Präferenzartikulation mittels der Zahlungsbereitschaft, führt im Falle des Zustandekommens der Transaktion in jedem Falle zu einem Nutzenzuwachs für das Individuum. Zwar kann auch im Marktgeschehen ein Individuum durch die höhere Zahlungsbereitschaft eines anderen Individuums „überstimmt" werden. Dieses Nichtzustandekommen der Transaktion hat für das Individuum allerdings keine negativen Konsequenzen, da offenbar die Zahlungsbereitschaft für das Gut geringer als der Preis war, so dass keine Konsumentenrente hätte abgeschöpft werden können. In Abstimmungen verliert der Einzelne im Falle der Überstimmung dagegen seine Stimme zur Durchsetzung der Präferenzen.[158] Damit wird der Wähler in einer Demokratie in bestimmten Fällen dazu gezwungen, Ergebnisse von kollektiven Entscheidungen hinzunehmen, die nicht seinen Präferenzen entsprechen.
- Ein weiterer bedeutender Unterschied zwischen den Institutionen Markt und Demokratie liegt darin, dass die Interaktionssysteme keinen gleichrangigen institutionellen Status besitzen. Es ist einleuchtend, dass bei einem gewöhnlichen Tausch von Gütern auf einem Markt zunächst eine Übereinkunft darüber getroffen werden muss, wie dieser Tausch vonstatten gehen soll. Wenn die Transaktionspartner sich nicht über die Transaktionsregeln hinsichtlich der Verfügungsrechte verständigen können, kommt es nicht zu einem für beide Seiten vorteilhaften Tausch. Die politische Ordnung ist die Grundlage marktlicher Tauschhandlungen und muss der wirtschaftlichen Ordnung einer Gesellschaft vorgeschaltet sein.[159]

Wie die Ausführungen deutlich gemacht haben, weisen die beiden Institutionen Markt und Demokratie einige Unterschiede in ihrer Funktionsweise auf. Die folgende Tabelle fasst noch einmal die wichtigsten Unterschiede zusammen:

---

[158] Vgl. Stigler (1971), S. 265.

[159] Vgl. Brennan/Buchanan (1993), S. 34; Homann (1988), S. 145, 154; Homann/Suchanek (2000), S. 183.

Tab. 1: Unterschiede der Institutionen Markt und Demokratie

Kriterium	Markt	Demokratie
Zurechenbarkeit von Leistung und Gegenleistung	gegeben	nicht gegeben
Entscheidungssicherheit	gegeben	nicht gegeben
Vorteilhaftigkeit einzelner Transaktionen	stets gegeben	nicht gegeben
Art des Tausches	bilateral	multilateral
Relevante Präferenzskala	Geschmack	Werte und Geschmack
Machtverhältnisse	ungleich	formal gleich
Delegationsumfang	niedrig	hoch
Entscheidungsgrößen	stetig	unteilbar
Transaktionshäufigkeit	hoch	niedrig

Quelle: Eigene Abbildung.

Bei der Betrachtung der Unterschiede der beiden Institutionen fällt auf, dass ideal ablaufende marktliche Tauschprozesse im Vergleich zum politischen Prozess einer Demokratie besser abschneiden. Wenn das Entscheidungssystem Demokratie im Vergleich zu privatwirtschaftlichen Märkten offensichtlich deutliche Defizite aufweist, so sollte das Entscheidungssystem Demokratie nicht an einem ideal funktionierenden Markt gemessen werden („nirvana approach").[160] Bei der Betrachtungsweise idealer marktlicher Transaktionen wird man die Institution Demokratie in jedem Fall als „inferior" einstufen müssen.

8. Ökonomische Theorie der Verfassung und Demokratie

> „Wir wenden uns gerade dann der politischen Philosophie zu, wenn unsere gemeinsamen politischen Überzeugungen [...] nicht mehr tragen, und ebenso, wenn wir mit uns selbst uneins sind."
> John Rawls (2003), S. 116f.

Da die Institution der Demokratie kein exogen vorgegebener Datenkranz einer Gesellschaft ist, muss gefragt werden, welche Regeln das Fundament einer modernen konstitutionellen Demokratie sein sollen. Woher kommen diese Regeln und wie können diese Regeln Geltung für sich beanspruchen? Welche Institutionen geben sich die Menschen in einer Demokratie, um ihre gemeinsamen Belange zu regeln? In den letzten beiden Jahrhunderten konnte im demokratietheoretischen Diskurs keine umfassende Einigung darüber erzielt werden, wie die grundlegenden Regeln einer demokratischen Verfassung ausgestaltet sein sollten.[161] In der vorliegenden Untersuchung wird mit Hilfe der Ökonomischen Theorie der Verfassung der Versuch unternommen, zumindest eine kategoriale Gemeinsamkeit der Positionen der Bürger

[160] Vgl. Eichenberger/Frey (1994), S. 774f.
[161] Vgl. Rawls (2003), S. 68.

einer Demokratie abzuleiten. Mit dem Konzept politischer Transaktionskosten steht eine Argumentationsgrammatik im politischen Diskurs zur Verfügung, die den demokratischen Diskurs unter den Bürgern sinnvoll ausrichten und eine fundierte Orientierung bei der Ableitung von Regeln einer demokratischen Verfassung geben kann. Die unterschiedlichen Interessenlagen der Bürger einer Demokratie im Hinblick auf die Ausgestaltung einer demokratischen Verfassung sollen gleichwohl nicht negiert werden: „Alles, was wir erreichen können, ist womöglich, das Ausmaß bestehender Meinungsverschiedenheiten zu verringern."[162]
Gegenstand der Ökonomischen Theorie der Verfassung sind die grundlegenden Regeln, Institutionen, die das Funktionieren einer freiheitlich demokratischen Gesellschaft gewährleisten sollen. Der Schwerpunkt der Analyse der Ökonomischen Theorie der Verfassung liegt in einer normativen Analyse der grundlegenden Rahmenbedingungen einer Demokratie.[163] Das Kennzeichen des Ansatzes der Ökonomischen Theorie der Verfassung besteht weiterhin darin, eine *konstitutionelle Sichtweise* des politischen Prozesses einzunehmen.[164] Während die Akteure im laufenden politischen Prozess ihre Handlungsrestriktionen als gegeben betrachten, so wird in der vertragstheoretischen Sichtweise jene postkonstitutionelle Ebene verlassen. Gerade weil sich eine Entscheidung *innerhalb exogen vorgegebener Regeln* grundlegend von einer *Wahl zwischen Regeln* unterscheidet, verlagert sich der Blickwinkel in der Ökonomischen Theorie der Verfassung auf die Ebene der Institutionen, die in der postkonstitutionellen Gesellschaft einen exogen vorgegebenen Datenkranz für die Individuen darstellen.[165]

8.1. Das vertragstheoretische Verfassungskonzept

Im kontrakttheoretischen Verfassungskonzept, das im wesentlichen auf die Arbeiten von *Buchanan* zurückgeht,[166] wird der Ansatz vertreten, dass sich die Individuen einer demokratischen Gesellschaft die Regeln des gesellschaftlichen Zusammenlebens selbst geben müssen.[167] Wenn man die Notwendigkeit kollektiver Entscheidungen unterstellt, so muss anerkannt werden, dass es zunächst einmal keine Regel gibt, die Auskunft darüber erteilt, welche Regel anzuwenden ist, um eine solche Entscheidung zu treffen. Um eine Regel ableiten zu können, ist wiederum eine Metaregel notwendig, also ein Entscheidungsverfahren, mit dem diese Regel abgeleitet werden kann.[168] Über jene Regel muss allerdings gleichfalls wiederum nach einer Metaregel entschieden werden. Aus der Logik dieser Überlegung wird deutlich, dass das

[162] Rawls (2003), S. 72.
[163] Vgl. Brennan/Buchanan (1993), S. XXII; Richter/Furubotn (1999), S. 37. Die ökonomische Theorie der Verfassung wird auch als normative Konstitutionenökonomik bezeichnet. Vgl. Erlei/Leschke/Sauerland (1999), S. 419.
[164] Vgl. Brennan/Buchanan (1993), S. 8.
[165] Vgl. Brennan/Buchanan (1993), S. 22f.; auch Neumärker (1998), S. 189; Müller (2000a), S. 15f.
[166] Vgl. dazu Buchanan/Tullock (1965/1999); Buchanan (1984); Buchanan (1987b); Brennan/Buchanan (1993). Einen Überblick gibt Kersting (1994), S. 321ff.; auch Rowley (1987).
[167] Vgl. Buchanan (1975), S. 107; Homann/Suchanek (2000), S. 184ff.
[168] Vgl. Schweizer (1996), S. 265.

Setzen von grundlegenden Regeln in einer Gesellschaft immer wieder „höherrangige Regeln“ notwendig macht. Dieser Prozess der Regelsetzung lässt sich offensichtlich nicht auflösen. Es ergibt sich ein infiniter Regress.[169]

Eine Auflösung dieses infiniten Regresses könnte man nun erreichen, indem man sich bei der Ableitung von grundlegenden Regeln auf externe Instanzen (wie z.B. den Willen Gottes oder die Natur des Menschen) beruft. Durch jene externen normativen Kriterien könnten die Menschen festlegen, welche soziale Ordnung sie als die richtige erachten. Dieser Ansatz impliziert allerdings, dass die Kriterien zur Ableitung von Regeln auf subjektiver Basis, mithin also unter Wertgesichtspunkten getroffen werden und von daher eine Vielzahl verschiedener Ansätze denkbar ist. *Buchanan* lehnt eine solche Vorgehensweise ab und schlägt als Lösung des infiniten Regresses vor, Kriterien für die Festsetzung der grundlegenden Regeln einer demokratischen Gesellschaft dem Untersuchungsgegenstand selbst zu entnehmen.[170] Danach sollen die Individuen ohne Rückgriff auf externe Kriterien selbst die grundlegenden Regeln der sozialen Ordnung auf der Grundlage ihrer eigenen Wertvorstellungen wählen. Diese Auffassung wird durch den programmatischen Ansatz der „Demokratie“ ausgedrückt.[171] Die Annahmen der Vertragstheorie entsprechen damit dem Grundsatz der demokratischen Idee, wonach nur die Beherrschten selbst herrschen sollen.[172]

Dem vorliegenden Verständnis von Demokratie entsprechend können sich die Regeln der sozialen Ordnung nur dann vor sich selbst verbürgen, wenn die Regeln auf das Wollen der Betroffenen selbst zurückgehen. Die Verbindlichkeit von Regeln lässt sich aus demokratietheoretischer Sicht ausschließlich auf der Grundlage *freiwilliger kollektiver Selbstbindung* herstellen.[173] „Freiwillige Verpflichtungen sind nicht *normbegründet*, sondern *normbegründend*; sie sind nicht geltungslogisch in externen generellen Normen verankert, sondern erweisen sich umgekehrt als interner Geltungsgrund individueller Normen.“[174] Aus dieser Sichtweise ergibt sich der Schluss, dass allein den Individuen einer Gesellschaft die *Kompetenzkompetenz*, also die Kompetenz, grundlegende Regeln zu entwerfen und zu verändern, zugestanden werden kann.[175]

In der Ökonomischen Theorie der Verfassung geht man weiterhin von der Vorstellung aus, dass sich das Problem des Verhältnisses von individuellen und kollektiven Entscheidungen durch das Paradigma des Gesellschaftsvertrages fruchtbar bearbeiten lässt.[176] Wie in der Tradition älterer Vertragstheorien wird in der konstitutionellen Ökonomik unterstellt, dass die Regeln einer demokratischen Gesellschaft, also die

---

[169] Vgl. Buchanan/Tullock (1962/1999), S. 14f.; Hoppmann (1987), S. 33.

[170] Vgl. Buchanan (1977), S. 142.

[171] *Demokratia* bedeutete für die Griechen: Das Volk (*dêmos*) übt die Macht aus (*krátein*). Gemeinhin wird Demokratie heute mit der Formel „Herrschaft des Volkes“ umschrieben. Vgl. Pabst (2003), S. 17.

[172] Vgl. Homann (1988), S. 163.

[173] Das Sinnbild einer durch Individuen frei gewählten Selbstbindung stellt das Verhalten Odysseus dar, der den verführerischen, aber zugleich tödlichen Klängen der Sirenen nur deshalb zu widerstehen vermag, weil er sich selbst am Mast seines Schiffes festbinden ließ. Vgl. Grözinger/Panther (1998), S. 7f.

[174] Kersting (1994), S. 22.

[175] Vgl. Blankart (1994a), S. 43. Diese Sichtweise impliziert, dass die Individuen einer Gesellschaft eine Selbstbindungs*fähigkeit* besitzen. Vgl. Müller (2000a), S. 16.

[176] Vgl. Homann (1988), S. 143.

Institution der Demokratie, im Rahmen eines freiwillig geschlossenen Vertrages aller Kollektivmitglieder geregelt werden.[177] Der Gesellschaftsvertrag[178] stellt die zentrale Denkfigur der ökonomischen Theorie der Verfassung dar.[179] In der Verfassung[180] werden nach Ansicht der Vertreter der *constitutional economics* die grundlegenden Spielregeln für soziale Austauschprozesse geregelt, die von allen Mitgliedern der Gesellschaft als verbindlicher Handlungsrahmen und als Grundlage für weitere rechtliche Normierungen dienen.[181] Der Verfassungsvertrag wird als eine nützliche Fiktion angesehen, so dass man die Verfassungsökonomik auch als ein „Gedankenexperiment" bezeichnen kann.[182]

Aus verfassungsökonomischer Perspektive weist der Verfassungsvertrag viele Analogien zum Marktmodell auf.[183] So wie auf marktlicher Ebene ein vertraglich abgesicherter Tausch von Gütern und Dienstleistungen zwischen unabhängigen und eigennützig handelnden Akteuren stattfindet, stellt eine Verfassung einen Vertrag dar, der zur beidseitigen Vorteilhaftigkeit zwischen den Individuen einer Gesellschaft freiwillig geschlossen wird. Im Sinne der Vertragstheorie nach *Buchanan* wird damit die individualistische Perspektive des marktlichen Austausches auf den Bereich kollektiver Entscheidungen ausgedehnt. Die Individuen einer Gesellschaft finden sich zusammen, um institutionelle Arrangements zu wählen, die letztlich für alle Individuen von Vorteil sind. In dieser Sichtweise muss das politische Geschehen analog zum Marktmodell als ein komplexer Mehr-Personen-Vertrag interpretiert werden. Im Un-

---

[177] Vgl. Homann/Suchanek (2000), S. 186f. Richter/Furubotn gehen davon aus, dass es sich hierbei um einen impliziten relationalen Vertrag handelt. Vgl. Richter/Furubotn (1999), S. 471.

[178] Die Idee eines Gesellschaftsvertrages geht auf Thomas Hobbes zurück. Nach Hobbes können sich die Menschen einer Gesellschaft aus dem Naturzustand, dem Krieg aller gegen alle, nur dann befreien, wenn sie einen Gesellschaftsvertrag abschließen und ihre Freiheiten an einen mächtigen Souverän abtreten. Der Hobbes'sche Leviathan ist omnipotent und kann dadurch den Zustand kämpferischer Anarchie überwinden und gesellschaftlichen Frieden herbeiführen. Vgl. Hobbes (1651/1980). Weiterhin stehen Locke und Rousseau in der Tradition einer Theorie des Gesellschaftsvertrags. Vgl. Locke (1977); Rousseau (2000). Zu einem Überblick vgl. auch Kersting (1994).

[179] Explizite Gesellschaftsverträge lassen sich historisch nicht oder nur ansatzweise nachweisen. Vgl. Leipold (1987), S. 177. Brennan/Buchanan verstehen ihre kontrakttheoretische Position nicht als eine Beschreibung historischer Tatsachen, sondern verwenden jene als Legitimationskonzept. Vgl. Brennan/Buchanan (1993), S. 25.

[180] Der Verfassungsbegriff der Ökonomischen Theorie der Verfassung weist Gemeinsamkeiten mit dem juristischen Verfassungsbegriff auf. In beiden Definitionen wird die Verfassung als ein Recht höherer Ordnung angesehen. Insgesamt sind allerdings deutliche Unterschiede im Verständnis des Begriffes festzustellen. Beispielsweise sieht Buchanan in Verhaltensbeschränkungen und Eigentumsregelungen wesentliche Elemente eines Verfassungsvertrages, die ebenfalls Elemente einer sozialen Ordnung ohne Staat sein können. Die Verfassung im Sinne der ökonomischen Theorie ist damit sowohl staats- als auch gesellschaftsbegründend. Vgl. Leipold (1987), S. 259; Arrow (1979), S. 140; Bund (1984), S. 21f.; Kersting (1994), S. 340.

[181] Vgl. Leipold (1987), S. 259.

[182] Der Verfassungsvertrag im engeren Sinne wird nach *Buchanan* durch das Abrüstungsabkommen, die vertragliche Rechtskonstitution sowie durch die Regeln des Rechtsschutzstaates etabliert. Jener Vertrag stiftet das institutionelle Fundament für freiwillige Tauschakte der Individuen, die das spontane Entstehen von Märkten ermöglichen. Regeln leistungsstaatlichen Handelns, die demgegenüber in postkonstitutionellen Verträgen festgelegt werden, etablieren in der Gesellschaft ein politisches System, dessen Zweck in der Bereitstellung von Kollektivgütern liegt. Dem Leistungsstaat kommt im Gegensatz zum Rechtsschutzstaat im laufenden politischen Prozess einer demokratischen Gesellschaft eine aktiv-gestaltende Rolle bei. Vgl. Buchanan (1975), S. 71f.; auch Kersting (1994), S. 336.

[183] Vgl. Leipold (1987), S. 177.

terschied zum marktlichen Tausch resultiert aus dem Tausch im politischen Bereich keine Güteraufteilung auf einzelne Individuen. Politik in diesem Sinne wird nach *Buchanan* definiert als „die Struktur eines komplexen Austauschvorganges zwischen Individuen – eine Struktur, in deren Rahmen Personen versuchen, ihren eigenen, persönlich definierten Zielen gemeinschaftlich nachzugehen, weil sie diese Ziele durch einfachen marktwirtschaftlichen Tausch nicht effizient erreichen können."[184] Analog zu den Regeln des Marktmechanismus, die für die Mitglieder einer Gesellschaft nur dann gute Ergebnisse liefern, wenn jene konstituierenden Regeln adäquat ausgestaltet sind, werden die Ergebnisse kollektiven Handelns nur dann vernünftig sein, wenn auch in diesem Bereich adäquate Regeln gelten.[185] Bevor wir der Frage nachgehen, wie aus verfassungsökonomischer Perspektive die grundlegenden Regeln eines demokratischen Staates in den jeweiligen Dimensionen kollektiven Handelns beschaffen sein sollten – dies wird in den Kapiteln II, III und IV geschehen –, ist zunächst zu klären, welches Kalkül die Individuen bei der Wahl jener grundlegenden Regeln anstellen und wie die unterschiedlichen Auffassungen der Individuen hinsichtlich der Optimalität einer Verfassung in Einklang gebracht werden können.

8.2. Das individuelle Verfassungskalkül: Die politischen Transaktionskosten als Paradigma der ökonomischen Theorie der Verfassung

Das Problem der individuellen Verfassungswahl besteht darin, jene Regeln in der Gesellschaft zu etablieren, die die erwarteten Transaktionskosten kollektiver Entscheidungen minimieren.[186] Welches Kosten-Kalkül wird jedes einzelne Individuum[187] bei der Wahl einer Verfassung anstellen?[188] In der vorliegenden Untersuchung wird davon ausgegangen, dass das individuelle Verfassungskalkül unter zwei grundlegenden Gesichtspunkten getroffen wird:

- Jedes Mitglied der Gesellschaft wird bei der Beurteilung der Optimalität einer Verfassung zunächst einmal konstatieren müssen, dass kollektives Handeln mit Zwang verbunden ist.[189] Zwang in dem Sinne, dass es als Mitglied der Gesellschaft u.U. die Konsequenzen kollektiver Entscheidungen tragen muss – selbst wenn jene Entscheidungen den eigenen Präferenzen zuwiderlaufen. Wenn beispielsweise im Rahmen der kollektiven Beschlussfassung die individuellen Präferenzen zusammengefasst und die Interessen der Mehrheit auf der Grundlage des Mehrheitsprinzips durchgesetzt werden, so wird gegen die Präferenzen einer

[184] Buchanan (1989), S. 938.
[185] Vgl. Erlei/Leschke/Sauerland (1999), S. 458.
[186] Vgl. Homann (1988), S. 172.
[187] Kirsch betont, dass es sich um das Verfassungskalkül eines ganz bestimmten Individuums handelt. Entsprechend kann es in einer Gesellschaft so viele Verfassungskalküle wie Individuen geben. Vgl. Kirsch (1997), S. 120.
[188] Vgl. Leipold (1987), S. 177.
[189] Vgl. Kirsch (1997), S. 121.

mehr oder weniger großen Minderheit verstoßen. Die unterlegenen Individuen tragen damit Kosten kollektiven Handelns.[190]

Auf der einen Seite wird das Individuum die Verfassung damit unter dem Gesichtspunkt beurteilen, inwiefern kollektives Handeln seinen eigenen Präferenzen möglichst nahe kommt respektive jene Präferenzen möglichst wenig verletzt. Die Nutzeneinbußen, die ein Individuum aufgrund der Entscheidungsfolgen kollektiven Handelns u.U. tragen muss, werden als *(wahrscheinliche) externe Kosten* bezeichnet.[191] Externe Kosten oder auch Diskriminierungskosten kollektiver Entscheidungen können als jene Komponente in der Nutzenfunktion eines Individuums definiert werden, die von den Individuen nicht vollständig kontrolliert und mit mehr oder weniger großer Wahrscheinlichkeit zu Nutzeneinbußen führen wird. Die externen Kosten kollektiver Entscheidungen werden durch den Delegations-, Zustimmungs- sowie Zentralisierungsgrad determiniert.

- Auf der anderen Seite wird ein Individuum jene Kostenkomponenten in das Verfassungskalkül einfließen lassen, die entstehen, weil die individuellen Vorstellungen der Bedürfnisbefriedigung im Hinblick auf kollektives Handeln voneinander abweichen.[192] Weil die individuellen Interessen konfliktär sind, müssen sich die Individuen mit sich selbst, untereinander und interkollektiv einigen.[193] Diese Kosten sollen im Folgenden als *Konsensfindungskosten* bezeichnet werden.
  Erstens ergeben sich *intrapersonelle Konsensfindungskosten.*[194] Die Individuen werden sich über das Abstimmungsthema informieren, um sich für eine der zur Wahl stehenden Alternativen entscheiden und ihre Interessen wohlinformiert gegenüber anderen Individuen durchsetzen zu können. Die individuelle Informationsbeschaffung ist allerdings mit Kosten verbunden: Informationen müssen von den Individuen erworben, aufgenommen und gespeichert werden. Wenn neue Informationen nicht mehr in das individuelle Interpretationsmuster integriert werden können, muss das Individuum seine Denkstrukturen verändern und insofern „Denkkosten" auf sich nehmen.[195] Da die Informationsbeschaffung zudem andere nutzenbringende Aktivitäten verdrängt, entstehen zeitliche Opportunitätskosten. *Interpersonelle Konsensfindungskosten* fallen zweitens an, weil die Individuen sich im Rahmen eines Verhandlungs- und Entscheidungsprozesses untereinander einigen müssen. *Interkollektive Konsensfindungskosten* ergeben sich drittens,

---

190 Vgl. Homann (1988), S. 169f.

191 Koslowski spricht von Fremdbestimmungskosten. Vgl. Koslowski (1989), S. 56. Im Rahmen seiner entscheidungstheoretischen Grundlagen zur Demokratie definiert Sartori die (wahrscheinlichen) externen Kosten als Risiken aufgrund kollektivierter Entscheidungen bzw. äußerer Risiken. Vgl. Sartori (1997), S. 215.

192 Lägen keine Interessenkonflikte zwischen den Individuen vor, so würde sich die Rolle des Staates auf einen effizienten Vollzug von Einstimmigkeitsentscheidungen beschränken. Vgl. Petersen (1993), S. 87.

193 Wir nehmen an, dass jedes Individuum seine Bedürfnisse gegenüber den Bedürfnissen der anderen Individuen durchsetzen möchte. Nur für den Fall, dass die Bedürfnisse eines Individuums durch kollektives Handeln nicht tangiert werden, gehen wir davon aus, dass ein Individuum nicht bereit ist, intrapersonelle, interpersonelle sowie interkollektive Konsensfindungskosten zu tragen.

194 Vgl. dazu Müller (2000a), S. 32.

195 Vgl. Bohnet (1997), S. 16.

weil sich Teile des Elektorats bei angenommenen dezentralen Entscheidungsstrukturen untereinander verständigen müssen.

Tab. 2 stellt die Kategorien politischer Transaktionskosten im Überblick dar.

Tab. 2: Politische Transaktionskosten

	Politische Transaktionskosten	
	Konsensfindungskosten	**(wahrscheinliche) externe Kosten**
Delegationsgrad	intrapersonell	... der Delegation
Zustimmungsgrad	interpersonell	... des Abstimmungsverfahrens
Zentralisierungsgrad	interkollektiv	... der Abstimmungsebene

Quelle: Eigene Abbildung.

Die beschriebenen Kostenkomponenten werden in der vorliegenden Untersuchung in ihrer Summe als *politische Transaktionskosten* bezeichnet.[196] Vereinfacht lassen sich die politischen Transaktionskosten als diejenigen Kosten auffassen, die mit Tauschprozessen im politischen Bereich einer demokratischen Gesellschaft verbunden sind.[197] Die politischen Transaktionskosten stellen analog zu den wirtschaftlichen Transaktionskosten die „Betriebskosten des politischen Systems" dar.[198]
Die Mitglieder einer Gesellschaft werden bemüht sein, durch die Etablierung adäquater Regeln die laufenden politischen Transaktionskosten zu minimieren.[199] Dabei gehen beide oben beschriebenen Kostenbestandteile in das Kalkül jedes Individuums ein. Es ist wichtig zu erkennen, dass die Minimierung der beiden Kostenbestandteile zu Zielkonflikten führt. Werden die (wahrscheinlichen) externen Kosten für sich minimiert, fallen die Konsensfindungskosten prohibitiv hoch aus et vice versa. Für ein Individuum kann es also nicht darum gehen, isoliert eine der beiden Kostengrößen zu minimieren. Wenn die Individuen eine Verfassung mit minimalen politischen Transaktionskosten etablieren wollen, so müssen sie die *Summe der beiden Kostengrößen* minimieren.
Die Demokratie als ein gesellschaftliches Entscheidungssystem stellt eine Institution dar, die die sich bei der Interaktion von Individuen ergebenden Reibungsverluste kollektiven Handelns im Vergleich zu alternativen institutionellen Arrangements erheb-

[196] Neben den politischen Transaktionskosten können weiterhin Produktionskosten unterschieden werden, die die Kosten der physischen Herstellung von Kollektivgütern umschreiben. Die Produktionskosten sollen an dieser Stelle nicht analysiert werden. Vgl. dazu Grossekettler (1995), S. 513ff.
[197] Vgl. dazu auch Stevens (1993), S. 107f.
[198] Arrow bezeichnet die Transaktionskosten im wirtschaftlichen Geschehen als „costs of running the economic system". Arrow (1969), S. 48.
[199] Es können zwei Arten von politischen Transaktionskosten unterschieden werden. Zu den fixen Transaktionskosten gehören die Einrichtungskosten neuer institutioneller Arrangements („set-up costs"). Variable politische Transaktionskosten entstehen bei der Anbahnung und Abwicklung individueller Interaktion in Bezug auf kollektives Handeln. Vgl. Richter (1994), S. 6; Richter/Furubotn (1999), S. 50.

lich verringern kann.[200] Der demokratische Staat stellt „ein über formale Entscheidungsprozeduren institutionalisiertes Kontraktsystem zur Verfügung"[201] und hat dort sein originäres Aufgabenfeld, wo der marktliche Allokationsmechanismus ineffiziente Resultate hervorbringt und eine unmittelbare Interaktion der Individuen wegen prohibitiver Transaktionskosten scheitert.[202] Die Demokratie soll im Idealfall kollektives Handeln wie die privatwirtschaftliche Ressourcenallokation als möglichst spontane Ordnung organisieren und kann als eine Institution interpretiert werden, die eine standardisierte Lösung von dilemmabedingten Interaktionsproblemen kollektiven Handelns garantiert[203] und dem Zweck der Kostensenkung kollektiven Handelns dient.[204]

Es liegt in der Natur der Sache begründet, dass die politischen Transaktionskosten alternativer Verfassungen von den Mitgliedern einer demokratischen Gesellschaft unterschiedlich eingeschätzt werden. Daher wird im Folgenden zu klären sein, ob und wie die Vorstellungen der Individuen hinsichtlich der Optimalität einer Verfassung in Einklang gebracht werden können.

8.3. Das Konsensprinzip als Legitimationskonzept der ökonomischen Theorie der Verfassung

Gerade weil nicht erwartet werden kann, dass hochgradig ausdifferenzierte Großgesellschaften Konsensgesellschaften sind oder sich ein Konsens unter den Gesellschaftsmitgliedern spontan einstellen wird, ist die Frage, wie in einer sozialen Ordnung Konsens hergestellt werden kann, von elementarer Bedeutung für das Funktionieren eines demokratischen Gemeinwesens.[205] *James M. Buchanan* muss als derjenige Ökonom gelten, der die Bedeutung des Konsensprinzips für die Legitimation der sozialen Ordnung einer Gesellschaft im Rahmen der ökonomischen Theorie der Verfassung herausgearbeitet hat. Entsprechend kann eine Verfassung nur dann Legitimität für sich beanspruchen, wenn eine einmütige Zustimmung aller Gesellschaftsmitglieder erreicht wird.[206] Das Konsensprinzip bietet nach *Buchanan* den

---

[200] Die politischen Transaktionskosten fallen je nach konkreter institutioneller Struktur der gewählten Demokratieform unterschiedlich hoch aus. Im Vergleich zu alternativen Arrangements dürften jene gleichwohl deutlich geringer ausfallen. Auf eine verfassungsökonomische Analyse anderer Staatsformen wie beispielsweise der Diktatur wird in der vorliegenden Untersuchung verzichtet.

[201] Lehner (1979), S. 13.

[202] Die von Coase vorgeschlagene Verhandlungslösung ist offensichtlich mit so hohen Transaktionskosten verbunden, dass jene als praktisches Entscheidungssystem in hochgradig ausdifferenzierten Großgesellschaften nicht in Frage kommt. Vgl. dazu Coase (1960). Tullock umschreibt die Problematik der Verhandlungslösung folgendermaßen: „Streng genommen hindert mich nichts außer den Verhandlungskosten daran, mit einer großen Zahl von Individuen eine Vereinbarung zu treffen, wonach wir ein Netzwerk von Straßen privat erstellen. Wenn wir jedoch sagen, dass nichts außer den Verhandlungskosten eine derartige Aktivität verhindert, sehen wir unmittelbar ein, wie extrem hoch diese Verhandlungskosten sein würden." Tullock (1970), S. 48; zitiert bei Lehner (1979), S. 13.

[203] Vgl. dazu Homann/Suchanek (2000), S. 40f.

[204] Vgl. Lehner (1979), S. 14; Homann (1988), S. 160; Wittman (1989), S. 1402f.

[205] Vgl. Lehner (1979), S. 189.

[206] Vgl. Brennan/Buchanan (1993), S. 35; auch Rawls (2003), S. 223.

einzig akzeptablen normativen Maßstab zur Beurteilung alternativer Verfassungsarrangements.
Mit der Idee, dass auch im politischen Bereich einer Gesellschaft streng normativ-individualistische Kriterien angelegt werden müssen, knüpft *Buchanan* an Ideen des schwedischen Finanzwissenschaftlers *Knut Wicksell* an[207], der bereits 1896 in seinem finanzwissenschaftlichen Werk „Finanztheoretische Untersuchungen nebst Darstellung und Kritik des Steuerwesens Schwedens" die Einstimmigkeitsregel im schwedischen Parlament postulierte.[208] *Wicksell* forderte in Fragen der Verteilung der Steuerlast zur Finanzierung von Kollektivgütern Einstimmigkeit, um die Diskriminierung einzelner Gesellschaftsmitglieder zu verhindern. Wenn eine allgemeine Zustimmung nicht erreicht werden kann, so liegt „der einzig mögliche Beweis vor, dass die fragliche Staatstätigkeit der Gesamtheit doch nur einen, dem notwendigen Opfer nicht entsprechenden Nutzen bringen würde und deshalb rationellerweise verworfen werden muss."[209] Damit formulierte *Wicksell* einen normativen Grundgedanken der Demokratie: Kein Kollektivmitglied soll über ein anderes Mitglied entscheiden, außer wenn die Zustimmung desjenigen angenommen werden kann.[210]
Grundlegend für das Verständnis einer individualistischen Legitimation kollektiven Handelns ist das Postulat, individuelle Freiheitsaspekte unter marginalanalytischen Gesichtspunkten zu betrachten.[211] Unter dieser Prämisse wird ein Individuum dem Zwang kollektiver Entscheidungen zustimmen, so lange das kollektive Handeln ihm mehr Vorteile schafft als individuelles Handeln. Damit wird deutlich, dass Individuen vor dem Hintergrund eines Nutzen-Kosten-Kalküls durchaus bereit sein können, kollektiven Zwang hinzunehmen. „Die individuelle Freiheit entgeht nicht den Kosten der Entscheidungen und bleibt so der Kostenstruktur des menschlichen Lebens verhaftet. [...] Freiheit ist definiert durch individuelle Zustimmung, und die macht das Entscheidungssubjekt von seiner Kostensituation abhängig."[212] Freiheit – also die Abwesenheit von Zwang – muss damit als einmütige Zustimmung auf der Grundlage der individuellen Kosten-Nutzen-Situation definiert werden. Damit muss aus liberal-individualistischer Perspektive nicht vom Ideal eines normativen Individualismus Abschied genommen werden.
Das Konsenskriterium weist aus verfassungsökonomischer Perspektive insbesondere folgende Vorteile auf:[213]

- Das Konsensprinzip dient zur Lösung des infiniten Regresses bei der Festsetzung grundlegender Regeln einer demokratischen Gesellschaft. Wenn die Individuen ohne Rückgriff auf externe Kriterien selbst die grundlegenden Regeln

[207] Vgl. Buchanan (1987b), S. 587.
[208] Vgl. dazu Wicksell (1896). Allerdings erkannte schon Wicksell, dass die Normierung der Einstimmigkeitsregel in der demokratischen Praxis zum Scheitern verurteilt ist. So forderte Wicksell nur noch eine weitgehende Einstimmigkeit von z.B. 90 Prozent. Vgl. Wicksell (1896), S. 116f. Zu einer Übersicht vgl. Märkt (2001), S. 189ff.; Blankart (1994a), S. 23ff. und Arnold (1992), S. 109ff.
[209] Wicksell (1896), S. 113.
[210] Vgl. Homann (1988), S. 191.
[211] Vgl. Homann (1988), S. 159.
[212] Homann (1988), S. 159.
[213] Vgl. dazu Pies (1996), S. 9ff.

der sozialen Ordnung wählen sollen, so bietet das Konsensprinzip den einzig gangbaren Weg, jenen Regress sinnvoll abzubrechen. Eine Metaregel muss in diesem Sinne als legitim angesehen werden, wenn ihr unterschiedslos alle Kollektivmitglieder zustimmen können.[214]

- Das Prinzip der Einstimmigkeit bedeutet im Hinblick auf die Wahl einer Verfassung, dass jeder Entscheidungsträger mit dem gleichen Gewicht seine konstitutionelle Präferenz äußern kann. Damit wird von vornherein die Gefahr gebannt, dass supraindividuelle Bewertungen in die Verfassungsentscheidung eingehen und Präferenzen von Individuen über- bzw. unterrepräsentiert sind.[215]
- Die vertragstheoretische Perspektive der Wahl von grundlegenden Regeln einer Gesellschaft eröffnet im Zusammenhang mit dem Konsensprinzip die Möglichkeit, Maßstäbe an die Wahl von Regeln zu legen. Der Auffassung *Buchanans* entsprechend kann durchaus beurteilt werden, ob jene grundlegenden Regeln als adäquat zu bezeichnen sind oder nicht. So wie der freiwillige Tausch von Gütern zwischen Individuen im marktlichen Bereich der Gesellschaft nur dann als vorteilhaft einzustufen ist, wenn dieser freiwillig zustande kommt, muss das Zustandekommen einer Verfassung dann als adäquat bezeichnet werden, wenn die Regeln für alle Individuen der Gesellschaft vorteilhaft sind und somit eine einmütige Zustimmung erwartet werden kann. Damit bietet das Konsenskriterium analog zum Prinzip des freiwilligen Tausches auf dem Markt das normative Argument in der Ökonomischen Theorie der Verfassung, anhand dessen die Effizienz von grundlegenden Regeln in einer Demokratie gemessen werden kann.[216] Das Prinzip der Einstimmigkeit bietet in der ökonomischen Theorie der Verfassung damit einerseits einen Bewertungsmaßstab für die Ableitung einer wünschenswerten Verfassung, andererseits aber auch eine Norm zur Beurteilung bestehender Verfassungen.[217]

  Die Einstimmigkeitsregel bietet eine Norm im Hinblick auf die Ableitung von Verfassungen, die den in der Ökonomik postulierten Effizienzgedanken widerspiegelt. Konstitutionelle Effizienz ist folglich dann erreicht, wenn kein Kollektivmitglied sich durch eine Verfassungsänderung besser stellen kann, ohne dass ein anderes Individuum in seiner Nutzenposition schlechter gestellt wird.[218] Falls sich ein Individuum auf Kosten eines anderen Individuums besser stellen würde, könnte jenes ein Veto einlegen, so dass eine einmütige Zustimmung nicht mehr er-

---

[214] Vgl. auch Vanberg (1981), S. 33.

[215] Vgl. Neumärker (1998), S. 189; Feldmann (1997), S. 523.

[216] Vgl. Buchanan/Tullock (1965/1999), S. 15. Vgl. ebenso Pies (1996), S. 4; Vanberg (1981), S. 32f.; Leipold (1987), S. 177. V. Hayek legt zudem als normatives Kriterium zur Beurteilung alternativer Verfassungsarrangements die Sicherung der individuellen Freiheit zugrunde. Vanberg kommt zu dem Ergebnis, dass sowohl in der theoretischen Konzeption von Buchanan als auch in der von v. Hayek der Konsens unter den Beteiligten als entscheidendes „internes" Kriterium zur Beurteilung alternativer institutioneller Arrangements gilt. Vgl. Vanberg (1981), S. 41.

[217] Vgl. Neumärker (1998), S. 189.

[218] Unter diesem Blickwinkel kann auch die Freiheitlichkeit einer Verfassung beurteilt werden. Wenn kein Individuum gezwungen wird, eine Verfassung anzunehmen, die die eigene Nutzenposition verschlechtert, so muss jene im Falle der Zustimmung als frei gewählt eingestuft werden. Das Einstimmigkeitsprinzip bietet im Rahmen der ökonomischen Theorie der Verfassung damit einen „archimedischen Punkt zur Beurteilung der Freiheitlichkeit einer Gesellschaft". Neumärker (1998), S. 190.

reichbar wäre.[219] Die Einstimmigkeitsregel als Norm konstitutioneller Effizienz genügt damit dem Pareto-Kriterium als Effizienzmaßstab marktlichen Tausches.[220] Eine Verfassungsänderung muss folglich dann als pareto-superior eingestuft werden, wenn sich im Vergleich zum Status quo kein Individuum schlechter stellt, mindestens ein Individuum seine Nutzenposition dagegen verbessert.[221]

Allgemein sind in der Ökonomischen Theorie der Verfassung zwei unterschiedliche Theorieformen im Hinblick auf das Konsensprinzip auszumachen:[222] Auf der einen Seite stehen konsensempiristische Theorien, in deren Mittelpunkt die tatsächlich beobachtbare Zustimmung der Gesellschaftsmitglieder im Hinblick auf die Verfassungsgebung steht. Demgegenüber steht die Theorie eines hypothetischen Gesellschaftsvertrages, die den Konsens unter den Betroffenen als Ergebnis eines Gedankenexperiments zu simulieren sucht. Beide Ansätze sollen im Folgenden vorgestellt und auf ihre Tauglichkeit hin untersucht werden.[223]

8.3.1. Empirischer Konsens

Im Gegensatz zur aprioristischen Vertragstheorie, die die Einstimmigkeit unter den Kollektivmitglieder gedanklich zu konstruieren versucht, beruht das Konzept des empirischen Konsenses auf der Annahme beobachtbarer Zustimmung realer Personen. Drei unterschiedliche Formen konsensempirischer Vertragstheorien können unterschieden werden:[224]

---

[219] Müller sieht hierin den Schutzaspekt des Konsensprinzips. Die Normierung der Einstimmigkeitsregel bietet jedem Gesellschaftsmitglied die Möglichkeit mittels des Vetos, „externe Kosten" kollektiver Entscheidungen abzuwehren. Vgl. Müller (2000a), S. 29f.

[220] Vgl. Neumärker (1998), S. 189f.; Weimann (1996), S. 152f.

[221] Vgl. Voigt (1996), S. 161. Pies weist darauf hin, dass es sich beim Konsensbegriff um ein Prozesskriterium, beim Konzept des Pareto-Optimums dagegen um ein Ergebniskriterium handelt. So habe die Wohlfahrtsökonomik das auf Handlungen von Individuen abstellende Kriterium der Pareto-Superiorität in das Konzept des Pareto-Optimums überführt, das ein von Handlungen losgelöstes Marktergebnis als ideal hinstelle. Buchanan dagegen sieht das Einstimmigkeitserfordernis als ein Prozesskriterium, welches sich auf pareto-superiore Verbesserungsmöglichkeiten im Hinblick auf Regeln bezieht. Vgl. Pies (1996), S. 13; vgl. auch Brennan/Lomasky (1993), S. 130ff.

[222] Vgl. Kersting (1994), S. 32.

[223] Als weitere Konsenstheorie kann das normative Konzept einer „begründeten Konsenserwartung" genannt werden. Vgl. Hinsch (1997), S. 20. Dieses vor allen Dingen von Habermas vertretene Konzept versucht den Konsens unter den Gesellschaftsmitgliedern im Rahmen „eines sachverständigen, unvoreingenommenen, nicht persuasiven und zwanglosen Diskurses" zu simulieren. Frey/Kirchgässner (1994), S. 36. Das von Diskursethikern vorgeschlagene Verfahren des „herrschaftsfreien Diskurses" bzw. der „idealen Sprechsituation" führt dazu, dass Meinungsdiskrepanzen zwischen den Individuen überwunden werden. Weil alle von einer Entscheidung betroffenen Individuen im Diskurs gleiche Begründungsrechte und –pflichten haben und zudem über vollständiges Wissen hinsichtlich des relevanten Diskurses verfügen, ergibt sich ein argumentativer Zwang zur allgemeinen Zustimmung. Vgl. dazu Habermas (1992). Zur Kritik an Habermas vgl. Rawls (1997b), S. 199ff.; Frey/Kirchgässner (1993), S. 130ff.; Hinsch (1997), S. 22; Bohnet (1997), S. 18f.; Baurmann/Kliemt (1993), S. 153ff.; Höffe (2002), S. 47.

[224] Vgl. dazu Kersting (1994), S. 34ff.

- Im *Konzept des historischen Kontraktualismus* wird die Legitimität der Spielregeln der sozialen Ordnung aus ihrer faktischen historischen Zustimmung beurteilt. Die Tauglichkeit jenes Konzeptes muss als kritisch eingeschätzt werden, da es in der gesellschaftlichen Realität der letzten Jahrhunderte noch keinen Gesellschaftsvertrag gegeben hat, der de facto die Zustimmung aller Menschen erhalten hat.[225] Zudem kann die Legitimität ausschließlich für die zum Abschluss des Vertrages lebenden Personen reklamiert werden. Nachfolgende Generationen werden systematisch bei der Beurteilung der Legitimität ausgeklammert, was die normative Verbindlichkeit eines solchen Regelwerkes erheblich unterminiert.
- Das *Konzept der impliziten Zustimmung* versucht die Legitimität der Verfassung am faktischen Verhalten der Gesellschaftsmitglieder auszumachen. Dabei wird von der Vorstellung ausgegangen, dass Menschen einer sozialen Ordnung dann implizit zustimmen, wenn sie in jener verbleiben. Dem zustimmungskonkludenten Verhalten liegt damit die Idee zugrunde, dass das tatsächliche Verhalten der Individuen als Konsensindikator angeführt werden kann. Das Konzept der impliziten Zustimmung, welches auch durch die Formel „Legitimation durch Verbleib"[226] beschrieben werden kann, wird allerdings nur dann Normativität für sich beanspruchen können, wenn den Individuen Alternativen zur bestehenden Ordnung offenstehen.[227] *Kersting* merkt dazu kritisch an: „Dieses Emigrationskriterium – wer im Fall möglicher Emigration im Land bleibt, der hat stillschweigend die politischen Verhältnisse akzeptiert – unterschätzt offenkundig die interne Bindewirkung lebensgeschichtlicher Umwelten. Ob wir im Land bleiben, [...] Steuern zahlen, uns polizeilich anmelden und einen Pass besitzen, wählen und unseren Wehr- oder Ersatzdienst leisten, nichts davon erlaubt den vertragstheoretischen Schluss der generellen verhaltenskonkludenten Legitimierung."[228] Damit muss die Tauglichkeit des Konzeptes der impliziten Zustimmung als legitimitätsstiftende Grundlage einer sozialen Ordnung als kritisch eingeschätzt werden.
- Das *Konzept der expliziten Zustimmung* beruht auf der Vorstellung, dass sich eine soziale Ordnung nur dann legitimieren lässt, wenn alle lebenden Individuen der Gesellschaft den grundlegenden Regeln explizit zustimmen. Allerdings dürfte auch dieses Konzept in der Praxis demokratischer Staaten kaum anwendbar sein.[229] *Sohmen* weist darauf hin, dass die faktische Einstimmigkeitsregel zu einem extremen Konservatismus in der Gesellschaft führen würde. Bei der Verwirklichung der Einstimmigkeitsregel in der gesellschaftspolitischen Praxis einer Demokratie könnten keinerlei Veränderungen durchgesetzt werden, da immer irgendein Individuum der Gesellschaft durch kollektives Handeln schlechter gestellt würde, sei die Ausgangssituation derjenigen, die durch das kollektive Handeln profitieren, auch noch so schlecht.[230] Während für die Veränderung des gesell-

---

[225] Vgl. Homann/Suchanek (2000), S. 189.
[226] Eschenburg (1977), S. 34.
[227] Vgl. Homann (1988), S. 180.
[228] Kersting (1994), S. 37f.
[229] Einen Überblick über das Konsensprinzip als praktische Entscheidungsregel gibt Nienhaus (1985), S. 139ff.
[230] Vgl. Sohmen (1976), S. 363; auch Homann (1980), S. 231. Es ist theoretisch vorstellbar, die potentiellen Verlierer ex ante zu ermitteln und ihnen Kompensationen zu zahlen. Eine faktische Einstim-

schaftlichen status quo die Zustimmung jedes einzelnen Mitglieds notwendig wäre, kann ein Einzelner durch sein Veto jene Beibehaltung erwirken.[231] *Sen* kommt zu folgendem Ergebnis: „This method is of supreme conservatism. Even a single person opposing a change can block it altogether no matter what everybody else wants. Marie Antoinette`s opposition to the first republic would have saved the monarchy in France, and the world would have seen very little change. Clearly there is something unsatisfactory about a social decision rule like this."[232]
Selbst wenn angenommen wird, dass eine Verfassung existiert, die tatsächlich alle Individuen der Gesellschaft besser stellt und die deshalb mit der Zustimmung aller Menschen rechnen kann, dürften die Kosten der Konsensfindung in demokratischen Großgesellschaften prohibitiv hoch sein.[233] Im Kollektiv müsste langwierig nach effizienten Regeln gesucht werden und nur stetig wiederkehrende Abstimmungen würden zur Einstimmigkeit führen.[234]

Damit muss konstatiert werden, dass die jeweiligen konsensempirischen Vertragstheorien nicht als zufriedenstellendes legitimationstheoretisches Argument herangezogen werden können.[235] Alle betrachteten Theorien weisen überdies das Problem auf, dass sich die Zusammensetzung der Gesellschaft durch Sterben und Geburt von Individuen tagtäglich verändert und ein gerade gewonnener Konsens stets neu verhandelt werden müsste. Aus dieser steten Neuverhandlungssituation ergäben sich in demokratischen Großgesellschaften prohibitive Konsensfindungskosten, die das Konzept der faktischen Einstimmigkeit als legitimitätsstiftende Grundlage einer sozialen Ordnung von vornherein scheitern lassen müssen. Der Idee eines empirischen Konsens wohnt aus vertragstheoretischer Sichtweise damit letztlich ein unvermeidbares Legitimationsdefizit inne.[236]
Müller weist zudem darauf hin, dass eine einstimmige Billigung des Verfassungsvertrages streng genommen nur dann als hinreichende Legitimationsquelle angesehen werden kann, wenn das gesellschaftliche Entscheidungsumfeld ohne jeglichen Zwang bestimmt ist sowie vollständige rechtliche und sozioökonomische Gleichheit herrscht.[237] Das praktische Konsensprinzip wird von *Brennan/Buchanan* daher zurecht als „romantische Utopie"[238] bezeichnet.

---

migkeit könnte damit durch direkte Verhandlungen erreicht werden. Solcherlei Verhandlungen dürften aufgrund der großen Zahl von Geschädigten in Großgesellschaften und des Anreizes der Geschädigten, ihre Nutzeneinbußen verzerrt wiederzugeben, allerdings kaum praktikabel sein. Vgl. dazu Feldmann (1998), S. 355.

[231] Vgl. Feldmann (1997), S. 524. Es muss damit gerechnet werden, dass die Individuen in der Vetoposition von strategischen Überlegungen geleitet werden. Vgl. Arnold (1992), S. 111f.

[232] Sen (1970), S. 25.

[233] Vgl. Mueller (1989), S. 50; Bernholz/Breyer (1994), S. 90f. Bernholz/Breyer weisen zudem darauf hin, dass auch unter Gerechtigkeitsaspekten die Einstimmigkeitsregel nicht adäquat ist. Eine als ungerecht empfundene Verteilung könnte ohne die einmütige Zustimmung der reichen Bevölkerungskreise nicht erreicht werden.

[234] Vgl. Weimann (1996), S. 155.

[235] Vgl. Kersting (1994), S. 38.

[236] Vgl. Müller (2000a), S. 33; Nienhaus (1985), S. 138.

[237] Vgl. Müller (2000a), S. 17.

[238] Brennan/Buchanan (1993), S. 36.

8.3.2. Hypothetischer Konsens

Die Defizienzen konsensempirischer Vertragspositionen lassen sich offenbar nur dann vermeiden, wenn die Strategie einer Entempirisierung eingeschlagen wird. In dieser Sichtweise wird der Konsens unter den Gesellschaftsmitgliedern als eine „regulative Idee" betrachtet.[239] Die einmütige Zustimmung der Gesellschaftsmitglieder über die Verfassung wird nicht mehr auf tatsächliche Zustimmungsereignisse bezogen, sondern als das „Resultat einer gedanklichen Operation, eines Gedankenexperiments durch den Theoretiker"[240] gesehen. Ein so gewonnener hypothetischer Konsens bietet ein Kriterium, mit dem eine einmütige Zustimmung der Individuen über eine Verfassung zumindest theoretisch simuliert werden kann.[241] So lange eine „Nähe" zum normativen Ideal des empirischen Konsenses erkennbar ist, kann entsprechend der Theorie des hypothetischen Gesellschaftsvertrages zumindest „Quasi-Legitimität" erreicht werden.[242] Das hypothetische Einstimmigkeitserfordernis dient in der aprioristischen Vertragstheorie unter diesem Blickwinkel als normative Heuristik, also als eine Denk- und Suchanweisung. In seiner Funktion als Heuristik bietet das hypothetische Konsenskriterium in der gesellschaftspolitischen Auseinandersetzung damit eine normative Orientierung, demokratische Politikprozesse sinnvoll auszurichten.[243]

In der ökonomischen Theorie der Verfassung haben sich vor allen Dingen zwei aprioristische Konsenstheorien Geltung verschaffen können:[244]

- Der erste Lösungsansatz zur Erreichung eines hypothetischen Verfassungskonsenses benutzt die Gedankenkonstruktion des „Schleiers der Unwissenheit" („veil of ignorance").[245] Entsprechend dieser von *Rawls* entwickelten Konstruktion kennt kein Individuum „seinen Platz in der Gesellschaft, seine Intelligenz, Körperkraft usw. Ferner kennt niemand seine Vorstellung vom Guten, die Einzelheiten seines vernünftigen Lebensplanes, ja nicht einmal die Besonderheiten seiner Psyche wie seine Einstellung zum Risiko oder seine Neigung zu Optimismus oder Pessimismus".[246] Die Individuen wissen nicht, ob sie in Zukunft in einer polarisierten Gesellschaft leben und welchen Platz sie in der Gesellschaft haben werden. Unterstellt man, dass der Schleier der Unwissenheit vollkommen undurchsichtig ist, so werden

[239] Vgl. Homann/Suchanek (2000), S. 193ff.
[240] Homann/Suchanek (2000), S. 193.
[241] Die theoretische Simulation eines Konsenses erfolgt in Anlehnung an Ideen von Kant. Nach Kant kann eine Regel den Test der Verbindlichkeit nur dann bestehen, wenn Universalisierbarkeit gilt. Der Universalisierbarkeitstest findet Ausfluss in der ersten Formel des kategorischen Imperativs: „handle nur nach derjenigen Maxime, durch die du zugleich wollen kannst, dass sie ein allgemeines Gesetz werde". Zitiert bei Homann/Suchanek (2000), S. 193.
[242] Vgl. Müller (2000a), S. 33f.
[243] Vgl. Pies (1996), S. 14f.; Neumärker (1998), S. 193.
[244] Zu einem Überblick vgl. Müller (1997), S. 246f. Zu einer Gegenüberstellung der Theorien von Rawls und Buchanan vgl. Leschke (1995).
[245] Rawls unterscheidet zwischen einem umfassenden Konsens und einem Verfassungskonsens. „Der Verfassungskonsens reicht nicht tief und auch nicht weit; er hat nur einen engen Bereich, der nicht die ganze Grundstruktur einschließt, sondern lediglich die politischen Verfahren eines demokratischen Staates." Rawls (2003), S. 250.
[246] Rawls (1994), S. 160; Rawls (2003), S. 89ff.; auch Rawls (1997a).

sich die Individuen von den gleichen Argumenten überzeugen lassen und ihre Schlussfolgerungen werden übereinstimmen. Im Zustand der „Unwissenheit" sind so alle Verfassungen gleich optimal.[247] Folglich wird es bei Entscheidungen auf konstitutioneller Ebene immer zur Einstimmigkeit kommen.[248]

- *Buchanan* stellt mit dem Konzept des „Schleiers der Unsicherheit" („veil of uncertainty") einen weiteren Weg vor, einen hypothetischen Konsens über die grundlegenden Spielregeln der Gesellschaft zu erreichen.[249] Die Individuen werden sich demnach unter zwei Voraussetzungen einstimmig auf eine Verfassung einigen. Zum einen müssen die zur Abstimmung stehenden Spielregeln einen hohen Allgemeinheitsgrad haben, d.h. sie müssen hinsichtlich einer Vielzahl von Einzelentscheidungen Relevanz besitzen.[250] Zum anderen muss die Verfassung für eine längere Zeit Geltungsdauer besitzen. Unter diesen beiden Bedingungen werden die vor der Verfassungswahl stehenden Individuen unsicher über die Verteilungswirkung der Regeln auf die individuelle Wohlfahrt sein. Die Unsicherheit wird umso größer, je genereller und dauerhafter die zur Wahl stehenden Regeln ausgestaltet sind. Die Logik dieser Entscheidungssituation führt schließlich dazu, dass die individuellen Optimalitätsvorstellungen konvergieren und die Individuen sich einmütig auf eine Verfassung einigen.[251]

Es stellt sich die Frage, ob reale Personen sich tatsächlich hinter einem solchen „Schleier der Unwissenheit/Unsicherheit" befinden und sich unter den genannten Bedingungen konsensual auf eine Verfassung einigen können.[252] Die Bedingung der völligen Undurchlässigkeit des Schleiers dürfte in der gesellschaftlichen Realität dermaßen restriktiv sein, dass die hypothetische Konsenstheorie als praktischer Lösungsansatz scheitern muss.[253] Für Individuen ist es in aller Regel möglich, bis zu einem gewissen Grade von der Vergangenheit und Gegenwart auf die Zukunft zu schließen.[254]

---

[247] Rawls geht davon aus, dass die Wahl der Verfassung ausschließlich durch unterschiedliche Interessen bestimmt ist. Falls die Individuen allerdings unterschiedliche Ansichten über die Funktionszusammenhänge der Regeln haben, so wird selbst bei einem vollkommen undurchsichtigen Schleier keine Einstimmigkeit erreicht werden. Vgl. Cassel (1998), S. 470; Feldmann (1997), S. 524.

[248] Vgl. Fritsch (1983), S. 166f.; Pies (1995), S. 8ff.

[249] Vgl. dazu Buchanan/Tullock (1965/1999), S. 78ff.; Brennan/Buchanan (1993), S. 38ff.

[250] Wie im Konzept des „Schleiers der Unsicherheit" wird im Konzept der „cross-cutting cleavages" die Mehrdimensionalität der Verfassungsentscheidung betont. Für einen hypothetischen Konsens ist zudem eine Überschneidung der „politically relevant cleavages" notwendig. Auf den Ansatz der „cross-cutting cleavages" wird im Weiteren nicht näher eingegangen. Vgl. dazu Rabushka/Shepsle (1972).

[251] Eine Übereinstimmung der beiden Konstruktionen von Rawls und Buchanan stellt einen Grenzfall dar. Vgl. Brennan/Buchanan (1993), S. 40f.

[252] Vgl. Brennan/Buchanan (1993), S. 40.

[253] Vgl. Kirsch (1997), S. 138; Fritsch (1983), S. 195; Kersting (1994), S. 271.

[254] Vgl. Schweizer (1996), S. 263. Dieser Einwand kann abgeschwächt werden, wenn unterstellt wird, dass sich die Individuen in einer liberalen, sich durch Dynamik auszeichnenden Gesellschaft befinden. Diese Dynamik impliziert, dass Strukturen und Institutionen einem steten Wandel unterworfen sind und die Individuen sich so ihrer Positionen nicht sicher sein können. Trotz alledem dürfte der „Schleier der Unwissenheit/Unsicherheit" nicht vollkommen undurchlässig sein, da selbst in liberalen Gesellschaften zumindest mit einer gewissen Wahrscheinlichkeit auf zukünftige Strukturen und Positionen geschlossen werden kann. Vgl. Kirsch (1997), S. 137ff.

So sinnvoll die theoretische Simulation eines Konsenses auf der Basis von Gedankenexperimenten gleichwohl sein mag – letztlich wird eine Verfassung den Legitimitätsansprüchen der Individuen gleichwohl nur genügen können, wenn eine starke empirische Unterstützung vermutet werden kann. Ein durch die Wissenschaft konstruierter hypothetischer Konsens wird daher niemals a priori eine umfassende gesellschaftspolitische Verbindlichkeit für sich reklamieren können.[255] Die vermutete Einstimmigkeit der betroffenen Individuen muss in diesem Sinne eher als angenommene Zustimmungs*fähigkeit* betrachtet werden.[256] Der Bezug auf einen hypothetischen Kontrakt im Rahmen der ökonomischen Theorie der Verfassung kann nach *Buchanan* nur als Hypothese für Defizite und Reformvorschläge dienen. Eine verbindliche Legitimation von grundlegenden Spielregeln in einer Gesellschaft lässt sich im Endeffekt ausschließlich durch die tatsächliche Zustimmung der Beteiligten erreichen. So betont *Buchanan*: "Beyond agreement there is simply no way for the contractarian to go."[257]

Damit soll gleichwohl nicht der Schluss gezogen werden, aprioristischen Vertragstheorien jegliche Relevanz abzusprechen. Trotz des hypothetischen Charakters des Verfassungsvertrages kommt der aprioristischen Vertragstheorie „beträchtliche explikative Bedeutung hinsichtlich Entstehung und Inhalt realer Verträge“[258] zu.

In Anlehnung an den naturalistischen Fehlschluss, in dem ein fehlerhaftes Schließen vom Sein auf das Sollen vorgenommen wird, spricht man dann vom „empiristischen Fehlschluss“, wenn gesellschaftliche Gestaltungsmöglichkeiten zu Unrecht aus Sachgesetzlichkeiten abgeleitet werden.[259] Diesen Fehler würde man im Hinblick auf das Konsenserfordernis dann begehen, wenn wegen der Nichterreichbarkeit eines empirischen Konsenses die Legitimation der Verfassung ohne Einbeziehung der Betroffenen aus der Natur der Dinge gezogen werden würde. Ein „normativistischer Fehlschluss“ liegt spiegelbildlich vor, wenn gesellschaftliche Gestaltungsempfehlungen von einem normativen Idealzustand ohne Prüfung empirischer Bedingungen gegeben werden. Bezogen auf das Einstimmigkeitserfordernis hieße das: Ohne Rücksicht auf etwaige Konsensfindungskosten wird das Konsensideal zu einem Organisationsprinzip in der demokratischen Praxis erhoben.[260]

Wie kann vor diesem Hintergrund in der gesellschaftspolitischen Praxis nun auf der einen Seite dem normativen Ideal der empirischen Einstimmigkeit entsprochen werden? Können auf der anderen Seite die knappheitsbedingten Konflikte der Konsenssuche gelöst werden? Bedeutet das Insistieren auf dem normativen Ideal des realen Konsens den Verzicht auf jegliches kollektives Handeln?

---

[255] Nienhaus weist zudem darauf hin, dass Legitimität nur durch die Betrachtung des gesamten Systems gesellschaftlicher Spielregeln und nicht isoliert für einzelne Systeme beurteilt werden kann. Vgl. Nienhaus (1985), S. 138.
[256] Vgl. Müller (1997), S. 245.
[257] Buchanan (1977), S. 295.
[258] Fritsch (1983), S. 73.
[259] Der naturalistische Fehlschluss wird in Anlehnung an seinen Begründer Hume auch als „Humes Gesetz“ bezeichnet. Vgl. Hume (1739/1967), S. 469.
[260] Vgl. Homann/Suchanek (2000), S. 133f.

Falls eine Abweichung vom normativen Ideal der faktischen Einstimmigkeit nicht akzeptiert wird, bedeutet dies eine implizite Entscheidung für den status quo und damit letztlich jeglichen Verzicht auf kollektives Handeln. Gesetz den Fall, dass kollektives Handeln von der Mehrheit der Individuen gewünscht wird, so wäre zumindest ebenfalls das Unterlassen rechtfertigungsbedürftig.[261] Der Gesellschaft entstünden im Falle nicht getroffener kollektiver Entscheidungen erhebliche Opportunitätskosten.[262] Der Nutzen, der den Individuen durch kollektives Handeln entstünde, entfiele gänzlich. Andererseits ist das Abrücken vom Einstimmigkeitsideal mit Nutzeneinbußen für einen mehr oder weniger großen Teil des Kollektivs verbunden. Individuen in der Gesellschaft werden dem nicht unerheblichen Zwang ausgesetzt, kollektives Handeln dulden zu müssen, welches ihr Wohlfahrtsniveau verschlechtert. Wie kann eine kollektive Entscheidung als Zwangsinstrument im Sinne einer liberal-individualistischen Gesellschaftsauffassung vor diesem Hintergrund legitimiert werden?[263]
Buchanan und *Tullock* weisen im Rahmen ihres verfahrensorientierten Ansatzes einen gangbaren Weg auf, wie aus konstitutionenökonomischer Sichtweise auch im Bereich der praktischen Institutionen einer Demokratie das Konsensideal – zumindest als regulative Idee – etabliert werden kann.[264] Danach werden demokratische *Verfahren* entworfen, die das Vetorecht – also die Einstimmigkeit – der Individuen simulieren sollen.[265] Falls durch die Verfahren kollektiven Handelns langfristig, d.h. über eine Vielzahl einzelner Ergebnisse, Kooperationsgewinne für alle Individuen anfallen, kann mit einmütiger Zustimmung gerechnet werden.
Ausgangspunkt der Überlegungen ist, dass sich eine Einstimmigkeit auf der Ebene des Entscheidungsergebnisses einer Demokratie (operationelle Ebene) nicht erreichen lassen wird. Konsens unter den Gesellschaftsmitgliedern ist demgegenüber nur über ein *Entscheidungsverfahren* realisierbar.[266] Die auf der konstitutionellen Ebene zu treffende grundlegende Verfahrensentscheidung ist von einer Entscheidung auf operationeller Ebene zu unterscheiden.[267] Auf der konstitutionellen Ebene ist der Verfahrenskonsens notwendig, da es utopisch erscheint, dass sich die Individuen auf praktisch-operationeller Ebene einigen.[268] Der Grund hierfür liegt darin, dass eine Situation, in der es um die Wahl eines Verfahrens geht, einige spezifische Besonderheiten gegenüber der Situation aufweist, in der es um Entscheidungen *innerhalb* von Verfahren geht.[269] Ein Entscheidungsverfahren dürfte bei adäquater Ausgestaltung eine Art generelle Anerkennung finden, die vom Befriedungswert einer einzelnen Entschei-

261 Vgl. Fritsch (1983), S. 66
262 Homann sieht in den Kosten der Nicht-Entscheidung eine eigene Kostenkategorie kollektiven Handelns. Vgl. Homann (1980), S. 268.
263 Nach Hirschman gibt es für Individuen zwei Möglichkeiten, kollektivem Zwang auszuweichen. Entweder wird die Option des Exit gewählt, also die Abwanderung in den Geltungsbereich einer anderen Jurisdiktion, oder aber die des Voice, also des Widerspruchs gegen Entscheidungen des Kollektivs. Vgl. Hirschman (1974), S. 17ff.; S. 25ff.; Erlei/Leschke/Sauerland (1999), S. 386ff.
264 Vgl. Buchanan/Tullock (1965/1999).
265 Vgl. Homann/Suchanek (2000), S. 193f.; Homann (1980), S. 227.
266 Vgl. Frey/Kirchgässner (1994), S. 141.
267 Vgl. Fritsch (1983), S. 118.
268 Vgl. Brennan/Buchanan (1993), S. 36.
269 Vgl. Brennan/Buchanan (1993), S. 23.

dung unabhängig ist.[270] Legitimität, verstanden als „generalisierte Bereitschaft, inhaltlich noch unbestimmte Entscheidungen innerhalb gewisser Toleranzgrenzen hinzunehmen"[271], kann folglich durch das Entscheidungsverfahren gesichert werden. Ein Individuum kann das Verfahren, aus dem eine Entscheidung abgeleitet wurde, bejahen und trotzdem die Entscheidung selbst ablehnen. Wenn ein Konsens über ein Entscheidungsverfahren erreicht wird, so verringert sich das Konfliktpotential auf der Ebene des Entscheidungsergebnisses erheblich.[272] Läßt sich der Widerspruch zwischen dem Zwang kollektiver Entscheidungen und dem Ideal des normativen Individualismus auf konstitutioneller Ebene auflösen, so verliert der kollektive Zwang im laufenden politischen Prozess seine Brisanz. Ein Abgehen von der Einstimmigkeitsnorm im laufenden politischen Prozess einer Demokratie kann damit aus konstitutionenökonomischer Perspektive vorteilhaft, also offensichtlich für jedes einzelne Individuum konsensfähig sein. Die Individuuen werden ihr Vetorecht allerdings nur dann abtreten, wenn die Verfahren, die das individuelle Vetorecht simulieren sollen, unterschiedslos akzeptiert werden.[273]

Kritiker der Idee eines hypothetischen Gesellschaftsvertrages bemängeln, dass sich keinerlei inhaltliche Empfehlungen für die Verfassung einer demokratischen Gesellschaft ableiten lassen. *Kersting* merkt an, dass ein konstruierter hypothetischer Konsens „kriteriell leer"[274] sei. *Müller* vergleicht die aprioristische Vertragstheorie aus diesem Grund mit der paretianischen Wohlfahrtsökonomik. Beide Theorien blieben hinsichtlich ihres Legitimationsergebnisses unbestimmt und könnten deshalb keine inhaltlichen Gestaltungsempfehlungen für die praktische Politik eines Gemeinwesens liefern.[275] Zudem muss durchaus die Gefahr gesehen werden, dass bei der Legitimation einer Verfassung allein auf der Grundlage von Gedankenexperimenten durch entsprechende Plausibilitätsüberlegungen eine „Schein-Legitimität" durch den Theoretiker hergestellt werden kann.

Auch wenn es kaum möglich sein dürfte, aus dem Ansatz einer hypothetischen Übereinkunft der Individuen eindeutige inhaltliche Bewertungsmaßstäbe für die grundlegenden Spielregeln einer Gesellschaft abzuleiten, so bleibt es doch das Verdienst von *Buchanan*, dass Bewusstsein dafür geschärft zu haben, dass die Einstimmigkeitsregel in der Demokratie ein normatives Ideal darstellt, dem sich sowohl Gesellschaftstheoretiker als auch die Akteure in einer Demokratie stets verpflichtet fühlen sollten.[276] Es liegt in der Natur der Sache begründet, dass die Simulation des Konsenses über die grundlegenden Spielregeln der Gesellschaft jenseits der faktischen Zustimmung der Individuen stets umstritten sein wird.[277] Die Einstimmigkeitsnorm sollte daher vielmehr als „regulative Idee", als eine „theoretische Grundlage der Legitimations-´Architekto-

---

[270] Vgl. Luhmann (1969), S. 31.
[271] Luhmann (1969), S. 28.
[272] Vgl. Kirsch (1997), S. 119f.
[273] Vgl. Homann/Suchanek (2000), S. 194.
[274] Kersting (1994), S. 350. Kersting kritisiert, dass in der Vertragstheorie von Buchanan der Naturzustand als Ausgangssituation des Gedankenexperiments vollkommen unterbestimmt ist und sich unter dieser Voraussetzung keinerlei inhaltlichen Empfehlungen ableiten lassen.
[275] Vgl. Müller (2000a), S. 21.
[276] Vgl. Feldmann (1997), S. 524.
[277] Vgl. Homann/Suchanek (2000), S. 196.

nik`"[278] betrachtet werden, den Konsens unter den Individuen in der Gesellschaft zu simulieren. In der Funktion als normative Heuristik leistet das Konsensprinzip wertvolle Dienste bei der Gestaltung einer sozialen Ordnung.[279] Es ermöglicht Interessenpluralismus in der demokratischen Gesellschaft und lenkt die Aufmerksamkeit darauf, dass sich Kooperationsgewinne für alle Individuen nur dann realisieren lassen, wenn soziale Restriktionen das Handeln der Individuen derart koordinieren, dass gesellschaftliche Dilemmata überwunden werden.[280]

9. Fazit

Als Ergebnis bleibt festzuhalten: Die mit Tauschprozessen im politischen Bereich einer Gesellschaft entstehenden Reibungsverluste werden in ihrer Summe als politische Transaktionskosten bezeichnet. Die Mitglieder einer Gesellschaft werden bemüht sein, durch die Etablierung adäquater Regeln die laufenden Kosten der Nutzung des demokratischen Systems zu minimieren. Auf der einen Seite werden (wahrscheinliche) externe Kosten und auf der anderen Seite Konsensfindungskosten der jeweiligen Dimension kollektiven Handelns in das individuelle Verfassungskalkül einfließen. Das Verfassungskalkül eines Individuums zielt darauf ab, jenes institutionelle Arrangement zu wählen, welches kollektives Handeln zu minimalen politischen Transaktionskosten gewährleistet.
In Analogie zu einem Syllogismus wurde die Demokratie vertragstheoretisch wie folgt interpretiert:[281] Auf der eine Seite stellt der Konsens das normative Argument in der Ökonomischen Theorie der Verfassung dar. Auf der anderen Seite kann Knappheit als Randbedingung identifiziert werden, unter der die Einstimmigkeitsnorm zu realisieren ist. Als Schluss aus diesen beiden Prämissen ergibt sich das demokratische Verfahren als praktische Organisationsform, durch das die Einstimmigkeit unter den Bürgern simuliert wird. Einstimmigkeit wird nicht als Organisationsprinzip, sondern als normative Heuristik einer kontraktualistischen Sichtweise von Demokratie verstanden.

Wie sollen die grundlegenden Regeln in einer Demokratie nun ausgestaltet sein?[282] Diese Frage wird anhand der aufgezeigten Dimensionen kollektiven Handelns in den folgenden drei Kapiteln auf Basis eines individuellen Verfassungskalküls untersucht. In Kapitel II soll zunächst das hypothetische Verfassungskalkül im Hinblick auf die Delegation kollektiver Entscheidungen betrachtet werden.

---

[278] Homann (1980), S. 231.
[279] Vgl. Baurmann/Kliemt (1993), S. 151f.
[280] Vgl. Pies (1996), S. 17.
[281] Vgl. Homann (1988), S. 160ff.
[282] Weiterhin müssen im Verfassungsvertrag individuelle Rechte wie etwa Meinungs-, Presse- oder Vereinigungsfreiheit sowie Fragen der Gewaltenteilung geregelt werden. Nach Rawls kann im Verfassungsvertrag nur ein Teil der grundlegenden politischen Fragen abgedeckt werden. Vgl. Rawls (2003), S. 258; Frey (1979), S. 311.

Kapitel II: Delegationsgrad kollektiver Entscheidungen in der Demokratie

10. Einleitung

> Die Abgeordneten des Volkes sind also nicht seine Vertreter, noch können sie es sein; sie sind nur seine Beauftragten, nichts können sie endgültig beschließen. Jedes vom Volk nicht persönlich ratifizierte Gesetz ist nichtig; es ist kein Gesetz. Das englische Volk hält sich für frei: Es irrt gewaltig. Es ist nur frei während der Wahl der Mitglieder des Parlamentes; sobald diese gewählt sind, wird das Volk zum Sklaven und ist nichts.
>
> Jean-Jacques Rousseau (2000), S. 129.

Ungeachtet der Absage *Rousseaus* an ein repräsentativ ausgerichtetes politisches System hat rund 187 Jahre später der parlamentarische Rat der Bundesrepublik Deutschland ein solches System im Grundgesetz festgeschrieben.[283] Das parlamentarische System als zentrales Element der Steuerung moderner Gesellschaften wird in den letzten Jahren allerdings immer mehr in Frage gestellt.[284] Im Rahmen dieser Diskussion wird wiederholt gefordert, die direkten Volksrechte im politischen System der Bundesrepublik Deutschland zu stärken. Dieser vor allem zu Beginn der neunziger Jahre im Zuge der Verfassungsdiskussion im gerade wiedervereinigten Deutschland geführte Diskurs hatte auf bundespolitischer Ebene bislang jedoch keinerlei Konsequenzen.[285] Auf Länderebene kann man dagegen durchaus von einem „Siegeszug der direkten Demokratie"[286] sprechen.[287] Musterbeispiel hierfür ist Bayern mit seinen weitgehenden direkten Volksrechten.[288]

Die Intensität der Diskussion über ein Mehr an direkter Demokratie korreliert mit einer mehr oder weniger großen Politikverdrossenheit bei breiten Bevölkerungsschichten. Wenn der Frust im Wahlvolk über „die da oben in Berlin" allzugroß wird, dann wird in der politischen Diskussion darüber debattiert, ob die Stimme der Bürger nicht auch zwischen den Wahlterminen mehr Gewicht haben sollte. Die unmittelbaren Mitbestimmungsrechte der Wähler in politischen Sachfragen werden dementsprechend als Mittel gegen Politikverdrossenheit und Reformstau betrachtet: „Der Weg in die direkte Demokratie soll den gesellschaftlichen Wandel herbeiführen, ohne Interessengruppen und Politikern die Möglichkeit zu geben, ein Kartell gegen das (gemeine) Volk zu schließen und dies dann auszubeuten."[289]

---

[283] Vgl. Hernekamp (1979), S. 1. Zu den Pfadabhängigkeiten einer solchen Entscheidung vgl. North (1992).
[284] Vgl. Evers (1999), S. 24.
[285] Vgl. Klages/Paulus (1996). Zu direktdemokratischen Optionen vgl. Blankart (2000b).
[286] Heussner/Jung (1999), S. 13.
[287] Vgl. Dalton/Bürklin/Drummond (2001), S. 143. – Auf kommunaler Ebene konnten sich ebenfalls unmittelbare Mitsprachemöglichkeiten der Bürger etablieren. Zu einem Überblick über Bürgerbegehren und Bürgerentscheide in Nordrhein-Westfalen vgl. Innenministerium des Landes Nordrhein-Westfalen (2001).
[288] Vgl. Schiller (2002), S. 51ff.
[289] Feld/Kirchgässner (1998), S. 1.

In der Diskussion um das grundsätzliche Für und Wider der direkten Demokratie spielt das Verständnis von Volkssouveränität eine entscheidende Rolle.[290] Das Prinzip der Volkssouveränität als Grundprinzip staatlicher Herrschaft besagt, dass alle Macht vom Volk auszugehen hat. Der Widerstreit zwischen legitimer staatlicher Machtausübung und individueller Freiheit lässt sich idealiter nur auflösen, wenn die Gesetzesunterworfenen zugleich in ihrer Gesamtheit die Gesetzgeber sind.
Die Geschichte der Demokratie ist von den Versuchen geprägt, die Idee der Volkssouveränität in verschiedene Verfahren umzusetzen. Es wird allerdings keine reale Ausprägung einer demokratischen Staatsform das Postulat der Volkssouveränität je in reiner Form umsetzen können. Eine unmittelbare Beteiligung aller Gesellschaftsmitglieder kann nur auf bestimmte Phasen des kollektiven Entscheidungsprozesses beschränkt bleiben, da aus sachlichen und zeitlichen Gründen lediglich eine begrenzte Zahl kollektiver Entscheidungen einer umfänglichen Partizipation offenstehen.[291] Notgedrungen können die Präferenzen aller Kollektivmitglieder nur kanalisiert und reduziert in den politischen Entscheidungsprozess eingehen. „Ein plébiscite de tous les jours et des toutes les choses kann faktisch kaum veranstaltet werden."[292]
Hieraus lassen sich zwei Folgerungen ziehen. Auf der einen Seite kann man sich am Idealbild der Volkssouveränität orientieren und ständig eine bessere Umsetzung dieser Idee anstreben, oder man kann sich auf der anderen Seite von dem Ideal der Volkssouveränität als nicht erfüllbare Utopie verabschieden und eine unvollkommene Demokratie als unabänderlichen Tatbestand konstatieren. Die erste Position kann aus Art. 20 Abs. 2 des Grundgesetzes abgeleitet werden: „Alle Staatsgewalt geht vom Volke aus." Für Letztere ist der nachfolgende Satz des Grundgesetzartikels programmatisch: „Sie wird vom Volke in Wahlen und Abstimmungen und durch besondere Organe der Gesetzgebung, der vollziehenden Gewalt und der Rechtsprechung ausgeübt."
Die oben genannten dualistischen Vorstellungen von Volkssouveränität durchziehen sämtliche Diskurse über die Demokratie. Übertragen auf den Diskurs über die Einführung direktdemokratischer Elemente in ein repräsentativ ausgerichtetes System ergeben sich entsprechend zwei polare Vorstellungen:[293]

- Es gibt die als „klassisch" zu bezeichnende Sichtweise, nach der ein Mehr an direkter Demokratie automatisch auch zu einer Verbesserung der Demokratie, zu einer Vervollkommnung der Idee der Volkssouveränität führt.
- Dem stehen die unumschränkten Befürworter der repräsentativen Demokratie gegenüber, die jegliche direktdemokratischen Elemente im politischen System ablehnen. Gegner der direkten Demokratie plädieren entsprechend für eine Abschaffung sämtlicher direkter Volksrechte (wie z.B. in der Schweiz) oder stemmen sich gegen Reformbestrebungen hin zu mehr Mitbestimmungsmöglichkeiten des Volkes. Nach dieser Sichtweise beschränkt sich die unmittelbare Ausübung der

[290] Vgl. dazu Evers (1999), S. 25f.; auch Bosbach (2002), S. 518; Blankart (2002), S. 521.
[291] Vgl. Feld/Savioz (1998), S. 33.
[292] Feld/Savioz (1998), S. 33.
[293] Vgl. auch Rhinow (1997), S. 135f., Kleinewefers (1997), S. 81; Jung (2001), S. 24f.

Volkssouveränität auf den Wahlakt. Das Volk als Souverän gibt alle vier Jahre seine Stimme ab und delegiert damit seine politischen Teilhaberechte an die gewählten Parteien. Die Parteien verkörpern im Endeffekt die Volkssouveränität im Quantum ihrer Sitzanteile.[294]

Zwischen dieser dichotomen Rezeptionsskala von Faszination und uneingeschränkter Befürwortung bis zur unbedingten Ablehnung[295] der direkten Demokratie existiert eine Position, die eine Mischung aus beiden Systemelementen für adäquat erachtet. Hier wird die Auffassung vertreten, dass eine Mischung von direkter und repräsentativer Demokratie aus ökonomischer Perspektive ein produktives gesellschaftliches Arrangement darstellt. Eine halbdirekte Demokratie ist – je nach Ausprägung – den beiden reinen Formen überlegen.[296] In der vorliegenden Konzeption geht es in keinem Fall darum, das System repräsentativer Demokratie, sondern das (zeitlich befristete) Monopol der demokratischen Delegierten in Frage zu stellen. Direktdemokratische Elemente können ergänzend zum parteistaatlichen Routineprinzip die Fehlanreize des gegenwärtigen Systems z.T. beheben.[297] Unmittelbare Mitwirkungsrechte der Bürger bringen allerdings nicht automatisch bessere Ergebnisse hervor, sondern können ebenfalls defizitär ausgestaltet sein. Das Ende des Monopols der Repräsentanten der Bürger durch die Aufnahme direktdemokratischer Elemente in die Verfassung vorbehaltlos mit einem wünschbaren Zustand gleichzusetzen, ist daher offensichtlich verfehlt. Vor einem direktdemokratischen Utopismus kann nur gewarnt werden.

An dieser Stelle kann die eingangs aufgestellte forschungsleitende Fragestellung im Hinblick auf die Delegation in einer Demokratie somit erneut gestellt werden: Sollen alle *Individuen selbst* über ihre Bedürfnisse abstimmen, oder sollen sie *Repräsentanten* wählen, die in ihrem Namen entscheiden? Steigt die Effizienz politischer Entscheidungen, wenn neben der Institution der repräsentativen Demokratie den Wahlbürgern zusätzlich direkte Volksrechte zur Verfügung stehen? Es stellt sich demnach die Frage nach dem *optimalen Grad der Delegation kollektiver Entscheidungen in einer Demokratie*. Ein zentrales Untersuchungsziel besteht demzufolge im Folgenden darin, die relativen Systemvor- bzw. -nachteile der direkten und repräsentativen Demokratie herauszuarbeiten.[298]

Maßstab für die Beantwortung dieser Frage sollen die bereits in Kapitel I eingeführten politischen Transaktionskosten sein. Um beurteilen zu können, welchen Delegationsgrad kollektives Handeln annehmen sollte, werden auf der Grundlage eines individuellen Verfassungskalküls Kriterien für eine optimale Delegation kollektiver Entscheidungen auf konstitutioneller Ebene entwickelt.

[294] Vgl. Evers (1999), S. 35.
[295] Vgl. Luthardt (1994), S. 15.
[296] Vgl. Matsusaka (1992), S. 569; Kleinewefers (1997), S. 81f.
[297] Die vorgeschlagenen Reformbestrebungen zielen darauf ab, den Delegationsumfang in den repräsentativ ausgerichteten Demokratien zu verringern. Kruse kommt in seiner Analyse ebenfalls zu dem Ergebnis, dass der Delegationsumfang im gegenwärtigen politischen System der Bundesrepublik Deutschland zu groß ist. Statt allerdings den Delegationsumfang zu verringern, schlägt er vor, die Delegationsprozesse zu separieren. Vgl. Kruse (1995), S. 20ff.
[298] Zu dieser Sichtweise vgl. auch Baurmann/Kliemt (1993), S. 162.

11. Formale Institutionen, Akteure und Entscheidungsprozess in der Demokratie

11.1. Die repräsentative Demokratie

Um wesentliche Charakteristika einer repräsentativen Demokratie hervorzuheben, sollen im Folgenden kurz die wichtigsten Akteure beschrieben werden. In einem weiteren Schritt wird das Beziehungsgeflecht der Akteure untersucht.
Folgende Akteure können in einer repräsentativen Demokratie unterschieden werden:[299]

- *Wahlvolk*: Das Wahlvolk als Nachfrager politischer Leistungen nimmt bei den wiederkehrenden Parlamentswahlen die entscheidende Rolle in der repräsentativen Demokratie ein. Mittels der Wahl werden Vertreter bestellt, die für einen vorher festgelegten Zeitraum im Namen der Bürger über öffentliche Belange entscheiden.
- *Parlament*: Das Parlament stellt die institutionalisierte Versammlung der gewählten Vertreter des Volkes dar. Das Parlament wählt die Regierung und beschließt in seiner legislativen Funktion Verordnungen, Gesetze sowie die Verfassung.
- *Regierung*: Die Regierung ist in einer Demokratie das exekutive Organ. Gesetze, die das Parlament beschließt, werden von der Regierung umgesetzt.
- *Gerichte*: Gerichte haben in einer Demokratie gemäß dem Prinzip der Gewaltenteilung die Aufgabe, als unabhängige Institution die Einhaltung der Gesetze zu überwachen.
- *Parteien*: In allen repräsentativ ausgerichteten Demokratien der Welt spielen die Parteien bei der Willensbildung und der Machtverteilung eine dominante Rolle.[300] Die Parteien als Anbieter im politischen Markt einer repräsentativen Demokratie stellen sich mit ihren Programmen respektive ihren Kandidaten zur periodisch wiederkehrenden Parlamentswahl.
- *Bürokratie*: Der Bürokratie als Teil der Exekutive kommt in einer Demokratie vornehmlich die Aufgabe zu, die getroffenen politischen Entscheidungen in die Praxis umzusetzen.[301] Weiterhin dient die Verwaltung dazu, Parlament und Regierung entscheidungsrelevante Informationen bereitzustellen.
- *Medien*: Die Medien wie Fernsehen, Radio und Zeitungen besitzen in einer Demokratie eine große Bedeutung, da sie sowohl Wähler als auch politische Entscheidungsträger im Willensbildungsprozess beeinflussen und letztere kontrollier-

---

[299] Diese Unterscheidung muss im Rahmen dieser Untersuchung grob und schematisch ausfallen. Beispielsweise können Parlamentarier auch Mitglied in einer Interessengruppe sein. Zudem bleibt die in vielen Ländern bedeutende Rolle eines Staatsoberhauptes aussen vor. Vgl. Petersen (1993), S. 86f.; Grossekettler (1995), S. 617ff.; auch Peters (2000), S. 68ff.

[300] Wie die Analyse in Abschnitt 13.1.1.3. zeigen wird, hat diese Dominanz eine ökonomisch rationale Basis.

[301] In der Praxis haben Behörden bei der Umsetzung von politischen Entscheidungen häufig einen erheblichen Ermessensspielraum, der im eigenen Interesse genutzt werden kann.

en. Nicht zu Unrecht werden die Medien in einer Demokratie daher auch als „vierte Gewalt" bezeichnet.

- *Interessengruppen*: Einen erheblichen Einfluss auf politische Entscheidungen in einer Demokratie haben organisierte Interessengruppen. Sie wirken sowohl auf die politischen Entscheidungsträger in Parlament und Regierung als auch auf die Bürokratie und nicht zuletzt die Wähler ein.

Betrachtet man nun den Entscheidungsprozess in einer rein repräsentativen Demokratie (vgl. dazu Abb. 2), so sind die Präferenzen der Bürger in der Parlamentswahl zunächst einmal entscheidend für die Zusammensetzung des Parlaments. Entsprechend der Mehrheitsverhältnisse der gewählten Parteien im Parlament wird eine Regierung gewählt. Die vom Parlament beschlossenen Verordnungen und Gesetze stellen die Handlungsgrundlage für die Regierung dar. Ausführendes Organ der Regierung stellt die Bürokratie dar. Wesentlichen Einfluss auf die Entscheidungen von Wählerschaft, Parteien, Parlament, Regierung und Bürokratie üben Medien sowie Interessengruppen aus.

Abb. 2: Formale Institutionen und Entscheidungsprozess in einer repräsentativen Demokratie

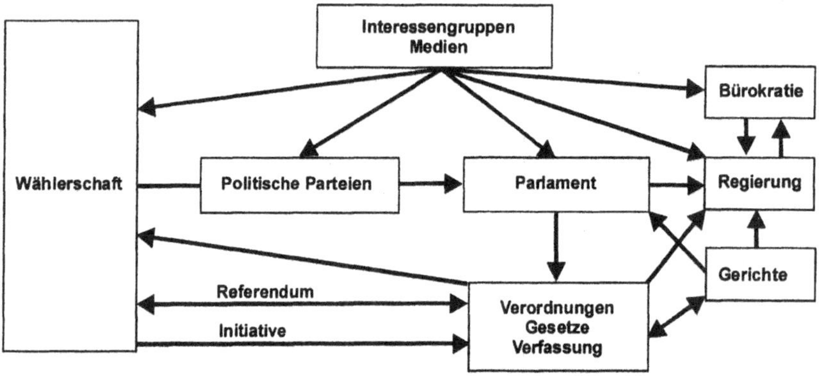

Quelle: In Anlehnung an Möckli (1994a), S. 87.

11.2. Die halbdirekte Demokratie

Im Unterschied zur rein repräsentativen Demokratie werden den Wählern in einer halbdirekten Demokratie neben den periodisch wiederkehrenden Parlamentswahlen nun mittels direktdemokratischer Institutionen weitere Einflussmöglichkeiten im politischen Prozess eingeräumt. Insofern tritt das Volk neben den oben aufgeführten Akteuren auch zwischen den Wahlterminen als Akteur auf.

In Anlehnung an *Möckli* können direktdemokratische Abstimmungen nach Personen- und Sachabstimmungen unterschieden werden, wobei es wiederum verschiedene Untertypen der jeweiligen Abstimmungen gibt.[302] Folgende Typen von Sachabstimmungen können nach den Kriterien „Auslösung", „Verbindlichkeit der Abstimmung", „Bestimmung des Gegenstandes" und „Beständigkeit" klassifiziert werden:[303]

- *Plebiszit*: Auslöser des Plebiszits ist ein Staatsorgan, welches eine Volksabstimmung optional und ad hoc durchführt. Da keine genauen verfassungsmäßigen Regelungen über die Handhabung des Plebiszits gelten, ist das Plebiszit keine beständige Institution in einer direkten Demokratie.[304]
- *Referendum*: Gegenüber dem Plebiszit ist das Referendum eine dauerhafte, verfassungsmäßig abgesicherte Institution in einer direkten Demokratie.[305] Je nach Abstimmungsgegenstand ist eine Abstimmung obligatorisch oder fakultativ. Beim fakultativen Referendum können je nach Ausgestaltung entweder das Parlament/die Regierung oder die Bürger der Auslöser sein.
- *Volksinitiative*: Entscheidendes Kennzeichen der Volksinitiative ist, dass die Bürger in jedem Fall Träger der Abstimmungsinitiative sind, das auslösende Moment also „von unten" und nicht „von oben" kommt und zudem der Abstimmungsgegenstand von den Stimmbürgern bestimmt wird. Die Volksinitiative stellt wie das Referendum eine dauerhafte verfassungsmäßige Institution dar. Falls das Abstimmungsergebnis unmittelbare rechtliche Wirkung für den Gesetzgeber entfaltet, muss die Abstimmung als dezisiv gelten. Andernfalls hat sie lediglich konsultativen Charakter.[306]

In Abb. 3 werden die direktdemokratischen Institutionen im Überblick dargestellt.

---

[302] Vgl. Möckli (1991a), S. 31ff. Personenabstimmungen sollen im Folgenden nicht weiter betrachtet werden.

[303] In der Literatur zur direkten Demokratie hat sich hinsichtlich der einzelnen Elemente noch keine einheitliche Terminologie herausgebildet. Neben den hier verwendeten Begriffen wird auch von Volksentscheiden, Volksbegehren und Volksbefragungen gesprochen. Auf kommunaler Ebene werden weiterhin oftmals die Termini Bürgerbegehren und Bürgerentscheid benutzt. Diese lassen sich unter die hier aufgeführten Begriffe subsummieren. Vgl. auch Maurer (1997), S. 2ff.; Schiller (2002), S. 13ff. – Einen Überblick über die Ausgestaltung der direkten Volksrechte in der Schweiz gibt Linder (1997), S. 452ff. Die direktdemokratischen Einrichtungen in Kalifornien beschreibt Möckli (1991b), S. 29ff.

[304] Das direktdemokratische Element des Plebiszits soll in dieser Untersuchung nicht näher analysiert werden. Referendum und Initiative habe wegen ihrer Beständigkeit eine größere Bedeutung. Vgl. Frey/Kirchgässner (1994), S. 70.

[305] Vgl. hierzu auch Möckli (1996), S. 10ff.

[306] Lediglich fünf Mitgliedsländer des Europarates (die Schweiz, Liechtenstein, Litauen, Ungarn und die Slowakei) haben auf nationaler Ebene die Volksinitiative eingeführt. In zehn Staaten ist dieses direktdemokratische Element auch auf lokaler Ebene verbreitet. Vgl. Möckli (1996), S. 9.

Abb. 3: Formale Institutionen der direkten Demokratie

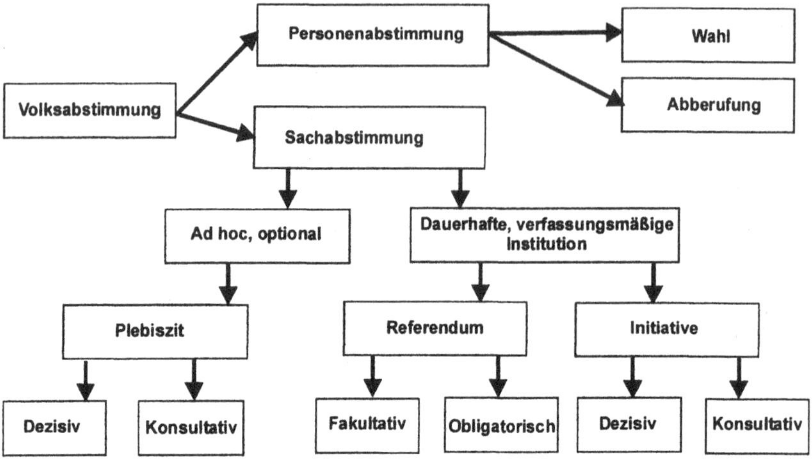

Quelle: Vgl. Möckli (1991a), S. 31.

In Tab. 3 werden die verschiedenen Verfahren direkter Demokratie im Hinblick auf die oben genannten Kriterien kategorisiert.

Tab. 3: Verfahren direkter Demokratie

	Beständigkeit des Verfahrens	Kompetenz zur Auslösung	Bestimmung des Gegenstandes	Verbindlichkeit der Abstimmung
Plebiszit	nicht gegeben	Staatsorgan	Staatsorgan	Konsultativ
Plebiszit	nicht gegeben	Staatsorgan	Staatsorgan	Dezisiv
Obligatorisches Referendum	gegeben	vorgegeben	Staatsorgan	Dezisiv
Fakultatives Referendum	gegeben	Stimmbürger	Staatsorgan	Dezisiv
Initiative	gegeben	Stimmbürger	Stimmbürger	Konsultativ
Initiative	gegeben	Stimmbürger	Stimmbürger	Dezisiv

Quelle: In Anlehnung an Adamovich/Wohlgemuth (1999), S. 130.

In halbdirekten Demokratien spielen das obligatorische und fakultative Referendum sowie die Volksinitiative eine maßgebliche Rolle. In Abb. 4 wird der Entscheidungsprozess in einer halbdirekten Demokratie unter Berücksichtigung dieser direktdemokratischen Institutionen dargestellt. Im Falle des fakultativen Referendums sowie der Volksinitiative wird die Abstimmung „von unten" angestoßen. Dieser Umstand wird durch die Richtung der Pfeile im Entscheidungsprozess ausgedrückt.[307]

Abb. 4: Formale Institutionen und Entscheidungsprozess in einer halbdirekten Demokratie

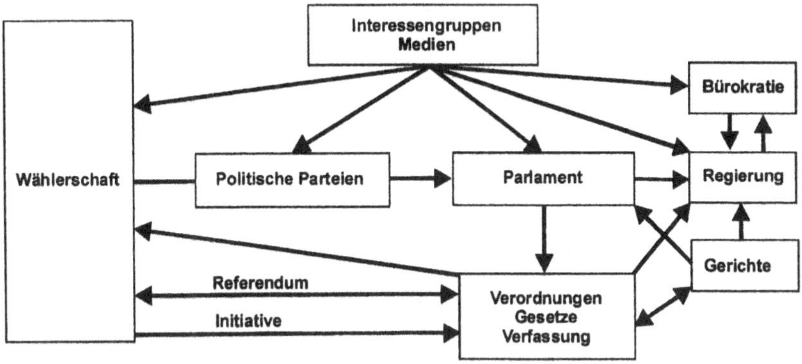

Quelle: In Anlehnung an Möckli (1994a), S. 87.

12. Kriterien für eine optimale Delegation kollektiver Entscheidungen auf konstitutioneller Ebene

In diesem Kapitel werden Kriterien entwickelt, die ein Individuum bei der Wahl einer optimalen Verfassung im Hinblick auf die Delegation kollektiver Entscheidungen in einer theoretischen Urvertragssituation anstellt. Ein Individuum wird jene Verfassung wählen, die die politischen Transaktionskosten in Bezug auf die Delegation kollektiver Entscheidungen minimiert. Das Verfassungsproblem läßt sich auf die Frage verkürzen, welcher optimale Delegationsgrad gewählt werden sollte.[308] Es geht im Folgenden also um die Frage, ob es aus individueller Perspektive ratsam ist, die Mitglieder der Gesellschaft Kollektiventscheidungen selber treffen zu lassen oder jene Entscheidungen an Vertreter zu delegieren.[309] In Anlehnung an *Buchanan/Tullock*, die

[307] Die Phasen des Entscheidungsprozesses einer Volksabstimmung werden in Abschnitt 13.1.2.1.3. beschrieben. – Zu einem weiteren Modell des politischen Prozesses in einer halbdirekten Demokratie vgl. Möckli (1994b), S. 4.

[308] Zu einer Ableitung optimaler Delegationsgrade unter besonderer Berücksichtigung der Kompetenzkompetenz von Delegierten vgl. Blankart (1994b), S. 275ff.

[309] Neben der bereits in Kapitel I vorgenommenen Unterscheidung von politischen Transaktionskosten in (wahrscheinliche) externe Kosten und Konsensfindungskosten kann weiterhin eine Unterscheidung in tangible und intangible Kostenbestandteile vorgenommen werden. Das Unterscheidungskriterium dieser Kosten liegt in ihrer Messbarkeit begründet. Während sich tangible Kosten wie z.B. die staatlich zahlungswirksamen Ausgaben für die Organisation einer Wahl unmittelbar monetär quantifizieren lassen, lassen sich intangible Kostenbestandteile nur qualitativ umschreiben. Da die intangiblen Kosten das Gros der Reibungsverluste darstellen, sollen in diesem Kapitel ausschließlich jene Kostenbe-

die Optimalität von Wahlverfahren anhand von zwei zentralen Kostenkategorien beurteilten, wollen wir im Folgenden die Optimalität der demokratischen Delegation auf der Grundlage von zwei zentralen Kostenkategorien analysieren:[310] den (wahrscheinlichen) externen Kosten der Delegation sowie den intrapersonellen Konsensfindungskosten.[311]

12.1. Intrapersonelle Konsensfindungskosten

Um das individuelle Verfassungskalkül im Hinblick auf die Delegation kollektiver Entscheidungen zu analysieren, soll zunächst von einer rein direkten Demokratie ausgegangen werden. Welche Kosten entstehen einem Individuum in einem solchen Verfassungsarrangement?
Jedes Individuum muss sich bei einer anstehenden kollektiven Entscheidung offensichtlich zwischen verschiedenen Alternativen entscheiden. Damit fallen für jedes Mitglied der Gesellschaft *intrapersonelle Konsensfindungskosten* an. Da die Individuen ein Interesse an einer präferenzgerechten Entscheidung haben, werden sie sich über das anstehende Abstimmungsthema sowie die Präferenzen der anderen Individuen informieren, um sich für eine der zur Wahl stehenden Alternativen entscheiden und ihre Interessen wohlinformiert gegenüber anderen Individuen durchsetzen zu können. Die intrapersonelle Konsensfindung ist – je nach Art der kollektiven Entscheidung – gleichwohl mit Nutzeneinbußen für ein Individuum verbunden. Das Individuum muss Informationen erwerben, aufnehmen und speichern. Weiterhin müsste das Individuum an jeder anstehenden Abstimmung teilnehmen. Da die Informationsbeschaffung sowie die Teilnahme an der Abstimmung andere nutzenbringende Aktivitäten verdrängt, entstehen zeitliche Opportunitätskosten.[312]
Da in demokratischen Großgesellschaften ein großer Umfang an kollektiven Belangen zu regeln ist, müsste ein Individuum für eine Vielzahl kollektiver Entscheidungen offensichtlich hohe intrapersonelle Konsensfindungskosten auf sich nehmen. Im Extrem wären die Mitglieder einer Gesellschaft ausschließlich damit beschäftigt, über kollektive Belange zu entscheiden.[313] Private Aktivitäten würden in einer rein direkten Demokratie in großem Umfang verdrängt, was erhebliche Auswirkungen auf die privatwirtschaftliche Ressourcenallokation hätte. Würden in jedem Fall die gemeinsamen Belange des Kollektivs durch die Gesamtheit der Kollektivmitglieder entschieden, so käme dies praktisch einer Erlahmung des öffentlichen Lebens gleich.

---

standteile Berücksichtigung finden. Vgl. Hanusch (1994), S. 9f. Zu den tangiblen Kosten direktdemokratischer Verfahren vgl. Jakubowski/Tegner/Kotte (1999), S. 83.

[310] Die Struktur der Analyse findet in Anlehnung an Kirsch (1997), S. 122ff. statt. Zu weiteren Kriterien vgl. Strøm (2000), S. 262.

[311] In der Literatur werden die intrapersonellen Konsensfindungskosten vielfach auch als Entscheidungsfindungskosten bezeichnet. Da der Begriff allerdings nicht stringent benutzt wird, soll im Rahmen der vorliegenden Untersuchung ausschließlich der Terminus der intrapersonellen Konsensfindungskosten Verwendung finden.

[312] Vgl. Erlei/Leschke/Sauerland (1999), S. 394.

[313] Es ist entsprechend wahrscheinlich, dass der größte Teil der Bevölkerung sich nicht mehr an Abstimmungen beteiligen würde und zufällige Kollektiventscheidungen das Ergebnis wären.

Alle Mitglieder der Gesellschaft wären fast ausschließlich damit beschäftigt, kollektive Entscheidungen zu treffen.

Daher kann es in vielen Fällen für die Individuen einer demokratischen Gesellschaft wohlfahrtssteigernd sein, wenn Repräsentanten an ihrer Stelle die Entscheidungskompetenz übernehmen.[314] Durch die Delegation der Entscheidungskompetenz können die Kollektivmitglieder von den hohen Kosten der intrapersonellen Konsensfindung der rein direkten Demokratie entlastet werden[315] und Spezialisierungserträge der Repräsentanten[316] sowie Skalen-Effekte realisieren.[317] Im Extremfall bestimmen die Individuen in Wahlen Repräsentanten, die für einen bestimmten Zeitraum alle kollektiven Entscheidungen für die Gesellschaftsmitglieder treffen. In einem rein repräsentativen demokratischen System mit einem Delegationsgrad von 1 tragen die Individuen dann lediglich die intrapersonellen Konsensfindungskosten der Wahl ihrer Vertreter. Alle anderen Entscheidungen werden von Repräsentanten getroffen, die unter der Maßgabe des politischen Wettbewerbs in einer Demokratie im Sinne ihrer Wähler entscheiden sollen.

In Abb. 5 ist die Kurve der intrapersonellen Konsensfindungskosten in Abhängigkeit vom Delegationsgrad in einer Demokratie dargestellt.[318] Bei einem Delegationsgrad von 0, also einer rein direkten Demokratie, erreicht die Kurve der intrapersonellen Konsensfindungskosten ihr Maximum. Der fallende Verlauf der Kurve der intrapersonellen Konsensfindungskosten bedeutet nun, dass bei steigendem Delegationsgrad kollektive Belange in immer größerem Umfang von Repräsentanten bestimmt wird – die Individuen also immer weniger Konsenskosten auf sich nehmen müssen. Bei einem Delegationsgrad von 1 wird das Minimum der intrapersonellen Konsensfindungskosten erreicht.[319] In einem rein repräsentativen System fallen lediglich intrapersonelle Konsensfindungskosten der Wahl der Repräsentanten an. Im Vergleich zu den prohibitiven intrapersonellen Konsensfindungskosten in einer rein

[314] Schumpeter kommt zu folgendem Ergebnis: „Zwar wäre es ferner in einem Gemeinwesen von einer gewissen Größe, namentlich wenn es das Phänomen der Arbeitsteilung aufweist, höchst unpraktisch, wenn jeder einzelne Bürger sich mit allen anderen Bürgern wegen jeder Frage in Verbindung setzen müsste, um seinen Teil zum Herrschen oder Regieren beizutragen. Es ist bequemer, nur die wichtigsten Entscheidungen den einzelnen Bürgern vorzulegen, damit sie sich dazu äußern können – zum Beispiel durch ein Referendum -, und im übrigen durch ein von ihnen bestelltes Komitee zu handeln, – durch eine Versammlung oder ein Parlament, dessen Mitglieder durch öffentliche Wahl gewählt werden." Schumpeter (1950/1993), S. 398.

[315] Vgl. Kirsch (1997), S. 182ff.

[316] Dabei sollte gleichwohl nicht übersehen werden, dass aufgrund der Fülle von komplexen Entscheidungen in demokratischen Großgesellschaften in aller Regel in den Parlamenten eine weitere Spezialisierung der Vertreter stattfindet. In eigens eingerichteten Fachausschüssen wird von einem Teil der Repräsentanten eine Entscheidung vorbereitet, die dem gesamten Parlament zur Abstimmung unterbreitet wird. Vgl. Feld/Savioz (1998), S. 43.

[317] Vgl. Kruse (1989), S. 243.

[318] Der dargestellte Verlauf der Kostenkurve stellt einen – wenn auch nicht unplausiblen – Spezialfall dar. Zu einer Diskussion alternativer Kostenverläufe vgl. Abschnitt 12.4.

[319] Unter der Maßgabe, dass ein Delegationsgrad von weniger als 1 unter Umständen die intrapersonellen Konsensfindungskosten senkt, läge das Minimum der Kosten nicht in einem rein repräsentativen demokratischen System. Vgl. dazu Abschnitt 13.2.3.

direkten Demokratie werden die Individuen durch das Abtreten ihrer Entscheidungskompetenz damit wesentlich entlastet.[320]

Abb. 5: Intrapersonelle Konsensfindungskosten

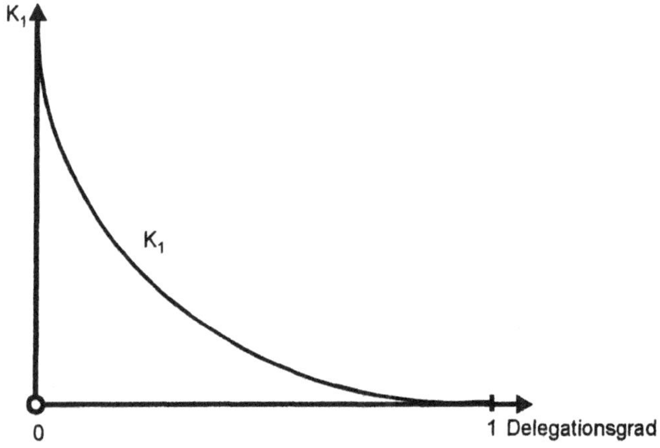

Quelle: Eigene Darstellung.

12.2. (Wahrscheinliche) externe Kosten der Delegation

Würde ein Individuum das Verfassungskalkül der demokratischen Delegation ausschließlich unter dem Gesichtspunkt der intrapersonellen Konsensfindungskosten treffen, so wäre eine rein repräsentative Demokratie als transaktionskostenminimal einzustufen und eindeutig als superiore Institution gegenüber der direktdemokratischen Verfahrensweise identifizierbar. Neben den intrapersonellen Konsensfindungskosten wird ein Individuum nun allerdings noch eine weitere Kostenkomponente in das Verfassungskalkül im Hinblick auf die Delegation kollektiver Entscheidungen einfließen lassen.

Gehen wir zunächst von einem rein repräsentativen System aus, in dem alle kollektiven Belange von Delegierten der Gesellschaftsmitglieder getroffen werden. Neben den intrapersonellen Konsensfindungskosten wird ein Individuum die Optimalität der Verfassung nun weiterhin unter dem Gesichtspunkt beurteilen, inwiefern kollektives Handeln seinen eigenen Präferenzen möglichst nahe kommt respektive seine Präferenzen möglichst wenig verletzt. Da es für die Mitglieder des Kollektivs unter der

[320] Aus diesem Blickwinkel ist der Position von Baurmann/Kliemt zuzustimmen: „Volksabstimmungen sind keine Erfindung, um die Mängel einer repräsentativen Demokratie zu überwinden, sondern die repräsentative Demokratie ist zunächst einmal eine Erfindung, um die Mängel einer direkten Demokratie zu beseitigen." Baurmann/Kliemt (1993), S. 162.

Maßgabe von intrapersonellen Konsensfindungskosten vorteilhaft ist, nicht alle Entscheidungen selbst zu treffen, sondern ihre Entscheidungskompetenz an Stellvertreter abzutreten, gehen die Kollektivmitglieder (Prinzipale) mit dieser Delegation an Entscheidungsgewalt gleichsam aber auch das Risiko ein, dass ihre Repräsentanten (Agenten) nicht stets in ihrem Sinne handeln, sondern sich opportunistisch verhalten.[321] Die Agenten handeln entsprechend der Annahme der ökonomischen Verhaltenstheorie gemäß ihren eigenen Zielsetzungen, die von den Zielen ihrer Prinzipale abweichen können. Für den Prinzipal ergibt sich das Problem, dass er nur unvollkommen über seine Agenten und deren Verhalten informiert ist. Aus der Kombination von opportunistischer Verhaltensannahme und asymmetrischer Informationsverteilung ergibt sich das Agency-Problem: Die getroffenen kollektiven Entscheidungen der Delegierten stimmen nicht in jedem Fall mit den Präferenzen der Mehrheit der Individuen überein.[322] Kollektives Handeln in einem rein repräsentativen System kann offensichtlich zu Präferenzmängeln bzw. irreliablen[323] Entscheidungen der Agenten führen.[324] Das vor dem Verfassungsproblem stehende Individuum wird sich mit einer bestimmten Wahrscheinlichkeit vor dieses Problem gestellt sehen und entsprechende Nutzeneinbußen in das individuelle Kalkül einfließen lassen. Nutzeneinbußen, die ein Individuum aufgrund der Delegation seiner Entscheidungskompetenzen an Delegierte u.U. tragen muss, werden als *(wahrscheinliche) externe Kosten der Delegation* bezeichnet.[325] Die (wahrscheinlichen) externen Kosten können als die Komponente in der Nutzenfunktion der Verfassungswahl eines Individuums definiert werden, die von jenem nicht vollständig kontrolliert und mit mehr oder weniger großer Wahrscheinlichkeit zu Nutzeneinbußen führen wird.

Würde ein Individuum eine Verfassung ausschließlich unter dem Aspekt der (wahrscheinlichen) externen Kosten der Delegation betrachten, so fänden jene Kosten ihr Maximum bei einem Delegationsgrad von 1. In einem rein repräsentativen System, in

[321] Vgl. Williamson (1990), S. 54.

[322] Vgl. Eschenburg (1977), S. 208. Im Gegensatz zu den externen Kosten von Abstimmungsverfahren können die externen Kosten der Delegation auch die Diskriminierung von Mehrheiten implizieren. Vgl. Homann (1988), S. 173.

[323] Reliabilität bedeutet in diesem Zusammenhang, dass die Entscheidungen des Agenten im Sinne der Präferenzen des Prinzipals getroffen werden. In diesem Abschnitt werden die Begriffe Irreliabilitätskosten sowie externe Kosten der Delegation synonym verwendet.

[324] Vgl. Kruse (1989), S. 247; Kruse (1995), S. 12. An dieser Stelle wird der Unterschied zwischen (wahrscheinlichen) externen Kosten der Delegation und (wahrscheinlichen) externen Kosten von Aggregationsverfahren deutlich. Während erstere aus dem Prinzip der Delegation entstehen, fallen letztere definitionsgemäß auf der Basis unterschiedlicher Aggregationsverfahren an. D.h., selbst wenn im Parlament die Einstimmigkeitsregel gilt, können sich alle Delegierten gegen die Mehrheit ihrer Wähler-Prinzipale entscheiden und jenen Kosten aufbürden. Die Nutzeneinbussen resultieren damit ausschließlich aus dem Prinzip der Delegation kollektiver Entscheidungen. Vgl. auch Buchanan (2001), S. 238.

[325] Vgl. Berg/Cassel/Hartwig (1999), S. 219. Buchanan/Tullock sehen neben den externen Kosten wirtschaftlicher Aktivitäten und den (wahrscheinlichen) externen Kosten von Aggregationsverfahren keine weiteren Kostenkomponenten: „The fact that collective action, under most decision-making rules, involves external costs of this nature has not been adequately recognized. The private operation of the neighborhood plant with the smoking chimney may impose external costs on the individual by soiling his laundry, but this cost is no more external to the indivdiual`s own private calculus than the tax cost imposed on him unwillingly in order to finance the provision of public services to his fellow citizen in another area." Buchanan/Tullock (1962/1999), S. 66.

dem alle kollektiven Belange von Vertretern des Volkes beschlossen werden, ist die Wahrscheinlichkeit am größten, dass es zu nicht präferenzgerechten Entscheidungen kommt. Offensichtlich können jene Kosten nun gesenkt werden, indem geringere Delegationsgrade gewählt werden. Je größer der Umfang an kollektiven Entscheidungen ist, der unmittelbar von den Individuen entschieden wird, um so geringer werden die (wahrscheinlichen) externen Kosten. Im Extremfall stimmen alle Gesellschaftsmitglieder stets unmittelbar über kollektive Belange ab. Bei einem Delegationsgrad von 0 kann keine Diskrepanz zwischen den Präferenzen der Mehrheit der Bürger und dem tatsächlichen Kollektivbeschluss entstehen. Für den Fall einer rein direkten Demokratie weisen die (wahrscheinlichen) externen Kosten der Delegation definitionsgemäß ihr Minimum auf. In Abb. 6 ist dieser Zusammenhang wiedergegeben.

Abb. 6: (Wahrscheinliche) externe Kosten der Delegation

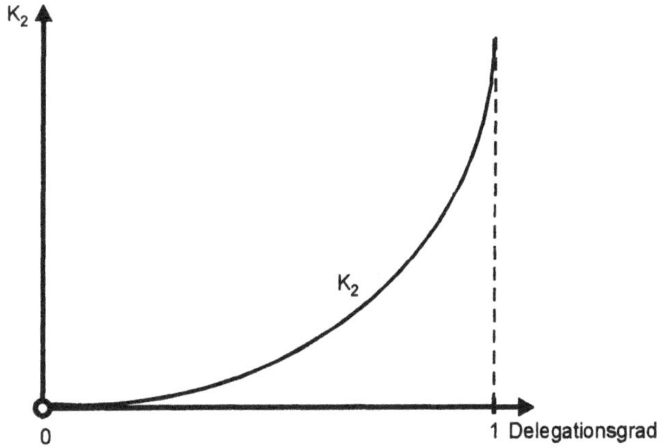

Quelle: Eigene Darstellung.

Würde ein Individuum die Wahl der Verfassung ausschließlich unter dem Aspekt der (wahrscheinlichen) externen Kosten der Delegation treffen, so wäre das institutionelle Arrangement einer reinen direkten Demokratie unter Transaktionskostengesichtspunkten als optimal zu bezeichnen. Wie wir im vorherigen Abschnitt gesehen haben, betrachtet das Individuum neben den (wahrscheinlichen) externen Kosten der Delegation ebenfalls die intrapersonellen Konsensfindungskosten. Im Folgenden wollen wir daher zu einer integrierten Sichtweise gelangen.

12.3. Gesamtkosten der Delegation

Das vor der Verfassungswahl stehende Individuum wird nicht die jeweiligen Kostengrößen für sich isoliert betrachten, sondern versuchen, das Minimum aus der Summe von intrapersonellen Konsensfindungskosten und (wahrscheinlichen) externen Kosten der Delegation zu realisieren. Dass es sich hierbei um ein Optimierungsproblem handelt, wird unmittelbar aus dem gegenläufigen Verlauf der beiden Kostenkurven deutlich.[326] Während die intrapersonellen Konsensfindungskosten ihr Minimum bei einem Delegationsgrad von 1 haben, befindet sich das Minimum der (wahrscheinlichen) externen Kosten der Delegation spiegelbildlich bei einem Delegationsgrad von 0. Offensichtlich liegt dort das Minimum der Summe der Kosten, wo die Zunahme der (wahrscheinlichen) externen Kosten der Delegation durch eine (streng genommen infinitesimale) Erhöhung des Delegationsgrades genau der Abnahme der intrapersonellen Konsensfindungskosten entspricht. Das Individuum wird also so lange einer Zunahme des Delegationsgrades zustimmen, bis die Zunahme der (wahrscheinlichen) externen Kosten der Delegation gerade kleiner ist als die Abnahme der zusätzlichen intrapersonellen Konsensfindungskosten.

Die Summe der beiden Kostengrößen – grafisch dargestellt durch die beiden Kurven K_1 und K_2 in Abb. 7 – ergibt die Gesamtkosten GK der Delegation. Das Minimum der Gesamtkostenkurve GK stellt den optimalen Grad der Delegation in einer Demokratie dar. Die Gesamtkostenkurve der Delegation ist der grafische Ort der Transaktionskosten kollektiver Entscheidungen in Abhängigkeit des gewählten Delegationsgrades.

---

326 Dieses Optimierungskalkül wird vielfach nicht unternommen. Ein Beispiel hierfür bietet Eschenburg: „Ein Entscheidungsbeauftragter kann der Gefahr, dass seine Entscheidungen nicht dem Interesse des Auftraggebers entsprechen, nur dadurch entgehen, dass er den Auftraggeber permanent an den zu treffenden Entscheidungen beteiligt, somit also die Delegation in gewissem Umfang oder sogar ganz rückgängig macht." Eschenburg (1977), S. 200. Man muss „dennoch zu dem Schluss gelangen, dass auch unter den genannten einschränkenden Bedingungen die dabei anfallenden Entscheidungskosten prohibitiv hoch sein werden. [...] Denn alle Akteure müssten sich wieder mit allen Entscheidungsproblemen beschäftigen und im Hinblick auf plötzliche dringende Entscheidungsfragen permanent entscheidungsbereit sein." Eschenburg (1977), S. 201.

Abb. 7: Gesamtkosten der Delegation

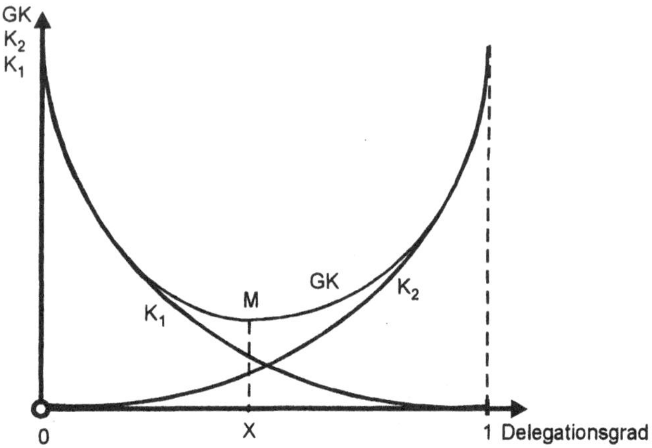

Quelle: Eigene Darstellung.

Aus der Abb. 7 wird ersichtlich, dass extreme Delegationsgrade offensichtlich nicht das Minimum der Gesamtkostenkurve der Delegation darstellen. Die optimale Verfassung in Bezug auf die Delegation kollektiver Entscheidungen liegt demnach im Prinzip in einem Mischsystem, also einer halbdirekten Demokratie. Aus verfassungsökonomischer Sichtweise liegt stets ein Trade-off zwischen intrapersonellen Konsensfindungskosten und (wahrscheinlichen) externen Kosten der Delegation vor.[327] Das vor der Verfassungswahl stehende Individuum wird jenem Kalkül entsprechend also einen Teil seiner Entscheidungskompetenz an Delegierte abgeben, gleichwohl aber auch dafür plädieren, einen Teil der Kollektiventscheidungen selber zu treffen.

Je nachdem, wie ein Individuum die intrapersonellen Konsensfindungskosten und die (wahrscheinlichen) externen Kosten der Delegation einschätzt, wird sich die relative Lage des optimalen Delegationsgrades verändern. Um so höher die (wahrscheinlichen) externen Kosten der Delegation (intrapersonellen Konsensfindungskosten) eingeschätzt werden, desto niedriger (höher) wird der optimale Delegationsgrad gewählt werden. Sieht ein Individuum beispielsweise in den Delegierten stets reliable Treuhänder des Volkes, so wird der optimale Delegationsgrad nahe 1 liegen. Umgekehrt kann ein Individuum die intrapersonellen Konsensfindungskosten als relativ gering einschätzen und somit eher für niedrige Delegationsgrade plädieren.

In Abb. 7 gibt die Strecke XM die minimalen Transaktionskosten in Bezug auf die Delegation wieder, die das Individuum beim optimalen Delegationsgrad zu tragen hat. Ein Abweichen vom optimalen Delegationsgrad wäre mit Nutzeneinbußen für das Individuum verbunden, da jene Verfassung das kollektive Handeln nicht mehr zu ge-

[327] Vgl. auch Feld/Savioz (1998), S. 42ff.

ringstmöglichen Kosten garantieren würde. Delegationsgrade rechts und links von X müssen im Kalkül des Individuums damit als ineffizient gelten.
Die Krümmung der Gesamtkostenkurve gibt wieder, wie dringlich das Verfassungsproblem vom jeweiligen Individuum eingeschätzt wird. Ist ein steiler Anstieg der Gesamtkostenkurve gegeben, so bedeutet bereits ein geringes Abweichen vom Minimum der Kostenkurve nach rechts oder links ein starkes Ansteigen der Gesamtkosten. Umgekehrt kann die Gesamtkostenkurve relativ flach oder im Extremfall horizontal zur Abszisse verlaufen. Im letzteren Fall steht das vor der Verfassungswahl stehende Individuum den verschiedenen Delegationsgraden indifferent gegenüber.
Je nach individuellem Verfassungskalkül bewegt sich der optimale Delegationsgrad kollektiver Entscheidungen im Intervall zwischen der vollständigen Delegation (reines repräsentatives Verfahren) und allumfassender Direktentscheidungen (reine direkte Demokratie). Eine Reihe von Einflussfaktoren bestimmt nun die Höhe der (wahrscheinlichen) externen Kosten und der intrapersonellen Konsensfindungskosten. Das individuelle Verfassungskalkül wird daher im Folgenden unter besonderer Berücksichtigung dieser Einflussfaktoren beschrieben und die Auswirkungen auf den Delegationsgrad in einer Demokratie diskutiert.

12.4. Determinanten der Kostenverläufe

Das individuelle Verfassungskalkül im Hinblick auf die Delegation kollektiver Entscheidungen kann durch folgende Faktoren beeinflusst werden:[328]

- Komplexität des Entscheidungsgegenstandes
- Intensität der Bedürfnisse
- Repräsentationsbasis
- Zeitliche Reichweite von kollektiven Entscheidungen
- Wahlsystem

Bei der Analyse gehen wir implizit von der Annahme aus, dass alle anderen Einflussfaktoren konstant sind. Nur durch die ceteris paribus-Annahme ist es möglich, den Einfluss einzelner Variablen auf den Delegationsgrad zu analysieren. Dabei sollte gleichwohl nicht übersehen werden, dass die betrachteten Einflussfaktoren in ihrer Wirkung interdependent sind und das vor der Verfassungswahl stehende Individuum idealiter eine Simultanentscheidung treffen müsste.[329]

12.4.1. Komplexität des Entscheidungsgegenstandes

Eine wesentliche Determinante des optimalen Delegationsgrades dürfte in der Art der zu treffenden kollektiven Entscheidung bestehen. Dabei spielt insbesondere die Komplexität des Entscheidungsgegenstandes eine maßgebliche Rolle.
Zunächst sei angenommen, dass zwei unterschiedliche Arten von kollektiven Entscheidungen zu treffen sind. Dabei sollen sich die beiden Entscheidungen ausschließlich durch den Grad der Komplexität unterscheiden. Je komplexer der betreffende Entscheidungsgegenstand für ein Individuum ist, desto höhere intrapersonelle Konsensfindungskosten fallen an. Die intrapersonellen Konsensfindungskosten steigen mit dem Grad der Komplexität der Entscheidung an, da die Informationsbeschaffung, -aufnahme sowie -speicherung ungleich größere Anstrengungen für ein Individuum erfordert. Da wiederum andere nutzenbringende Aktivitäten verdrängt werden, entstehen dem Individuum höhere Opportunitätskosten.[330]
Die Individuen können offensichtlich von den hohen Kosten der Entscheidungsfindung entlastet werden, wenn sie ihre Entscheidungskompetenz an Intermediäre abtreten und so nicht mehr in jedem Fall an der Entscheidung unmittelbar beteiligt sind. In Bezug auf die Sachkomponente[331] einer kollektiven Entscheidung können die Delegierten beträchtliche Spezialisierungserträge sowie Skalen-Effekte realisieren. Aus

---

[328] Strøm untersucht auf der Grundlage der Agency-Theorie die Unterschiede zwischen den Delegationsregimen einer parlamentarischen und präsidialen Demokratie. Vgl. dazu Strøm (2000).
[329] Vgl. dazu auch Buchanan/Tullock (1962/1999), S. 213.
[330] Falls die individuellen Kosten der Entscheidung die Nutzen kollektiven Handelns übersteigen, so wird eine Entscheidung entweder gar nicht oder u.U. nur von wenig informierten Gesellschaftsmitgliedern getroffen. Dieses Problem soll an dieser Stelle nicht weiter vertieft werden. Vgl. auch Kirsch (1997), S. 182f.
[331] Strikt hiervon zu trennen ist die Wertkomponente einer Entscheidung.

diesem Kalkül folgt, dass die Bürger einer Demokratie im Prinzip einen höheren Delegationsgrad wählen, je komplexer eine Entscheidung ist.[332] Im Extremfall kann die Sachkomponente einen so dominierenden Anteil an der Entscheidung haben, dass die Individuen einen Delegationsgrad von nahe eins wählen.
In Abb. 8 wird dargestellt, wie sich der optimale Delegationsgrad in einer repräsentativen Demokratie in Abhängigkeit von der Komplexität der zu treffenden Entscheidung verhält. In Kurve K_{11} und K_{12} werden die intrapersonellen Konsensfindungskosten für unterschiedlich komplexe Entscheidungen dargestellt. Dabei wird deutlich, dass die steigenden intrapersonellen Konsensfindungskosten Auswirkungen auf den optimalen Delegationsgrad haben. Bei anteigendem Komplexitätsgrad der betreffenden kollektiven Entscheidung verschiebt sich der optimale Delegationsgrad von X_1 zu X_2.

Abb. 8: Optimaler Delegationsgrad in Abhängigkeit von der Komplexität des Entscheidungsgegenstandes

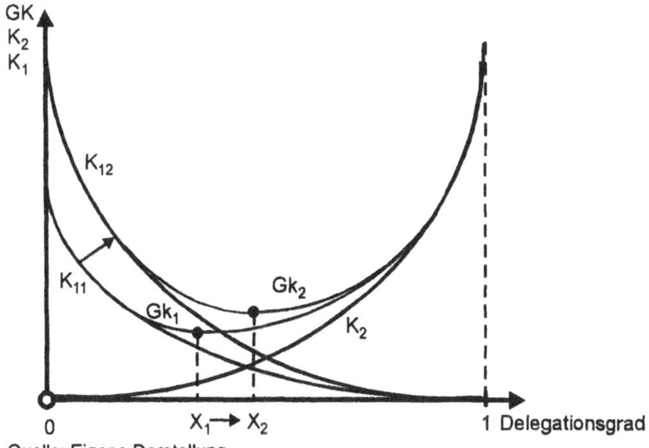

Quelle: Eigene Darstellung.

12.4.2. Intensität der Bedürfnisse

Kollektive Entscheidungen haben für die Individuen einer demokratischen Gesellschaft einen unterschiedlich hohen Stellenwert. Ein bestimmter Teil der Entscheidungen, wie z.B. die Frage des Währungssystems oder grundlegende ethische Fragen, berühren die Bedürfnisse der Individuen stärker als andere kollektive Entscheidungen. Es scheint daher offensichtlich, dass sich je nach Intensität der Bedürfnisse die Individuen für unterschiedliche Delegationsgrade aussprechen.

---

[332] Vgl. hierzu auch Abschnitt 12.4.1.

Um die Auswirkungen dieses Einflussfaktors auf den Delegationsgrad einer repräsentativen Demokratie zu erläutern, unterstellen wir, dass zwei unterschiedliche kollektive Entscheidungen anliegen. In der ersten Vorlage gehe es um die Frage einer Währungsumstellung (wie beispielsweise die Einführung des Euro), bei der zweiten um die Frage des Ausbaus einer Fernstraße. Wenn der Einfachheit halber unterstellt sei, dass die intrapersonellen Konsensfindungskosten der beiden Vorlagen identisch sind, dann stellt sich die Frage, welchen Delegationsgrad ein vor der Verfassungswahl stehendes Individuum wählen wird. Dazu betrachten wir in Abb. 9 die beiden Kurven K_{21} und K_{22}.

Abb. 9: Optimaler Delegationsgrad in Abhängigkeit von der Intensität der Bedürfnisse

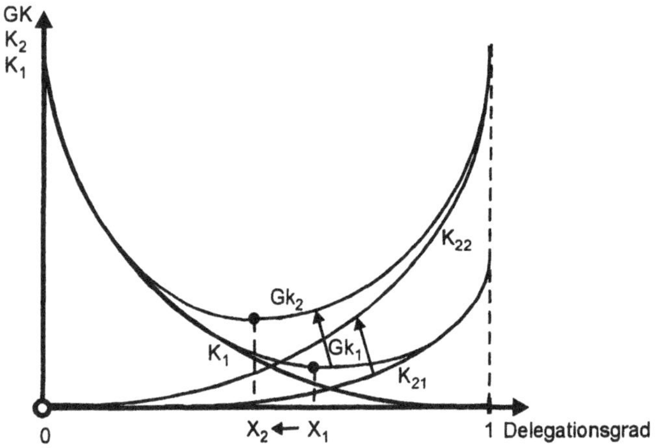

Quelle: Eigene Darstellung.

Wird über gemeinsame Belange des Kollektivs entschieden, die elementare Bedürfnisse der Individuen berühren – wie es zweifellos die Frage einer Währung für die Bürger ist –, wird sich die Kurve der (wahrscheinlichen) externen Kosten K_{21} ceteris paribus nach oben verschieben. Wenn sich die Delegierten der Wähler nicht im Sinne der Mehrheit verhalten und diese Präferenzmängel grundlegende Bedürfnisse der Individuen betreffen, so ist dies c.p. mit ungleich größeren Nutzeneinbußen verbunden. Das Minimum der Gesamtkostenkurve verschiebt sich wegen der höheren externen Kosten entsprechend nach links.

Vor dem Hintergrund des individuellen Verfassungskalküls kann man den Schluss ziehen, dass umso geringere Delegationsgrade in einer repräsentativen Demokratie von einem Individuum als optimal erachtet werden, je weitreichender die negativen Folgen des irreliablen Verhaltens der Politiker-Agenten für die Befriedigung der Bedürfnisse des Individuums sind. Einzelne kollektive Belange dürften von den Kollektivmitgliedern in ihrer Präferenzskala als so wichtig eingestuft werden, dass sie in jedem Fall selbst hierüber abstimmen möchten. Bei jenen grundlegenden Entscheidungen spielen die Kosten der intrapersonellen Konsenssuche eine untergeordnete Rolle, da die wahrscheinlichen externen Kosten u.U. prohibitiv hoch ausfallen.

12.4.3. Repräsentationsbasis

Die Repräsentationsbasis gibt an, welcher Teil des Elektorats jeweils dazu befähigt wird, einen Repräsentanten zu wählen. Abgrenzungskriterien für die Repräsentationsbasis können beispielsweise geographischer, funktionaler Natur (wie z.B. Berufsgruppen) oder auch zufällig (z.B. der Anfangsbuchstabe des Nachnamens) sein.[333]

Welchen Einfluss hat nun eine unterschiedliche Repräsentationsbasis im Hinblick auf das Verfassungskalkül eines Individuums? Betrachten wir zunächst eine zufällige Repräsentationsbasis. Jede zufällig ausgewählte Gruppe aus der Gesellschaft wäre befähigt, einen Repräsentanten in das Parlament zu entsenden. Im Vergleich zu einer funktionalen Repräsentationsbasis muss der Delegierte einer zufälligen Basis relativ heterogene Präferenzen vertreten. Im Gegensatz dazu wird ein Delegierter, der beispielsweise von einer bestimmten Berufsgruppe gewählt wird, relativ gut die Präferenzen seiner Wähler vertreten können. Im Falle einer funktionalen Repräsentationsbasis können sich die Wähler im Vergleich zu einer zufälligen Repräsentationsbasis offensichtlich relativ sicher sein, dass – ungeachtet des opportunistischen Verhaltenspotentials – die zur Auswahl stehenden Repräsentanten ihre Interessen vertreten. Damit dürften die (wahrscheinlichen) externen Kosten der Delegation im Falle einer zufälligen Repräsentationsbasis höher ausfallen als bei einer funktionalen Repräsentation.[334] In Abb. 10 werden die Auswirkungen einer unterschiedlichen Repräsentationsbasis auf den Delegationsgrad einer repräsentativen Demokratie verdeutlicht. Die Kurve K_{21} stellt die (wahrscheinlichen) externen Kosten für eine funktionale, die Kurve K_{22} jene für eine zufällige Repräsentationsbasis dar. Aufgrund der höheren (wahrscheinlichen) externen Kosten bei einer zufälligen Repräsentationsbasis verschiebt sich der optimale Delegationsgrad im Vergleich zu einer funktionalen Repräsentation hin zu geringeren Delegationsgraden. Bei einer zufälligen Repräsentationsbasis sehen sich die Individuen einer Demokratie mit einer größeren Wahrscheinlichkeit vor das Problem gestellt, dass kollektive Entscheidungen von den Delegierten getroffen werden, die nicht ihren Präferenzen entsprechen. Diese wahrscheinlich eintretenden Nutzeneinbußen können nur dann verhindert werden, wenn ein größerer Teil der kollektiven Entscheidungen unmittelbar von den Bürgern getroffen wird. Ein niedrigerer Delegationsgrad in einer repräsentativen Demo-

---

[333] Vgl. hierzu auch Buchanan/Tullock (1962/1999), S. 216ff.

[334] Die Wähler einer zufälligen Repräsentationsbasis werden nach Maßgabe dieses Kalküls u.U. höhere Informationskosten über ihre Delegierten ex post in Kauf nehmen. Auf das Verfassungskalkül eines Individuums bezogen heisst dies: Die intrapersonellen Konsensfindungskosten werden bei einer funktionalen Repräsentationsbasis ceteris paribus niedriger ausfallen als bei einer zufälligen Repräsentationsbasis. Dieser Effekt soll hier nicht weiter betrachtet werden.

kratie mit zufälliger Repräsentationsbasis erscheint aus diesem verfassungsökonomischen Kalkül damit effizient.

Abb. 10: Optimaler Delegationsgrad in Abhängigkeit von der Repräsentationsbasis

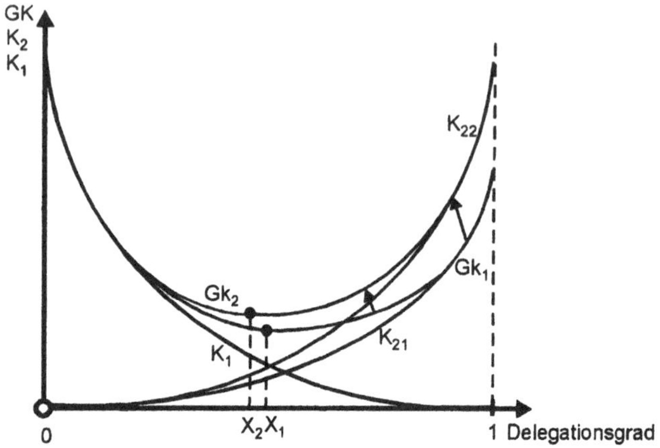

Quelle: Eigene Darstellung.

In fast allen Demokratien wird eine geographische Abgrenzung als Repräsentationsbasis herangezogen. Danach werden räumlich definierte Wahlbezirke bestimmt, die im Rahmen der Wahlen zum Parlament einen oder mehrere Repräsentanten in das Parlament schicken. Die geographische Repräsentation muss als eine Mischung zwischen funktionaler und zufälliger Repräsentationsbasis gelten.[335] Falls die kollektive Entscheidung eine deutliche räumliche Komponente beinhaltet (z.B. Umverteilung zwischen Ost- und Westdeutschland), muss die geographische Repräsentationsbasis eher als eine funktionale betrachtet werden.

12.4.4. Zeitliche Reichweite von kollektiven Entscheidungen

Um die Auswirkungen der zeitlichen Reichweite von kollektiven Entscheidungen auf das Verfassungskalkül eines Individuums zu verdeutlichen, wollen wir folgende Unterscheidung vornehmen: Auf der einen Seite unterstellen wir kollektives Handeln, dessen Nutzen und Kosten weit auseinanderfallen und insofern eine Art kollektive Investitionsentscheidung ist. Auf der anderen Seite unterstellen wir der Einfachheit halber eine kollektive Entscheidung, bei der Nutzen und Kosten nahezu zeitgleich anfallen.

[335] Vgl. Buchanan/Tullock (1962/1999), S. 219.

Die zeitliche Struktur einer kollektiven Entscheidung hat nun Auswirkungen auf den Delegationsgrad in einer repräsentativen Demokratie. Wenn eine kollektive Investitionsentscheidung durch die Delegierten der Wähler getroffen werden soll, so ergeben sich folgende Probleme: Da die Kosten kollektiven Handelns in der jeweiligen Wahlperiode, die Nutzen allerdings nur teilweise oder vollständig erst in späteren Wahlperioden anfallen, werden Politiker-Agenten vor dem Hintergrund der Wiederwahlrestriktion systematisch kollektive Investitionsentscheidungen auf einem ineffizienten Niveau treffen. Ein Teil der kollektiven Entscheidungen werden damit entweder gar nicht oder in unbefriedigender Weise getroffen. Im Vergleich zu einen direkten Abstimmung unter allen Gesellschaftsmitgliedern ergeben sich damit offensichtlich erhebliche Divergenzen. Im Verfassungskalkül eines Individuums wird die Wahrscheinlichkeit von externen Kosten bei kollektiven Entscheidungen mit Investitionsgutcharakter damit größer eingeschätzt. Grafisch betrachtet verschiebt sich die Kurve der (wahrscheinlichen) externen Kosten der Delegation für den Fall von kollektiven Investitionsentscheidungen ceteris paribus nach oben. Dies hat zur Folge, dass sich das Minimum der Gesamtkostenkurve ebenfalls weiter nach links verschiebt. Im Vergleich zu einer kollektiven Entscheidung, bei der Nutzen und Kosten zeitlich nahe zusammenfallen, verschiebt sich der optimale Delegationsgrad hin zu einem geringeren Delegationsgrad. Kollektive Entscheidungen mit Investitionsgutcharakter sollten nach Maßgabe des individuellen Verfassungskalküls aufgrund der Entscheidungsblockaden im repräsentativen System damit tendenziell eher einer unmittelbaren Beteiligung der Bürger zugänglich gemacht werden.

12.4.5. Wahlsystem

Die Höhe der Gesamtkosten der Delegation hängt weiterhin in erheblichem Umfang vom Wahlsystem ab, mit dem die Repräsentanten in das Parlament gewählt werden. Im Folgenden wollen wir in Anlehnung an *Lehner* auf der Basis einer angenommenen Stimmenverteilung die sich durch die jeweiligen Wahlsysteme ergebende Sitzverteilung im Parlament betrachten und daraus Schlüsse hinsichtlich der Gesamtkosten der Delegation ziehen.[336] In Tab. 4 wird dazu eine Stimmverteilung über fünf Parteien in 20 Wahlkreisen mit jeweils 100 Wählern illustriert.

[336] Vgl. dazu Lehner (1981), S. 55ff.; auch Schmidt (1997), S. 189ff. – Zu einer Untersuchung verschiedener Wahlsysteme im Lichte der Principal-Agent-Theorie vgl. auch Mitchell (2000), S. 344ff.

Tab. 4: Stimmenverteilung

Wahlkreis	Parteien				
	A	B	C	D	E
1	52	37	8	2	1
2	48	49	2	1	0
3	33	35	20	8	4
4	29	30	36	4	1
5	38	31	12	10	9
6	57	37	5	1	0
7	41	42	10	6	1
8	40	41	10	8	1
9	36	24	37	2	1
10	32	33	20	7	8
11	36	37	11	12	4
12	41	42	8	8	1
13	51	40	7	2	0
14	23	24	23	7	23
15	28	31	30	8	3
16	47	48	3	0	2
17	52	39	6	1	0
18	46	47	8	1	0
19	43	45	10	1	1
20	12	17	9	32	30
Insgesamt	39,3 %	36,5 %	13,8 %	6,0 %	4,5 %

Quelle: Lehner (1981), S. 57.

Es gilt, 20 vorhandene Sitze im Parlament unter den konkurrierenden Parteien aufzuteilen. Die Aufteilung der Sitze auf die Parteien kann nun nach verschiedenen Wahlsystemen vorgenommen werden. Für die weitere Analyse wollen wir folgende Wahlsysteme unterscheiden:

- Reine Verhältniswahl: Die Verteilung der Sitze unter den Parteien ergibt sich bei der Verhältniswahl exakt entsprechend der relativen Stimmenverteilung im gesamten Elektorat.
- Verhältniswahl mit Auszählung nach d`Hondt:[337] In diesem Wahlsystem wird die Sitzverteilung im Parlament bestimmt, indem die Stimmenanteile der Parteien durch 1, 2, 3, ..., n dividiert werden und den 20 höchsten Zahlen die Sitze zugeordnet werden. Die Rangfolge nach dem d`Hondtschen Verfahren ist in Tab. 5 dargestellt.

[337] Die Sitzaufteilung der Bundestagswahlen von 1949 bis 1983 wurde nach dem Auszählverfahren von d`Hondt vorgenommen. Seit 1985 werden die Parlamentssitze mit dem Verfahren von Hare/Niemeyer vergeben.

Tab. 5: Sitzzuteilung nach dem d`Hondtschen Wahlverfahren

Divisor	A	B	C	D	E
1	39,3 (1)	36,5 (2)	13,8 (5)	6,0 (15)	4,5
2	19,7 (3)	18,3 (4)	6,9 (13)	3,0	2,3
3	13,1 (6)	12,2 (7)	4,6 (19)		
4	9,8 (8)	9,1 (9)	3,5		
5	7,9 (10)	7,3 (11)			
6	6,6 (12)	6,1 (14)			
7	5,6 (16)	5,2 (17)			
8	4,9 (18)	4,6 (20)			
9	4,4	4,1			

Quelle: Lehner (1981), S. 58.

- Verhältniswahl mit Sperrklausel: In diesem Wahlsystem werden die Sitze des Repräsentativorgans entsprechend der relativen Stimmenanteile vergeben. Voraussetzung für den Einzug einer Partei ins Parlament ist allerdings, dass ein bestimmter Mindeststimmenanteil in Höhe der Sperrklausel erreicht wird. Die Stimmen von Parteien, die die Sperrklausel nicht erreichen, werden entsprechend bei der Sitzverteilung nicht berücksichtigt.
- Einfache Mehrheitswahl: Bei der Mehrheitswahl findet die Zuteilung der Parlamentssitze über das Stimmenergebnis im jeweiligen Wahlkreis statt. Danach erhält diejenige Partei den Sitz in einem Wahlkreis, wenn sie die relative Mehrheit erhält.
- Absolute Mehrheitswahl: Wie bei der einfachen Mehrheitswahl wird die Sitzverteilung im Parlament über das Wahlergebnis in den einzelnen Wahlkreisen bestimmt. Bei der absoluten Mehrheitswahl ist für das Erringen eines Sitzes im Parlament nun allerdings die absolute Mehrheit der Stimmen im Wahlkreis erforderlich. Falls dieses Erfordernis im ersten Wahlgang nicht erreicht wird, so muss ein zweiter Wahlgang ein Ergebnis herbeiführen.
  Für den zweiten Wahlgang wollen wir folgendes Prozedere unterstellen: Unter den Parteien bilden sich Koalitionen, deren Stimmenanteil im zweiten Wahlgang der Summe der Stimmen aus dem ersten Wahlgang entspricht. Derjenige Koalitionspartner erhält nun den Sitz im Parlament, der im ersten Wahlgang unter der Koalitionären den höheren Stimmenanteil hatte. Falls eine Koalitionspartei in keinem Fall das höhere Ergebnis erreichen konnte, so erhält sie mindestens einen Sitz.

Wenn wir die oben aufgeführte Stimmverteilung in den 20 Wahlkreisen zugrunde legen, so ergibt sich auf der Basis der beschriebenen Wahlsysteme die in Tab. 6 dargestellte Sitzverteilung im Parlament.

Die Sitzverteilung macht deutlich, dass erhebliche Unterschiede in der Repräsentation der Bürger in ihrem Parlament je nach Ausgestaltung des Wahlsystems vorliegen. So macht beispielsweise die Differenz zwischen dem günstigsten und ungünstigsten Wahlergebnis bei Betrachtung der reinen Verhältniswahl und der einfachen

Mehrheitswahl für die Partei B sechs Stimmen aus. Je nach Wahlsystem ergeben sich damit unter Umständen andere Mehrheitsverhältnisse im Parlament – mit dem Resultat einer anderen Regierungspolitik. Ein vor der Verfassungswahl stehendes Individuum wird diese Konsequenzen in sein Verfassungskalkül einbeziehen und analysieren, wie sich ceteris paribus die (wahrscheinlichen) externen Kosten der Delegation bei den jeweiligen Wahlsystemen gestalten.[338]

Tab. 6: Sitzverteilung der Parteien bei unterschiedlichen Wahlsystemen

Wahlsystem	**Partei**				
	A	**B**	**C**	**D**	**E**
Reine Verhältniswahl	8	7	3	1	1
Verhältniswahl nach d`Hondt	8	8	3	1	-
Zehn-Prozent-Sperrklausel	9	8	3	-	-
Einfache Mehrheitswahl	5	13	1	1	-
Absolute Mehrheitswahl m. Koalitionen ADE / BC	6	11	1	1	1
Differenz zwischen günstigstem und ungünstigstem System	4	6	2	1	1

Quelle: Lehner (1981), S. 59.

Bei der Beurteilung des reinen Verhältniswahlsystems im Vergleich zu den anderen Wahlsystemen fällt auf, dass die Sitzverteilung im Parlament am ehesten der relativen Stimmenverteilung im Elektorat nahe kommt. Die Parteipräferenzen der Wähler werden offensichtlich am gleichmäßigsten durch die reine Verhältniswahl repräsentiert.[339] Im Rahmen der Verhältniswahl mit einer Zehn-Prozent-Sperrklausel sind die beiden kleinen Parteien D und E nicht mehr im Parlament vertreten. Die Mehrheits-

[338] Annahmegemäß sind die Kosten der intrapersonellen Konsensfindung bei den unterschiedlichen Wahlsystemen konstant. Lediglich bei der absoluten Mehrheitswahl dürften für einen zweiten Wahlgang zusätzliche Kosten anfallen.

[339] Da mit Ausnahme der einfachen Mehrheitswahl die betrachteten Wahlsysteme nicht automatisch eine regierungsfähige Mehrheit im Parlament generieren, wird ein Individuum bei der Beurteilung eines Wahlsystems zudem berücksichtigen, inwiefern das Wahlsystem das Problem der Regierungsbildung löst. Wird durch das Wahlsystem die Bildung einer regierungsfähigen Mehrheit durch einen langwierigen Verhandlungsprozess zwischen den Koalitionsparteien erschwert oder ist die gebildete Regierung im Laufe der Legislaturperiode (wie z.B. in Italien oder Israel) instabil, so kommt es unter Umständen zu Opportunitätskosten aufgrund nicht getroffener Entscheidungen. Im reinen Verhältniswahlsystem werden die kollektiven Entscheidungen zwar immer von Parteien getroffen, die von der Mehrheit der Bürger gewählt wurden. Aufgrund der vielfach notwendigen Koalitionsbildung werden unter Umständen allerdings Entscheidungen nicht getroffen, die von der Mehrheit der Wähler gewünscht werden. Jene Nutzeneinbußen für die Wähler sollen hier nicht weiter betrachtet werden.

verhältnisse im Parlament werden durch die Sperrklausel eindeutiger. Allerdings dürften die (wahrscheinlichen) externen Kosten der Delegation im Vergleich zur reinen Verhältniswahl ansteigen, da immerhin 10,4 Prozent der Wähler nicht mehr durch einen Repräsentanten im Parlament vertreten sind.[340] Der Teil des Elektorats muss in jedem Fall die Konsequenzen der Entscheidungen der Parlamentsmehrheit tragen, ohne dass die gewählten, jedoch nicht im Parlament vertretenen Parteien Einfluss auf die Entscheidung hätten nehmen können.
Das Wahlsystem der einfachen Mehrheitswahl generiert im Parlament nun eine eindeutige Mehrheit zugunsten der Partei B. Wie in unserem Beispiel deutlich wird, liegt ein schwerwiegender Nachteil dieses Wahlsystems gegenüber den anderen betrachteten Wahlsystemen allerdings darin, dass die regierende Mehrheit im Parlament nur von einer Minderheit der Wähler getragen wird.[341] In unserem Beispiel erringt die Partei B mit 13 Sitzen im Parlament die absolute Mehrheit von 65% der Sitze und stellt damit eindeutig die Regierung. Gleichwohl haben nur 36,5 Prozent der Wähler insgesamt diese Partei gewählt. Man wird also davon ausgehen müssen, dass eine Vielzahl der Regierungsentscheidungen nicht den Präferenzen der Mehrheit der Bürger entspricht und somit die (wahrscheinlichen) externen Kosten der Delegation höher sind als beispielsweise in einem reinen Verhältniswahlsystem.[342]
Damit hat die Entscheidung für ein bestimmtes Wahlsystem Auswirkungen auf den optimalen Delegationsgrad in einer Demokratie. Wenn wir auf der Basis unseres Beispiels davon ausgehen, dass im Wahlsystem der einfachen Mehrheitswahl die (wahrscheinlichen) externen Kosten der Delegation höher liegen als in einem Verhältniswahlsytem, so wird sich ein vor der Verfassungswahl stehendes Individuum im Rahmen des Mehrheitswahlsystems für niedrigere und im Rahmen des Verhältniswahlsystems für höhere Delegationsgrade entscheiden. Wenn das Parlament auf der Grundlage der einfachen Mehrheitswahl zusammengesetzt wird, so muss das Indi-

---

[340] Tullock weist auf ein extremes Ergebnis der Verhältniswahl mit Sperrklausel in Russland hin. Dort wurde 1995 das Parlament nach dem deutschen Wahlsystem einer Verhältniswahl mit fünf prozentiger Sperrklausel gewählt. Da ein großer Teil der angetretenen Parteien an der Sperrklausel scheiterte, wurden lediglich 51 Prozent der Wähler im Parlament repräsentiert. Vgl. Tullock (1998a), S. 15f.

[341] Im Wahlsystem Großbritanniens genügen in der Regel etwas mehr als 40 Prozent der Wählerstimmen, um eine Mehrheit im Parlament zu erringen. Im 20. Jahrhundert konnte keine einzige Regierungspartei mehr als 50 Prozent der Stimmen auf sich vereinigen. Vgl. Blankart/Mueller (2002), S. 9.

[342] Das Wahlsystem hat im Falle der Mehrheitswahl einen erheblichen Einfluss auf die Parteienlandschaft. So hat in Großbritannien das Mehrheitswahlsystem die Labour Partei sowie die Konservativen als maßgebende politische Kräfte etabliert. Die Wirkung des britischen Wahlsystems auf die Parteienlandschaft kann folgendermaßen beschrieben werden: Bei einer angenommenen paarweisen Abstimmung könnte die gegenwärtig marginalisierte liberale Partei die beiden anderen Parteien schlagen. Bei einer Wahl zwischen Liberalen und Konservativen würden einerseits die Anhänger von Labour wahrscheinlich liberal wählen. Andererseits käme es u.U. bei einer Wahl zwischen der Labour Partei und den Liberalen zu einem Sieg der Liberalen, da die Wähler der Konservativen wiederum eher liberal wählen würden. Da die Liberalen zudem über eine gewisse Stammwählerschaft verfügen, wäre ein Sieg der Liberalen in einer sukzessiven paarweisen Abstimmung nicht ausgeschlossen. Im Rahmen der Mehrheitswahl erhalten die Liberalen allerdings nicht die Leihstimmen der anderen Stammwähler. Da auch liberale Stimmwähler ihre Stimme nicht verschenken wollen, wählen sie die Konservativen oder Labour. Damit produziert ein Mehrheitswahlsystem eine dichotome Parteienlandschaft – mit dem Ergebnis, dass die Liberalen bei den Wahlen zum britischen Parlament marginalisiert werden. Vgl. Tullock (1998a), S. 15.

viduum offensichtlich eher damit rechnen, ihm unliebsame Entscheidungen hinzunehmen als im Falle des Verhältniswahlrechts. In Anbetracht dieser Wahrscheinlichkeit wird das Individuum sich dafür aussprechen, einen größeren Umfang kollektiver Entscheidungen vom Volk direkt entscheiden zu lassen.

In Abb. 11 wird das Kostenkalkül eines Individuums auf der Grundlage verschiedener Wahlsysteme dargestellt. Grafisch betrachtet verläuft die Kurve der (wahrscheinlichen) externen Kosten der Delegation K_{22} im Fall des Mehrheitswahlsystems über der Kurve K_{21} für den Fall des Verhältniswahlsystems. Bei Annahme identischer intrapersoneller Konsensfindungskosten K_1 ergeben sich damit zwei unterschiedliche Minima der Gesamtkosten. Im Vergleich zum Verhältniswahlrecht ist es für ein Individuum offenbar rational, im Rahmen des Wahlsystems der einfachen Mehrheitswahl höhere intrapersonelle Konsensfindungskosten hinzunehmen, da es geringere externe Kosten der Delegation zu erwarten hat. Die eingesparten zusätzlichen (wahrscheinlichen) externen Kosten der Delegation entsprechen im Minimum der Gesamtkosten gerade den zusätzlich in Kauf genommenen intrapersonellen Konsensfindungskosten. In Abb. 11 werden jene höheren intrapersonellen Konsensfindungskosten in Abhängigkeit vom Wahlsystem durch die Kosten C-A dargestellt.

Abb. 11: Optimaler Delegationsgrad in Abhängigkeit vom Wahlsystem

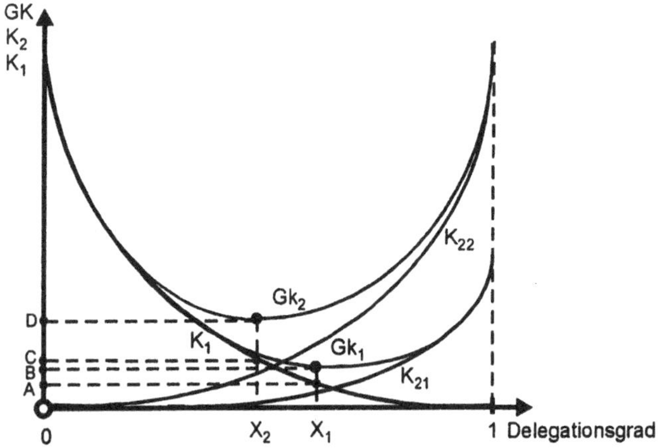

Quelle: Eigene Abbildung.

Da das vor der Verfassungswahl stehende Individuum danach trachtet, die Kosten kollektiven Handelns zu minimieren, wird es sich ceteris paribus aufgrund der höheren wahrscheinlichen externen Kosten der Delegation im Rahmen der einfachen Mehrheitswahl für ein Verhältniswahlrecht entscheiden. Im Vergleich zum Verhältniswahlrecht fallen bei der einfachen Mehrheitswahl in Höhe von D-B höhere Gesamtkosten an.

13. Demokratische Delegation auf operationeller Ebene

In den bisherigen Ausführungen wurde deutlich, dass bei der Beurteilung effizienter Delegationsgrade in einer Demokratie stets ein Trade-off zwischen den Kosten der intrapersonellen Konsensfindung und den mit einer bestimmten Wahrscheinlichkeit anfallenden externen Kosten der Delegation vorliegt. Hinter diesen beiden fundamentalen Kostenkategorien, die die Individuen bei der Wahl einer Verfassung als Maßstab anlegen, verbergen sich nun vielfältige Kosten-Nutzen-Ströme im laufenden politischen Prozess, die im Folgenden detailliert untersucht werden sollen. Als Gliederungskriterium dienen die beiden Kostenkategorien.
In einer Reihe demokratietheoretischer Untersuchungen wird dem direktdemokratischen Verfahren *per se* ein Nutzen zugesprochen.[343] In diesem Abschnitt sollen dagegen ausschließlich die (ergebnisorientierten) Kosten und Nutzen kollektiven Handelns untersucht werden, die sich aus der Delegation kollektiven Handelns respektive unmittelbaren Abstimmungen der Bürger ergeben. Folgende Argumente bleiben bei der Beurteilung effizienter Delegationsgrade in einer Demokratie unberücksichtigt:

- *Konsumtiver Nutzen der direkten Demokratie*: *Stutzer/Frey* kommen in einer empirischen Untersuchung für die Schweiz zu dem Ergebnis, dass eine unmittelbare Partizipation der Bürger im politischen Prozess einer Demokratie unabhängig von den Ergebnissen jenes Prozesses einen eigenen Nutzen stiftet.[344] Neben den präferenzgerechteren Ergebnissen direktdemokratischer Politikprozesse muss einer direkten Demokratie neben einem instrumentellen Nutzen damit auch ein konsumtiver Nutzen zugesprochen werden. Der instrumentelle Nutzen der direkten Demokratie spiegelt sich zu einem Teil in einer statistisch signifikant höheren Lebenszufriedenheit der Bürger in Kantonen mit einem höheren Ausmaß an direkter Demokratie wider. Ein großes Ausmaß der Zufriedenheit der Bürger wird allerdings unabhängig von den Ergebnissen der Politikprozesse erreicht. Dazu wurden in Kantonen mit direkter Demokratie Staatsbürger und Ausländer nach ihrer Lebenszufriedenheit befragt. Bei den wahlberechtigten Inländern konnte eine statistisch signifikant höhere Lebenszufriedenheit als bei den Ausländern gemessen werden, obwohl letztere in gleichem Umfang einen Nutzen aus den positiven Politikergebnissen ziehen. Aus diesem Befund kann geschlossen werden, dass die Bürger aus dem Vorhandensein direktdemokratischer Beteiligungsmöglichkeiten einen prozessuralen Nutzen ziehen.[345]

---

[343] Gross vertritt folgenden Standpunkt: „Denn die direkte Demokratie ist insgesamt ein Wert an sich und muss meines Erachtens auch dann befürwortet werden, wenn sie unmittelbar und kurzfristig nicht immer jene konkreten Ergebnisse hervorbringt, die den eigenen politischen Überzeugungen entsprechen." Gross (1999), S. 97.

[344] Vgl. Stutzer/Frey (2002), S. 195ff.; auch Frey/Kucher/Stutzer (2001), S. 281ff.; Güth/Weck-Hannemann (1997). – Ebenso Sen: „Political and social participation has intrinsic value for human life and well-being. To be prevented from participation in the political life of the community is a major deprivation." Sen (1999a), S. 10.

[345] Zu Fairnessbetrachtungen zwischen direkter und indirekter Demokratie vgl. Falk (2001), S. 303f.; auch Oberholzer-Gee/Bohnet/Frey (1997), S. 98ff.

- *Minderheitenschutz*: In der Literatur ist die Frage umstritten, ob im Rahmen direktdemokratischer Verfahren die Rechte von Minderheiten ausgehöhlt werden. Die empirische Evidenz dieser Fragestellung ist nicht eindeutig, da zum einen die untersuchten Verfahren der Volksgesetzgebung wesentliche Unterschiede (z.B. hinsichtlich der verfassungsmäßigen Zulässigkeit von Volksentscheiden) aufweisen und zum anderen eine komparative Analyse fehlt.[346]
- *Akzeptanz kollektiver Entscheidungen*: Weiterhin wird den kollektiven Entscheidungsergebnissen halbdirekter Demokratien vielfach eine größere Akzeptanz in der Bevölkerung attestiert.[347] Die höhere Akzeptanz kollektiver Entscheidungen in halbdirekten Demokratien hat eine verfassungsökonomisch rationale Basis, da die Individuen die Kosten kollektiver Entscheidungen offensichtlich als geringer als in einem rein repräsentativen Verfahren ansehen. Die Individuen werden bei der Wahl einer Verfassung neben den intrapersonellen Konsensfindungskosten ebenfalls die (wahrscheinlichen) externen Kosten der Delegation kollektiver Entscheidungen betrachten und im Rahmen einer trade off-Betrachtung einen optimalen Delegationsgrad wählen. Wie die Analyse in Abschnitt 12 gezeigt hat, dürfte der Delegationsgrad im Prinzip in einem halbdirekten Verfahren liegen. Die Akzeptanz von Mitgliedern einer Demokratie, Kosten kollektiven Handelns hinzunehmen, dürfte dann am größten sein, wenn die Bürger das Verfahren der Entscheidungsfindung als effizient und damit legitim erachten.
- *Kleinkostensituationen im Rahmen kollektiver Entscheidungen*: Während Entscheidungen im Markt in der Regel dazu führen, dass „falsche" Entscheidungen entsprechende negative Konsequenzen beim Entscheidungsträger zur Folge haben (eine falsche Investitionsentscheidung in einem Unternehmen führt z.B. im Extremfall zum Konkurs), kann jene Kongruenz in einem anderen Entscheidungsumfeld u.U. nicht mehr gelten.[348] Nach *Kirchgässner* liegen solche „Kleinkostensituationen" insbesondere im Bereich der Politik vor:[349] Die Entscheidung des Wählers bei der Auswahl einer Partei oder einer Abstimmungsalternative hat keine oder so gut wie keine Konsequenzen für die Nutzensituation des Entscheidungsträgers.[350] Ein Wähler kann nahezu mit Sicherheit davon ausgehen, dass seine persönliche Stimme nicht für das Endergebnis entscheidend sein wird. Umgekehrt hat die Summe der Entscheidungen der Individuen allerdings u.U. erhebliche Konsequenzen für das gesamte Entscheidungskollektiv. Die Frage, welche Regierung die nächste Legislaturperiode bestreiten wird oder grundlegende

[346] Zu empirischen Untersuchungen vgl. Gamble (1997); Frey/Goette (1998); Wenzel/Donovan/Bowler (1998). Auch Donovan/Bowler (1998); Tiefenbach (2002).
[347] Vgl. Kleinewefers (1997), S. 68.
[348] Zur Kritik an dieser Sichtweise vgl. Baurmann/Kliemt (1993).
[349] Vgl. dazu Kirchgässner (2000), S. 157ff.; Kirchgässner/Pommerehne (1993), S. 107ff. Kirchgässner unterscheidet Kleinkostenentscheidungen vom Typ I und Typ II. Im Unterschied zum hier betrachteten Typ I haben Kleinkostensituationen vom Typ II Konsequenzen nicht für alle Individuen der betreffenden Entscheidungseinheit, sondern nur für einzelne Individuen.
[350] Dagegen werden die Entscheidungen von Politikern nicht in Kleinkostensituationen getroffen. Zwar haben die Entscheidungen der Politiker keinen unmittelbaren Einfluss auf das eigene Nutzenniveau, da allerdings die Wiederwahlchancen in erheblichem Umfang von den Entscheidungen innerhalb der Legislaturperiode abhängen, determinieren jene Entscheidungen maßgeblich die zukünftige Nutzenposition der Politiker. Vgl. Kirchgässner (2000), S. 167.

Sachabstimmungen wie z.B. die Frage des Währungssystems, sind für alle Individuen von grundlegender Relevanz. Neben der für eine Demokratie elementaren Frage, *ob* es für die Wähler rational ist, sich an einer Wahl zu beteiligen,[351] ist unter der Perspektive von Kleinkostensituationen daher elementar, für welche Partei bzw. Abstimmungsalternative sich die Bürger, d.h. *wie* sie sich entscheiden. *Brennan/Lomasky* merken hierzu an: „Merely to vote, we are told, is insufficient; one who goes to the polls only vaguely aware of who the candidates are and what they stand for, and who pulls the lever closest to his hand so that he can be done with the business and return to his couch and television, stands hardly, if at all, higher than one who never left the couch."[352] Auch *Baurmann/Kliemt* kommen zu dem Ergebnis, dass „die Sorgfalt der Überlegungen eher geringer entwickelt sein wird als in Situationen, in denen die Individuen erwarten dürfen, dass ihr eigenes Verhalten mit hoher Wahrscheinlichkeit für die Herbeiführung alternativer Handlungskonsequenzen kausal ausschlaggebend ist."[353] Muss befürchtet werden, dass die Individuen bei ihrer Wahlentscheidung wegen der Konsequenzlosigkeit verantwortungslos handeln und Wahlen bzw. Abstimmungen in einer Demokratie zu einem arbiträren Ereignis verkommen?[354]

Es sprechen einige Argumente dafür, dass eine unmittelbare Partizipation bzw. die Wahl von Repräsentanten nicht grundsätzlich abzulehnen ist:

1. In einer Demokratie wird ein bestimmter Umfang an Entscheidungen in Kleinkostensituationen unvermeidlich sein – anderenfalls müsste die demokratische Verfahrensweise durch ein gänzlich anderes Entscheidungssystem ersetzt und entsprechende Opportunitätskosten berücksichtigt werden.
2. Ein wesentliches Element des Erklärungsschemas des ökonomischen Ansatzes stellt die Prämisse dar, dass sich das Handeln der betrachteten Akteure an ihren eigenen Interessen orientiert. Die Annahme eigennützigen Verhaltens ist – wie in Kapitel I deutlich wurde – weder mit egoistischem noch mit altruistischem Verhalten gleichzusetzen. Nach *Baurmann/Kliemt* wird es „zu einer Anomalie bzw. zu einem erklärenswerten Phänomen, dass die Leute *auch hinter dem Schleier der Insignifikanz in der Tendenz interessengemäss abstimmen.*"[355] *Baurmann/Kliemt* lösen diesen – scheinbaren – Widerspruch wie folgt auf: Das vor der Entscheidung stehende Individuum wird sich zunächst einmal nicht an seinen originären Eigeninteressen orientieren, sondern bei seiner Wahlentscheidung bestimmte Überzeugungen, Normen, Vorstellungen und Werte zugrunde legen. Nun ist es gleichwohl recht plausibel anzunehmen, dass die Überzeugungen und Meinungen der Individuen interessengeleitet geformt werden. Die von dem einzelnen Wahlbürger in der Wahlkabine geäußerten moralischen Überzeugungen und Meinungen spie-

[351] Zu den grundlegenden Arbeiten der Frage der Wahlbeteiligung in einer Demokratie gehören Downs (1968), S. 35ff.; Riker/Ordeshook (1968), S. 25ff. Zur Theorie des „expressiven" Wählens vgl. Brennan/Lomasky (1993). Auch Struthers (1989), S 1ff.; Söllner (1998), S. 14ff.; Bürklin/Klein (1998); Kühnel/Fuchs (1998), S. 317ff.; Jones/Hudson (2000), S. 3ff.

[352] Brennan/Lomasky (1993), S. 189.

[353] Baurmann/Kliemt (1993), S. 164.

[354] Vgl. dazu Brennan/Lomasky (1985).

[355] Baurmann/Kliemt (1993), S. 165.

geln daher durchaus die *eigenen Interessen* wider. Die durch den „Filter" des Eigeninteresses geformten Überzeugungen können daher im Prinzip das Wahlverhalten der Individuen erklären.
Unter dieser Perspektive kommt den Kommunikationsprozessen im Vorfeld allgemeiner Abstimmungen eine herausragende Bedeutung zu. Der politische Diskurs über die anstehende Abstimmungsvorlage induziert bei den Bürgern eine Meinungsbildung, die zu relativ geringen Kosten eine „Anbindung an ihre jeweiligen Interessenlagen erlaubt."[356] Im Rahmen des Diskurses werden Überzeugungen, Meinungen und Werte bei den Individuen gebildet, die keinesfalls die individuellen Interessenlagen negieren, sondern jene gerade zur Grundlage haben. Es dürfte also nicht ratsam sein, von den Individuen in Kleinkostensituationen altruistisches Verhalten verlangen zu wollen. Der politische Diskurs im Vorfeld von Abstimmungen führt zu einer Bewusstmachung der eigenen Interessen der Individuen, die als Kuppelprodukt moralische Überzeugungen und Meinungen im Elektorat entstehen lassen. Wenn nun jene Überzeugungen und Meinungen mit dem Anspruch überpartikulärer Gültigkeit für die Wahlentscheidung und nicht das strategische Verhalten ausschlaggebend sind, so führt im Endeffekt die Verfolgung des Eigeninteresses auch in Kleinkostensituationen demokratischer Wahlen zu einem verantwortlichen Wahlverhalten.

3. Falls sich die Wähler bei ihrem Abstimmungsverhalten verantwortungslos verhalten sollten, so können zusätzliche institutionelle Vorkehrungen im direkt-demokratischen Verfahren und der Verfassung einer Demokratie im Sinne von Checks and Balances eine gewisse Absicherung darstellen.[357] So stellen ausreichend lange Fristen im Vorfeld von Abstimmungen sicher, dass sich ein politischer Diskurs über die Abstimmungsvorlage entwickeln kann. Weiterhin ist vorstellbar, dem Parlament oder der Regierung das Recht einzuräumen, über den Abstimmungsgegenstand zu debattieren und einen Gegenvorschlag einzubringen. *Baurmann/Kliemt* schlagen weiterhin einen starke föderale Gliederung von Jurisdiktionen vor, um eine „große" Politik zu vermeiden.[358] Nicht zuletzt kann eine unabänderliche Verankerung von Grundrechten in der Verfassung einer Demokratie Garant dafür sein, dass ein verantwortungsloses Wahlverhalten von Bürgern z.B. nicht zu einem Abbau von Menschenrechten führt.

---

[356] Baurmann/Kliemt (1993), S. 165. Insbesondere Sen weist darauf hin, dass sich in einer Gesellschaft nur dann ein Wertesystem herausbilden kann, wenn die Menschen frei und offen miteinander kommunizieren und debattieren können. Vgl. Sen (2000), S. 187.
[357] Head kritisiert die Sichtweise von Brennan/Lomasky und fordert in dieser Hinsicht eine prozessurale Sichtweise: „There remain, however, impressive theoretical structures, firmly grounded in methodological individualism, which purport to resolve all these and other difficulties by elevating the *process of decision-making*, rather than *specific outcomes*, to ultimate normative authority." Head (1988), S. 33.
[358] Vgl. Baurmann/Kliemt (1993), S. 166.

13.1. (Wahrscheinliche) externe Kosten demokratischer Delegation

In diesem Abschnitt werden diejenigen Nutzeneinbußen analysiert, die einem Individuum allein aus der Tatsache der Delegation kollektiver Entscheidungen entstehen. Jene (wahrscheinlichen) externen Kosten können als die Komponente in der Nutzenfunktion der Verfassungswahl eines Individuums definiert werden, die vom Individuum nicht vollständig kontrolliert und mit mehr oder weniger großer Wahrscheinlichkeit zu Nutzeneinbußen führen wird. Es sollen zunächst die Nutzeneinbußen in einer rein repräsentativen Demokratie und aufbauend auf dieser Analyse jene in einer halbdirekten Demokratie untersucht werden.

13.1.1. (Wahrscheinliche) externe Kosten in einer rein repräsentativen Demokratie

Im Rahmen des Forschungsansatzes der Neuen Institutionenökonomik wird der für die Erklärung von Delegationsbeziehungen relevante Principal-Agent-Ansatz bislang vorwiegend im Bereich marktlicher Transaktionen angewendet. Eine Analyse des für eine Demokratie entscheidenden Verhältnisses zwischen Wähler-Prinzipal und Politiker-Agent findet sich dagegen nur rudimentär.[359] In diesem Kapitel wird daher auf der in der Theorie der Firma bereits hinlänglich bekannten Agency-Theorie das Problem kollektiver Delegation in einer rein repräsentativen Demokratie untersucht. Ein hoher Stellenwert wird den einer repräsentativen Demokratie typischen Delegationsbedingungen eingeräumt, die wesentlich das vertragsspezifische Umfeld der Principal-Agent-Beziehung bestimmen. Auf der Grundlage dieser Ergebnisse sollen am Ende des Abschnittes sodann Ansätze für anreizkompatible Verträge kollektiver Delegation aufgezeigt werden.

13.1.1.1. Die Principal-Agent-Theorie als Erklärungsansatz

Im Kern der Principal-Agent-Theorie[360] steht die Untersuchung der arbeitsteiligen Beziehung zwischen einem Auftraggeber (Prinzipal) und einem Auftragnehmer (Agent), der im Sinne des Prinzipals einen Auftrag ausführen soll.[361] Zur Realisierung der Interessen des Prinzipals werden dem Agenten deshalb Entscheidungs- und Ausführungskompetenz übertragen.[362] In dem Vertragsverhältnis führt der Agent die vom Prinzipal aufgetragenen Aufgaben aus, so dass die aus den Handlungen des Agen-

[359] Vgl. hierzu Schmidt-Trenz (1996), S. 9f. und S. 19ff.

[360] Pratt/Zeckhauser definieren eine PA-Beziehung wie folgt: „Whenever one individual depends on the action of another, an *agency relationship* arises. The individual taking the action is called the *agent*. The affected party is the *principal*." Pratt/Zeckhauser (1985), S. 2.

[361] Neben der Analyse einer bereits bestehenden Delegationsbeziehung wird in der Principal-Agent Theorie auch die Vorteilhaftigkeit des Eingehens einer Auftragsbeziehung untersucht. Vgl. Kiener (1990), S. 19.

[362] Vgl. Schumann (1992), S. 453ff.; Mensch (1999), S. 686ff.; Hess (1999), S. 1505f.; Richter/Furubotn (1999), S. 163ff.; Varian (1994), S. 443ff.; Elschen (1991), S. 1002ff.

ten entstehenden Ergebnisse dem Prinzipal Nutzen stiften. Auf der anderen Seite steht dem Agenten eine vor Vertragsabschluss festgelegte Vergütung für die Handlung zu, die sich am vom Prinzipal beobachtbaren Ergebnis orientiert.
Im Rahmen der Prämissen des ökonomischen Ansatzes zur Erklärung menschlichen Verhaltens kann jenes Beziehungsgeflecht jedoch problematisch sein, da Prinzipal und Agent eigene – u.U. konfliktäre – Interessen verfolgen. Gewendet auf die repräsentative Demokratie wollen wir daher fragen: Weshalb entstehen in einer repräsentativen Demokratie Kosten für die Gesellschaftsmitglieder nur dadurch, dass Vertreter Entscheidungen im Namen der Gesellschaftsmitglieder treffen? Neben den offensichtlichen Vorteilen, die eine Delegation von Entscheidungen mit sich bringt, müssen die Bürger-Prinzipale befürchten, dass ihre Vertreter nicht immer im Sinne der Mehrheit der Bürger entscheiden. Die aus dieser mangelnden Reliabilität entstehenden Wohlfahrtsverluste wurden in Abschnitt 12.2. als (wahrscheinliche) externe Kosten der Delegation umschrieben. Selbstverständlich werden sich nicht in jedem Fall die Repräsentanten gegen die Präferenzen der Mehrheit der Bürger stellen. Allerdings gibt es diskretionäre Handlungsspielräume der Repräsentanten, die es ihnen erlauben, eigene Ziele zu verfolgen, die konfliktär zu den Zielen der Mehrheit der Wähler sein können. Weshalb dulden die Wähler die Handlungsspielräume ihrer Repräsentanten, die offensichtlich nicht immer in ihrem Sinne genutzt werden? Weshalb binden die Wähler die Delegierten nicht an einen genau definierten Auftrag? Die Principal-Agent-Theorie kann diesen scheinbaren Widerspruch erklären.[363]
Individuen bleibt in vielen Fällen nichts anderes übrig, als bestimmte Aktivitäten an Agenten zu delegieren, da ihre zeitlichen und kognitiven Fähigkeiten und finanziellen Ressourcen begrenzt sind und ihnen zudem technisches und organisatorisches Know-how fehlt. Die Delegation von Kompetenzen an den Agenten hat allerdings zur Folge, dass für den Prinzipal zusätzliche Kosten entstehen. Unterstellt man, dass der Agent seinen eigenen Nutzen maximieren will, so wird sein Verhalten nicht in jedem Fall mit dem Verhalten der Prinzipale identisch sein. Die Nichtübereinstimmung der Interessen von Prinzipal und Agent kann damit zu ineffizienten Aktivitäten führen.[364]
Die mangelnde Reliabilität kann mit der Verhaltensannahme des Agenten und den Informationsbedingungen erklärt werden. Erst das gemeinsame Auftreten dieser beiden Faktoren führt dazu, dass der Agent nicht stets im Sinne des Prinzipals handelt:[365]

- Grundlegende Verhaltensannahme in der Ökonomischen Theorie der Vertretung ist eine Verschärfung des Konzeptes der individuellen Nutzenmaximierung. Danach verhält sich der Agent nicht nur in verständigungsorientierter Weise, sondern u.U. auch zum Nachteil anderer Individuen.[366] *Williamson* versteht unter Opportunismus „die Verfolgung des Eigeninteresses unter Zuhilfenahme von List.

---

[363] Zu den Grundlagen der Principal-Agent Theorie vgl. Jensen/Meckling (1976); Fama (1980); Pratt/Zeckhauser (1985). Zu einer kritischen Sichtweise der Principal-Agent Theorie vgl. Meinhövel (1999).
[364] Vgl. Jensen/Meckling (1976), S. 308
[365] Vgl. Pfaff/Zweifel (1998), S. 187; Dietl (1993), S. 134ff.
[366] Vgl. Picot/Dietl (1990), S. 179.

Das schließt krasse Formen ein wie Lügen, Stehlen und Betrügen, beschränkt sich aber keineswegs auf diese Punkte. Häufiger bedient sich der Opportunismus raffinierterer Formen der Täuschung."[367] So kann der Agent bestimmte Informationen vorenthalten oder verfälschen oder schon bei Vertragsabschluss Zusicherungen machen, die er nicht einzuhalten gedenkt oder vorsätzlich Verwirrung stiften.

- Entscheidend für die Problematik von Principal-Agent-Beziehungen sind weiterhin die Informationsbedingungen.[368] Alle Agency-Beziehungen beruhen auf einer asymmetrischen Informationsverteilung zwischen Auftraggeber und Auftragnehmer. In Situationen asymmetrischer Informationsverteilung besteht die Gefahr, dass der Agent seinen Informationsvorsprung zu lasten des Prinzipals ausnutzt. Hätte der Prinzipal vollständige Informationen über die Handlungen seines Agenten und wären die Handlungsergebnisse nicht von exogenen Schocks abhängig, bestünde ein Zustand vollständiger Information, der dem Agenten keinerlei Handlungsspielräume ließe.[369] Drei Fälle von Informationsasymmetrien lassen sich unterscheiden:
  1. *Hidden action*:[370] Aufgrund der Informationsasymmetrie zwischen den beiden Vertragsparteien kann der Prinzipal zwar die Ergebnisse des Handelns des Agenten, nicht aber die Handlung des Agenten selbst beobachten. Zudem wird in der Principal-Agent-Theorie angenommen, dass das Handeln der Agenten nicht nur von deren Aktivitätsniveau, sondern auch von exogenen Einflüssen beeinflusst wird. Somit kann der Auftraggeber nicht eindeutig feststellen, ob das von ihm festgestellte Ergebnis auf die Anstrengungen des Agenten oder auf externe Faktoren zurückzuführen ist.
  2. *Hidden information*: Im Falle der hidden information kennt der Agent problemrelevante Informationen, die für den Prinzipal nicht zugänglich sind (z.B. Fachwissen, Kenntnis bestimmter Umweltsituationen).
  3. *Hidden characteristics*: Vor Beauftragung des Agenten besteht für den Prinzipal das Problem, dass er die Qualitätseigenschaften des Agenten nicht vollumfänglich beurteilen kann. So sind die persönlichen Eigenschaften des Agenten z.B. hinsichtlich Zuverlässigkeit und Begabung nur schwer zu ermitteln. Zudem hat der Prinzipal nur unvollständige Informationen über das Zielsystem des Agenten. Damit besteht für den Prinzipal die Gefahr, dass er einen für seine Zielsetzung ungeeigneten Agenten auswählt.

In der Principal-Agent-Theorie geht es nun darum, den Wohlfahrtsverlust, den der Prinzipal aus der Situation asymmetrischer Informationsverteilung und opportunistischer Verhaltensweisen realisiert, zu minimieren.[371] Diese Wohlfahrtsverluste des Prinzipals werden auch als Agency-Kosten[372] oder Vertretungskosten bezeichnet.[373]

---

367 Williamson (1990), S. 54.
368 Vgl. dazu Arrow (1985), S. 37ff.; auch North (1992), S. 35.
369 Vgl. Schumann (1992), S. 455.
370 Der Begriff „hidden action" geht zurück auf Arrow (1985), S. 38.
371 Vgl. Schumann (1992), S. 456.
372 Den Begriff der Agency-Kosten prägten Jensen und Meckling. Vgl. Jensen/Meckling (1976), S. 308.

Durch eine optimale Vertragsgestaltung zwischen Prinzipal und Agent sollen die Agency-Kosten minimiert werden.[374] Im Vergleich zu einer Situation vollständiger Information stellt die Agency-Beziehung mit einer asymmetrischen Informationsverteilung allerdings immer eine zweitbeste Lösung dar. Die Agency-Kosten sind durch Vertragsabschlusskosten, die Überwachungskosten des Prinzipals sowie durch Irreliabilitätskosten[375] definiert.[376] Die Differenz aus dem erwarteten Gewinn des Prinzipals bei der first best-Lösung und dem Gewinn, der tatsächlich erreicht wird, wenn Vertrags-, Überwachungs- und Irreliabilitätskosten anfallen, stellen die (Brutto-) Vertretungskosten dar.[377]
Der Principal hat nun zwei Möglichkeiten, die Vertretungskosten zu minimieren.[378] Zum einen wird der Prinzipal versuchen, die Abweichungen im Verhalten des Agenten dadurch möglichst gering zu halten, dass er für den Agenten entsprechende vertragliche Anreize schafft, sich in seinem Sinne präferenzkonform zu verhalten.[379] Da allerdings immer Informationsasymmetrien und opportunistische Verhaltensweisen seitens der Agenten auftreten können, wird eine Ausgestaltung vollständiger Vertretungsverträge aufgrund positiver Transaktionskosten unmöglich. Es geht in der ökonomischen Theorie der Vertretung demnach im Wesentlichen um die Suche nach optimalen unvollständigen Vertretungsverträgen.[380] Unvollständige Vertretungsverträge beinhalten Vertragsbedingungen, die den Agenten dazu anleiten sollen, sich im Eigeninteresse an den Präferenzen des Prinzipals zu orientieren. Der Nutzen des Agenten aus der Vertragsbeziehung resultiert aus einer Belohnung, die von den Handlungsergebnissen abhängt.[381] Damit kann der Prinzipal zu einem Teil sein exogenes Entscheidungsrisiko auf den Agenten übertragen.[382]
Zum anderen wird der Prinzipal darum bemüht sein, durch ein Informations- und Kontrollsystem[383] das Problem der asymmetrischen Informationsverteilung zu verringern („monitoring"). Der Prinzipal wird das Verhalten des Agenten kontrollieren, um so Missbräuche seitens des Agenten zu unterbinden. Allerdings wird der Prinzipal aufgrund der Informationsasymmetrien niemals in der Lage sein, den Agenten vollständig zu kontrollieren.

---

[373] Im Rahmen der Principal-Agent-Theorie wid im Folgenden der Begriff der Agency-Kosten verwendet. Diese entsprechen den (wahrscheinlichen) externen Kosten der Delegation.
[374] Vgl. Pratt/Zeckhauser (1985), S. 3.
[375] Jensen und Meckling bezeichnen die Irreliabilitätskosten auch als „residual loss". „... in addition there will be some divergence between the agent's decisions and those decisions which would maximize the welfare of the principal. The dollar equivalent of the reduction in welfare experienced by the principal to this divergence is also a cost of the agency relationship, and we refer to this latter cost as the 'residual loss'." Jensen/Meckling (1976), S. 308.
[376] Sämtliche Kostengrößen enthalten tangible und intangible Kostenbestandteile.
[377] Vgl. Richter/Furubotn (1999), S. 166; North (1992), S. 36.
[378] Vgl. Jensen/Meckling (1976), S. 308; auch Strøm (2000), S. 271; Mitchell (2000), S. 338ff.
[379] In bestimmten Situationen wird es zudem für den Agenten vorteilhaft sein, eine Kaution als Garantie dafür einzusetzen, dass er sich gegenüber dem Prinzipal präferenzkonform verhält.
[380] Vgl. Richter/Furubotn (1999), S. 26.
[381] Vgl. Mensch (1999), S. 687.
[382] Vgl. Elschen (1991), S. 1005.
[383] Vgl. dazu Kiener (1990), S. 26f.

13.1.1.2. Principal-Agent-Theorie und repräsentative Demokratie

Principal-Agent Probleme existieren in allen gesellschaftlichen Bereichen, in denen es zu Auftragsbeziehungen zwischen Individuen bzw. Gruppen von Individuen kommt. In der vorliegenden Arbeit soll die Principal-Agent-Theorie auf das für unsere Themenstellung relevante Auftragsverhältnis zwischen Wähler und Repräsentant übertragen werden. Dass die Principal-Agent-Theorie grundsätzlich auch auf die repräsentative Demokratie übertragbar ist, postuliert *Arrow*: „Die Politik des Staates machen nicht die Wähler. [...] In Wirklichkeit wird sie in irgendeiner Form von deren Vertretern gemacht. Politische Repräsentation ist ein hervorragendes Beispiel für die Principal-Agent-Beziehung."[384]

Überträgt man die Principal-Agent-Theorie auf die repräsentative Demokratie, so delegiert das Volk als Auftraggeber (=Prinzipal) die ihnen originär zustehenden (politischen) Verfügungsrechte auf ihre Volksvertreter (=Agenten).[385] In diesem Sinne kann der demokratische Rechtsstaat als ein Principal-Agent-Vertrag zwischen den Wählern und seinen Repräsentanten betrachtet werden.[386] Da Informationsasymmetrien und opportunistische Verhaltensweisen seitens der Agenten stets präsent sind, wird jener PA-Vertrag notwendigerweise unvollständig sein. *Wohlgemuth* fasst zusammen: „The 'contract' between voters and politicians is not just 'incomplete': it is as best implicit, but in actuality non-existent. Elections only assign power (seats) to parties and candidates, thereby (pre-)determining who should govern. They do not give binding instructions on how to govern."[387]

Die Wähler-Prinzipale verfügen über die höchste Autorität und beauftragen Delegierte mittels eines Wahlverfahrens, ihre Souveränität auszuüben. Die Politiker als Agenten ihrer Wähler dürfen die ihnen zugewiesene Macht ausüben und auf der Grundlage des Machtmonopols des Staates ihren Prinzipalen Anweisungen erteilen. Der politische Wettbewerb in diesem Sinne ist der Kampf der Politiker um die politischen Verfügungsrechte.[388]

Grundsätzlich ist die Delegationsbeziehung in einer repräsentativen Demokratie mit der im privaten Bereich vergleichbar. Die Delegationsbeziehung zwischen Wählern und Politikern weist allerdings den entscheidenden Unterschied auf, dass wir es hier mit einer kollektiven Delegation zu tun haben.[389] Die Rolle des Prinzipals und des Agenten wird in der repräsentativen Demokratie im Gegensatz zu privaten PA-Beziehungen jeweils von einer Vielzahl von Individuen wahrgenommen.[390] Kollektive demokratische Delegationen werden typischerweise durch Wahlen vorgenommen.

Die von den Wählern zur Wahrnehmung ihrer Interessen gewählten Repräsentanten sollen Entscheidungen treffen, die den Präferenzen der Mehrheit der Bürger entspre-

---

384 zitiert bei Richter/Furubotn (1999), S. 25.
385 Vgl. Kruse (1995), S. 4; Behrends (2001), S. 95.
386 Vgl. Merville/Osborne (1990), S. 22.
387 Wohlgemuth (2000), S. 279.
388 Vgl. Richter/Furubotn (1999), S. 457, 461.
389 Vgl. Kruse (1989), S. 243.
390 Vgl. Merville/Osborne (1990), S. 23. Ausnahmen stellen die Delegationsbeziehungen in Aktiengesellschaften mit einer Vielzahl von Aktionären dar.

chen.[391] Wenn die Regierung als bereitstellende Instanz die staatliche Entscheidung nicht selber trifft, so setzt sich die „Auftragskette" in den politisch-administrativen Bereich fort.[392] Die Regierung ist in diesem Fall in der Rolle des Prinzipals und beauftragt die Bürokratie mit der Durchführung bestimmter Maßnahmen. Die Delegation staatlicher Entscheidungen an andere staatliche Institutionen bezeichnen wir als „exekutive Delegation".[393] Abb. 12 fasst diesen Sachverhalt zusammen.[394]

Abb. 12: Delegationsbeziehungen in der repräsentativen Demokratie

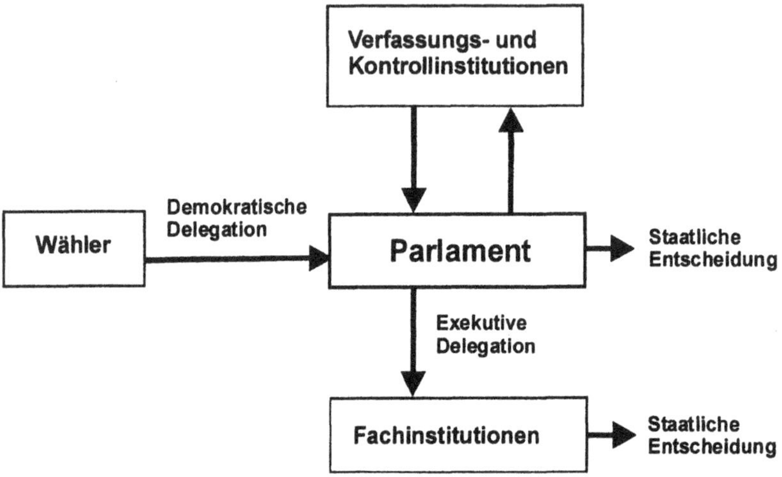

Quelle: Vgl. Kruse (1995), S. 4.

Im Folgenden soll geprüft werden, inwiefern die im vorherigen Kapitel aufgeführten allgemeinen Wesensmerkmale von Principal-Agent-Beziehungen auf das Auftragsverhältnis zwischen Wähler und Politiker übertragen werden können.[395]

---

[391] Da solche Entscheidungen häufig komplexer Natur sind, werden sich die Repräsentanten auf bestimmte Sachgebiete spezialisieren. Die Parlamentarier gründen Ausschüsse, in denen entscheidungsrelevante Sachthemen erörtert werden. Ist zwischen den Vertretern im Ausschuss ein Kompromiss gefunden, wird sich in aller Regel aufgrund des Fraktionszwanges und des mangelnden Wissens hinsichtlich des anstehenden Detailproblems auch eine entsprechende Mehrheit bei allen Repräsentanten finden. Damit delegieren die Repräsentanten wiederum einen nicht unbeträchtlichen Teil ihrer Souveränität an Spezialisten ihrer Fraktion. Vgl. Feld/Savioz (1998), S. 43.

[392] Vgl. Erlei/Leschke/Sauerland (1999), S. 323. Zum Unterschied der Delegationsbeziehungen zwischen parlamentarischer und präsidieller Demokratie vgl. Strøm (2000), S. 268ff.

[393] Die exekutive Delegation findet im Weiteren keine Berücksichtigung mehr. Zu einer Theorie der Staatsbürokratie vgl. Peters (2000), S. 285ff.

[394] Zu einem weiteren Delegationsschema unter Berücksichtigung von Parteien vgl. Müller (2000b), S. 318.

[395] Vgl. dazu auch Stevens (1993), S. 284f.

Opportunismus

Eine entscheidende Voraussetzung für die Übertragbarkeit der Principal-Agent-Theorie auf die Delegationsbeziehung in einer repräsentativen Demokratie besteht in der Validität der opportunistischen Verhaltensannahme. Würden sich die Repräsentanten des Volkes in jedem Fall im Sinne der Mehrheit der Wähler verhalten, fielen für die Wähler selbst bei asymmetrischer Informationsverteilung keine Delegationskosten an. Erfahrungswissenschaftliche Analysen des politischen Systems einer repräsentativen Demokratie zeigen allerdings, dass ein solch idealisiertes Bild der Repräsentanten des Volkes nicht der Realität entspricht. Politiker sind gemeinhin nicht jene Treuhänder des Wahlvolks und nicht jene uneigennützigen Agenten der Bürger als die sie sich oft selbst ausgeben.[396] Politiker sind daran interessiert, ihre eigenen Ziele und nicht in jedem Fall jene der Mehrheit der Wähler durchzusetzen.[397] Die Repräsentanten sind, dem Erklärungsansatz der Ökonomik entsprechend, keine altruistischen Akteure, sondern bestrebt, ihren eigenen, individuellen Nutzen zu maximieren. Es ist damit gerechtfertigt, die Verhaltensannahme des Opportunismus, also der Verfolgung des Eigeninteresses unter Zuhilfenahme von List, auf den Agent „Politiker" zu übertragen.[398] Die Repräsentanten werden einen Informationsvorsprung gegenüber ihren Wählern also u.U. in opportunistischer Weise für sich nutzen. So können sie beispielsweise ihren Wählern vor den Wahlen bestimmte Informationen vorenthalten oder verfälschen oder Wahlversprechen machen, die sie nicht einzuhalten gedenken.[399]

Informationsasymmetrien

Das Verhältnis zwischen Wählern und Politikern ist klassischerweise durch Informationsasymmetrien bestimmt.[400] Der Wähler kann im Falle der versteckten Handlung zwar die Ergebnisse des Handelns des Politikers beobachten, nicht aber die Sinnhaftigkeit von Maßnahmen bzw. Handlungsalternativen beurteilen.[401] Somit ist der Wähler nicht in der Lage, eindeutig festzustellen, ob das von ihm beobachtete Ergebnis auf die Anstrengungen des Politikers oder auf externe Faktoren zurückzuführen ist. Für die Wähler besteht zwar die Möglichkeit, vor den Wahlen die Programme der Parteien detailliert zu studieren, um nach den Wahlen die Einhaltung der gemachten Versprechen zu kontrollieren. Für den einzelnen Wähler besteht allerdings nur ein geringer Anreiz, sich umfänglich über die Programme der Parteien zu informieren. Es ist wahrscheinlicher anzunehmen, dass sich die Wähler auf die für sie besonders re-

---

[396] Vgl. Watrin; in Brennan/Buchanan (1993), S. XV.
[397] Vgl. Blankart (1992), S. 509; Downs (1968), S. 228. Als eindeutiges empirisches Indiz können Referenden in der Schweiz herhalten. In den 250 zwischen 1848 und 1990 stattgefundenen Referenden sprachen sich in 39 Prozent der Fälle die Bürger gegen das eindeutige Votum des Parlaments aus. Vgl. Adamovich/Wohlgemuth (1999), S. 132f.; auch Papadopoulos (2001), S. 37.
[398] Vgl. Wittman (1989), S. 1397. Wohlgemuth kommt zu folgendem Ergebnis: „The 'contractual disabilities' of the electoral licence provide room for independent action within a wide open field which is only partly fenced by fundamental constitutional prohibitions." Wohlgemuth (2000), S. 285.
[399] Vgl. Schmidt-Trenz (1996), S. 38f.; auch Müller (2000b), S. 320ff.; Gerken/Schick (2002), S. 526.
[400] Vgl. Schieren (1996), S. 72; Cassel (1998), S. 467.
[401] Vgl. Fritsch/Wein/Ewers (1999), S. 365f., 373.

levanten Politikinhalte beschränken. Diese Situation können die Politiker opportunistisch ausnutzen, indem sie Wahlprogramme entwerfen, die die gut informierten Bürgerer tendenziell begünstigen und Lasten auf diejenigen Wähler abschieben, die sich der Implikationen dieser Politikinhalte für ihr eigenes Wohlfahrtsniveau nicht im Klaren sind.

Da der Wähler nicht eindeutig feststellen kann, ob das von ihm festgestellte Politikergebnis auf die Anstrengungen des Agenten oder auf externe Faktoren zurückzuführen ist, versuchen die Politiker, ihre „politische Untätigkeit mit Sachzwängen, der Rechtslage, der Nichtdurchsetzbarkeit in der Parteienkonkurrenz oder sonstwelchen ´Umwelteinflüssen` zu begründen, obwohl sie tatsächlich aus sie selbst betreffenden Gründen untätig geblieben sind."[402] Bei positiven Politikergebnissen werden die Politiker sich die Leistung zuschreiben und bei negativen Ergebnissen entsprechend opportunistisch die Ursachen auf widrige äußere Umstände schieben.

Im Fall der hidden information kennen die Politiker-Agenten problemrelevante Informationen, die für sie, nicht aber dem Wähler zugänglich sind (z.B. Kenntnis bestimmter Umweltsituationen). Der Politiker kann diesen Informationsvorsprung in opportunistischer Weise ausnutzen, da die Wähler wie im Falle der hidden action nicht erkennen können, ob die Politikergebnisse des Agenten auf sein Anstrengungsniveau oder auf externe Einflüsse zurückzuführen sind.

Vor der Wahl der Repräsentanten und damit der Auftragserteilung im Zuge der kollektiven Delegation, ist es für den Wähler als Prinzipal ebenfalls nur schwer möglich, die Qualitätseigenschaften des zur Wahl stehenden Agenten richtig einzuschätzen. Die persönlichen Eigenschaften der Politiker z.B. hinsichtlich fachlicher Kompetenz können, wenn überhaupt, nur sehr bedingt durch den Wähler erschlossen werden.[403] Gewichtiger ist allerdings der Umstand, dass der Prinzipal nur unvollständige Informationen über das Zielsystem des Politikers hat. Damit besteht bei der Wahl von Repräsentanten die Gefahr, dass die Wähler inkompetente und für ihre Zielsetzung ungeeignete Agenten auswählen.

Die Annahme opportunistischen Verhaltens seitens der Agenten und das Vorliegen von Informationsasymmetrien vor und nach Vertragsabschluss bestimmen entscheidend das Entscheidungsumfeld, in dem sich Wähler und Politiker bewegen. Das Verhältnis zwischen Wähler und Politiker wirft damit grundsätzlich die gleichen Probleme wie in privaten PA-Beziehungen auf.[404]

Es stellt sich folglich die Frage, wie die Vertretungskosten, die die Wähler aus der Situation asymmetrischer Informationsverteilung und opportunistischer Verhaltensweise der Politiker realisieren, minimiert werden können. Die Wähler als Prinzipale

[402] Schieren (1996), S. 72f. – In der Theorie des politischen Konjunkturzyklus wird umgekehrt argumentiert, dass Regierungen konjunkturelle Schwankungen aus dem Interesse der Wiederwahl erzeugen und insofern zu einem politischen Aktionismus neigen. Vgl. dazu Nordhaus (1975).

[403] Die Wahlchancen auf Bundesebene sind für Politiker, die sich Reputation in einer Landesregierung erworben haben, daher deutlich größer. So waren fast alle Bundeskanzler der Nachkriegszeit Ministerpräsidenten in Landesregierungen (wie z.B. Kohl und Schröder) bzw. in Ministerverantwortung (wie z.B. Schmidt).

[404] Vgl. Richter/Furubotn (1999), S. 457; Behrends (2001), S. 95.

haben zwei Möglichkeiten, die entstehenden Vertretungskosten zu minimieren.[405] Sie können zum einen für die Politiker vertragliche Anreize schaffen, sich präferenzkonform zu verhalten. Da eine asymmetrische Informationsverteilung und opportunistische Verhaltensweisen allerdings stets gegeben sind, können die Wähler immer nur einen unvollständigen Vertretungsvertrag entwickeln. Mit einem solchen Vertragswerk wird den Politikern zumindest der Anreiz gegeben, sich im Eigeninteresse in ihrem Verhalten an den Wählerpräferenzen zu orientieren. Zum anderen werden die Wähler sich über die Handlungsresultate ihrer Vertreter informieren und sie damit während der Legislaturperiode kontrollieren („monitoring"). Missbräuche aufgrund unvollständiger Vertretungsverträge seitens der Politiker können damit eingeschränkt werden. Eine vollständige Kontrolle wird aufgrund der Informationsgegebenheiten gleichwohl nicht möglich sein.
Der Wähler in einer repräsentativen Demokratie steht bei dem Entwurf eines optimalen Vertretervertrages damit vor dem Problem, einen optimalen Trade-off zwischen Irreliabilitätskosten und Überwachungskosten zu finden. Die Wähler werden ihre Repräsentanten auf der einen Seite keinesfalls größtmöglicher Kontrolle unterwerfen und sie zu einem reinen Exekutivorgan machen.[406] Eine vollständige Weisungsgebundenheit sowie eine lückenlose Kontrolle der Politiker würde zwar die Irreliabilitätskosten auf ihr Minimum sinken lassen, keinesfalls aber die Brutto-Vertretungskosten minimieren. Die Wähler können Wohlfahrtsgewinne gerade dadurch realisieren, dass die Politiker den für eine PA-Beziehung typischen Informationsvorsprung in ihrem Sinne nutzen. Somit ist es nicht zweckmäßig, die Politiker einer vollumfänglichen Kontrolle zu unterwerfen, da die Wähler u.U. Wohlfahrtsgewinne dadurch erreichen können, dass die Politiker das tun, was ihnen nicht unmittelbar von ihren Wählern aufgetragen wurde. Die Entscheidungen der Repräsentanten sollten also nicht vollständig geregelt werden. Es muss ein gewisser Ermessensspielraum für die Politiker gegeben sein.[407] Andererseits ist eine Laissez-faire-Beziehung ohne vertragliche Anreize sowie ohne Kontrolle der Wähler ineffizient, da in diesem Fall prohibitiv hohe Irreliabilitätskosten anfallen. Die Politiker könnten die Informationsasymmetrien in maximaler Weise opportunistisch ausnutzen und damit gegen die Interessen der Wähler verstoßen. Um die Vertretungskosten möglichst gering zu halten, werden die Wähler daher bemüht sein, ein effizientes Informations- und Kontrollsystem zu installieren sowie entsprechende Anreize für ihre Agenten zu schaffen.

---

[405] Stevens sieht weiterhin in der Wahl der Repräsentanten („screening and selection") eine Möglichkeit, die Reliabilität der Agenten zu erhöhen. Vgl. Stevens (1993), S. 285.
[406] Vgl. Kirsch (1997), S. 183.
[407] Schumpeter kommt zu folgender Einsicht: „Die Wähler ausserhalb des Parlaments müssen die Arbeitsteilung zwischen ihnen selbst und den von ihnen gewählten Politikern respektieren. Sie dürfen diesen zwischen den Wahlen nicht allzu leicht das Vertrauen entziehen und müssen einsehen, dass wenn sie einmal jemanden gewählt haben, die politische Tätigkeit seine Sache ist und nicht die ihre. Das bedeutet, dass sie davon absehen müssen, ihm vorzuschreiben, was er tun soll [...]." Schumpeter (1950/1993), S. 468.

13.1.1.3. Delegationsbedingungen in einer rein repräsentativen Demokratie

Bedeutende Rahmenbedingungen der kollektiven Delegation stellen die Art und Weise der Auftragsvermittlung sowie die Zeitabstände der Auftragserteilung dar.[408] Das vertragsspezifische Umfeld einer repräsentativen Demokratie, dem die gewählten Vertreter des Volkes unterliegen, soll im Folgenden unter den beiden genannten Punkten näher untersucht werden.

13.1.1.3.1. Programmcharakter kollektiver Delegation

Zunächst soll untersucht werden, ob in einer rein repräsentativen Demokratie die Auftragsvermittlung effizient erfolgt respektive adäquate Präferenzinformationen transferiert werden. Dazu werden primäre, sekundäre und tertiäre Informationsprozesse unterschieden.[409] Primäre Informationen sind solche Informationen, die automatisch durch die Funktionsweise eines Systems generiert werden. Im Fall der repräsentativen Demokratie sind dies die Wahlergebnisse zum Parlament. Im Unterschied zu den primären Informationen werden sekundäre Informationen wie beispielsweise demoskopische Erhebungen durch Wahlforschungsinstitute durch seinen Empfänger aktiv beschafft. Da die Informationsgewinnung mit Kosten verbunden ist, werden sekundäre Informationen nur durch spezifische Anreize gewonnen. Tertiäre Informationen schließlich werden ohne Aktivität des Informationsempfängers geliefert. In der Demokratie gehören Demonstrationen, Beschwerdebriefe oder die Lobbyarbeit von Verbänden zu dieser Art der Informationsgewinnung. Da die Wahl der Repräsentanten der bei weitem wichtigste Informationsprozess in einer rein repräsentativen Demokratie ist, wird ausschließlich untersucht, ob Wahlen in einer rein repräsentativen Demokratie adäquate Präferenzinformationen generieren und transferieren.

Implizite Prämisse der Principal-Agent-Theorie ist, dass das vom Agenten auszuführende Ziel operational definiert, d.h. sachlich, zeitlich und räumlich eindeutig bestimmt ist. Damit wird von vornherein ausgeschlossen, dass ein abweichendes Verhalten des Agenten von den Präferenzen des Prinzipals nur dadurch begründet ist, dass sein Auftrag nicht eindeutig definiert ist. In privaten PA-Beziehungen stellt die Auftragserteilung grundsätzlich kein Problem dar, da die Zielfunktion des Prinzipals als eindeutig gelten kann.[410] Bei einer kollektiven Delegation stellt sich die Situation anders dar. Da die Rolle des Prinzipals in der repräsentativen Demokratie im Gegensatz zu privaten PA-Beziehungen von einer Reihe von Individuen wahrgenommen wird, existieren eine Vielzahl von differenzierten Zielvorstellungen, die in der Regel nicht harmonisch zueinander sind. Dies dürfte gerade in demokratischen Großgesellschaften mit einer weitgehenden Differenzierung gesellschaftlicher Interessenlagen

[408] Vgl. Schaper (1984), S. 128ff.; Galeotti/Breton (1986), S. 53; auch Kalt/Zupan (1984), S. 283; Gerken/Schick (2002), S. 525f.
[409] Vgl. Kruse (1985), S. 175ff.
[410] Vgl. v. Weizsäcker (2000), S. 106.

der Fall sein.[411] Daher stellt die Auftragsvermittlung mittels periodisch wiederkehrender Wahlen zwischen dem Wähler als Prinzipal und den Politikern als Agenten ein fundamentales Problem in der rein repräsentativen Demokratie dar. So merkt *Eschenburg* an: „Ein gutwilliger und sorgfältiger Auftragnehmer wird stets nur dann im Interesse seines Auftraggebers handeln können, wenn ihm dieses Interesse hinreichend genau und verlässlich bekannt ist. Es ist folglich zu prüfen, unter welchen Umständen ein Auftraggeber in der Lage und bereit ist, sein Interesse hinreichend genau und verlässlich zu spezifizieren, und ob diese Umstände bei der Delegation von Entscheidungsbefugnis an Entscheidungsorgane gegeben sind."[412]

Der Wähler in der rein repräsentativen Demokratie nimmt die Delegation von Aufgaben mit einer einzigen Stimme in periodisch wiederkommenden Wahlen vor.[413] Da nicht über einzelne Vorhaben, sondern immer nur über komplexe Parteiprogramme abgestimmt wird, muss der Wähler seine Präferenzen für sämtliche relevanten Politikfelder auf eine Stimme verdichten.[414] Die Mitglieder des Elektorats haben in einer rein repräsentativen Demokratie damit keine Möglichkeit, ihre Interessen desintegriert in einzelnen Abstimmungen auszudrücken.[415] Dieser große Delegationsumfang[416] hat zur Folge, dass die Wähler notgedrungen auch solchen Programmen zustimmen müssen, die sie in einzelnen Punkten ablehnen.[417] Die Problematik eines zu großen Delegationsumfanges ist dann von besonders großer Bedeutung, wenn die Positionen der Wähler zu den verschiedenen Politikinhalten unabhängig voneinander sind. Ließen sich die Präferenzen der Wähler räumlich in einem Kontinuum abbilden und könnten die Präferenzen der Wähler idealtypisch rechts oder links verortet werden, würde die Wahl eines Parteiprogrammes die Präferenzen der Wähler noch recht gut wiedergeben. Je mehr die Präferenzen der Wähler sich aber nicht in ein klassisches Rechts-Links-Schema einordnen lassen, um so diffuser werden die Ergebnisse der demokratischen Delegation.

Der Informationsgehalt der demokratischen Delegation hängt zudem davon ab, wie viele alternative Programme zur Wahl stehen. Bei einer Vielzahl von Programmen kann der einzelne Wähler seine Präferenzen differenzierter ausdrücken, als das bei nur wenigen Programmen der Fall wäre. Falls die Zahl der zur Auswahl stehenden Programme klein ist, steigt die Wahrscheinlichkeit, dass bestimmte Bereiche des Präferenzspektrums der Individuen nicht durch die angebotenen Programme abgebildet werden. Da zudem kaum davon ausgegangen werden kann, dass sich die Abweichungen im Präferenzspektrum der Individuen gegenseitig kompensieren, wird

[411] Vgl. Lehner (1979), S. 158; Lehner (1981), S. 50. Hätten alle Gesellschaftsmitglieder identische Präferenzen, könnten die Interessen der Individuen wie die eines „repräsentativen Wählers" behandelt werden. Der Staat hätte in diesem Fall lediglich die Aufgabe, Einstimmigkeitsentscheidungen effizient zu exekutieren. Vgl. Petersen (1993), S. 88.

[412] Eschenburg (1977), S. 197.

[413] In den meisten Demokratien gilt ein Wahlturnus des Parlaments von vier bis fünf Jahren.

[414] Vgl. Wust (1981), S. 227. – Hinzu kommt noch eine personelle Undifferenziertheit bei der Wahlentscheidung. Vgl. Seliger/Herrmann-Pillath (2000), S. 1150; Peters (2000), S. 294.

[415] Vgl. Lehner (1979), S. 192.

[416] Unter dem Delegationsumfang versteht man die Zahl, Tiefe, Vielfalt und Relevanz von Entscheidungsaufgaben, die durch einen Delegationsauftrag übermittelt werden. Vgl. Kruse (1995), S. 3.

[417] Die einzige Möglichkeit für den Wähler, dieses Problem zu umgehen, besteht in der Wahlenthaltung. Vgl. Seliger/Herrmann-Pillath (2000), S. 1150.

die Regierung ihre Politik notgedrungen an einem Programm orientieren, das nicht in jedem Fall den Präferenzen der Mehrheit ihrer Wähler entspricht.[418]

Falls nur eine geringe Zahl von Programmen zur Wahl steht, haben die Wähler als Prinzipale schlechtere Chancen, Politiker als ihre Agenten für irreliables Verhalten zu sanktionieren.[419] Im Idealfall eines vollkommenen Wettbewerbs in einer rein repräsentativen Demokratie müssten vernachlässigte Präferenzbereiche durch das Angebot neuer Programme besetzt werden. Mit einem verbesserten Angebot können allerdings immer nur wesentliche Lücken geschlossen werden, da zum einen institutionelle Barrieren im System der repräsentativen Demokratie (wie z.B. Sperrklauseln) das Eintreten neuer Parteien verhindern.[420] Zum anderen kann es ex definitione nicht zu einer vollständigen Identität von Programmen und Präferenzen der Individuen kommen, da die Differenziertheit der Präferenzen die Zahl der Programme im Extremfall auf die Zahl der Wähler ansteigen lassen würde.

Wenn im Rahmen der kollektiven Delegation en bloc über die Wirtschafts-, Finanz-, Umwelt-, Aussen-, Kulturpolitik usw. abgestimmt wird, so wird ein Großteil der Wähler der Umweltpolitik der Partei A, der Wirtschaftspolitik der Partei B und der Sozialpolitik der Partei C zustimmen. Jeder dieser Politikbereiche umfasst bereits eine Vielzahl verschiedener Vorstellungen, die spezifische Auswirkungen auf die Interessen der Individuen haben. Der Wähler in einer rein repräsentativen Demokratie wird letztlich dazu gezwungen, komplette „Politik-Pakete" zu wählen, die in aller Regel seine Präferenzen nicht differenziert wiedergeben. Für den Wähler stellt sich damit die Frage, welches Programm seinen Präferenzen am ehesten entspricht.[421] Nach *Downs* bewegt sich das Urteil der Wählers über ein politisches Programm in zwei Dimensionen: Der Wähler wird die Nettoposition (das gewogene Mittel aus den Positionen aller Einzelstandpunkte) eines Programms mit dem Spektrum (der Varianz der Einzelstandpunkte) abwägen, um zu einer Entscheidung für oder gegen ein Programm zu kommen.[422] Ein Wähler kann beispielsweise ein Programm ablehnen, dessen Mittelwert exakt seinen Präferenzen entspricht, dessen Varianz der einzelnen Standpunkte aber zu groß ist. Stattdessen wird u.U. eher ein Programm gewählt, dessen Mittelwert zwar nicht vollständig mit den Positionen des Wählers übereinstimmt, dessen inhaltliche Schwankungsbreite dagegen geringer ist.

---

[418] Vgl. Kruse (1995), S. 10; Kruse (1989), S. 249; auch Tollison (1982), S. 594.

[419] Vgl. Kruse (1989), S. 249; Mitchell (2000), S. 346.

[420] Vgl. Kruse (1989), S. 253ff. Minimalklauseln stellen in einer indirekten Demokratie erhebliche institutionelle Zugangsbarrieren für neue Parteien dar. Sie haben auf der einen Seite den Effekt, dass die Sensibilität der Parteien gegenüber Präferenzänderungen sinkt, die Wahrscheinlichkeit von irreliablem Verhalten also steigt. Auf der anderen Seite fällt durch die Sperrklausel ein Teil der abgegebenen Stimmen unter den Tisch, so dass die gewählten Delegierten nicht exakt den Präferenzen der Bürger entsprechen. Viele Wähler werden wegen der Sperrklausel ihre Stimme zudem einer größeren Partei geben, obwohl sie bei Abwesenheit von Sperrklauseln ihre Stimme einer kleineren Partei gegeben hätten. – Zu einer ausführlichen Diskussion von Eintrittsbarrieren vgl. Wohlgemuth (2000), S. 280ff.

[421] Vgl. Fetscher (1984), S. 198. Der Wähler hat ebenso keine Möglichkeit, einzelne Personen exakt auszuwählen. Diese werden parteiintern oder im Falle der Regierung durch Koalitionsverhandlungen bestimmt. Eine Ausnahme hiervon bilden beispielsweise die Präsidentenwahlen in Frankreich und den USA. Vgl. Leipold (1988), S. 269.

[422] Vgl. Downs (1968), S. 128f.

Wahlen zum Parlament einer rein repräsentativen Demokratie generieren damit nur in unvollständiger und verzerrender Weise die Präferenzen der Individuen. Auf Grund des Programmcharakters kollektiver Delegation kann man nicht davon ausgehen, dass ein stringenter Zusammenhang zwischen der individuellen Wahlentscheidung für ein Programm und den individuellen Präferenzen vorliegt.[423] Damit bietet die kollektive Delegation als primärer Informationskanal offensichtlich kein adäquates Mittel für die Wähler als Prinzipale, ihren Agenten einen klar definierten Handlungsauftrag zu erteilen – es kann zu erheblichen „Friktionen bei der Interessenübertragung"[424] kommen.

Der Delegationsumfang im Rahmen der demokratischen Delegation hat für die Politiker als Agenten zur Folge, dass sie einen unscharf definierten Delegationsauftrag wahrnehmen müssen. Der Informationsgehalt hinsichtlich der Präferenzen der Prinzipale kann bei zu großem Delegationsumfang so gering sein, dass es für die Agenten in vielen Fällen kaum möglich ist, sich an den Zielen der Prinzipale zu orientieren.[425] Selbst wenn man das opportunistische Verhaltenspotential vernachlässigt, werden Politiker auf der Grundlage der Parlamentswahl nicht in jedem Fall im Sinne der Präferenzen ihrer Auftraggeber handeln.[426] Die Delegierten der Wähler geraten damit in Loyalitätskonflikte, da ihnen Aufgaben anvertraut werden, die in ihrer Realisierung u.U. nicht mit den Zielen ihrer Wähler kompatibel sind.[427] Aufgrund der Vielzahl unterschiedlicher Interessen in ausdifferenzierten Großgesellschaften westlicher Prägung, in denen kaum mit einer stabilen soziostrukturellen Basis für eindeutige Mehrheiten gerechnet werden kann[428], ist es für eine Regierung daher unmöglich, ein Regierungsprogramm zu entwerfen, dass sachlich konsistent und von einer breiten und stabilen Mehrheit getragen wird. Die Regierung steht bei der konkreten Realisierung ihres Programmes vor einem Dilemma: Ihre Wähler haben sich zwar insgesamt für das Programm entschieden, sobald aber konkrete Vorhaben realisiert werden, tritt der Interessenskonflikt innerhalb der Wählerschaft der Regierungspartei auf. Welche Politik eine Regierung auch immer machen wird, sie verstößt gegen einen Teil der Präferenzen ihrer Wähler.[429]

Das folgende Beispiel soll diesen Sachverhalt verdeutlichen.[430] Angenommen sei ein Parlament mit fünf Vertretern, die in ihrem Wahlkreis jeweils 100 Wähler haben. Ferner sei angenommen, dass die Regierung über die Mehrheit der Parteien in den Wahlkreisen gebildet wird. Partei A stellt im betrachteten Fall die Regierung. Nun soll

---

[423] Vgl. Leipold (1988), S. 269.
[424] Schweizer (1993), S. 211.
[425] Vgl. Kruse (1995), S. 9ff.
[426] Weiterhin muss noch berücksichtigt werden, dass die Individuen bei der Parlamentswahl u.U. strategisch wählen und das Wahlergebnis nicht die Präferenzen der Individuen widerspiegelt.
[427] Vgl. Grossekettler (1995), S. 544; Stiglitz (1989), S. 143.
[428] Vgl. Lehner (1981), S. 190.
[429] Vgl. Lehner (1981), S. 50f. Analysen der Volksabstimmungen in der Schweiz zeigen, dass ein Großteil der Stammwähler einer Partei sich in einer konkreten Sachabstimmung anders als die Partei entscheidet. So berücksichtigen 55 Prozent der Wähler der CVP (Christliche Volkspartei), 60 Prozent der SP (Sozialdemokratische Partei) und 75 Prozent der SVP (Schweizerische Volkspartei) nicht die Parteiparolen. Vgl. Bohnet (1997), S. 147f.
[430] Vgl. zu einem ähnlichen Beispiel Andel (1998), S. 52; auch Buchanan/Tullock (1962/1999), S. 219f.

über zwei Projektalternativen 1 und 2 abgestimmt werden. Die Präferenzstruktur der Wähler ist in Tab. 7 aufgeführt.

Tab. 7: Programmcharakter kollektiver Delegation

Wahlkreis	Siegreiche Partei der Parlamentswahl	Zahl der Wähler für Projekt 1	Zahl der Wähler für Projekt 2
I	A	51	49
II	A	51	49
III	A	51	49
IV	B	7	93
V	B	7	93
	A stellt Regierung	167	333

Quelle: Eigene Abbildung.

Da angenommen werden soll, dass sich jede Partei als Anwalt ihrer Wähler und ihres zur Wahl gestellten Programmes versteht, wird Partei A für das Projekt 1 und Partei B entsprechend für das andere Projekt votieren. Da Partei A die Regierung stellt, wird das Projekt 1 realisiert. Käme es demgegenüber zu einer direkten Abstimmung zwischen den beiden Projekten, so würde das Projekt 2 eindeutig von der Mehrheit der Wähler präferiert werden. Die Politik der Regierung verstößt damit gegen die Präferenzen der Mehrheit der Wähler, obschon sie sich dem Verständnis der repräsentativen Demokratie zufolge eindeutig an den Wählerauftrag hält.
Der Programmcharakter der kollektiven Delegation in einer rein repräsentativen Demokratie führt ebenfalls dazu, dass Agentengruppen (=Parteien) entstehen, die sich mit einem gemeinsamen Wahlprogramm zur Wahl stellen und im gewählten Parlament kollektiv handeln.[431] Da der einzelne Wähler kaum Anreize hat, sich über sämtliche zur Wahl stehenden Politikinhalte umfassend zu informieren und zudem asymmetrische Informationsverteilung hinsichtlich fachlicher Eignung und späterem Abstimmungsverhalten der Agenten im Gremium besteht, werden Gruppen von Agenten einen wesentlichen Vorteil gegenüber einzelnen Agenten haben.[432] Zum einen können Agentengruppen ihr Programm als „politischen Markenartikel" anbieten und damit die Komplexität der Entscheidungssituation für den Wähler erheblich senken.[433] Zum anderen erzeugt die Disziplinierung innerhalb der Agentengruppen Verlässlichkeit und Kontinuität bei den Entscheidungen im gewählten Gremium und führt

[431] Vgl. Kruse (1989), S. 246f.; Blankart/Mueller (2002), S. 3. – Parteien stellen in der politischen Landschaft der Bundesrepublik Deutschland die entscheidenden politischen Organisationen dar. Durch das Grundgesetz wird ihnen in Artikel 21 offiziell die Rolle gegeben, an der politischen Willensbildung des Volkes mitzuwirken. Über diese Funktion hinaus dominieren die Parteien allerdings faktisch das politische System. Jene stillschweigende Übereinkunft über die Rolle der Parteien kann transaktionskostenökonomisch als impliziter Vertrag interpretiert werden. Vgl. Jones/Hudson (1998), S. 185, 187.
[432] Vgl. dazu Jones/Hudson (1998), S. 175ff.
[433] Vgl. Wittman (1989), S. 1400. – Zusammenschlüsse von Agenten besitzen weiterhin den Vorteil, dass sie im Gremium nicht für jeden einzelnen Abstimmungsgegenstand Mehrheiten bilden müssen. Aldrich kommt daher zu folgendem Schluss: „it is likely that transaction costs for parties are far less [...] than those for forming new majorities for each piece of legislation." Aldrich (1995), S. 36. Vgl. dazu auch Kiewiet/McCubbins (1991).

damit zu einer Reduzierung der Unsicherheit beim Wähler:[434] „[...] political parties are in an especially good position to monitor any shirking."[435] Gerade weil die Agenten nach ihrer Wahl nicht auf die Einhaltung ihrer Wahlversprechen verpflichtet werden und sie bis zur nächsten Wahl nicht unmittelbar in ihrem Handeln sanktioniert werden können und der einzelne Wähler keinen Anreiz hat, die Handlungsergebnisse des Agenten zu kontrollieren, werden u.U. opportunistische Verhaltenspotentiale seitens der Agenten genutzt.[436] Die Existenz von Parteien mit ihren gruppeninternen Anreizmechanismen kann daher die Informations- und Überwachungskosten der Wähler senken, da die Wähler sich (mehr oder weniger) sicher sein können, dass die Agenten sich bei Gremienentscheidungen am Parteiprogramm orientieren.[437] Je mehr Einfluss die Parteien hinsichtlich der Wiederwahl ihrer Kandidaten haben, umso besser werden sie ihre gewählten Agenten in diesem Sinne kontrollieren können. Die parteiinternen Anreizmechanismen können das opportunistische Verhaltenspotential der Volksvertreter damit abschwächen, letztlich aber nicht vollständig beseitigen.[438]

Der Programmcharakter kollektiver Delegation in der repräsentativen Demokratie hat zudem Auswirkungen auf das Angebot politischer Programme.[439] Jede Partei versucht durch eine geschickte Ortung ihrer Nettoposition die Wähler davon zu überzeugen, dass sie diejenige Partei ist, die der Nettoposition des Wählers am nächsten kommt. Eine Partei kann nun in verschiedenen Politikfeldern Nettopositionen einnehmen, so dass es zu Überschneidungen in den Programmatiken der Parteien kommt. Da jeder einzelne Wähler den Nettopositionen einer Partei unterschiedliches Gewicht beimisst, kann eine Partei Wähler gewinnen, die in ihren Positionen weit voneinander entfernt sind. So wird beispielsweise ein Wähler A der Nettoposition der Agrarpolitik einer Partei zustimmen, während er die Umweltpolitik dieser Partei ablehnt. Der Wähler B wird im Gegensatz zu Wähler A die Umweltpolitik unterstützen, die Agrarpolitik dagegen ablehnen. Die beiden Wähler haben also gegenteilige Ansichten über die Nettoposition des Parteiprogrammes. Da die Wähler den Nettopositionen der Parteien allerdings ein unterschiedliches Gewicht beimessen, kann eine Partei beide Wähler für sich gewinnen, indem sie – jeweils in unterschiedlichen Politikfeldern – eine Nettoposition einnimmt, die beiden Wählern entgegenkommt. Durch die breite Positionierung der Programmatik kann eine Partei damit eine weites Spektrum an Wählern für sich gewinnen, die in ihren Standpunkten weit voneinander entfernt sein können.

Im Kalkül einer Partei liegt es nun weiterhin, nicht nur an vielen Stellen zugleich eine Nettoposition einzunehmen, sondern diese Nettoposition so vieldeutig wie möglich zu gestalten. Damit werden die Wähler den einzelnen Nettopositionen der Parteien nicht nur ein unterschiedliches Gewicht beimessen, sondern jeder Wähler kann die Nettoposition einer Partei in der Weise interpretieren, dass diese seinem eigenen Stand-

[434] Vgl. Seliger/Herrmann-Pillath (2000), S. 1151.
[435] Wittman (1989), S. 1398; Galeotti/Breton (1986), S. 54f.; auch Strøm (2000), S. 271, 274.
[436] Vgl. Holcombe/Gwartney (1989), S. 669ff.
[437] Jones/Hudson vergleichen die Rolle von Parteien als transaktionssenkende Institution daher mit der Rolle von Unternehmen im wirtschaftlichen Bereich. Vgl. Jones/Hudson (1998), S. 176f.; auch Müller (2000b), S. 312ff.
[438] Vgl. Müller (2000b), S. 322ff.; auch Mitchell (2000), S. 348.
[439] Vgl. Downs (1968), S. 131ff.

punkt sehr nahe kommt. Die Vieldeutigkeit der Nettopositionen der Parteien erweitert damit das Wählerspektrum einer Partei.[440] Da alle Parteien diesem Kalkül unterliegen, wird keine andere Partei ihre Nettoposition präziser formulieren und andere Parteien unter Zugzwang setzen, eindeutigere Standpunkte einzunehmen. Der Anreiz für Parteien, ihre „politische Linie mit einem Nebel von Vieldeutigkeit"[441] zu umgeben, findet dort seine Grenze, wo die Programme der Parteien sich in den Augen der Wähler kaum noch unterscheiden und damit die Gefahr besteht, dass die Wähler sich ihrer Stimme enthalten.

Damit befindet sich der Wähler in einer Situation, in der es für ihn nur schwer möglich ist, aufgrund der vieldeutigen Nettoposition einer Partei eindeutig ein Votum zu fällen. Um zu einem Urteil über eine Partei zu kommen, werden sich die Wähler neben den Positionen der Parteien in verschiedenen Politikfeldern in aller Regel daher eher an Personen orientieren, die die Programme der Parteien verkörpern. *Downs* sieht daher in der kollektiven Delegation keinen adäquaten Mechanismus der Präferenzartikulation. Das System der kollektiven Delegation gibt den Anbietern politischer Programme Anreize, ihr politisches Anliegen in einen „Nebel allgemeinen Geredes"[442] zu hüllen, so dass die Wähler letztlich nicht eindeutig wissen, welche Konsequenz ihre Wahlentscheidung für die praktische Politik der gewählten Regierung hat.[443]

Weiterhin werden die Parteien versuchen, ihren Wählern eine ideologische Position zu vermitteln. Anhand einer ideologischen Linie soll den Wählern klar gemacht werden, wofür eine Partei oder deren Kandidat steht, ohne dass sich der einzelne Wähler über jedes Detail verschiedener komplexer Sachfragen informieren muss.[444] „... so mancher Wähler [findet] die Parteiideologien nützlich, weil sie ihn der Notwendigkeit entheben, jede politische Einzelfrage zu seiner persönlichen Grundeinstellung in Beziehung zu setzen. Ideologien helfen ihm, seine Aufmerksamkeit auf die Unterschiede zwischen den Parteien zu konzentrieren; deshalb können sie als Muster für alle verschiedenen Standpunkte verwendet werden. .... Er wählt dann nach ideologischer Sympathie, nicht nach konkreten politischen Fragen."[445] Politiker repräsentieren die ideologischen Standpunkte der Parteien, so dass in den Augen der Wähler komplexe politische Fragen auf die Entscheidung für oder gegen eine bestimmte Person vereinfacht werden.[446] Durch die Reduktion von komplexen Sachfragen auf eine ideologische Dimension bzw. eine Person können die Wähler Informationskosten sparen. Aufgrund des Kollektivgutcharakters der Informationsbeschaffung für den einzelnen Wähler hat der Ideologiebezug damit eine individuell rationale Basis.[447] Eine Orientierung an den ideologischen Grundlinien von Parteien ist für die Wähler gleichwohl nur dann eine rationale Strategie, wenn die Ideologien in einem

---

[440] Hinzu kommt, dass bei ungenauen Wahlversprechen der Stimmengewinn höher zu veranschlagen sein wird als bei eindeutigen Aussagen, da die Verlierer derjenigen Politik offenbar werden und die Politiker einen Wählerverprellungseffekt vermeiden möchten. Vgl. Peters (2000), S. 356.

[441] Downs (1968), S. 132. Downs spricht in diesem Fall von einer „Rationalitätskrise".

[442] Downs (1968), S. 135.

[443] Eine optimistische Sichtweise vertritt Kirsch. Vgl. dazu Kirsch (1997), S. 208ff.

[444] Vgl. Kirchgässner/Feld/Savoiz (1999), S. 50f.

[445] Downs (1968), S. 95.

[446] Vgl. Feld/Savioz (1998), S. 43.

[447] Vgl. Leipold (1988), S. 270. Zur empirischen Evidenz vgl. Kalt/Zupan (1990).

konsistenten Zusammenhang mit dem konkreten politischen Handeln der Parteien stehen.[448]

Der Programmcharakter kollektiver Delegation hat damit folgende Konsequenzen:

- Es kann kein stringenter Zusammenhang zwischen der individuellen Wahlentscheidung für ein Programm und den individuellen Präferenzen hergestellt werden. Die Wahlen als primärer Informationskanal in einer rein repräsentativen Demokratie generieren nur in unvollständiger und verzerrender Weise die Präferenzen der Individuen.
- Aufgrund der diffusen Informationen der demokratischen Delegation ist es für die Politiker als Agenten der Wähler unmöglich, ein Regierungsprogramm zu entwerfen, das von einer breiten Mehrheit der Wählerschaft der Regierungspartei getragen wird. Die handelnden Politiker geraten notgedrungen in Loyalitätskonflikte.
- Agentengruppen (=Parteien) haben aufgrund des Programmcharakters kollektiver Delegation größere Erfolgschancen als einzelne Agenten. Die Parteien als intermediäre Organisationen können das opportunistische Verhaltenspotential der Politiker z.T. einschränken.
- Um das Wählerspektrum einer Partei zu erweitern, werden die Nettopositionen eines Programmes so vieldeutig wie möglich gestaltet. Aufgrund dieser Vieldeutigkeit wird sich der Wähler in einer repräsentativen Demokratie vor allen Dingen an Personen orientieren, die die Parteiprogramme verkörpern.
- Die Parteien vermitteln ihren Wählern vor allem ideologische Standpunkte. Die Wähler sparen Informationskosten, da ihre Entscheidung für oder gegen eine Partei auf eine ideologische Dimension bzw. Person reduziert wird.

13.1.1.3.2. Zeitabstände der Delegation

Ein weiteres entscheidendes Merkmal der demokratischen Delegation besteht in den Zeitabständen der Delegation. Die in einem Turnus von vier oder fünf Jahren stattfindenden Parlamentswahlen haben für das Auftragsverhältnis zwischen Wähler und Politiker eine weitreichende Bedeutung.

Aufgrund der langen Abstände zwischen den Wahlterminen ist eine eher kurzfristige Beurteilung des politischen Geschehens durch die Wähler charakteristisch.[449] Jeder Wähler hat nur geringe Anreize, sich über die Vielzahl der relevanten Politikfelder und deren Auswirkungen zu informieren. Selbst wenn sämtliche relevanten Informationen verfügbar wären, so könnten diese vom Wähler nicht aufgenommen werden. Der Mensch beabsichtigt zwar, rational zu handeln. Dies wird ihm allerdings immer nur in Grenzen gelingen. Kommunikative Probleme und vor allen Dingen neurophysiologische Ursachen sind für eine begrenzte Informationsverarbeitungskapazität des Menschen verantwortlich. Die eingeschränkte Rationalität der Individuen führt folglich

---

[448] Vgl. Downs (1968), S. 110.

[449] Vgl. Leipold (1988), S. 269f. Auch Schumpeter kommt zu der Schlussfolgerung, dass nur das kurzfristige Versprechen und die kurzfristige Rationalität sich wirksam im politischen Prozess durchsetzen. Vgl. Schumpeter (1950/1993), S. 414.

dazu, dass die Wähler ihre Politikbeurteilung eher gegenwartsorientiert ausrichten.[450] Ein Großteil der Politikfelder wird in der Wahrnehmung der Wähler ausgeklammert, womit sich die Komplexität der Politikbeurteilung entscheidend verringert. Die Überwertigkeit eines rezenten Motives hat zur Konsequenz, dass die Ergebnisse von weiter in der Vergangenheit liegenden Ereignissen von den Wählern tendenziell weniger berücksichtigt werden. Dagegen wird aktuellen Entscheidungen und Kontroversen eine wesentlich größere Priorität eingeräumt.

Zudem werden jene Maßnahmen, die sich kurz vor Wahlen unmittelbar auf das Nutzenniveau der Wähler auswirken, vorrangig berücksichtigt. So hängen die Beurteilung einer Regierung und die darauf aufbauende Wahlabsicht wesentlich von der Entwicklung der wirtschaftlichen Lage ab.[451] Makroökonomische Kennziffern wie die Arbeitslosen- und Inflationsrate oder die Zuwachsrate des Realeinkommens spielen eine besondere Bedeutung für die Wahlabsicht der Bevölkerung, da sie in ihrem Lebensalltag oft unmittelbar von deren Entwicklung betroffen sind (z.B. Sicherheit des Arbeitsplatzes, Entwicklung des Realeinkommens).[452] Dagegen beeinflussen andere wichtige makroökonomische Indikatoren wie beispielsweise die Entwicklung der Staatsverschuldung kaum die Wahlabsicht, da keine direkte Betroffenheit zur eigenen wirtschaftlichen Lage hergestellt werden kann.[453]

So liegt es im Interesse einer wiederwahlorientierten Regierung, eine expansive Politik kurz vor den Wahlterminen zu betreiben. Investitionen werden staatlicherseits getätigt, die sich positiv auf makroökonomische Kennziffern vor der nächsten Wahl auswirken. Ebenso können Wahlgeschenke, die unmittelbar das verfügbare Einkommen der Wähler erhöhen, kurz vor den anstehenden Wahlen gemacht werden. Zudem werden notwendige Preissteigerungen staatlich bereitgestellter Güter und Dienstleistungen aus dem Kalkül einer wiederwahlorientierten Regierung aller Wahrscheinlichkeit nach kurz vor einer Wahl unterbleiben. Eine von allen Individuen geforderte Stabilisierungspolitik, also das Erreichen einer möglichst hohen Beschäftigung bei stabilen Preisen und gleichzeitiger Vermeidung von Konjunkturschwankungen kann durch das oben beschriebene Verhalten damit in nicht unerheblicher Weise konterkariert werden. Eine wiederwahlorientierte Regierung hat im Gefüge der ihr vorgegebenen institutionellen Regeln einer repräsentativen Demokratie wenig Anreize, Stabilitätspolitik wirksam zu betreiben. Sie wird im Gegenteil eher dazu neigen, dass konjunkturpolitische Instrumentarium für die eigenen Ziele zu nutzen. Das Ergebnis dieser Politik kann ein politischer Konjunkturzyklus sein.[454]

Eine gegenwartsbezogene Politikbeurteilung auf der einen Seite und eine stärkere Gewichtung der wirtschaftlich-sozialen Situation gegenüber anderen Lebensbereichen auf der anderen Seite sind demnach für das Informationsverhalten sowie für die

---

[450] Vgl. Schaper (1984), S. 136ff.

[451] Vgl. Mueller (1989), S. 296f.

[452] Rattinger/Maier kommen bei der Analyse der Bundestagswahl von 1998 zu dem Ergebnis, dass die Bewertung der allgemeinen und der individuellen Wirtschaftslage nur eine untergeordnete Rolle bei der Erklärung der individuellen Wahlentscheidung spielte. Dagegen war die einer Partei zugewiesene Problemlösungskompetenz in wirtschaftlichen Fragen eine wesentlich stärkere Determinante zur Erklärung des Wahlverhaltens. Vgl. dazu Rattinger/Maier (1998), S. 45ff.; auch Peters (2000), S. 313f.

[453] Vgl. Kirchgässner/Feld/Savioz (1999), S. 52; Mussler (1998), S. 7.

[454] Vgl. Frey/Kirchgässner (1994), S. 152f.; 299f.

Beurteilung der Regierungstätigkeit durch einen großen Teil der Wähler charakteristisch.[455] Damit sind viele andere Politikfelder für die Wahlabsicht der Wähler irrelevant. Eine Sanktionswirkung in Richtung auf ein präferenzkonformes Verhalten der Politiker ist damit kaum noch gewährleistet.[456]

Das gegenwartsorientierte Informationsverhalten und die Beurteilung der Regierungstätigkeit anhand weniger makroökonomischer Kennziffern hat wiederum Auswirkungen auf das Angebot politischer Programme sowie das Handeln der Regierung.[457] Da die Politiker dem Streben nach Wiederwahl unterliegen, werden sie sich auf der einen Seite mit dem Aufgreifen langfristiger Probleme zurückhalten. Maßnahmen zum Lösen dieser langfristigen Probleme müssen in der Gegenwart – d.h. der aktuellen Legislaturperiode – ergriffen werden. Der Nutzen der Politik der Regierung schlägt sich nur zum Teil in der aktuellen Legislaturperiode oder vollständig erst in späteren Legislaturperioden nieder. Aufgrund der individuell rationalen Strategie der Wähler, die Beurteilung einer Regierung eher gegenwartsorientiert auszurichten, wird eine Regierung daher mit einer langfristig ausgerichteten Strategie Stimmenverluste erleiden. Es werden sich zwar Mehrheiten für die Lösung der langfristigen Probleme, aber kaum Mehrheiten für deren mit u.U. fühlbaren Wohlfahrtseinbußen in der Gegenwart verbundenen Durchsetzung finden.[458] Im Kalkül stimmenmaximierender Politiker liegt es demnach, allenfalls rudimentär eine langfristig ausgerichtete Politik zu gestalten. Die Investitionsgutstruktur langfristiger politischer Probleme ist demnach für den kurzfristigen Charakter im Handeln einer Regierung bestimmend.[459] Das Handeln einer Regierung in einer rein repräsentativen Demokratie beschränkt sich damit zu sehr auf ein kurzfristiges Krisenmanagement. Eine längerfristige Gestaltung politischer Probleme unterbleibt – kurzfristige politische Opportunität geht zu Lasten langfristiger gesellschaftlicher Ziele.[460]

Auf der anderen Seite wird die Regierung aufgrund der gegenwartsbezogenen Politikbeurteilung der Bevölkerung ihre Handlungsspielräume in ihrem Sinne ausnutzen. Sie wird gerade dann unpopuläre Maßnahmen treffen, wenn die nächsten Parlamentswahlen noch in weiter Zukunft liegen und es somit wahrscheinlich ist, dass die Wähler deren Auswirkungen bis zu den nächsten Wahlen wieder vergessen haben und damit nicht wählerwirksam sind.[461]

Die Handlungsspielräume der Politiker wären ungleich geringer, wenn die Wähler eine Möglichkeit hätten, ihre Repräsentanten direkt und unmittelbar zu disziplinieren

---

455 Dem Wähler soll hiermit keinesfalls ein moralischer Vorwurf gemacht werden. Es ist für jeden Wähler rational, sich gemäß den politischen Anreizstrukturen zu verhalten. Zudem wird es sicherlich auch Wähler geben, die bei ihrer Wahlentscheidung längerfristige Interessen zugrunde legen. Vgl. Leipold (1988), S. 269.

456 Vgl. Kruse (1989), S. 251; Frey (1997a), S. 11.

457 Das Handeln einer Regierung wird im Rahmen politökonomischer Konjunkturtheorien aus dieser Sichtweise als Verursacher konjunktureller Schwankungen betrachtet. Vgl. dazu Nordhaus (1975).

458 Die Orientierung der Regierung an makroökonomischen Kennziffern sowie der gegenwartsorientierten Politikbeurteilung ihrer Wähler behindert beispielsweise eine langfristig ausgerichtete Umweltpolitik. Vgl. dazu Jakubowski/Tegner/Kotte (1999), S. 85.

459 Vgl. Grossekettler (1995), S. 622; Wohlgemuth (2000), S. 286.

460 Vgl. v. Weizsäcker (1994), S. 123f.; Kruse (1995), S. 3,11; Peters (2000), S. 357f.

461 Vgl. Blankart (1992), S. 514.

falls sie sich nicht präferenzkonform verhalten.[462] In einer rein repräsentativen Demokratie wird den Wählern diese Option allerdings nicht offeriert. Die Wähler haben keine Abwahlmöglichkeit zwischen den Wahlterminen – eine unmittelbare Sanktionswirkung entfalten nur die in relativ großen Zeitabständen liegenden Wahlen.[463] Die Handlungsspielräume der Politiker finden gleichwohl dort ihre Grenze, wo politische Missstände zu gravierender öffentlicher Kritik in den Medien führen und die Betroffenen fürchten müssen, dass sich ein Skandal bei der nächsten Wahl stimmenmindernd auswirken wird. Da die Wähler aufgrund der langen Abstände zwischen den Wahlterminen wiederum zu einer eher kurzfristigen Beurteilung des politischen Geschehens neigen, ist die Empörung über politische Missstände meist nur von kurzer Dauer. Die Sanktionsdrohung für ein irreliables Verhalten bleibt somit gering. Die Politiker wissen um diese Möglichkeit und werden diesen Handlungsspielraum in ihrer Weise ausnutzen.

13.1.1.4. Fazit

Die obigen Ausführungen haben deutlich gemacht, dass eine rein repräsentative Demokratie vor dem Hintergrund der Principal-Agent-Theorie mit ihren Informations-, Kontroll- und Anreizstrukturen offensichtlich kein geeignetes institutionelles Design bietet, die (Brutto-) Vertretungskosten zu minimieren (vgl. dazu Abb. 13). Dafür sprechen folgende Argumente:[464]

- *Informationsstruktur:* Die Vertreter des Volkes wissen aufgrund des zu großen Delegationsumfanges im Rahmen einer parlamentarischen Wahl vielfach nur unzureichend, was die Wähler mehrheitlich wollen. Der Programmcharakter kollektiver Delegation hat weiterhin zur Folge, dass die Parteien ihre Programme so vieldeutig wie möglich gestalten und es für den Wähler nur noch schwer möglich ist, auf der Informationsgrundlage eines Parteiprogrammes sich präferenzgerecht zu artikulieren. Die Wähler werden sich daher in aller Regel bei ihrer Wahl an Personen orientieren, die die Programme der Parteien verkörpern.
  Aufgrund der Vielzahl relevanter Politikfelder wird der „eingeschränkt rationale" Wähler seine Politikbeurteilung bei der kollektiven Delegation eher gegenwartsorientiert ausrichten. Weiterhin wird das Informationsverhalten der Wähler eher die Politikfelder betreffen, die unmittelbar das Nutzenniveau der Wähler tangieren.

---

[462] Es soll der Fall ausgenommen werden, dass einzelne Politiker durch ein sogenanntes „Recall-Verfahren" aus dem Amt entfernt werden können. In Deutschland werden die zwischen den Bundestagswahlen liegenden Landtagswahlen von den Wählern oftmals als Sanktionsinstrument für eine verfehlte Bundespolitik benutzt. Zum „Recall-Verfahren" in den USA vgl. Cronin (1999), S. 125ff.; Möckli (1991b), S. 33. – In der athenischen Demokratie konnten mittels der *ekklesia*, der Volksversammlung, die gewählten Magistrate zu jeder Zeit aus dem Amt entfernt werden. Vgl. Castoriadis (1990), S. 311.

[463] Vgl. Kruse (1995), S. 8.

[464] Vgl. auch Downs (1957), S. 566; zitiert bei Streit (1987), S. 47. – Im Rahmen eines Principal-Agent-Modells kommen Lupia/McCubbins zu einem gegenteiligen Ergebnis. Vgl. dazu Lupia/McCubbins (2000), S. 296ff.

- *Kontrollstruktur:* Weil die Parteien die Nettopositionen ihrer Programme so vieldeutig wie möglich gestalten, ist es für den Wähler kaum möglich, die versprochene Politik der Regierungspartei zu kontrollieren. Die eher gegenwartsbezogene Politikbeurteilung der Wähler führt dazu, dass die Regierung unpopuläre Entscheidungen vor allem dann trifft, wenn die Wahlen noch in weiter Zukunft liegen. Falls die Regierung tatsächlich Maßnahmen trifft, die nicht von der Mehrheit der Bürger getragen wird, so haben die Wähler in einer rein repräsentativen Demokratie zudem keine unmittelbare Sanktionsmöglichkeit.
- *Anreizstruktur:* Der Programmcharakter kollektiver Delegation gibt den Anbietern politischer Programme die Möglichkeit, ihre Programme so vieldeutig wie möglich zu entwerfen. Wiederwahlorientierte Politiker unterliegen bei einem eher gegenwartsorientierten Informationsverhalten der Wähler dem Anreiz, sich auf ein kurzfristiges Krisenmanagement zu beschränken und eine längerfristige Gestaltung politischer Probleme zu unterlassen.

Die einer Principal-Agent-Beziehung zugrunde liegenden Delegationskosten führen – ganz unabhängig von der konkreten Ausgestaltung der Beziehung – grundsätzlich dazu, dass sich in einer rein repräsentativen Demokratie ein den Mehrheitspräferenzen entsprechendes kollektives Handeln nicht in jedem Fall ergeben wird. Ein perfektes Funktionieren des politischen Wettbewerbs in einer repräsentativen Demokratie wird es wegen der Unmöglichkeit vollständiger Vertretungsverträge nicht geben. Für die Wahlbürger als Prinzipal ist es aus ökonomischer Perspektive durchaus sinnvoll, den Repräsentanten Handlungsspielräume einzuräumen, da eine vollständige Kontrolle der Agenten prohibitiv hohe Informations- und Kontrollkosten zur Folge hätte, die bei weitem die drohenden Irreliabilitätskosten übersteigen würden.[465] Die Bürger einer Demokratie wären im Falle einer vollumfänglichen Kontrolle ausschließlich damit beschäftigt, ihre Auftragnehmer zu kontrollieren. Dieser Umstand käme einer Lahmlegung des gesamten öffentlichen Lebens gleich.

[465] Vgl. Kirsch (1997), S. 183.

Abb. 13: Vertretungskosten in einer rein repräsentativen Demokratie

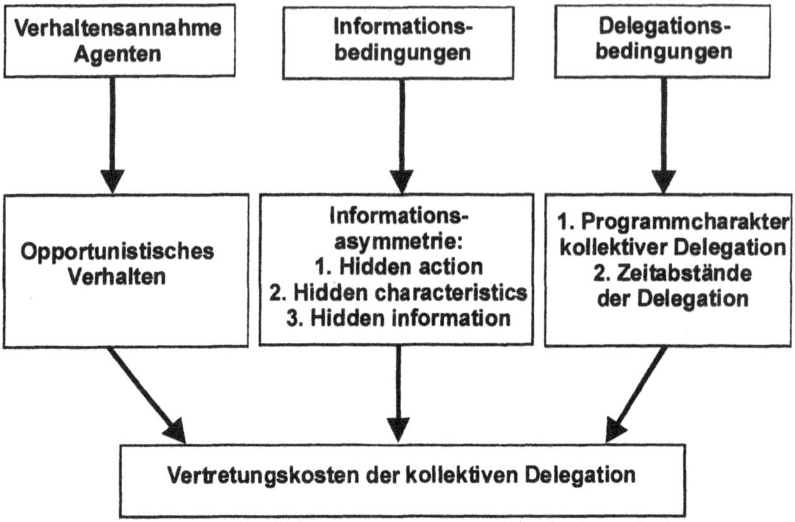

Quelle: Eigene Abbildung.

Es stellt sich gleichwohl die Frage, ob im institutionellen Arrangement einer rein repräsentativen Demokratie ein optimaler Trade-off zwischen Informations- und Kontrollkosten sowie Irreliabilitätskosten gefunden wird. Wie in den obigen Ausführungen deutlich wurde, dürften die Brutto-Vertretungskosten bei den beschriebenen Delegationsbedingungen (Programmcharakter kollektiver Delegation, Zeitabstände der Delegation) kaum ihr Minimum erreichen.[466] Die Politiker-Agenten können ihre diskretionären Handlungsspielräume in hohem Maße zum Nachteil der Wahlbürger nutzen, weil die Informations- und Kontrollstruktur in einer rein repräsentativen Demokratie offensichtlich nicht adäquat ausgestaltet ist.[467] Den Wählern in einer repräsentativen Demokratie bleibt letztlich nichts anderes übrig, als die umfänglichen Handlungsspielräume ihrer Repräsentanten zu dulden: Selbst wenn sie ihre Agenten kontrollieren wollen – sie haben letztlich kein effektives Instrument in der Hand, um ein irreliables Verhalten effizient zu sanktionieren.

Aus Sicht der ökonomischen Theorie der Vertretung stellt sich die Frage, bei welchem Delegationsgrad sich ein Minimum aus Informations-, Kontroll- und Irreabilitätskosten einstellt. Dass dies bei extremen Delegationsgraden – auf der einen Seite vollständige Kontrolle oder auf der anderen Seite eine Laissez-faire Beziehung – nicht der Fall sein wird, ist offensichtlich. Die *Bedingungen der Delegation* müssen u.E. verändert werden, da opportunistisches Verhalten der politischen Akteure und

[466] Vgl. auch Merville/Osborne (1990), S. 40.
[467] Vgl. Pitlik (1997), S. 155ff.; Schaper (1984), S. 203.

Informationsasymmetrien als invariant gelten.[468] Folgende Handlungsoptionen bieten sich an:

- Eine Verkürzung der Zeitabstände der Delegation könnte eine engere Bindung des Verhaltens der Politiker-Agenten an die Präferenzen der Bürger-Prinzipale bewirken.[469] Weiter reichende Sanktionsmöglichkeiten vermindern ceteris paribus monopolistische Handlungsspielräume. Gleichwohl wird mit der Verkürzung der Legislaturperiode die Tendenz einer delegationsinduzierten Kurzfristorientierung verstärkt. Eine längerfristige Gestaltung politischer Probleme würde noch stärker unterbleiben. *Wohlgemuth* merkt hierzu an: "The longer the protected incumbency, one can argue, the longer will the horseman have time to master his horse and more wide-reaching will be his ride."[470] Eine Veränderung der Zeitabstände der Delegation bietet daher offensichtlich keinen gangbaren Weg, die Delegationskosten umfassend zu vermindern.
- Weiterhin besteht die Möglichkeit, durch ein entsprechendes institutionelles Arrangement den Programmcharakter kollektiver Delegation aufzuweichen. Ein gangbarer Weg besteht darin, einzelne kollektive Belange von der Gesamtheit der Bürger entscheiden zu lassen. Eine Verringerung des Delegationsumfanges im Rahmen der kollektiven Delegation hätte im Prinzip zur Folge, dass die Präferenzen der Bürger im politischen Prozess einer Demokratie stärker zur Geltung gebracht werden könnten und damit die Effizienz politischer Entscheidungen wesentlich verbessert würde.

Im folgenden Abschnitt soll gezeigt werden, wie direktdemokratische Elemente ein repräsentativ ausgerichtetes politisches System sinnvoll ergänzen und insoweit die inhärenten Probleme einer rein repräsentativen Demokratie z.T. überwunden werden können.

---

[468] Vgl. Frey (1997a), S. 11.
[469] Vgl. auch Wohlgemuth (2000), S. 288.
[470] Wohlgemuth (2000), S. 289.

13.1.2. (Wahrscheinliche) externe Kosten in einer halbdirekten Demokratie

> [W]enn Widerspruch richtig funktionieren soll, dann ist es notwendig, dass die Individuen Reserven an politischem Einfluss besitzen, auf die sie zurückgreifen können, wenn ihre politischen Leidenschaften entsprechend erregt sind.
>
> Albert O. Hirschman (1974), S. 60.

Eine der grundlegenden Aussagen der vorliegenden Arbeit liegt darin, dass ein intensiverer Wettbewerb auf politischen Märkten zu effizienteren Ergebnissen führt. Wenn wir vom Status quo eines rein repräsentativen demokratischen Systems ausgehen, werden – so unsere These – zusätzliche direktdemokratische Elemente die Möglichkeiten der Präferenzäußerung durch die Bürger verbessern. Der Wettbewerb auf dem politischen Markt in der Demokratie wird offensichtlich intensiviert. Den Bürgern wird mittels direktdemokratischer Institutionen die Möglichkeit gegeben, dass „Kartell der Parteien"[471] auch während einer Legislaturperiode anzugreifen und neben den gewählten Parteien eine zusätzliche Opposition darzustellen.[472] Das Ergebnis dieser größeren Wettbewerbsintensität liegt einer Mustervoraussage folgend ceteris paribus in präferenzgerechteren Politikergebnissen.[473]

13.1.2.1. Die Bestreitbarkeit des politischen Marktes

In diesem Abschnitt soll dabei insbesondere die Bedeutung von Volksinitiativen im Rahmen eines *Konzeptes angreifbarer politischer Märkte* herausgearbeitet werden.[474] Das zentrale Charakteristikum dieses direktdemokratischen Elements besteht darin, dass den Bürgern die Möglichkeit eingeräumt wird, auf eigene Initiative hin die Politik der Exekutive auch zwischen den Wahlterminen wirksam zu kritisieren und eigene Vorschläge auf die politische Agenda zu setzen. Wenngleich obligatorischen Referenden ebenfalls eine hohe Bedeutung in einer halbdirekten Demokratie zukommen, sollen jene in diesem Abschnitt nicht weiter behandelt werden.
Um den Wettbewerbsgedanken sinnvoll auf den politischen Bereich einer Gesellschaft anwenden zu können, wird im Folgenden zunächst das für unsere Fragestellung relevante wettbewerbstheoretische Konzept der Contestable Markets-Theorie dargestellt und auf politische Märkte übertragen.

---

[471] Vgl. v. Arnim (1999), S. 351f.; auch Schaper (1984), S. 155ff.
[472] Vgl. Frey/Kirchgässner (1993), S. 137; Ladner/Brändle (1999), S. 286; Wohlgemuth (2000), S. 288. – Zu einer empirischen Untersuchung über die Stärke politischer Parteien in einer direkten Demokratie vgl. Ladner/Brändle (1999), S. 288ff.
[473] Vgl. Kirchgässner/Feld/Savioz (1999), S. 77, 116.
[474] Zu diesem Ansatz vgl. auch Eichenberger/Frey (1994), S. 280f.; Zimmermann/Just (2000), S. 149; Tullock (1974a), S. 163ff.; Wohlgemuth (2000), S. 291ff. Das sogenannte „Recall", also die Abberufung eines politischen Amtsträgers während einer Legislaturperiode, soll als weiteres direktdemokratisches Kontrollverfahren nicht näher untersucht werden. Vgl. dazu Glaser (1991), S. 45ff.

13.1.2.1.1. Wettbewerbspolitik und Bestreitbarkeit von Märkten

Im wettbewerbstheoretischen Konzept der Contestable Markets wird der Ansatz vertreten, dass das Ausmaß des Machtproblems auf einem Markt nicht ausschließlich von der Zahl der Anbieter abhängt, sondern dass die „potenzielle Konkurrenz" das Verhalten der Anbieterseite disziplinieren kann.[475] Falls die Angreifbarkeit eines Marktes gegeben ist, so muss ein am Markt agierender Anbieter damit rechnen, dass ein neu hinzutretender Anbieter ihm seine Marktposition streitig machen kann. Weil der Anbieter die Reaktion der potenziellen Konkurrenten in sein Kalkül einbezieht, wird er seine Ausbeutungsspielräume nicht (vollständig) ausnutzen. Ein Gütermarkt muss in diesem Sinne als perfekt bestreitbar angesehen werden, wenn potenzielle Konkurrenten problemlos in Beschaffungs- und Absatzmärkte diffundieren können, keine absoluten Kostenvorteile und Massenproduktionsvorteile existieren,[476] die mit einem Marktaustritt verbundenen sunk costs niedrig sind und potenzielle Konkurrenten davon ausgehen können, dass der etablierte Anbieter im Falle des Markteintritts sein (Preissetzungs-) Verhalten hinreichend lange beibehält. Sind diese Bedingungen gegeben, so wird ein potenzieller Konkurrent in den Monopolmarkt einbrechen, die gesamte Nachfrage auf sich ziehen und bei Reaktion des etablierten Anbieters wegen nicht-existierender Marktaustrittskosten den Markt wieder verlassen. In der Theorie angreifbarer Märkte wird in diesem Fall von „hit and run"-Konkurrenz gesprochen. Da sich ein etablierter Anbieter dieser „offenen Flanke" bewusst ist, wird jener bei der vollständigen Angreifbarkeit des betreffenden Marktes um seinen monopolistischen Handlungsspielraum gebracht. Ein Gleichgewicht stellt sich ein, wenn für potenzielle Konkurrenten keine Gewinnchancen mehr bestehen.
Die (konstruierten) Bedingungen eines „perfectly contestable market" dürften in der wirtschaftlichen Realität gleichwohl kaum je erfüllt sein. In aller Regel wird man davon ausgehen müssen, dass Marktzutritts- und Marktaustrittsbarrieren erheblich die Contestability von Märkten vermindern. Insbesondere muss die Verhaltensannahme der zeitverzögerten Reaktion des etablierten Anbieters als strittig betrachtet werden.[477] Dennoch zeigt dieser wettbewerbstheoretische Ansatz auf, dass das Machtproblem auf Gütermärkten nicht in jedem Fall allein von der Anzahl der Anbieter, sondern auch von der Bestreitbarkeit jenes Marktes abhängt.[478] Falls hohe sunk costs nicht von vornherein den Markteintritt neuer Konkurrenten unwahrscheinlich machen, kann von staatlicher Seite die Angreifbarkeit eines Marktes erhöht werden, wenn Newcomern der Markteintritt nicht durch staatliche Marktzugangsbeschränkungen und andere Regulierungen verwehrt wird (wettbewerbspolitisches Postulat

---

[475] Der Ansatz der Contestable Markets wurde von Baumol/Panzar/Willig (1982) entwickelt. Zu weiteren wettbewerbstheoretischen Konzeptionen vgl. Herdzina (1993), S. 113ff. – Wenn der Contestable Markets-Ansatz im Folgenden hervorgehoben wird, so ist dies mit seiner guten Anwendungsmöglichkeit im Hinblick auf politische Märkte zu begründen. Die Tauglichkeit des Konzepts für wirtschaftliche Märkte wird dagegen kritisch betrachtet. Vgl. Schmidt (1999), S. 70f.; Borrmann/Finsinger (1999), S. 277, 301ff.

[476] Vgl. Schumann (1992), S. 364f.

[477] Vgl. Schmidt (1999), S. 70.

[478] Shepherd betrachtet den Ansatz der Contestable Markets deshalb lediglich als „Gedankenexperiment". Vgl. Schmidt (1999), S. 71.

der Offenhaltung der Märkte). Die Aussagen der Theorie angreifbarer Märkte stellen damit keineswegs die Notwendigkeit staatlicher Regulierungspolitik in Abrede. Gleichwohl zeigt die Theorie staatlicher Regulierungspolitik wertvolle Gestaltungshinweise auf. Dem Staat kommt mittels einer geeigneten Wettbewerbspolitik die Aufgabe zu, entsprechende Regeln, Institutionen zu setzen, die die monopolistischen Handlungsspielräume auf der Anbieterseite vermindern können.

13.1.2.1.2. Wettbewerb auf dem politischen Markt einer rein repräsentativen Demokratie

Wie beim Vergleich zwischen den Entscheidungssystemen Markt und Demokratie in Abschnitt 7.1. deutlich wurde, verfügen die beiden Interaktionssysteme über recht ähnliche Funktionsweisen. Dies betrifft insbesondere den Grundgedanken der Kompetition. Der Wettbewerb zwischen den Anbietern im Markt und der Politik führt im Prinzip dazu, dass sich ein präferenzgerechtes Angebot einstellt.[479] Die Artikulation der Zahlungsbereitschaft auf Märkten bedeutet ähnlich wie die Präferenzäußerung mittels Wahlen oder Abstimmungen auf politischen Märkten die „Stimme der Nachfrager". Wenn wir im Folgenden den wettbewerbstheoretischen Gedanken der Contestable Markets-Theorie auf den politischen Markt übertragen, so gehen wir davon aus, dass eine Analogiebildung zwischen den beiden Interaktionssystemen fruchtbare Erkenntnisse hervorbringen kann.
In Abschnitt 13.1.1. der vorliegenden Untersuchung ist deutlich geworden, dass auf dem politischen Markt einer rein repräsentativen Demokratie erhebliche Monopolprobleme bestehen. Das opportunistische Verhaltenspotential der Politiker-Agenten, die Informationsasymmetrien zwischen Auftraggeber und -nehmer sowie die Delegationsbedingungen repräsentativer Demokratien eröffnen den Agenten temporäre monopolistische Handlungsspielräume, die durch den Wahlstimmenmechanismus nicht begrenzt werden können und eine umfassende Orientierung der Politik an den Präferenzen der Bürger verhindert. Der Wettbewerb auf dem politischen Markt einer rein repräsentativen Demokratie weist offensichtlich Lücken auf, die es den Anbietern politischer Programme ermöglichen, trotz bestehender Leistungsschwächen nicht negativ sanktioniert zu werden.
In den meisten westlichen repräsentativen Demokratien haben sich wegen der relativ hohen Zutrittsbarrieren für neue Parteien zudem nur einige wenige Anbieter etabliert. Ein solches quasi institutionalisiertes enges Oligopol im politischen Markt lässt die Gefahr wettbewerbsgefährdenden Verhaltens recht groß werden.[480] Vor dem Hintergrund einer Wettbewerbsschutzpolitik für den politischen Markt muss weiterhin gesehen werden, dass eine gewählte Regierung quasi ein natürliches Monopol dar-

---

479 So betont Sen, dass es bisher in keinem unabhängigen Land mit einer demokratisch gewählten Regierung und einer halbwegs freien Presse eine größere Hungersnot gegeben hat. Vgl. Sen (2000), S. 187.
480 Administrativ bedingte Zutrittsbarrieren zu Märkten führen nach Knieps zu institutionell bedingten Markt-Schließungsrenten. Vgl. Knieps (2001), S. 14.

stellt.[481] *Tullock* merkt hierzu an: „Unser Monopol ist aber die Regierung selbst, nicht ihre Dienstleistungen. Sie ist ganz einfach deshalb ein Monopol, weil wir nur ein Kabinett, einen Gouverneur, einen Bürgermeister, einen Präsidenten und eine Mehrheit in der Legislative haben können. Der Skalenvorteil, der als Zugangsbarriere wirkt, ist die Regel der Stimmenmehrheit, die dafür sorgt, dass diejenige 'Unternehmergruppe', die die Hälfte der Kunden erworben hat, die andere Unternehmergruppe oder –gruppen aus dem Markt drängen kann."[482]
Anhand der Wettbewerbsfunktionen[483] soll im Folgenden aufgezeigt werden, welche Dysfunktionen im politischen Markt einer repräsentativen Demokratie diagnostiziert werden können:

- Die *Anpassungsfunktion* des politischen Wettbewerbs wird nicht vollumfänglich erfüllt, da die politischen Anbieter wegen der diffusen Informationsvermittlung mittels periodisch wiederkehrender Wahlen ihr Handeln nicht stetig an der Mehrheit der Präferenzen der Wähler ausrichten können. Aufgrund des Programmcharakters kollektiver Delegation kann kein stringenter Zusammenhang zwischen der individuellen Wahlentscheidung für ein Programm und den individuellen Präferenzen hergestellt werden.
- Da die Wettbewerbsintensität auf dem politischen Markt einer rein repräsentativen Demokratie relativ schwach ist, wird die *Entdeckungs- und Fortschrittsfunktion* des Wettbewerbs nicht umfänglich erfüllt. Die politischen Anbieter sehen sich unter den gegebenen Wettbewerbsbedingungen offensichtlich nicht dem Druck ausgesetzt, stetig Fortschritt im Hinblick auf Programm und Regierungsarbeit zu induzieren. Ein großer Teil der Präferenzen der Bürger wird durch den Wahlstimmenmechanismus einer indirekten Demokratie nicht offengelegt, bleibt unentdeckt.
- Die *Verteilungsfunktion* des Wettbewerbs im politischen Markt ist nur unzureichend erfüllt, da die politischen Anbieter den monopolistischen Handlungsspielraum durchaus in ihrem eigenen Interesse ausnutzen können und so nicht in jedem Fall eine rein leistungsbezogene Entlohnung gewährleistet werden kann.
- Der Wahlstimmenmechanismus einer repräsentativen Demokratie führt dazu, dass die politischen Anbieter in ihrer Machtausübung kontrolliert werden.[484] Die politische Macht wird durch die wiederkehrenden Wahlen jeweils neu vergeben, so dass eine Vermachtung des politischen Systems im Wesentlichen ausgeschlossen werden kann. Dennoch fehlen den Bürgern die Mittel, auch zwischen den Wahlterminen ihre Politikeragenten wirksam zu kontrollieren.[485] Die *Kontroll-*

[481] Vgl. Schaper (1984), S. 160.
[482] Tullock (1974a), S. 169.
[483] Vgl. dazu Herdzina (1993), S. 20ff.; Knieps (2001), S. 4f.; Kerber (2003), S. 300.
[484] Zweifellos gelten Wahlen in Demokratien als das wichtigste externe Kontrollverfahren. Weiterhin findet eine interne Kontrolle durch die Gewaltenteilung und durch Rechtsstaatsprinzipien statt. Das Rechtsstaatsprinzip bedeutet, dass die Bürger vor willkürlichem staatlichen Handeln geschützt werden, weil staatliche Eingriffe nur auf einer rechtlichen Grundlage vorgenommen werden dürfen. Vgl. Leipold (1994), S. 730f.; Wohlgemuth (2000), S. 279.
[485] Vgl. Frey (1994), S. 340. Schmidt-Trenz kommt zu folgendem Ergebnis: „Vielmehr müssen differenziertere Bedingungen hinsichtlich der Wiederbegegnungswahrscheinlichkeit zwischen Politikern

funktion des Wettbewerbs im System einer rein repräsentativen Demokratie ist zum Teil nicht wirksam.[486]

Die Analyse des politischen Marktes einer rein repräsentativen Demokratie anhand der Wettbewerbsfunktionen zeigt auf, dass dieser Steuerungsmechanismus über deutliche Defizite verfügt. Auch *Seliger/Herrmann-Pilath* kommen zu dem Ergebnis, dass der Wettbewerb im politischen System und der Wettbewerb in privatwirtschaftlichen Märkten zwar Analogien aufweist, dass „aber der politische Wettbewerb [in einer rein repräsentativen Demokratie] die Kontroll- und Anreizfunktion durch die Konsumenten (Wähler) weitaus schlechter erfüllt als der marktliche Wettbewerb."[487] Der Wettbewerb auf politischen Märkten einer rein repräsentativen Demokratie stellt mittels des Wahlstimmenmechanismus insgesamt sicher, dass sich das Handeln der Agenten-Gruppen (Parteien) nicht allzu weit von den Präferenzen der Prinzipale entfernt. Die Ergebnisse der Principal-Agent-Theorie im Rahmen der kollektiven Delegation legen gleichwohl den Schluss nahe, dass die monopolistischen Handlungsspielräume durch die aktuelle Konkurrenz unter den politischen Anbietern offensichtlich nicht hinreichend eingeengt werden und irreliables Verhalten der politischen Akteure an der Tagesordnung ist.[488] Es muss an dieser Stelle also gefragt werden, wie durch adäquate Wettbewerbspolitik auf dem politischen Markt einer Demokratie ein Mehr an Wettbewerb erzeugt werden kann.
Im Folgenden werden wir analog zur Theorie bestreitbarer wirtschaftlicher Märkte zeigen, dass das wettbewerbspolitische Postulat der „Offenhaltung der Märkte"[489] sinnvoll auf den politischen Markt übertragen werden kann.[490] Die Wettbewerbsintensität in repräsentativen Demokratien kann durch zusätzliche direktdemokratische Elemente im Sinne der *Angreifbarkeit politischer Märkte* erhöht werden. Die Effizienz des politischen Marktes im Hinblick auf die Präferenzorientierung dürfte wesentlich gesteigert werden, da potenzielle Konkurrenz den aktuellen Wettbewerb im repräsentativen System sinnvoll ergänzt. Die potenzielle Konkurrenz der Bürger mittels der Volksinitiative bewirkt, dass die Politikeragenten bei irreliablem Verhalten auch

---

und Wahlbürgern gegeben sein, damit das Sanktionspotential künftiger Abwahl die opportunistischen Anreize dominiert." Schmidt-Trenz (1996), S. 39.

[486] Insbesondere Popper weist auf die Vorteile der Kontrollfunktion durch Wahlen in repräsentativen Demokratien hin. „Es gibt eigentlich nur zwei Staatsformen: solche, in denen es möglich ist, die Regierung ohne Blutvergießen durch eine Abstimmung loszuwerden, und solche, in denen das nicht möglich ist. [...] Gewöhnlich nennt man die erste Form 'Demokratie' und die zweite Form 'Diktatur' oder 'Tyrannei'. [...] Das Entscheidende ist allein die Absetzbarkeit der Regierung, ohne Blutvergießen." Popper (1994), S. 208. Vgl. auch v. Hayek (1977), S. 7; Eschenburg (1977), S. 213ff.; Tullock (1974a), S. 164; Kruse (1995), S. 10.

[487] Seliger/Herrmann-Pilath (2000), S. 1151.

[488] Ebenso muss die potenzielle Konkurrenz in einem rein repräsentativen System als recht schwach angesehen werden. Wohlgemuth zitiert hierzu Demsetz: „In the twenty year period from 1932 to 1952, with the exception of one Congress, the Democrats in the US firmly controlled both the administration and Congress, and, even after losing the presidency to Eisenhower in 1952, again with the exception of one Congress, they continued to control Congress until 1980. In no major unregulated US industry has one firm been so dominant so long." Vgl. Wohlgemuth (2000), S. 286f.; Schaper (1984), S. 166ff.

[489] Das Prinzip der „Offenhaltung der Märkte" stellt nach Walter Eucken eines der konstituierenden Prinzipien einer Wettbewerbsordnung dar. Vgl. hierzu Eucken (1952/1990), S. 264ff.

[490] Vgl. Eichenberger/Frey (1994), S. 780f.; auch Schiller (2002), S. 151.

zwischen den Wahlterminen mit negativen Sanktionen rechnen müssen.[491] Die Drohung von Initianten, in den politischen Markt einzutreten, schwebt wie „das Schwert des Damokles [..] über dem gesamten legislativen Prozess."[492] Ein wesentliches Ergebnis liegt zudem darin, dass es nicht in jedem Fall zu einer Abstimmung kommen muss, sondern allein eine glaubhafte Drohung der Initianten genügt, eine Verhaltensänderung auf der Anbieterseite zu bewirken.[493]
Im Folgenden soll zunächst allgemein der Prozess einer Volksinitiative beschrieben werden. Anschließend wird analysiert, unter welchen Präferenzkonstellationen im Elektorat ein politischer Markt erfolgreich angegriffen werden kann. Schließlich wird aufgezeigt, welche Determinanten für die Angreifbarkeit eines politischen Marktes relevant sind.

13.1.2.1.3. Die Angreifbarkeit des politischen Marktes mittels der Volksinitiative

Um die Angreifbarkeit politischer Märkte mittels der Volksinitiative zu erläutern, ist es zunächst sinnvoll, jenen Prozess zu strukturieren. Es liegt in der Natur der Dinge, dass an dieser Stelle nicht exakt umrissen werden kann, wie sich „der" Initiativprozess in einer halbdirekten Demokratie gestaltet. Ob jener Prozess zustande kommt und wie er im Einzelnen abläuft, hängt von einer Vielzahl von Faktoren ab, die weiter unten beschrieben werden. Im Folgenden werden wesentliche Faktoren umschrieben, die in aller Regel Volksinitiativen zugeschrieben werden können.
Zunächst können ganz allgemein zwei Stränge im Initiativprozess ausgemacht werden. Auf der einen Seite wird sich ein Initiativprozess ergeben, wenn die realisierte Politik der Regierung den Präferenzen eines Teils der Gesellschaft zuwider läuft. Auf der anderen Seite werden Bürger die Initiative als ein Mittel nutzen, um eine (unterlassene) Politik der Regierung anzumahnen. Abb. 14 zeigt in Form eines Baumdiagrammes schematisch den Volksinitiativprozess.[494]

[491] Vgl. Tullock (1974a), S. 169. Tullock entwickelt ebenfalls einen Ansatz potenzieller Konkurrenz. Allerdings spielen hier direktdemokratische Elemente keine Rolle. Tullock schlägt beispielsweise vor, einen Teil der Organisationskosten für potenzielle Konkurrenzparteien zu zahlen.
[492] Kriesi (1991), S. 45; auch Papadopoulos (2001), S. 41.
[493] Vgl. auch Blankart (1992), S. 520.
[494] Zu einer schematischen Darstellung der Volksinitiative in der Schweiz vgl. Moser (1997), S. 263.

Abb. 14: Initiativprozess

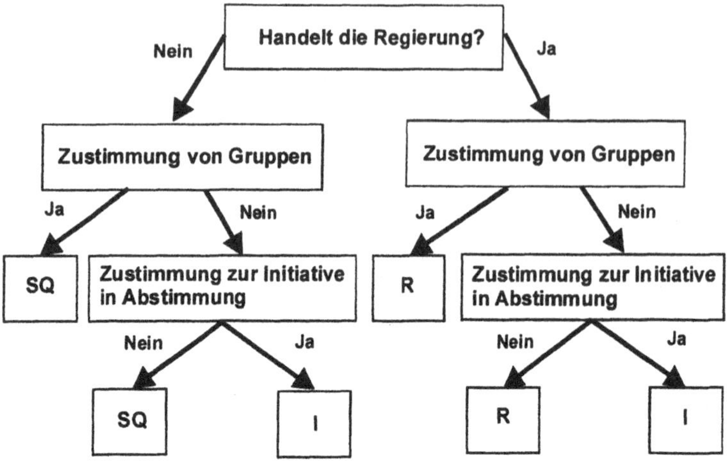

Quelle: In Anlehnung an Gerber (1998), S. 195.

Die realisierte Politik der Regierung wird entweder auf Zustimmung oder Ablehnung im Elektorat stoßen. Überschreitet die Ablehnung im Wahlvolk ein bestimmtes Ausmaß, wird von den Bürgern ein Initiativprozess in Gang gesetzt, der zum Ziel hat, die Regierungspolitik zu egalisieren oder eigene Akzente zu setzen. In der am Ende des Prozesses stehenden allgemeinen Abstimmung setzt sich nun entweder die Position der Regierung (R) oder der Initianten (I) durch.
Falls die Regierung eine präferenzkonforme Politik unterlässt, so wird es in bestimmten Fällen ebenfalls zu einem Initiativprozess kommen. Die allgemeine Abstimmung bildet wiederum das Ende des Prozesses. Für den Fall, dass sich die Initiative mit ihrer Abstimmungsvorlage nicht durchsetzten kann, bleibt der vorgefundene Status quo (SQ) bestehen.

13.1.2.1.4. Direkter und indirekter Einfluss von Volksinitiativen

Das Ergreifen einer Volksinitiative hängt in hohem Umfang von der *Erfolgswahrscheinlichkeit* ab. Dabei muss der Erfolg einer Initiative je nach Zielsetzung der Initianten beurteilt werden: Initiativen werden von Bürgern einer Demokratie zum einen als ein unmittelbares Mittel eingesetzt, um ihre Interessen gegenüber der (verfehlten) Politik der Regierung durchzusetzen (direkter Einfluss) und zum anderen, um politische Anliegen jenseits der Exklusivität des repräsentativen Verfahrens einer breiten Öffentlichkeit zu vermitteln (indirekter Einfluss).[495]

Für den Fall der *indirekten Einflussnahme* werden Bürger auch dann den Initiativprozess starten, wenn sie die Erfolgswahrscheinlichkeit der allgemeinen Abstimmung als gering einschätzen.[496] *Gerber* weist darauf hin, dass in 23 amerikanischen Bundesstaaten, in denen eine Volksinitiative von den Bürgern genutzt werden kann, zwischen 1981 und 1990 lediglich 42 Prozent der Initiativen von den Bürgern angenommen wurden.[497] In Kalifornien mit seinen recht weit gehenden direkten Einflussmöglichkeiten lag die Erfolgsrate zwischen 1911 und den späten siebziger Jahren sogar nur unter 30 Prozent. Gleichzeitig sind die Kosten einer Initiative in den letzten Jahren in den betrachteten Bundesstaaten erheblich gestiegen.[498]

Gerber kommt daher zu dem Schluss, dass bei der hohen Zahl von gescheiterten Initiativen und gestiegener Kosten die Initianten offensichtlich nicht in jedem Fall intendierten, unmittelbaren Einfluss auf die Politik der Regierung zu nehmen. „When groups pursue indirect influence, they place propositions on the ballot that are never intended to pass. This is not to say that groups prefer for their initiatives to fail. Rather, groups recognize that even if their initiatives do fail, their efforts may still be worthwhile. If the legislature respond to a group's threats or signals, then the group may receive some policy benefit even from 'unsuccessful' initiative proposals."[499]

Die Bürger setzen vielmehr eine Initiative in Gang, weil ihnen die finanziellen und organisatorischen Ressourcen fehlen, einen öffentlichen Diskurs zu initiieren bzw. die politischen Entscheidungsträger unmittelbar zu beeinflussen. Eine Volksinitiative bietet für die Bürger daher eine adäquate Möglichkeit, gruppenspezifische Interessen auf die politische Agenda zu bringen und sich in der Öffentlichkeit Gehör zu verschaffen.[500] Eine mittelbare Wirkung der Volksinitiative ergibt sich aus dem öffentlichen

---

[495] Dabei sollte nicht übersehen werden, dass gerade auch Mitglieder des Parlaments oder der Regierung das Mittel der Initiative nutzen, um Parlament respektive Regierung zu umgehen und es für Wahlkampfzwecke zu „missbrauchen". Vgl. Möckli (1991b), S. 36f.

[496] Beispiel einer solchen Initiative war der Vorschlag der Abschaffung der schweizerischen Armee. Obwohl von vornherein offensichtlich war, dass sich die Vorlage der Proponenten nicht durchsetzen würde, entwickelte sich eine erstaunlich lebhafte Diskussion in der Schweiz. Letztlich konnten die Befürworter einer Abschaffung der Schweizer Armee eine vorher für unmöglich gehaltene Zustimmung für sich verbuchen. Bei einer hohen Wahlbeteiligung von 69,2 Prozent stimmten immerhin 35,6 Prozent der Stimmbürger für eine Abschaffung der Armee. Vgl. Kirchgässner/Feld/Savioz (1999), S. 23; Frey/Kirchgässner (1993), S. 129f.

[497] Vgl. Gerber (1998), S. 191ff.; auch Donovan et al. (1998), S. 100. Zu ähnlichen Ergebnissen für die Schweiz kommt Blankart. Im Zeitraum von 1891-1990 wurden von 164 lancierten Volksinitiativen lediglich 26 angenommen. 36 Initiativen wurden von Initianten zurückgezogen, nachdem die Regierung wesentliche Forderungen der Initiative erfüllte. Immerhin 102 Initiativen blieben letztlich ohne unmittelbare Wirkung im Gesetzgebungsprozess. Vgl. Blankart (1992), S. 517; auch Moser (1987), S. 160.

[498] In der Schweiz wurden von 1891 bis Juni 1999 245 Volksinitiativen lanciert und eingereicht. In 128 Fällen (52 Prozent) kam es zu einer allgemeinen Abstimmung. Eine Mehrheit von Volk und Ständen erreichten schließlich zwölf Volksinitiativen. Obwohl also lediglich eine absolute Erfolgsquote von zehn Prozent erreicht werden konnte, bewerten nach Gross trotz allem etwa die Hälfte der Urheber ihre Volksinitiative als Erfolg. Vgl. Gross (1999), S. 93.

[499] Gerber (1998), S. 204.

[500] Zu diesem Ergebnis kommt auch App für die Schweiz. Vgl. App (1987), S. 205; auch Linder (1997), S. 455.

Diskurs, der in bestimmten Fällen zu einer veränderten Politik der Regierung führen kann.[501]
Bürger, die *direkten Einfluss* auf die Politik der Regierung ausüben und mittels der Initiative Gesetzesänderungen bewirken wollen, werden kaum eine Volksinitiative einleiten, wenn die Erfolgswahrscheinlichkeit einer solchen Abstimmung von vornherein als gering eingeschätzt wird.[502] Der Erfolg einer Initiative hängt dabei wesentlich von der Motivation der initiierenden Bürger ab. Auf der einen Seite werden die Bürger eine Volksinitiative offensichtlich nur dann als „vollen" Erfolg werten, wenn die allgemeine Abstimmung die Mehrheit des Elektorats findet. Auf der anderen Seite können Bürger ihre Initiative ebenfalls als erfolgreich einstufen, wenn sich die Regierung im Vorfeld der Abstimmung den Positionen der Proponenten annähert oder die Positionen sogar vollständig übernimmt, um eine Niederlage bei der allgemeinen Abstimmung zu vermeiden.[503] In vielen Fällen kann man kann davon ausgehen, dass die Träger der Initiative bereits im Vorfeld das Scheitern der Initiative in ihr Kalkül einbeziehen – unter der Maßgabe, dass die Regierung (mehr oder weniger) auf die vorgebrachten Vorschläge eingeht und dadurch ein weiteres Engagement obsolet wird.[504] Die Volksinitiative wird von den Bürgern einer Demokratie unter diesem Blickwinkel als ein Drohmittel benutzt, um eine präferenzkonformere Politik der Regierung anzumahnen.
In einem einfachen räumlichen Modell soll im Folgenden gezeigt werden, wann Gruppen in der Lage sind, mittels der Volksinitiative die Politik der Regierung direkt zu verändern.[505] Anhand von drei Akteursgruppen sollen dabei wesentliche Interaktionsmuster des Initiativprozesses dargestellt werden. Die Positionen der Regierung (R), der Initiative (I) und des Medianwählers (M) werden dazu idealtypisch an einem Punkt im politischen Rechts-Links-Schema lokalisiert. Da es sich bei der Abstimmung im Rahmen einer Initiative in aller Regel um ein einzelnes Sachthema handelt, ist es angebracht, die Präferenzen der Akteursgruppen in einer einzigen Dimension abzubilden.[506] Weiterhin soll angenommen werden, dass die Akteure um so eher eine Politik befürworten, je näher sich jene Politik räumlich betrachtet an ihrem idealtypischen Punkt orientiert.

---

[501] Die Initiative zur Auflösung der schweizerischen Armee hatte trotz der Niederlage der Initianten zur Folge, dass der Zivildienst eingeführt wurde. – Vgl. dazu auch Glaser (1997), S. 111.
[502] Zu den Determinanten des Erfolgs kantonaler Volksinitiativen in der Schweiz vgl. Moser (1987), S. 160ff.
[503] Es ist vorstellbar, dass die Regierung bereits frühzeitig auf die Vorschläge der Initiative eingeht und der Initiativprozess durch das Einlenken der Regierung gestoppt wird. Wenn die Regierung sich zunächst nicht auf die Vorschläge der Initiative einlässt und die Initiative im weiteren Prozess die notwendige Unterschriftenzahl erreicht, so wird die Regierung unter Umständen erst dann auf die Vorschläge eingehen, wenn sie eine Niederlage in der allgemeinen Abstimmung befürchten muss.
[504] Unter Umständen wünschen sich die Initianten sogar, dass sich die vorgebrachte (Extrem-) Position nicht durchsetzt.
[505] Vgl. dazu Gerber (1998), S. 194ff. Zu einem zweidimensionalen räumlichen Modell vgl. Moser (1997), S. 265ff.; Moser (1996), S. 34ff.; Feld/Savioz (1998), S. 46ff.; Shepsle (1979); Shepsle/Weingast (1994). Räumliche Modelle in der Ökonomik gehen auf Hotelling (1929) und Smithies (1941) zurück. Downs überführte das von Hotelling eingeführte Modell räumlicher Konkurrenz in ein Modell der Parteienkonkurrenz in einem einfachen Rechts-Links-Schema. Vgl. dazu Downs (1968), S. 112ff.
[506] In räumlichen Modellen der Parteienkonkurrenz wird beispielsweise vereinfachend die Annahme getroffen, dass die Wahl einer Partei nur unter einem Gesichtspunkt getroffen wird.

Bei der Beschreibung des Prozesses einer Volksinitiative wird implizit von der Annahme ausgegangen, dass die Regierung ihre Politik unter der zusätzlichen Restriktion möglicher Volksinitiativen betreibt und das Handeln durch die zusätzliche Nebenbedingung beeinflusst wird. Diese Annahme dürfte recht valide sein, da die Angreifbarkeit des politischen Marktes deutlichen Einfluss auf die Wiederwahl einer Regierung hat. Die politischen Handlungsträger werden ihre Politik stets daran messen, inwiefern jene Volksinitiativen standhält bzw. welche Politik betrieben werden muss, damit keine neuen Initiativen ergriffen werden. Können Initianten der Regierung eine Niederlage im Rahmen der allgemeinen Abstimmung zufügen, so wird die Position der Regierung insgesamt geschwächt und eine Wiederwahl weniger wahrscheinlich.[507] Allein die glaubhafte Drohung der Bürger, bei irreliablem Verhalten der Politiker-Agenten den Initiativprozess in Gang zu setzen, bewirkt, dass Regierung und Parlament auch fern des periodisch wiederkehrenden Wahltermins sich stärker an den Präferenzen der Mehrheit der Bürger orientieren.[508]
Ob eine Gruppe die Politik der Regierung mittels der Volksinitiative beeinflussen kann, hängt nun davon ab, welche Präferenzen Regierung und Medianwähler besitzen. Abb. 15 zeigt beispielhaft eine Verteilung der Präferenzen der drei Gruppen.

Abb. 15: Räumliche Verteilung der Präferenzen; moderate Position der Initiative

Quelle: In Anlehnung an Gerber (1998), S. 196.

Die Position der Initiative ist in dem betrachteten Fall moderat, während die Regierung eine linke und der Medianwähler eine rechte Position vertritt (R<I<M). In einer allgemeinen Abstimmung könnte die Initiative nun der Regierung eine Niederlage zufügen, da die Mehrheit der Wähler der Position der Initiative näher steht als der der Regierung. In einem perfekt bestreitbaren Markt würden Bürger offenbar ihre idealtypische Position I mittels der Volksinitiative lancieren.[509] In Anbetracht einer drohenden Niederlage bei der allgemeinen Abstimmung wird die Regierung ihre Politik

[507] Umgekehrt kann die Volksinitiative auch zu einem Instrument von Politikern und Parteien im Wahlkampf werden. Zu den Erfahrungen in Kalifornien vgl. Möckli (1991b), S. 36f.
[508] Vgl. Cassel (1998), S. 472f.; Feld/Savioz (1998), S. 48f.
[509] Es kann gleichwohl auch der Fall auftreten, dass die Interessen von Initiative und Regierung übereinstimmen und eine Interessengruppe eine Initiative zugunsten der Regierungsposition startet. Gerade bei unsicherer Information über die Präferenzen der Bürger werden eindeutige Signale an die Regierung ausgesendet, eine bestimmte Politik mit Unterstützung der Initiative zu verfolgen. Vgl. Gerber (1998), S. 202.

in Richtung der Präferenzen des Medianwählers verändern. Ob sich nun tatsächlich eine solche Initiative ergibt, hängt neben der Präferenzverteilung gleichwohl auch in hohem Maße von der Kosten der Initiativergreifung ab. Bürger werden sicherlich keine Initiative starten, wenn die Nutzen einer verbesserten Politik mittels einer erfolgreichen Volksinitiative geringer sind als die entstehenden Kosten.
Nimmt man zunächst einmal an, dass die Kosten der Initiative gleich Null sind, so wird die Initiative mit ihrer idealtypischen Position I jede Abstimmung gegen die Regierung gewinnen. Selbst wenn die Regierung sich kompromissbereit zeigt und ihre Position den Vorschlägen der Initiative angleicht, wird sie dennoch verlieren. Erst wenn die Regierung vollständig die Position der Initiative einnimmt, werden die Bürger ihre Initiative zurückziehen bzw. wird die Regierung bei der allgemeinen Abstimmung keine Niederlage einstecken müssen.
Wenn die Kosten einer Volksinitiative nun positiv sind, so werden die Bürger nicht mehr in jedem Fall eine Initiative lancieren. Die Regierung kann sich kompromissbereit zeigen und ihre Politik den idealtypischen Vorstellungen der Initiative annähern, ohne vollständig die Position I zu übernehmen. Die Regierung weiss um die Kosten einer Initiative und wird ihre Position gerade so weit den Vorstellungen der Initianten annähern, wie die Kosten der Initiative dem Nutzenverlust durch eine nicht präferenzkonforme Politik entsprechen. Je höher die Kosten der Angreifbarkeit des politischen Marktes also sind, desto weniger wird sich eine Regierung dazu veranlasst sehen, Kompromisse zugunsten der Initiative und in dem betrachteten Fall auch der Mehrheit der Wähler einzugehen. Falls die Kosten der Inanspruchnahme der Volksinitiative prohibitiv hoch sind, so wird die Regierung (ausschließlich unter der Maßgabe der Wiederwahlrestriktion der Parlamentswahl) eine Politik entsprechend ihrer idealen Position R durchsetzen können.
Umgekehrt kann nun ein Fall betrachtet werden, in dem die Präferenzen der Initianten links und des Medianwählers rechts geortet sind und die Regierung eine moderate Position vertritt (I<R<M). Jene Präferenzverteilung wird in Abb. 16 illustriert.

Abb. 16: Räumliche Verteilung der Präferenzen; moderate Position der Regierung

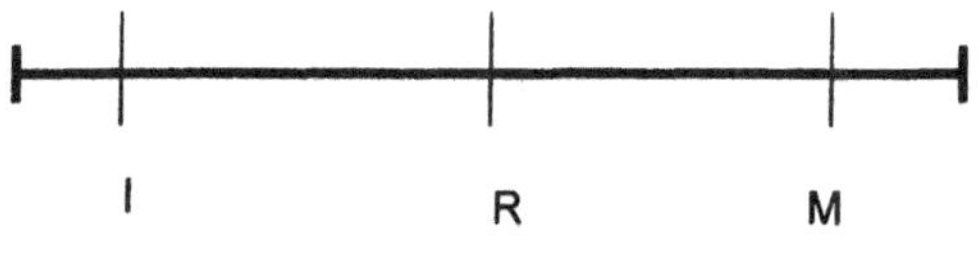

Quelle: In Anlehnung an Gerber (1998), S. 197.

Bei der angenommenen Verteilung der Präferenzen wird eine Initiative keine Möglichkeit haben, die Regierung mit der Drohung einer Initiative zu disziplinieren. Falls die Initiative mit ihrem Vorschlag I in das Verfahren geht, so wird sie bei einer allgemeinen Abstimmung nicht die Mehrheit der Wähler hinter ihrem Vorschlag ver-

einigen können. Da der Regierung die Präferenzverteilung bekannt ist, wird sie keine Kompromisse eingehen und die Drohung der Volksinitiative ins Leere laufen lassen. Auch wenn die Initiative mit ihrem Vorschlag weiter in Richtung der Position der Regierung rückt, wird sie nicht die Mehrheit der Stimmen erhalten. Die Initiative müsste die Regierung mit ihrer Vorlage rechts überholen, um eine Mehrheit zu erhalten. Damit würde sie allerdings ihre Zielsetzung ad absurdum führen.
Als Ergebnis lässt sich festhalten, dass die Drohung einer Initiative von der Regierung dann ernst genommen wird, wenn die Abstimmungsvorlage der Volksinitiative voraussichtlich von der Mehrheit der Wähler befürwortet wird, die Regierung bei einer allgemeinen Abstimmung also wahrscheinlich mit einer Niederlage rechnen muss.
Entscheidende Bedeutung für die Angreifbarkeit des politischen Marktes geht dabei von der Höhe der Markteintrittskosten durch die Volksinitiative in den politischen Markt aus. Erst wenn jene Markteintrittskosten nicht prohibitv hoch sind, werden sich Bürger überhaupt dazu entschließen, eine Volksinitiative zu ergreifen. Eine Regierung dürfte sich der Markteintrittskosten bewusst sein und wird daher im Vorfeld der Abstimmung gerade so weit ihre Politik ändern, wie sie verhindern kann, dass eine Initiative gestartet wird bzw. es in der allgemeinen Abstimmung zu einer Niederlage kommt. Aus der Logik dieser Situation wird deutlich, dass eine Regierung stets darum bemüht sein dürfte, bereits frühzeitig auf die (glaubhaften) Drohungen von Bürgern einzugehen.[510] Falls der Initiativprozess erst einmal in Gang gesetzt wurde, so ist der Marktaustritt der Initianten mit (wesentlichen) sunk costs verbunden. Die Regierung muss dann in jedem Fall wesentlich stärkere Kompromisse eingehen, um eine Niederlage zu vermeiden.[511] *Gerber* umschreibt die Faktoren für den Erfolg einer Initiativdrohung wie folgt: „the credibility of a group`s threat depends upon whether there exist majority-preferred initiatives that the group can propose and whether the group has sufficient resources to pay the costs of proposing, qualifying, campaigning for, and defending the initiative. In other words, to pose a credible threat to the legislature, an interest group must have the electoral support and resources to pass their initiative directly; otherwise, legislators can ignore their threat."[512]
Eine wesentliche Rolle für den Erfolg einer Initiative spielt weiterhin ganz offensichtlich die Informiertheit der Akteure. Falls vollständige Information angenommen wird, so sind die politischen Positionen R und M sowie die finanziellen und organisatorischen Ressourcen der Gruppen bekannt. Die monopolistischen Handlungsspielräume der Regierung werden im Falle vollständiger Information und perfekter Angreifbarkeit zunichte gemacht.[513] Die Regierung antizipiert, dass die Wähler jene Politik bevorzugen bzw. die Initianten jene Vorlagen lancieren, die ihrer idealtypischen

[510] Vgl. auch Frey/Kirchgässner (1993), S. 142.
[511] Diese Einschätzung deckt sich mit den Erfahrungen in der Schweiz. Die Exekutive kommt den meisten Initianten bereits im Vorfeld entgegen, so dass es in aller Regel zu deren Rückzug kommt. Nur wenn die Initianten sich nicht kompromissbereit zeigen oder extreme Positionen vertreten, wird ein Entgegenkommen seitens der Regierung verweigert. Vgl. Hofer (1987), S. 226f.
[512] Gerber (1998), S. 194.
[513] Wird die perfekte Angreifbarkeit des politischen Marktes unterstellt, so wird es zu einer „hit-and-run"-Konkurrenz kommen. Potenzielle Wettbewerber brechen friktionslos in den politischen Markt ein, fügen der Regierung eine Niederlage zu und verschwinden wieder vom Markt.

Position am nächsten kommt. Die Regierung wird daher stets eine solche Politik betreiben, die die Reaktion einer Volksinitiative bzw. des Votums der Wähler vorwegnimmt.[514]

Darüberhinaus bewirkt die Initiative, dass neue politische Themen auf die politische Agenda gesetzt und im Falle ihrer Mehrheitsfähigkeit zu neuen Gesetzen werden. Auch hier können direktdemokratische Elemente das irreliable Verhalten von Repräsentanten wirksam unterbinden.[515] Die Angreifbarkeit des politischen Marktes bewirkt damit insgesamt eine engere Bindung der Politik an die Präferenzen der Bürger, ohne in jedem Fall die hohen Kosten einer allgemeinen Abstimmung in Kauf nehmen zu müssen. Die Volksinitiative bietet den Bürgern einer Demokratie damit die „konstruktive Korrektur einer Herrschaftsausübung, wenn sich die Repräsentanten von tragenden Auffassungen im Volk entfernt haben."[516]

Vor dem Hintergrund drohender Niederlagen im Rahmen einer Volksinitiative liegt es offenbar im Eigeninteresse einer Regierung, ihr Handeln noch stärker an den Interessen der Bürger auszurichten, als dies im rein repräsentativen Verfahren der Fall ist. Falls die politischen Akteure sich nicht an den Präferenzen der Mehrheit der (aktiven) Bürger orientieren, so landen sie früher oder später im politischen Niemandsland. Jede erfolgreiche Volksinitiative muss in diesem Sinne als ein „potenzielles Misstrauensvotum"[517] zumindest gegen einen Teil der Politik einer Regierung verstanden werden.

13.1.2.1.5. Determinanten der Bestreitbarkeit des politischen Marktes

Wie die Analyse der Erfolgswahrscheinlichkeit von Volksinitiativen gezeigt hat, hängt jene vor allem von den Kosten der Angreifbarkeit des politischen Marktes ab. Je höher die Kosten des Markteintritts für eine Initiative sind, desto weniger wahrscheinlich wird ein Markteintritt erfolgen. Im Fall prohibitiver Hürden steht den Bürgern zwar formal das Recht zu, eigene Vorschläge auf die politische Agenda zu setzen. Faktisch bedeuten solcherlei Hürden jedoch die Wirkungslosigkeit des Instruments der Volksinitiative.[518] Daher sollen im Folgenden die Determinanten der Bestreitbarkeit des politischen Marktes analysiert werden.

---

[514] Wenn die Unsicherheit über die Verteilung der Präferenzen bei der Regierung sehr groß ist, so kann eine Minderheit der Wähler mittels der Initiativdrohung u.U. ihre Interessen durchsetzen, obwohl die Mehrheit der Bürger andere Präferenzen besitzt. Vgl. Kirchgässner/Feld/Savioz (1999), S. 78.

[515] Vgl. Feld/Savioz (1998), S. 52.

[516] Feld/Kirchgässner (1998), S. 9.

[517] Schieren (1996), S. 77.

[518] Zu den prohibitiven Hürden der Volksgesetzgebung in der Weimarer Republik vgl. Blankart (2000b), S. 608f.

Allgemein können Marktzugangsschranken[519] folgendermaßen klassifiziert werden:[520]

- Aus der Sicht der etablierten Anbieter politischer Leistungen müssen darunter all jene Faktoren verstanden werden, die den Wettbewerbsdruck durch den möglichen Markteintritt von potenziellen Konkurrenten vermindern.
- Marktzugangsschranken sind für potenzielle Konkurrenten sämtliche Kosten, die für einen Markteintritt aufgewendet werden müssen und den möglichen Nutzenüberschuss vermindern.

Welche Faktoren bestimmen nun die Angreifbarkeit des politischen Marktes mittels einer Volksinitiative? Wie müssen die Marktzutrittsbarrieren ausgestaltet sein, damit potenzielle Konkurrenten die Politiker-Agenten wirksam kontrollieren können?[521] Folgende Stellschrauben für die Angreifbarkeit eines politischen Marktes können als wesentlich angesehen werden:[522]

- Um einer Initiative von Bürgern für eine Volksabstimmung eine ausreichende legitimatorische Basis zu geben, sollte eine genügend große Zahl von Menschen das vorgebrachte Anliegen der Initianten unterstützen. Entscheidend für den Erfolg einer Initiative dürfte daher die *Zahl der Unterschriften* sein, die für das „Anfahren" des Initiativprozesses notwendig ist.[523] Die geforderte Unterschriftenzahl kann entweder absolut oder relativ definiert werden. Eine Fixierung der Unterschriftenzahl relativ zur Zahl der Wahlberechtigten bietet sicherlich Vorteile, da der Einfluss der demographischen Entwicklung einer Gesellschaft eleminiert wird.[524] Weiterhin kann neben der absolut bzw. relativ definierten notwendigen Unterschriftenzahl die räumliche Verteilung der Unterschriften eine Zugangsvoraussetzung sein.[525] Nicht zuletzt spielen Anforderungen hinsichtlich der Gültigkeit der Unterschriften eine Rolle.
- Einen erheblichen Einfluss auf das Erreichen von Unterschriftenhürden haben die *Modalitäten der Unterschriftensammlung*. Die Zahl der Eintragungsorte, Eintrag-

[519] Marktaustrittsschranken sollen im Folgenden nicht explizit behandelt werden. Da ein potenzieller Konkurrent beim Markteintritt für den Fall des Scheiterns bereits den Marktaustritt einkalkulieren muss, haben die Marktaustrittskosten erhebliche Auswirkungen auf die Markteintrittskosten.
[520] Weiterhin können Marktzutrittsschranken dahingehend unterschieden werden, ob sie exogen vorgegeben oder vom Verhalten der beteiligten Akteure abhängig sind. Im betrachteten Fall der Volksinitiative überwiegen die exogen vorgegebenen Marktzutrittsschranken.
[521] Vgl. Tullock (1974a), S. 169.
[522] Vgl. Kleinewefers (1997), S. 84ff. Banducci unterscheidet strukturelle, politische und kulturelle Markteintrittsbarrieren. Insbesondere kulturelle Aspekte beeinflussen nach Banducci die Zahl der Initiativen. Dieser Aspekt soll nicht näher analysiert werden. Vgl. Banducci (1998), S. 112ff.
[523] Vgl. auch Tolbert/Lowenstein/Donovan (1998), S. 28.
[524] Vgl. Kirchgässner/Feld/Savioz (1999), S. 40, 183. In der Schweiz ist die notwendige Unterschriftenzahl absolut definiert. Durch die steigende Bevölkerungszahl sind heute für Initiative bzw. Referendum nur noch 1,1 Prozent bzw. 2,2 Prozent der Stimmen der Wahlberechtigten erforderlich. Damit ist eine deutliche Kostenreduktion für das Sammeln der notwendigen Unterschriften im Zeitablauf festzustellen. Vgl. Blankart (1992), S. 519.
[525] Zu den Anforderungen in amerikanischen Bundesstaaten vgl. die Übersicht bei Tolbert/Lowenstein/Donovan (1998), S. 31.

ungszeiten und Standorte von Eintragungsmöglichkeiten (Eintragung per Internet bzw. E-Mail, Ämter, Eintragungslokale, freie Standorte wie z.B. Fußgängerzonen) stellen diesbezüglich wesentliche Determinanten dar.[526]

- Die *Fristen*[527] für eine Volksinitiative können je nach Abstimmungsgegenstand die Angreifbarkeit des politischen Marktes beeinflussen.[528] Werden die Fristen für das Sammeln von Unterschriften und der Zeitraum bis zur allgemeinen Abstimmung restriktiv gehandhabt, so ist die Erfolgswahrscheinlichkeit einer Initiative dann als geringer einzuschätzen, wenn das Abstimmungsthema nicht bereits im Brennpunkt der öffentlichen Diskussion steht. Die Initianten müssen größere Anstrengungen unternehmen, um die erforderlichen Unterschriften zu erhalten und einen gewünschten Diskurs in der Öffentlichkeit und im Parlament zu erreichen. Im Unterschied dazu wird eine Initiative größere Erfolgswahrscheinlichkeiten besitzen, wenn das betreffende Abstimmungsthema bereits intensiv in der Öffentlichkeit diskutiert wird. Dies dürfte insbesondere bei emotional besetzten Themen der Fall sein.[529]

  Ausreichend lange Fristen bis zur abschließenden allgemeinen Abstimmung können auf der einen Seite einen akklamatorischen Charakter von Abstimmungen vermeiden und zum anderen einen öffentlichen Diskurs[530] über das Abstimmungsthema initiieren. Nur durch Normierung entsprechend langer Zeiträume kann sichergestellt werden, dass Abstimmungsergebnisse nicht von kurzfristigen Stimmungen in der Bevölkerung beeinflusst werden und das Für und Wider von Abstimmungsalternativen hinreichend debattiert wird.[531] Gleichwohl geben zu lange Fristen den Initianten u.U. die Möglichkeit, durch taktische Manöver den politischen Prozess zu stören.[532]
- Mit dem *Wahlverfahren* wird eine wesentliche Determinante einer Abstimmungsinitiative festgelegt. In aller Regel dürfte dabei die Mehrheitsregel zum Zuge kommen.[533] Eine Abstimmungsvorlage gilt dann als angenommen, wenn sie mehr als 50 Prozent der abgegebenen Stimmen erhält. Es ist gleichwohl vorstellbar, dass auch qualifizierte Mehrheiten (wie z.B. 75 Prozent) normiert werden können. Die Angreifbarkeit des politischen Marktes wird mit steigendem Zustimmungserfordernis deutlich abgeschwächt.

---

[526] Vor allen Dingen in Kalifornien hat sich eine „initiative industry“ herausgebildet, bei denen das Management für eine Volksinitiative gekauft werden kann. Beispielseise werden sogenannte „Circulators“ von den Firmen angestellt, deren alleinige Aufgabe im Sammeln von Unterschriften liegt. Vgl. Tolbert/Lowenstein/Donovan (1998), S. 34f.

[527] Einen Überblick über Fristen für Volksinitiativen in amerikanischen Bundesstaaten geben Tolbert/Lowenstein/Donovan (1998), S. 28ff. In fünf Bundesstaaten gibt es keine zeitliche Restriktion für das Sammeln von Unterschriften.

[528] Moser kommt zu dem Ergebnis, dass der durchschnittliche Ja-Stimmenanteil für kantonale Volksinitiativen in der Schweiz für den Bereich von 0-6 Monaten den höchsten Wert aufweist. Vgl. Moser (1987), S. 171.

[529] Man stelle sich beispielsweise eine Abstimmung über ein Kampfhundeverbot oder über Maßnahmen gegen Sexualstraftäter in großer zeitlicher Nähe zu entsprechenden Vergehen vor.

[530] Vgl. dazu Abschnitt 13.2.3. der vorliegenden Untersuchung.

[531] Vgl. Frey (1994), S. 339.

[532] Vgl. Kleinewefers (1997), S. 88.

[533] Zu alternativen Wahlverfahren vgl. Abschnitt 17.3. der vorliegenden Untersuchung.

- Im *Quorum* wird festgelegt, welche Stimmenzahl für die Gültigkeit einer Abstimmung mindestens erforderlich ist.[534] Ein Quorum kann als Grundlage die Zahl aller Stimmberechtigten oder die Zahl der an der Abstimmung teilnehmenden Wähler haben. Beispiel für ein Quorum ist die Vorschrift, dass mindestens 50 Prozent der wahlberechtigten Bevölkerung zugestimmt haben müssen, wenn eine Abstimmung Gültigkeit besitzen soll.

  Das Quorum muss als eine sekundäre Korrekturtechnik eingestuft werden. Die Quorums-Frage stellt sich zunächst einmal nur dann, wenn eine positive Mehrheit für einen Abstimmungsgegenstand erreicht wird. Im Fall des Beteiligungsquorums werden implizit alle von der Abstimmung Ferngebliebenen als Ablehnende eingestuft und u.U. eine faktische Mehrheit der Abstimmenden in eine fiktive Minderheit verwandelt. Eine Quorumsregelung bedeutet damit ganz allgemein, dass auch die Stimmbürger in einer Abstimmung beachtet werden, die sich – aus welchen Gründen auch immer – nicht beteiligen.

  Befürworter von Quorums-Regelungen führen als Begründung für die Anwendung an, dass keine zufällige Mehrheit eines kleinen Ausschnitts des Elektorats ihren Willen der Mehrheit der Bürger aufoktroyieren kann.[535] So ist es vorstellbar, dass sich ein Fünftel der Wähler an einer Abstimmung beteiligt und der Abstimmungsgegenstand eine Mehrheit von 60 Prozent erhält. Insgesamt haben dann lediglich 12 Prozent der Stimmberechtigten dem Abstimmungsgegenstand zugestimmt. Bei einzelnen Abstimmungen besteht also durchaus die Gefahr, dass das Majoritätsprinzip in gewisser Weise unterlaufen wird.[536]

  Bei der Normierung von Quoren sollte allerdings berücksichtigt werden, dass eindeutige Wirkungen auf die Wahlbeteiligung zu erwarten sind.[537] Für Gegner eines Abstimmungsgegenstandes ist es durchaus rational, sich von vornherein nicht an der Wahl zu beteiligen, da in vielen Fällen eine Abstimmungsvorlage eher durch das Nichterreichen des Beteiligungssquorums von beispielsweise 50 Prozent als durch den Anteil an Nein-Stimmen zu Fall gebracht werden kann.[538] In Italien scheiterte beispielsweise 1998 die Reform des Wahlrechts, weil das Quorum von

---

[534] Vgl. Luthardt (1994), S. 27f. In der Schweiz müssen beispielsweise beim obligatorischen Referendum und der Volksinitiative sowohl 50 Prozent der Stimmberechtigten als auch die Mehrheit der Kantone zustimmen.

[535] Die Abschaffung des bayerischen Senats 1998 durch einen Volksentscheid führte zu erheblichen Konflikten zwischen Senat, Regierung und Initianten, da sich zwar 69,2 Prozent der Abstimmenden, aber nur 27,7 Prozent der Stimmberechtigten für die Abschaffung des Senats einsetzen. Vgl. Weber (1998), S. 22f.

[536] Vgl. Schieren (1996), S. 76. Bei der Beurteilung von Quoren sollte gleichwohl berücksichtigt werden, dass eine Wahlenthaltung von Bürgern durchaus als Indifferenz gegenüber der Abstimmungsvorlage betrachtet werden kann. Falls dies für jede Wahlenthaltung gelten würde, so wären Quoren generell nicht sinnvoll, da sich eine indifferente Mehrheit gegenüber artikulierten Interessen durchsetzen könnte. – Wie Frey zudem anmerkt, ist eine niedrige Wahlbeteiligung per se kein Problem. Rationale Bürger, die den zur Auswahl stehenden Alternativen indifferent gegenüber stehen, werden sich nicht an der Abstimmung beteiligen. Demgegenüber werden diejenigen Bürger sich an der Abstimmung beteiligen, die intensive Präferenzen besitzen. Entscheidend für die Beurteilung der Wahlbeteiligung in einer Demokratie ist daher die Varianz in der Stimmbeteiligung, nicht jedoch die durchschnittliche Stimmbeteiligung. Vgl. Frey (1997a), S. 21; Blankart (2002), S. 522f.

[537] Zu den negativen Auswirkungen der Quorums-Regelung auf die Wahlbeteiligung in der Weimarer Republik sowie in einzelnen Bundesländern vgl. Jung (1999), S. 865ff.

[538] Vgl. Kirchgässner/Feld/Savioz (1999), S. 38.

50 Prozent der Stimmberechtigten um 0,4 Prozent verfehlt wurde. Über 91 Prozent der teilnehmenden Wähler sprachen sich gleichwohl für die Reform aus.[539]
Aus der Logik dieser Situation muss an Zustimmungsquoren weiterhin kritisiert werden, dass das Wahlgeheimnis in gewisser Weise verletzt werden kann. Rufen die Gegner der Abstimmungsvorlage zum Fernbleiben von der Wahl auf, so werden an der Wahl teilnehmende Bürger in der Öffentlichkeit als Befürworter erkannt. Damit wird der allgemein anerkannte Grundsatz, dass demokratische Abstimmungen geheim sein sollten, unter Umständen verletzt. Nur wenn jeder Stimmbürger unabhängig von Quorumsregelungen die Möglichkeit hat, seine Stimme geheim abzugeben, ist eine demokratischen Maßstäben genügende freie Wahl gewährleistet.[540]
Nicht zuletzt muss kritisert werden, dass Quorumsregelungen die Ergebnisse von Abstimmungen in unzulässigerweise verzerren können. Die Zurechnung der von der Abstimmung Ferngebliebenen zum Ablehnungslager muss als willkürlich eingestuft werden. Je nach Abstimmungsgegenstand variiert sicherlich der Anteil der indifferenten Abstimmenden. Unzweifelhaft gibt es in der politischen Realität allerdings stets Unentschlossene. Da Quorums-Regelungen für solcherlei Präferenzen keinen Raum lassen, bedeutet eine Zurechnung der Ferngebliebenen zum Ablehnungslager eine deutliche Verzerrung des Abstimmungsergebnisses.[541]

- Die Möglichkeit eines *Gegenvorschlags* im Initiativprozess erweitert die Entscheidungsmöglichkeiten für das Elektorat, weil neben einer einfachen Ja-Nein-Entscheidung nun mehr als zwei positive Alternativen stehen.[542] Die Angreifbarkeit des politischen Marktes wird durch die Möglichkeit eines Gegenvorschlags berührt, da hierdurch die Erfolgswahrscheinlichkeit einer Initiative beeinflusst werden kann. Man stelle sich folgende Situation vor: Die Träger einer Initiative können ihr Vorhaben bis zur allgemeinen Abstimmung lancieren. Dem Parlament wird nun die Möglichkeit des Gegenvorschlags eingeräumt. Das Parlament zeigt sich kompromissbereit und nimmt eine Position ein, die recht nahe an der Position der Initianten liegt. Mit dem Gegenvorschlag kann das Lager der Befürworter unter Umständen in zwei Lager aufgespalten werden, welche für sich betrachtet kleiner sind als das Lager der Gegner. Falls die relative Mehrheitsregel gilt, können unter Umständen die Gegner die relative Mehrheit erhalten, während ohne Gegenvorschlag die Befürworter obsiegt hätten.

---

[539] Vgl. o.V. (1999b), S. 17.
[540] Vgl. Hättich (1991), S. 23. Blankart weist darauf hin, dass insbesondere das geltende Zustimmungsquorum in der Weimarer Republik die aufgezeigten Konsequenzen zeigte. Teilnehmende Wähler wurden als Unterstützer der zur Abstimmung stehenden Vorlage identifiziert. Da Repressionen seitens der politischen Gegner zu befürchten waren, blieben viele Wähler der Urne fern. Vgl. Blankart (2000b), S. 608f.; auch Jung (1992), S. 63.
[541] Vgl. Jung (1999), S. 881ff. Jung schlägt an Stelle von Quorums-Regelungen vor, die Hürden für Volksinitiativen in der Qualifizierungsphase höher zu schrauben. Weitere flankierende Maßnahmen könnten die Zusammenlegung von Wahlen und Volksabstimmungen oder höhere Zustimmungserfordernisse (wie z.B. die Zwei-Drittel-Mehrheit) sein.
[542] Vgl. Jung (1992), S. 63f.

- Der *Organisationsgrad der Initianten* beschreibt weiterhin einen wesentlichen Einflussfaktor der Angreifbarkeit des politischen Marktes.[543] Wie bei der Beschreibung der Initiativwirkung oben deutlich wurde, hängt das Ausmaß des Entgegenkommens der Regierung auf die glaubhaften Androhungen der Initiative von den Kosten der Initiative ab. Ein wesentlicher Aspekt jener Kosten dürften im Organisationsgrad der Initiative liegen. Falls die Regierung es also mit einer „kampagnefähigen" Gruppe zu tun hat, wird sie offensichtlich größere Kompromisse eingehen als sie dies bei einer Gruppe machen würde, die beispielsweise noch keine Erfahrungen mit dem Instrument der Volksinitiative gemacht hat. Mit finanziellen und/oder personellen Ressourcen ausgestattete Gruppen in der Gesellschaft können demnach ihre Interesse besser durchsetzen als ressourcenschwache Gruppen.[544] Dabei sollte gleichwohl nicht übersehen werden, dass sich die Regierung immer nur dann auf Forderungen einer Initiative einlässt, falls vermutet werden kann, dass die Mehrheit der Wähler jene Forderung in der allgemeinen Abstimmung ebenfalls unterstützt.
- *Inhaltliche Restriktionen* einer Volksinitiative können beispielseweise durch unveränderbare Grundrechte in der Verfassung[545] oder übergeordnetes Völkerrecht gesetzt werden.[546] Die Einheit der Materie[547] sowie etwaige Rückwirkungen stellen ebenfalls grundlegende Anforderungen dar. Eine weitere inhaltliche Beschränkung kann darin liegen, zwischen gleichen oder ähnlichen Abstimmungsgegenständen bestimmte Fristen zu setzen. Damit kann verhindert werden, dass gleiche Volksinitiativen in kurzen Zeitabständen wiederholt gestartet werden. Problematisch wird gleichwohl die Ablehnung einer Initiative, wenn sich wesentliche Bedingungen hinsichtlich des Abstimmungsgegenstandes (kurzfristig) verändern.[548]
- Die Angreifbarkeit des politischen Marktes kann weiterhin durch die *Rolle des Parlaments* im Initiativprozess beeinflusst werden. So ist beispielsweise vorstellbar, dem Parlament nach Einreichung der Initiative die Möglichkeit zu geben, sich

---

[543] Zu einem empirischen Test für amerikanische Bundesstaaten vgl. Banducci (1998), S. 116f.

[544] Auf diesen Aspekt weisen insbesondere Brunetti/Straubhaar hin und ziehen hieraus den Schluss, dass gut organisierte Interessen in halbdirekten Demokratien einen größeren Einfluss besitzen als in indirekten. Vgl. Brunetti/Straubhaar (1991), S. 242.

[545] In der Schweiz gibt es beispielsweise keine Verfassungsgerichtsbarkeit auf Bundesebene. Wenn ein Gesetz legal erlassen wurde, so besteht für die Bürger nahezu keine Möglichkeit, ein Gericht anzurufen und die eigenen verfassungsmäßig garantierten Rechte einzuklagen. Vgl. Kirchgässner (2001), S. 155f.

[546] So bleiben Abstimmungen in Finanzangelegenheiten oftmals außen vor. Da allerdings jede Abstimmung fiskalische Konsequenzen zeigt, lässt sich faktisch jede Abstimmung mit dieser inhaltlichen Restriktion verhindern. Vgl. Blankart (2000b), S. 608.; auch Luthardt (1994), S. 28, 31; Tolbert/Lowenstein/Donovan (1998), S. 38ff.

[547] Die „Einheit der Materie" verlangt von den Trägern der Initiative, ihr Anliegen auf eine einzige, klar umschriebene Dimension zu bringen. Zwei unterschiedliche Themenkomplexe dürfen in einer Fragestellung nicht vermengt werden. Vgl. Kriesi (1991), S. 47.

[548] Als Beispiel mag die Diskussion über den Ausstieg aus der Atomenergie dienen. Eine Abstimmung kurz vor der Katastrophe von Tschernobyl hätte sicherlich andere Ergebnisse erbracht als eine ex post-Abstimmung. In einer solchen Situation müsste gleichwohl der gleiche Abstimmungsgegenstand zur Abstimmung frei gegeben werden, da sich offensichtlich wesentliche Bedingungen verändert haben.

mit der Vorlage auseinanderzusetzen[549] oder ihm eine Vetoposition einzuräumen. Falls das Parlament beispielsweise mit einfacher Mehrheit eine Initiative blockieren kann, dürfte der politische Markt nur noch schwer angreifbar sein.

- Während Befürworter direktdemokratischer Elemente eine Erstattung *tangibler Verfahrenskosten* durch den Staat in Anlehnung an die Wahlkampfkostenerstattung für Parteien unabhängig vom Ausgang der Initiative für sinnvoll erachten[550], schlagen die Gegner eines (umfangreichen) Initiativrechts genau das Gegenteil vor: Zusätzliche tangible Kostenbestandteile sollen die Marktzutrittsbarrieren potenzieller Konkurrenten erhöhen und zu einer „Verwesentlichung“[551] der direkten Volksrechte führen.[552] *Brunetti/Straubhaar* schlagen in diesem Sinne vor, die Träger einer Initiative mit einer Kaution zu belasten. Im Falle des Erfolgs einer Initiative bzw. des Erreichens eines bestimmten Quorums bei der allgemeinen Abstimmung findet entsprechend dem Vorschlag eine Rückerstattung an die Gruppe statt, beim Scheitern der Initiative wird die Kaution dagegen einbehalten. Die Auszahlung der Kaution kann dabei nach verschiedenen Schlüsseln vorgenommen werden.[553] Der Vorschlag zielt darauf ab, Trägern einer möglichen Initiative den Eintritt in den politischen Markt zu erschweren. Da das finanzielle Risiko durch zusätzliche tangible Kosten im Zuge einer Kautionslösung ansteigt, dürfte es c.p. zu weniger Initiativen kommen.

  Das Erheben zusätzlicher tangibler Kosten als „Eintrittskarte“ für den politischen Markt muss als kritisch eingeschätzt werden. Zunächst sollte nicht übersehen werden, dass Initianten eine Reihe von Bedingungen erfüllen müssen, um in den politischen Markt einzutreten und daher auch ohne Kautionszahlung bereits mehr oder weniger hohe Kosten anfallen. So bedeutet das Erreichen der Unterschriftenhürde für die Träger von Initiativen in der Regel eine erhebliche Anstrengung.[554]

  Die Kostenerhöhung des Initiativrechts mittels einer Kaution hätte zudem zur Folge, dass das demokratische Gleichheitsprinzip des „one man one vote“ aufgeweicht würde. *Kirchgässner/Feld/Savioz* weisen zurecht darauf hin, dass eine Übertragung von Marktprinzipien auf demokratische Prozesse mit erheblichen Akzeptanzproblemen bei einem großen Teil der Bürger verbunden sein dürfte. Zwar werden auf Märkten die aus unterschiedlichen Zahlungsfähigkeiten der Indi-

---

[549] Moser zeigt, dass die Position des Parlaments bei kantonalen Volksinitiativen in der Schweiz eindeutigen Einfluss auf das Ergebnis ausübt. Vgl. Moser (1987), S. 169.

[550] Vgl. Schieren (1996), S. 75. Bei der Wahlkampfkostenerstattung für Parteien ist eine notwendige Stimmenzahl vorgeschrieben.

[551] Vgl. Kleinewefers (1995).

[552] Vgl. dazu Brunetti/Straubhaar (1991), S. 239ff. In der Schweiz sind die Kosten der Nutzung direktdemokratischer Elemente im Zeitablauf stark gesunken. Da die notwendige Unterschriftenzahl für Volksinitiativen mit 100.000 absolut definiert wurde, sank bei steigender Bevölkerungszahl die notwendige Unterschriftenhürde von 7,5 Prozent in 1893 auf 2,2 Prozent in 1994. Die Hürden für ein fakultatives Referendum sind noch stärker gefallen. Vgl. Adamovich/Wohlgemuth (1999), S. 130f.

[553] Folgende Varianten werden von Brunetti/Straubharr vorgeschlagen: Auszahlung nach Nein-Stimmen-Anteil, Auszahlung nach absoluter Anzahl Nein-Stimmen, Auszahlung nur bei Erfolg des Referendums sowie eine Pool-Auszahlung in Abhängigkeit von den Nein-Stimmen eines fakultativen Referendums. Vgl. Brunetti/Straubhaar (1991), S. 252ff.

[554] Vgl. Kriesi (1991), S. 46. Es wird geschätzt, dass drei von vier Initiativen in der Schweiz nicht zustande kommen, weil die erforderliche Unterschriftenzahl nicht erreicht wird.

viduen resultierenden unterschiedlichen Wahlmöglichkeiten und damit Machtverhältnisse weithin akzeptiert. Unterschiedliche Machtverhältnisse auf der Basis von Kaufkraft werden im politischen System einer Demokratie von den meisten Bürgern dagegen als nicht fair eingestuft. Die Übertragung jenes Prinzips hätte zur Folge, dass politische Entscheidungen in gewissem Sinne als „käuflich" betrachtet würden.[555]
Neben diesem grundsätzlichen Akzeptanzproblem einer Kautionslösung kann weiterhin kritisiert werden, dass zusätzliche Gebühren vor allem kleine und finanzschwache Organisationen treffen. Damit dürften insbesondere recht große und finanzstarke Organisationen (wie Wirtschaftsverbände) Gewinner der von *Brunetti/Straubhaar* vorgeschlagenen Kautionslösung sein.[556]

- Einfluss auf die Angreifbarkeit eines politischen Marktes geht weiterhin von der Ausgestaltung der Volksinitiative im Hinblick auf mögliche *Wahlebenen* aus. Eine föderale Ausgestaltung der Volksinitiative kann in diesem Sinne die Angreifbarkeit erhöhen. Man stelle sich beispielsweise vor, lokale oder regionale politische Anliegen einer nationalen Initiative zugänglich zu machen. Die Erfolgswahrscheinlichkeit einer solchen Volksinitiative dürfte als recht gering einzustufen sein.[557]
- Erhebliche Wirkung auf die Angreifbarkeit des politischen Marktes hat die *Verbindlichkeit der Abstimmung.* Falls das Ergebnis einer Abstimmung für die politischen Handlungsträger lediglich informatorischen Charakter besitzt, werden Bürger nur in seltenen Ausnahmefällen eine Volksinitiative ergreifen.
- Nicht zuletzt hängt der Erfolg einer Volksinitiative davon ab, wie hoch die Hürden einer Implementierung durch die Exekutive sind. *Gerber et al.* kommen für den Initiativprozess in Kalifornien zu dem Ergebnis, dass eine Reihe vom Volk angenommener Initiativen nicht umgesetzt wurden: „*Winning initiatives neither implement nor enforce themselves.* If an initiative is to affect policy, government actors must take an active role in converting winning initiatives into policy changes. If they fail to comply, initiatives die."[558]

Es dürfte offensichtlich sein, dass jeder einzelne der dargestellten Faktoren für sich genommen prohibitive Hürden für eine Volksinitiative schaffen kann. Zudem sollte berücksichtigt werden, dass isoliert betrachtet ein einzelner Faktor adäquat ausgestaltet sein, in Verbindung mit anderen Faktoren allerdings prohibitive Hürden für eine Initiative bilden kann. Die jeweiligen Verfahrensregeln einer Volksinitiative können „Selektionseffekte von weitreichender Bedeutung produzieren."[559]

---

555 Vgl. dazu auch Oberholzer-Gee/Bohnet/Frey (1997), S. 97. Zur empirischen Evidenz vgl. Frey/Pommerehne (1993), S. 295ff.
556 Vgl. auch Kleinewefers (1997), S. 87.
557 Moser kommt zu dem Ergebnis, dass lokal oder regional ausgerichtete kantonale Volksinitiativen besonders erfolgreich waren. Vgl. Moser (1987), S. 185.
558 Gerber et al. (2001), S. 5. Gründe für Implementierungsfriktionen stellen nach Gerber et al. technische und politische Kosten, die Möglichkeit der Sanktionierung irreliabler Politik sowie die Beobachtbarkeit der Umsetzung dar. Vgl. hierzu Gerber et al. (2001), S. 17ff.
559 Luthardt (1994), S. 32f.

Allerdings sollte beachtet werden, dass zu niedrige Hürden für Volksabstimmungen ebenfalls schädliche Wirkungen im politischen Prozess einer Demokratie hinterlassen können. Man stelle sich ein Beispiel vor, in der eine absolute Minderheit der Mehrheit der Bürger Vorschläge zur Abstimmung vorlegt, die absehbar scheitern müssen.[560] Eine allzu willfährige Form der Volksinitiative gäbe extremen Minderheiten die Möglichkeit, quasi permanent Sand in das Getriebe des politischen Alltagsgeschäfts zu streuen. Die unnötige Verzögerung politischer Entscheidungen, die von der Mehrheit der Wahlbürger gleichwohl akzeptiert werden, hätte hohe soziale Opportunitätskosten zur Folge.
Welches Ausmaß die potenzielle Konkurrenz auf politischen Märkten annehmen sollte, muss von den Bürgern einer Demokratie selbst entschieden werden. Auf der einen Seite sollten die Hürden für die Angreifbarkeit nicht so hoch sein, dass die Politiker-Agenten allzu große Spielräume für irreliables Verhalten haben. Auf der anderen Seite dürfen die Hürden gleichwohl nicht so niedrig angesetzt werden, dass extreme Minderheiten der Gesellschaft mittels der Volksinitiative ein wirksames Vetomittel an die Hand bekommen und so die Mehrheit der Wähler „tyrannisieren" können. *Tolbert/Lowenstein/Donovan* kommen zu folgendem Ergebnis: „The debate over whether the initiative should exist will no doubt continue into perpetuity, but for those who live in initiative states, the more immediate question is not whether the process should exist but how it does and should work. The ground rules have a major effect on how the process actually works. To change the ground rules is the most efficacious means of making it work better – or, if we are not very careful, of making it worse."[561]

13.1.2.1.6. Wettbewerbspolitische Beurteilung von Volksinitiativen in halbdirekten Demokratien

Eine der zentralen Thesen der vorliegenden Untersuchung lautet, dass ein intensiverer Wettbewerb im politischen System einer Demokratie mittels direktdemokratischer Elemente im Prinzip zu besseren Politikergebnissen führt. Diese These wollen wir im Folgenden anhand der oben diskutierten Wettbewerbsfunktionen analysieren.

Die *Anpassungsfunktion* des politischen Wettbewerbs wird durch zusätzliche direktdemokratische Elemente verbessert, da sich das Handeln der Politiker-Agenten stärker an den Präferenzen der Wähler orientiert.[562] Wie wir oben gezeigt haben, nimmt

---

[560] In der Schweiz findet eine intensive Diskussion über die „Langsamkeit" des politischen Prozesses statt. Schwarz zitiert Carl Christian v. Weizsäcker, der den Charme schweizerischer Wirtschaftspolitik darin sieht, dass die Fehler anderer Nationen erst mit zehnjähriger Verspätung gemacht werden. Vgl. Schwarz (1997), S. 291. Vgl. dazu auch Frey (1997b), S. 186; Kleinewefers (1997), S. 75; Gross (1999), S. 97f.; Kirchgässner/Feld/Savioz (1999), S. 21ff.
[561] Tolbert/Lowenstein/Donovan (1998), S. 53.
[562] Pommerehne konnte empirisch nachweisen, dass die Politikergebnisse in halbdirekten Demokratien eher den Präferenzen des Medianwählers entsprechen als in indirekten Demokratien. Vgl. hierzu Pommerehne (1978); Pommerehne (1990). Vgl. auch Gerber (1996) und Gerber (1999).

die Wettbewerbsintensität[563] durch die selektive Intervention der Bürger-Prinzipale in den politischen Markt deutlich zu, so dass die monopolistischen Handlungsspielräume der Politiker-Agenten sinken und eine engere Bindung an die Präferenzen der Bürger *im allgemeinen* zu erwarten ist.[564] Man kann daher die Mustervoraussage treffen, dass bei intensiverem Wettbewerb auf dem politischen Markt einer Demokratie bessere Politikergebnisse erzielt werden.[565]
In dynamischer Sichtweise kann weiterhin davon ausgegangen werden, dass die politischen Anbieter unter der Drohung von Volksinitiativen verstärkt neue Politikalternativen in ihr Programm aufnehmen.[566] Damit dürfte die *Fortschrittsfunktion* des politischen Wettbewerbs in einer halbdirekten Demokratie besser erfüllt sein als in einer rein repräsentativen Demokratie.[567]
Die Ausführungen zur Angreifbarkeit des politischen Marktes haben zudem gezeigt, dass direktdemokratische Elemente den Bürgern die Möglichkeit bieten, ihre politischen Anliegen auszudrücken. Im Vergleich zu einem rein repräsentativen Verfahren werden zusätzlich Präferenzen, Informationen und neue Problemlösungsansätze offen gelegt. In Anlehnung von *v. Hayek*, der eine zentrale Funktion des Wettbewerbs auf Märkten in der Entdeckung der Präferenzen der Wirtschaftssubjekte gesehen hat, erfüllt der politische Wettbewerb in einer halbdirekten Demokratie die *Entdeckungsfunktion* ungleich besser als in einer rein indirekten Demokratie.
Nicht zuletzt wird auch die *Kontrollfunktion* des politischen Wettbewerbs durch direktdemokratische Elemente verbessert.[568] Zwar liegt die Kontrollfunktion bereits dem Konstruktionsprinzip eines rein repräsentativen Verfahrens zugrunde – die Volksinitiative stellt allerdings eine zusätzliche institutionelle Vorkehrung in dem Sinne dar, dass Politiker ihre Wohlfahrt nur dann erhöhen können, wenn sie gleichzeitig einen Beitrag zur Erhöhung der Wohlfahrt ihrer Prinzipale leisten. Mittels direktdemokratischer Elemente kann die Kontrolle der Politiker-Agenten direkter und gezielter geschehen als in einem rein repräsentativen System.[569] Zum einen findet durch die glaubhafte Drohung einer Initiative ex ante eine Kontrolle statt. Zum anderen kann

[563] Das Ausmaß des zusätzlichen Wettbewerbs hängt gleichwohl von der konkreten Ausgestaltung direktdemokratischer Elemente ab. Adamovich/Wohlgemuth bezweifeln, ob direkte Volksrechte tatsächlich die Wettbewerbsintensität in einer Demokratie steigern. Unter Umständen könne ein Kartell von Sonderinteressen mittels direktdemokratischer Elemente gegen die Präferenzen der Mehrheit der Bürger entscheiden. Vgl. Adamovich/Wohlgemuth (1999), S. 135. Zur Kritik hieran vgl. Abschnitt 13.1.2.2.2. der vorliegenden Untersuchung.
[564] Vgl. Blankart (1992), S. 509. Frey/Kirchgässner warnen davor, direktdemokratische Entscheidungsverfahren pauschal als superiores Entscheidungsverfahren einzustufen. Neben den demokratischen Entscheidungsverfahren inhärenten Problemen kann im Einzelfall das repräsentative Verfahren „bessere" Ergebnisse hervorbringen. Vgl. Frey/Kirchgässner (1993), S. 142f.
[565] Vgl. Kirchgässner (1997), S. 251f.
[566] Vgl. Ladner/Brändle (1999), S. 287.
[567] Als Beispiel kann die bereits im Jahr 1979 durchgeführte Abstimmung über den Ausstieg aus der Atomenergie in der Schweiz herhalten. Obwohl die Volksinitiative mit 51,2 Prozent der Stimmbürger knapp verworfen wurde, bewirkte das Abstimmungsergebnis eine öffentliche Diskussion sowie eine frühzeitige Änderung der Umweltpolitik. Im Vergleich zur Bundesrepublik gilt die Umweltpolitik der Schweiz daher in vielerlei Hinsicht als innovativ. Vgl. Kirchgässner (2002), S. 306f.
[568] Vgl. Feld/Savioz (1998), S. 48; Feld/Kirchgässner (1998), S. 8.
[569] Vgl. Adamovich/Wohlgemuth (1999), S. 132f.

das temporäre Monopol der Politiker-Agenten durch eine tatsächliche Abstimmung ex post gebrochen werden.[570]

Neben diesen unmittelbaren Effekten der Initiative tritt zudem ein indirekter Effekt auf:[571] Das Vorhandensein direktdemokratischer Elemente im politischen System einer Demokratie hat zur Folge, dass im Parlament stets ein breiter Konsens gesucht wird und einmal getroffene Entscheidungen daher recht stabil sind.[572] Um das Risiko der Niederlage in einer allgemeinen Abstimmung zu umgehen, wird eine Regierung stets bemüht sein, ihre Politik auf eine breite parlamentarische Mehrheit zu stellen.[573] Falls sich eine große Mehrheit im Parlament findet, so dürfte die Wahrscheinlichkeit einer gegenteiligen Entscheidung durch die Bürger relativ gering sein. Eine auf reinen Mehrheiten basierende Politik wird sich zu einem sogenannten *Konkordanzsystem* verändern.[574] Das wesentliche Kennzeichen eines solchen Systems liegt in einer frühzeitigen Integration der relevanten Entscheidungsträger in den politischen Entscheidungsfindungsprozess.[575]

Wenngleich die Funktionen des politischen Wettbewerbs durch stärkere Mitwirkungsmöglichkeiten der Bürger besser erfüllt sein sollten als in einer rein repräsentativen Demokratie, so soll an dieser Stelle allerdings ebenfalls die Warnung ausgesprochen werden, direktdemokratische Instrumente als Allheilmittel gegen die Ineffizienzen der indirekten Demokratie zu stilisieren. Es sollte zumindest bedacht werden, dass die Kosten einer Volksinitiative ein permanentes Eingreifen von Bürgern in den politischen Prozess verhindern. Erst wenn die Kosten aus irreliablem Verhalten der Politiker-Agenten größer sind als die erwarteten Initiativkosten wird sich ein direktdemokratisches Engagement ergeben.

Die Volksinitiative stellt dennoch einen hohen Gewinn für die Bürger einer Demokratie dar, weil neben den unmittelbar effizienteren Politikergebnissen die Bürger mit diesem Instrument einen Optionsnutzen realisieren. Allein die Möglichkeit, in den politischen Prozess eingreifen zu können, sich in die Position des *Agenda Setters* zu begeben, bewirkt einen Nutzengewinn für die Bürger einer Demokratie.[576] Damit fördert die Option der Intervention die Identifikation mit dem politischen System der

---

[570] Vgl. auch Feld/Savioz (1998), S. 50.

[571] Vgl. Blankart (1992), S. 514f.

[572] Obwohl die Zahl referendumsfähiger Vorlagen in der Schweiz in den letzten Jahren erheblich gestiegen ist, wurde wegen der Konsenssuche im Vorfeld politischer Entscheidungen zwischen 1981 und 1990 nur in vier Prozent der Fälle tatsächlich ein Referendum ergriffen. Vgl. Adamovich/Wohlgemuth (1999), S. 131.

[573] Vgl. Möckli (1994b), S. 6.

[574] Vgl. Luthhardt (1994), S. 19; Linder (1997), S. 457ff. Die Schweiz gilt als typische Konkordanzdemokratie. – Die von Luthardt vorgenommene Unterscheidung in Konkurrenz- und Konkordanzdemokratie ist allerdings wenig überzeugend, da die Wettbewerbsintensität in einer halbdirekten Demokratie im Prinzip größer sein dürfte als in einer rein repräsentativen.

[575] Ein konkordantes System fördert Neidhart zufolge eine sogenannte Verhandlungsdemokratie wie sie in der Schweiz anzutreffen ist. Vgl. Neidhart (1970), S. 287ff.; Kriesi (1991), S. 45f.

[576] Vgl. Feld/Savioz (1998), S. 49; Frey (1994), S. 340; Bohnet/Frey (1994), S. 348f.; Wohlgemuth (2000), S. 279. Gross kommt zu folgendem Ergebnis: „Die Volksinitiativen sind mit einem Seismographen vergleichbar, der zeigt, wo der politische Schuh drückt. [...] Manche Themen sind dank einer Volksinitiative früher, breiter und tiefgehender diskutiert worden, als es in rein parlamentarischen Systemen möglich gewesen wäre." Gross (1999), S. 93.

Demokratie[577] – dem wohl wichtigsten kollektiven Gut einer liberal-individualistischen Gesellschaft.

13.1.2.2. Die Rolle von Interessengruppen in einer halbdirekten Demokratie

In modernen Demokratien spielen organisierte Interessengruppen bei der gesellschaftlichen Willensbildung eine bedeutende Rolle.[578] Dabei soll im Folgenden unter einer Interessengruppe ein Zusammenschluss von Individuen mit dem Zweck der besseren Durchsetzung der Ziele ihrer Mitglieder verstanden werden.[579] In der Bundesrepublik findet der Einfluss von Interessengruppen beispielsweise im Zuge allgemeiner Anhörungen von Gesetzesvorlagen im Referentenstadium, bei öffentlichen Anhörungen von Parlamenten oder Kommissionen oder der Hinzuziehung jener Gruppen bei Beratungen von Beiräten, Ausschüssen und Fachkreisen oberster Bundesbehörden institutionalisiert statt.[580] Neben institutionalisierten Kanälen üben organisierte Interessengruppen weiterhin Einfluss im politischen Willensbildungsprozess aus, indem im vorparlamentarischen Raum über Parteien und die Öffentlichkeit Druck auf die politischen Entscheidungsträger ausgeübt wird. Im Vorfeld von Gesetzesvorbereitungen stellt zudem die politische Administration für Interessengruppen ein bedeutender Adressat zur Einflussnahme dar.[581]
Wenn schon der Einfluss von organisierten Partikularinteressen in einer repräsentativen Demokratie im wissenschaftlichen Diskurs äußerst umstritten ist[582], so wird vielfach befürchtet, dass die Aktivitäten jener Gruppen in einer direkten Demokratie noch stärker ausgeprägt sein können. Zunächst sollen daher kurz die grundlegenden Positionen der Theorien politischer Interessengruppen in einer repräsentativen Demokratie dargestellt werden, um daran anschließend eine Analyse des Einflusses von Interessengruppen in einer halbdirekten Demokratie vorzunehmen.

13.1.2.2.1. Theorien organisierter Interessen: Olson versus Becker

Bei der Beurteilung von Interessengruppen in einer repräsentativen Demokratie haben sich in der wissenschaftlichen Diskussion im Wesentlichen zwei gegensätzliche Standpunkte herauskristallisiert:[583]

---

[577] Vgl. Detjen (2000), S. 18.
[578] Zu einem aktuellen Überblick über organisierte Interessen in Deutschland vgl. Reutter (2000); Wessels (2000). Zur Kritik an korporatistischen Lösungen vgl. Neumann (2000).
[579] Vgl. Erlei/Leschke/Sauerland (1999), S. 346f.
[580] Vgl. Vieler (1986), S. 6.
[581] Vgl. Hartwig (1997), S. 663.
[582] Das negative Wirken von Interessengruppen in einer Demokratie wird im ökonomischen Diskurs unter dem Begriff des rent-seeking zusammengefasst. Als grundlegende Beiträge zum Rent-Seeking gelten Krueger (1974); Posner (1975) und Buchanan/Tollison/Tullock (1980).
[583] Zu einer Gegenüberstellung beider Theorien vgl. Erlei/Leschke/Sauerland (1999), S. 346ff.

- Auf der einen Seite wird das Wirken von Interessengruppen in einer Demokratie entsprechend der Argumentationslinie von *Mancur Olson* als gemeinwohlschädlich betrachtet.[584] Grundlage der Gruppentheorie von *Olsons* „Logik kollektiven Handelns" ist zunächst einmal die Aussage, dass sich in einem Gemeinwesen kleine Gruppen besser organsieren lassen als große und folglich jene Gruppen einen größeren politischen Druck ausüben können.[585] Dagegen sind nicht oder nur schwer organisierbare individuelle Anliegen im politischen Entscheidungsprozess einer Demokratie zwangsläufig unterrepräsentiert.[586] In der Natur der Sache liegt es nun, dass sich kleine Gruppen eher für konkrete Ziele einsetzen, während Großgruppen sich tendenziell eher für abstrakte Ziele einsetzen, die mit Vorteilen für die Gesamtheit der Bürger verbunden sind. So wird sich in diesem Sinne die Kohlelobby für Subventionsforderungen aussprechen, während der Bund der Steuerzahler sich allgemein für ein „Senken von Steuern" ausspricht. Da die Zielsetzungen der kleinen, organisierten Gruppen nicht immer konform mit den Zielen der Mehrheit der Gesellschaftsmitglieder gehen, fallen bei erfolgreicher Beeinflussung der politischen Handlungsträger einseitig Kosten bei den betroffenen Kollektivmitgliedern an. Im Extremfall kommt es wegen der relativen Stärke kleiner gegenüber großen Gruppen zu einer „institutionellen Sklerose".[587] Der Theorie *Olsons* entsprechend besteht permanent die Gefahr, dass es zu einem Interessensausgleich der Kollektivakteure kommt und Kosten des mit diesen Vereinbarungen verbundenen Ausgleichs auf nicht organisierte Interessen abgeschoben werden.[588] Die politischen Handlungsträger in einer Demokratie stehen sich dem stetigen Druck ausgesetzt, den konkreten Sonderinteressen kleiner Gruppen nachzugeben – mit der Folge steigender Rent-seeking-Kosten für eine demokratische Gesellschaft.
- Auf der anderen Seite wird argumentiert, dass der Wettbewerb zwischen den Interessengruppen in einer Demokratie zu einem effizienten Gleichgewicht führt. Diese vor allen Dingen von *Gary S. Becker* vertretene These lehnt eine grundsätzlich negative Bewertung des Einflusses von Interessengruppen ab, da der Wettbewerb zwischen den Interessengruppen durchaus wohlfahrtssteigernd für die Mehrheit der Bürger eines Gemeinwesens wirken kann.[589] *Becker* vertritt wie *Olson* zwar auch die These, dass sich kleine Gruppen in einem Gemeinwesen besser organisieren können als große Gruppen und folglich einen größeren Einfluss besitzen. Im Gegensatz zur These eines hieraus folgenden „Niedergangs von Nationen" sieht *Becker* in dem Wettbewerb unter den Interessengruppen al-

[584] Vgl. auch Eucken (1952/1990), S. 334.

[585] Die größere Effektivität kleiner Gruppen liegt vor allem darin begründet, dass zum einen eine Zunahme der Gruppengröße einen sinkenden Gewinn pro Mitglied bedeutet und zum anderen die Wahrscheinlichkeit von Trittbrett-Fahrer Problemen bei steigender Gruppengröße zunimmt. Zudem muss mit steigenden Organisationskosten bei größeren Gruppen gerechnet werden. Vgl. dazu Olson (1968/1998), S. 21ff.

[586] Vgl. Kirsch (1997), S. 156.

[587] Vgl. dazu insbesondere Olson (1991) und Olson (1968/1998).

[588] Vgl. Kirsch (1997), S. 64.

[589] Vgl. hierzu Becker (1996a), S. 163ff. und Becker (1996b), S. 185ff. Die Theorie Beckers weist Ähnlichkeiten mit der politikwissenschaftlichen pluralistischen Demokratietheorie hinsichtlich der Beurteilung des Einflusses von Interessengruppen auf. Vgl. dazu stellvertretend Dahl (1971).

lerdings ein entscheidendes Regulativ. Wegen des Gegendrucks auch großer Gruppen können institutionelle Reformen eingeleitet werden, die dem Wohle der Allgemeinheit dienen. Im Idealfall kann der Wettbewerb unter den Interessengruppen im politischen Willensbildungsprozess als ein marktanaloges Entdeckungsverfahren betrachtet werden.[590]

Zudem wird vielfach das Wirken von organisierten Interessen in einer Demokratie als wünschenswert betrachtet, da Interessengruppen u.a. eine wichtige Wissensvermittlungsfunktion im politischen Prozess wahrnehmen. Aufgrund der Defizienzen der Informationsvermittlung von demokratischen Wahlen[591], können Interessengruppen eine bedeutende Informationsquelle für die politischen Entscheidungsträger darstellen. Jene Informationen sind für die Politiker-Agenten insofern relevant, als sie zumindest die Präferenzen eines Teils der Wählerschaft wiedergeben.[592]

Für die beiden von *Olson* und *Becker* aufgestellten Theorien lassen sich in der Praxis Beispiele finden, die die jeweilige Sichtweise untermauern.[593] Hier wird gleichwohl die Ansicht vertreten, dass die *Becker*'sche Annahme einer gleichgewichtigen Interessenvermittlung unrealistisch ist:[594] Gerade weil gesellschaftliche Interessen nicht gleich organisationsfähig sind, können jene Interessen im politischen Markt einer Demokratie nicht systematisch miteinander konkurrieren und sich wechselseitig beschränken – mit dem Ergebnis, dass bei unvollständigem Wettbewerb auf dem politischen Markt für Interessengruppen ein gleichgewichtiges und für alle Bürger vorteilhaftes Wirken von Interessengruppen kaum zu erwarten ist.[595] Das „Bild eines ungleichgewichtigen Interessenpluralismus entspricht der Realität hochindustrialisierter Demokratien"[596] in ungleich stärkerem Maße als eine optimistische Gleichgewichtskonzeption gesellschaftlicher Interessenvermittlung jenseits etablierter demokratischer Verfahren.[597] So lassen sich beispielsweise Produzenteninteressen in der Regel ungleich besser organisieren als jene von Konsumenten, da erstere relativ homogen und wenig wechselhaft sind.[598] In Folge dessen setzen sich im politischen

[590] Vgl. Streit (1987), S. 48.
[591] Vgl. hierzu Abschnitt 13.1.1.3.1.
[592] Vgl. Streit (1987), S. 47. Die Interessenvermittlung eines Verbandes durch gewählte Funktionäre stößt dabei wiederum auf die bereits oben im Rahmen der kollektiven Delegation skizzierten PA-Probleme. Diese sollen hier nicht vertieft betrachtet werden. Vgl. hierzu insbesondere Schmidt-Trenz (1996).
[593] Nitzan kommt im Sinne Olsons ebenfalls zu dem Ergebnis, dass sich bei unvollständigem politischen Wettbewerb zwischen den Interessengruppen Sonderinteressen kleiner Gruppen besser durchsetzen können. Vgl. Nitzan (1994), S. 41ff. – Putnam konnte in verschiedenen Studien einen positiven Zusammenhang zwischen der Zahl organisierter Gruppen und dem Wachstum einer Region nachweisen. Im Gegensatz zu den sogenannten Olson-Effekten der Gruppenbildung müssen Putnam-Effekte positiv eingeschätzt werden, da organisierte Gruppen einen kontrollierenden Einfluss auf politische Handlungsträger haben. Vgl. Putnam (1993).
[594] Vgl. Feld/Kirchgässner (1998), S. 12f.; Lehner (1981), S. 102f.
[595] Die Gegenmachtthese von Galbraith im Sinne eines „countervailing powers" ist in diesem Sinne kritisch zu betrachten. Vgl. Galbraith (1952).
[596] Lehner (1981), S. 102.
[597] Zur Kritik am gruppentheoretischen Ansatz der Pluralismustheorie vgl. Vieler (1986), S. 16f.
[598] Vgl. Streit (1987), S. 53.

Willensbildungsprozess die Interessen von Produzenten eher durch als diejenigen von Konsumenten.
Vor diesem Hintergrund muss auch die Informationsvermittlung durch Interessenverbände als kritisch betrachtet werden. Es ist kaum damit zu rechnen, dass die bereitgestellten Informationen objektiven Charakter haben. Vielmehr muss man davon ausgehen, dass die vorgebrachten Argumente im Sinne jener Gruppen verzerrt sind. Eine solche einseitige Informationsvermittlung wäre dann unproblematisch, wenn der Wettbewerb unter den Interessengruppen zu einer Egalisierung dieser Schieflage führen würde. Aus den oben dargestellten Gründen kann gleichwohl nicht damit gerechnet werden, dass sich die Präferenzen der schlecht organisierbaren Interessen in diesem Prozess der verbandlichen Informationsvermittlung adäquat widerspiegeln. Aufgrund der unterschiedlichen Organisierbarkeit von Interessen ist mit einer deutlichen Verzerrung bei der Bereitstellung von Informationen zu rechnen. Es kommt zu einer Überrepräsentation von Informationen der hochorganisierten Partikularinteressen.[599]

13.1.2.2.2. Analyse des Einflusses von Interessengruppen in einer halbdirekten Demokratie

In Abschnitt 13.1.1.3. der vorliegenden Untersuchung wurde gezeigt, dass die Ursache für das schädliche Wirken von Interessengruppen in einer repräsentativen Demokratie in hohem Umfang in den Delegationsbedingungen zu suchen ist. Aufgrund des Programmcharakters kollektiver Delegation und der Zeitabstände der Delegation verfügen die politischen Handlungsträger über diskretionäre Handlungsspielräume, die es ihnen erlauben, sich zum Teil von den Präferenzen der Bürger-Prinzipale zu entfernen. Weil sich hochorganisierte Partikularinteressen gegenüber unterprivilegierten Gruppen im politischen Wettbewerb besser durchsetzen können und die Delegationsbedingungen eine gezielte Einflussnahme von politischen Handlungsträgern erst ermöglichen, erhalten gut organsierte Interessengruppen in einer repräsentativen Demokratie die Möglichkeit, sich auf Kosten unorganisierter Interessen durchzusetzen.[600] Während gruppenspezifische Maßnahmen seitens der Regierung von der jeweiligen Klientel deutlich wahrgenommen und durch ein entsprechendes Wahlverhalten honoriert werden, werden die Kosten der Politik zugunsten von Partikularinteressen auf die breite Allgemeinheit abgewälzt.[601] Die (wahrscheinlichen) externen Kosten der Delegation, die durch das Wirken von Interessengruppen hervorgerufen werden, ließen sich verringern, wenn die Politiker-Agenten enger an die

---

[599] Gleichwohl kann es nicht im Interesse einer Gruppe liegen, den politischen Entscheidungsträgern Fehlinformationen zu liefern, da auf Dauer die Einflussmöglichkeiten schwinden könnten. Interessengruppen informieren daher korrekt, aber stets selektiv im Sinne der Interessen ihrer Mitglieder. Vgl. Streit (1987), S. 47; Grossekettler (1995), S. 621.
[600] Neben der mangelnden Kontrolle durch die Wähler sieht Grüner einen weiteren Erfolgsfaktor für Rent-Seeking Aktivitäten darin, ob die politischen Handlungsträger (Regulierungs-) Möglichkeiten haben, die betreffende Gruppe in den Genus von Renten kommen zu lassen. Vgl. Grüner (2001), S. 98.
[601] Vgl. Leipold (1994), S. 732.

Wählerpräferenzen gebunden werden könnten.[602] Einer zentralen These der vorliegenden Untersuchung folgend könnte ein höherer Wettbewerb im politischen Markt mittels niedrigerer Delegationsgrade jene Unvollkommenheiten im bestehenden Markt einer repräsentativen Demokratie z.T. beheben.[603] Das Rentenstreben der organisierten Interessen zu Lasten unorganisierter Interessen könnte wesentlich eingeschränkt werden, wenn die Delegationsbedingungen derart verändert werden, dass Politiker-Agenten in ihren monopolistischen Handlungsspielräumen beschnitten werden und sich so die Präferenzen der Mehrheit der Bürger im politischen Prozess einer Demokratie im Prinzip besser durchsetzen.[604] Es kann also durchaus der Schluss gezogen werden, dass das Ausmaß von Präferenzmängeln in einer Demokratie in entscheidendem Umfang davon abhängt, wie stark der Einfluss von hochorganisierten Sonderinteressen auf kollektive Entscheidungen ist. Es ist daher kaum verwunderlich, dass die Mehrzahl der Theoretiker des Public Choice dem Wirken von organisierten Interessen in einer indirekten Demokratie recht kritisch gegenüber steht.

Wenn schon der Einfluss von Interessengruppen in einer rein repräsentativen Demokratie von Ökonomen mehrheitlich kritisch betrachtet wird,[605] so steht in der Diskussion um das Für und Wider einer Implementierung von direkten Volksrechten im politischen System einer Demokratie insbesondere ein Argument von Gegnern direktdemokratischer Elemente im wieder im Vordergrund: Mächtige Interessengruppen der Gesellschaft können direktdemokratische Instrumente für ihre Zwecke instrumentalisieren und der Mehrheit der Bürger eine nicht präferenzkonforme Politik aufoktroyieren.[606] Der Gang in eine „Rent-Seeking"-Gesellschaft werde durch das Vorhandensein direktdemokratischer Elemente weiter beschleunigt, weil Partikularinteressen den demokratischen Willensbildungsprozess nun erst recht dominieren und so zusätzliche Externalitäten einer nur schwer organisierbaren Mehrheit der Bürger aufgebürdet würden.[607] So sprechen sich *Brunetti/Straubhaar* für höhere Delegationsgrade im politischen System der Schweiz aus.[608] Auch *Kleinewefers* kommt zu einem

---

[602] Vgl. Kruse (1995), S. 11.

[603] Neben einem verstärkten Wettbewerb im politischen Markt können weitere ordnungspolitische Maßnahmen wie eine Publizitätspflicht von Interessengruppen oder die Implementierung von Verfahrensregeln und Entscheidungsprinzipien Anreizinkompatibilitäten vermeiden. Vgl. Brennan/Buchanan (1980); Hartwig (1997), S. 671; Grossekettler (1995), S. 626f.

[604] Erlei/Leschke/Sauerland gehen davon aus, dass das unproduktive Rentenstreben von Interessengruppen auf Kosten der Mehrheit der Bürger dann wirksam verhindet werden kann, wenn die Bürger über jene Aktivitäten aufgeklärt werden. Ein größeres Maß an Aufgeklärtheit der Bürger bewirke eine entsprechende Änderung der Wahlabsicht und einer Unterstützung latenter Gruppen. Zu einer Kritik jener Sichtweise vgl. Abschnitt 13.1.2.2. der vorliegenden Untersuchung.

[605] Vgl. dazu auch v. Hayek (1977), S. 12f.

[606] So moniert Schieren, dass sich bei Abwesenheit von Quoren wohlorganisierte Partikularinteressen auf Kosten der Mehrheit der Bürger durchsetzen können. „Die Herrschaft der Interessengruppen tritt an die Stelle der Volksherrschaft." Schieren (1996), S. 63; auch Bosbach (2002), S. 519.

[607] In einer empirischen Untersuchung für amerikanische Bundesstaaten kommt Boehmke zu dem Ergebnis, dass in Bundesstaaten mit direktdemokratischen Beteiligungsmöglichkeiten die Zahl von Interessengruppen höher ausfällt. Gleichzeitig steigt überproportional der Einfluss von Bürgerinitiativen. Vgl. dazu Boehmke (2002). – Zum Einfluss von Eliten im Prozess der direkten Demokratie der Schweiz vgl. Trechsel/Sciarini (1998).

[608] Vgl. dazu Brunetti/Straubhaar (1991), S. 241ff.; auch Brunetti (1990); Borner/Brunetti/Straubhaar (1990).

eindeutigen Schluss: „Statt das Kartell der Parteien zugunsten der Bürger aufzubrechen, haben die direkten Volksrechte also nur ein zweites Kartell gefördert, dasjenige der mächtigen Interessengruppen, das überdies die Parteien, das Parlament und die Verwaltung in erheblichem Maß unter seine Kontrolle gebracht hat."[609]
Zum einen kann diesem Argumentationsmuster entgegengehalten werden, dass es sich bei der Beurteilung des Einflusses von Interessengruppen im politischen Prozess einer halbdirekten Demokratie nicht um die Frage eines mehr oder weniger großen Delegationsgrades, sondern um die Frage eines optimalen Zustimmungserfordernisses handelt. Wenn Interessengruppen sich bei einer allgemeinen Abstimmung durchsetzen können, so führt sich das Argument der Instrumentalisierung direktdemokratischer Elemente auf Kosten der Mehrheit der Bürger zunächst einmal ad absurdum. Falls eine unterlegene Minderheit in der Abstimmung allerdings extrem hohe Kosten zu tragen hat, so stellen diese Kosten externe Kosten des Abstimmungsverfahrens dar. Geringere Kosten kollektiven Handelns lassen sich in diesem Fall über höhere Mehrheitserfordernisse regeln.
Zum anderen fehlt dem oben angeführten Argumentationsmuster eine komparative Sichtweise.[610] Eine Beurteilung des Einflusses von Interessengruppen in einer halbdirekten Demokratie kann nur dann adäquat sein, wenn die jeweilige Opportunität betrachtet wird.[611] Wie die Analyse weiter unten zeigen wird, ist es durchaus möglich, dass Interessengruppen ineffiziente öffentliche Projekte mittels direktdemokratischer Instrumente durchsetzen können. Im Vergleich zur indirekten Verfahrensalternative schneidet die direkte Demokratie allerdings eindeutig besser ab. Um jene These zu untermauern, wollen wir im Weiteren ein Modell von *Zimmermann/Just* verwenden, in dem der Einfluss von Interessengruppen in einer halbdirekten Demokratie analysiert wird.[612] Im Folgenden wird zunächst kurz das Modell beschrieben, mit dem daraufhin der politische Prozess in einer repräsentativen und halbdirekten Demokratie unter besonderer Berücksichtigung der Einflussnahme von Interessengruppen untersucht wird.

13.1.2.2.2.1. Das Modell

Bei der Analyse des Einflusses von Interessengruppen in einer repräsentativen und einer direkten Demokratie gehen wir im Folgenden davon aus, dass es um die Entscheidung über die Bereitstellung eines Kollektivgutes bzw. die Realisierung eines öffentlichen Projektes geht. Wir unterstellen dabei eine einfache Ja/Nein-Entscheidung. Weiterhin wollen wir im Rahmen des Modells die Annahmen treffen, dass die relevanten Akteure (Wähler und Interessengruppen) die Auswirkungen des Projektes auf ihr Wohlfahrtsniveau vollständig abschätzen können, allerdings Informationsdefi-

---

[609] Kleinewefers (1997), S. 66; auch Rhinow (1997), S. 138; Gabriel (1997), S. 243.
[610] Vgl. Bohnet/Frey (1994), S. 347; Frey (1997b), S. 186; Feld/Savioz (1998), S. 57; Feld/Kirchgässner (1998), S. 13.
[611] Kirchgässner/Feld/Savioz konstatieren, dass ein systematischer Vergleich des Einflusses von Interessengruppen in repräsentativer und direkter Demokratie noch aussteht. Vgl. Kirchgässner/Feld/Savioz (1999), S. 29.
[612] Vgl. dazu im Folgenden Zimmermann/Just (2000), S. 147ff.

zite hinsichtlich des Entscheidungsprozesses (z.B. Präferenzverteilung im Elektorat) vorliegen.
Eine Interessengruppe kann in einer Demokratie folgende Einflusskanäle zur Durchsetzung der Interessen ihrer Mitglieder nutzen:

- Auf der einen Seite kann die Gruppe versuchen, mittels einer Volksinitiative ihre Interessen durchzusetzen. Wenn wir diese Möglichkeit in Betracht ziehen, so gehen wir im Folgenden davon aus, dass die Hürden bis zur allgemeinen Abstimmung friktionslos genommen werden können.[613]
- Auf der anderen Seite kann die Gruppe versuchen, im politischen Prozess der indirekten Demokratie tätig zu werden und die Repräsentanten derart zu beeinflussen, dass eine Entscheidung im Sinne der Interessengruppe getroffen wird.

Für die Beurteilung des Einflusses von Interessengruppen ist nun folgende Fragestellung entscheidend: Wann wird sich eine Interessengruppe für eine Einflussnahme mittels des direkten Verfahrens und wann für eine über die indirekte Verfahrensweise entscheiden? Eine Interessengruppe wird zwischen diesen beiden Möglichkeiten entsprechend der komparativen Kosten wählen – m.a.W. sie wird denjenigen Einflusskanal wählen, bei dem der Nettonutzen maximiert werden kann. Da der Nutzen des Projektes bei Realisierung unabhängig von der gewählten Verfahrensweise anfällt, sind folgende Kosten der jeweiligen Verfahren für die Interessengruppe entscheidungsrelevant:

- Kosten der Einflussnahme im Prozess einer indirekten Demokratie stellen eine gezielte Informationsbereitstellung, Parteispenden oder im Extremfall auch Bestechungen dar. Jene Kosten sollen im Folgenden als K_{ind} bezeichnet werden.
- Falls sich die Interessengruppe mittels der direkten Verfahrensalternative durchsetzen will, so muss sie in der allgemeinen Abstimmung die Mehrheit der Bürger für ihren Vorschlag gewinnen. Falls absehbar ist, dass eine Mehrheit nicht erreicht werden kann, so müssen die potenziellen Verlierer der Projektrealisierung entsprechend kompensiert werden. Eine Kompensation kann beispielsweise über eine unmittelbare monetäre Entschädigung erreicht werden. Die Kompensationen sind dabei gerade so groß, dass eine entsprechende Zahl potenzieller Verlierer gegenüber dem Projekt indifferent wird, ihre Zustimmung zum Projekt gibt und eine Mehrheit in der abschließenden allgemeinen Abstimmung erreicht wird. Die Kompensationskosten der direkten Alternative wollen wir im Folgenden mit K_{dir} bezeichnen. Die Kosten K_{dir} hängen dabei von drei Faktoren ab: dem Kosten-Nutzen-Verhältnis des Projektes (K/N), der Zustimmungsquote zum Projekt (ZQ) und der notwendigen Mehrheit (MQ) in der allgemeinen Abstimmung.

Eine Interessengruppe wird folglich die Einflussnahme über den indirekten Kanal wählen, falls $K_{ind} < K_{dir}$ und umgekehrt die direkte Einflussmöglichkeit wählen, falls $K_{dir} < K_{ind}$.

---

[613] In Abschnitt 13.1.2.1.5. wurde deutlich, dass die Hürden für eine Volksinitiative je nach Ausgestaltung einen prohibitiven Charakter haben können.

Um im Folgenden lediglich relevante Fälle der Einflussnahme zu untersuchen, soll eine Unterscheidung der Verteilung von Nutzen und Kosten des Projekts vorgenommen werden. Im ersten Fall nehmen wir an, dass die Nutzen und Kosten des Projektes über die Gesamtheit der Bürger gleich verteilt sind. Im anderen Fall unterstellen wir eine Konzentration von Nutzen bei den Gewinnern und Kosten bei den potenziellen Verlierern des Projektes. Innerhalb dieser Gruppen seien die Nutzen bzw. Kosten wiederum gleich verteilt. Für beide Fälle lässt sich nun weiterhin die Unterscheidung vornehmen, ob der Nutzen-Kosten-Quotient größer oder kleiner als eins ist. Im Folgenden wird der Einfluss von Interessengruppen jeweils getrennt für effiziente und ineffiziente öffentliche Projekte untersucht.

13.1.2.2.2.2. Einflussnahme von Interessengruppen bei effizienten öffentlichen Projekten

Zunächst wollen wir untersuchen, welchen Einflusskanal eine Interessengruppe wählen wird, wenn N>K gilt:

- Bei einer angenommenen Gleichverteilung von Nutzen und Kosten und N>K wird jeder Bürger von dem öffentlichen Projekt profitieren. Da es keine Verlierer gibt, sind Kompensationen an potenzielle Verlierer nicht relevant. Unter der Prämisse, dass K_{dir} allein aus Kompensationskosten besteht, können jene Kosten nicht mehr durch Kosten der indirekten Einflussnahme unterboten werden. Eine Interessengruppe dürfte in der Konstellation (I) also in jedem Fall die direkte Verfahrensalternative wählen.
- Bei einer Ungleichverteilung von Nutzen und Kosten auf Gewinner und Verlierer des Projektes hängt die Wahl des Einflusskanals von den jeweiligen Kosten der Alternativen ab. Da N>K gilt, werden die Gewinner des Projektes selbst bei Kompensation der potenziellen Verlierer immer noch einen positiven Nettonutzen aus der Projektrealisierung erzielen. Die indirekte Einflussmöglichkeit über den politischen Prozess der repräsentativen Demokratie wird von einer Interessengruppe folglich dann gewählt, wenn $K_{ind} < K_{dir}$.[614] Umgekehrt kann eine Volksinitiative eine kostengünstigere Möglichkeit der Einflussnahme durch die Interessengruppe sein. Da allerdings für beide Fälle ein positiver Nutzen-Kosten-Quotient gegeben ist, wollen wir den Fall II nicht weiter problematisieren.

[614] Das Vorhandensein direktdemokratischer Elemente führt dazu, dass die Kompensationskosten im repräsentativen System sinken. Ohne Volksinitiative könnten die Repräsentanten im Extremfall die Kompensationskosten in Höhe des gesamten Nettonutzens des Projektes einfordern. Bei Vorhandensein der Volksinitiative werden die Kompensationskosten jedoch nicht höher sein als jene im direkten Verfahren, also tendenziell sinken.

13.1.2.2.2.3. Einflussnahme von Interessengruppen bei ineffizienten öffentlichen Projekten

Interessanter gestaltet sich nun die Fragestellung, welches Kalkül eine Interessengruppe für den Fall anstellt, wenn N<K ist. Da der Nutzen-Kosten-Quotient negativ ist, sollte dieses Projekt wegen seines negativen Beitrags zur gesellschaftlichen Wohlfahrt nicht realisiert werden. Folgendes Kalkül wird eine Interessengruppe anstellen:

- Bei einer Gleichverteilung von Nutzen und Kosten über alle Gesellschaftsmitglieder wird niemand eine Initiative zur Realisierung des öffentlichen Projektes einleiten, da alle Individuen potenzielle Verlierer wären.
- Anders stellt sich die Situation dar, in der Nutzen und Kosten des öffentlichen Projektes nicht gleichverteilt sind. In diesem Fall hängt es von der relativen Höhe von K_{ind} und K_{dir} ab, welche Option von der Interessengruppe realisiert wird. Für $K_{dir} < K_{ind}$ wird die Volksinitiative als Einflussmittel genutzt (Fall IV). Umgekehrt wird für $K_{ind} < K_{dir}$ im politischen Prozess der indirekten Demokratie Einfluss gesucht (Fall V).

Die Fälle IV und V stellen im Folgenden den Ansatzpunkt der Analyse dar. Denn obwohl das öffentliche Projekt keinen positiven Beitrag zur gesamtgesellschaftlichen Wohlfahrt stiftet, besteht die Möglichkeit, dass es trotz allem mittels Volksinitiative bzw. durch einen Beschluss der Volksvertreter realisiert wird.
Um die formale Analyse im Folgenden durchführen zu können, sollen vorab noch die Kosten K_{dir} der direkten Verfahrensalternative näher betrachtet werden. Ob die Volksinitiative ein möglicher Einflusskanal für eine Interessengruppe ist, hängt von der (relativen) Höhe von K_{dir} ab. Dabei ist K_{dir} eine Funktion von K/N, ZQ und MQ.
Zunächst einmal ist offensichtlich, dass die Zahl der Gesellschaftsmitglieder, die von den potenziellen Gewinnern kompensiert werden müssen, umso größer ist, je stärker ZQ von MQ abweicht. Die Nutzniesser des öffentlichen Projektes müssen die Verlierer so weit kompensieren, bis ZQ gerade MQ entspricht. MQ-ZQ entspricht dem prozentualen Anteil der Verlierer des Projektes, die in jedem Fall kompensiert werden müssen, damit das Projekt bei der allgemeinen Abstimmung die notwendige Mehrheit MQ erhält. Die minimale Kompensation pro Prozent Verlierer lässt sich weiterhin durch den Ausdruck K/(100-ZQ) darstellen. Die gesamten Kompensationskosten ergeben sich nun aus dem Produkt von MQ-ZQ und K/(100-ZQ).
Ein ineffizientes öffentliches Projekt wird mittels einer Volksinitiative nun nicht realisiert, wenn die Kosten der Kompensation größer sind als die Nutzen des entsprechenden Projektes. Dies lässt sich formal folgendermaßen ausdrücken:

$$\frac{K \times (MQ - ZQ)}{100 - ZQ} > N \quad \text{oder} \quad \frac{K}{N} > \frac{100 - ZQ}{MQ - ZQ} \quad \text{oder} \quad K > N\frac{100 - ZQ}{MQ - ZQ} \qquad (1)$$

Aus Formel (1) wird deutlich, dass das Projekt dann nicht mittels der Volksinitiative realisiert wird, wenn der Nettonutzen der potenziellen Gewinner negativ ist. Zwei Größen beeinflussen die Kompensationskosten dabei entscheidend:

- Je höher die notwendige Mehrheit MQ ist, desto höher liegen ceteris paribus die Kompensationskosten. Bei sinkendem MQ ist die Zahl der zu kompensierenden Verlierer kleiner, so dass die Kompensationskosten fallen.
- So lange ZQ<MQ<100 gilt, wird eine Erhöhung von ZQ zu einem steigenden N-Faktor führen. Wenn die Zustimmungsquote zu einem Projekt also ohne zusätzliche Kompensationen erhöht werden kann, so wird die Wahrscheinlichkeit größer, dass sich das ineffiziente öffentliche Projekt bei der allgemeinen Abstimmung durchsetzt.

Aus Formel (1) kann ein kritischer Kosten-Nutzen-Quotient abgeleitet werden, der bei gegebenem ZQ und MQ den Wert (100-ZQ)/MQ-ZQ annimmt. Dieser Grenzquotient soll im Folgenden mit GQ_{dir} bezeichnet werden. Falls GQ_{dir} größer ist als K/N, so ist der Einflusskanal der Volksinitiative für die Interessengruppe zunächst einmal eine Option. Entscheidend für die gewählte Verfahrensform ist schließlich, wie sich die Kosten K_{dir} und K_{ind} im Vergleich zueinander verhalten.
Im Folgenden wollen wir unter Zurhilfenahme formaler Analyseelemente betrachten, welchen Einflusskanal eine Interessengruppe bei ineffizienten öffentlichen Projekten wählen wird. Dazu wollen wir die oben genannten Fälle IV und V unter Berücksichtigung der direkten und indirekten Verfahrensalternative getrennt voneinander untersuchen.

Fall IV

Im Fall IV hängt der Erfolg einer Volksinitiative davon ab, wie sich GQ_{dir} verhält.

Sofern

$$K < N\frac{100-ZQ}{MQ-ZQ} \text{ bzw. } K < N \times GQ_{dir}$$

ist, wird eine Volksinitiative in der allgemeinen Abstimmung erfolgreich sein.

Wenn zunächst unterstellt wird, dass das Ergreifen einer Volksinitiative durch eine Interessengruppe erfolgreich sein kann, so hängt die Wahl des direkten Verfahrens als Einflusskanal im Endeffekt davon ab, wie sich bei gleichem Nutzen-Kosten-Quotienten des Projektes der Nettonutzen der indirekten Verfahrensalternative verhält. Um Aussagen über die Wahl des Einflusskanals von Interessengruppen zu erhalten, wollen wir im Folgenden daher analysieren, wie sich der Nettonutzen der jeweiligen Verfahrensalternativen gestaltet.

Nettonutzen des direkten Verfahrens

Da wir bei der gewählten analytischen Vorgehensweise die Bezugseinheiten anteilig gewählt haben, können wir den Nettonutzen nicht absolut, sondern lediglich relativ als prozentuale Größe darstellen. Entsprechend gilt pro Prozent Gewinner folgender Nutzen: N/ZQ. Umgekehrt können die Kosten pro Prozent der Verlierer des öffentlichen Projektes bei Annahme der Gleichverteilung innerhalb der Gruppe mit K/(100-ZQ) dargestellt werden.
Eine formale Darstellung der Nettonutzen kann unter Zuhilfenahme von Gleichung (1) erfolgen. In (1) wurden die Kompensationskosten dargestellt. Wenn man die gesamten Kompensationskosten nun pro Prozent der Gewinner ausdrücken möchte, so ergibt sich

$$\frac{K \times (MQ - ZQ)}{100 - ZQ} \times \frac{1}{ZQ} \tag{2}$$

Der Nettonutzen pro Prozent der Gewinner ergibt sich folglich, indem die Kosten pro Prozent der Gewinner von den Nutzen pro Prozent der Gewinner abgezogen werden:

$$NN = \frac{N}{ZQ} - \frac{K \times (MQ - ZQ)}{100 - ZQ} \times \frac{1}{ZQ} \tag{3}$$

Das Maximum des Nettonutzens ergibt sich, wenn die erste Ableitung der Nettonutzenfunktion gebildet und gleich Null gesetzt wird. Da N, K und MQ als Konstanten zu betrachten sind, stellt ZQ die abzuleitende Variable dar. Aus der Ableitung von NN nach ZQ ergibt sich unter Berücksichtigung von Produkt- und Quotientenregel folgender Term:

$$NN' = -\frac{N}{ZQ^2} - \left(\frac{-K \times (100 - ZQ) - (K \times MQ - K \times ZQ) \times (-1)}{(100 - ZQ)^2} \times \frac{1}{ZQ} + \frac{K \times MQ - K \times ZQ}{100 - ZQ} \times \frac{(-1)}{ZQ^2}\right)$$

$$NN' = -\frac{N}{ZQ^2} + \frac{100\,K - K \times MQ}{(100 - ZQ)^2} \times \frac{1}{ZQ} + \frac{K \times MQ - K \times ZQ}{100 - ZQ} \times \frac{1}{ZQ^2}$$

$$NN' = -\frac{N(100 - ZQ)^2}{(100 - ZQ)^2 \times ZQ^2} + \frac{100K \times ZQ - K \times MQ \times ZQ}{(100 - ZQ)^2 \times ZQ^2} + \frac{(K \times MQ - K \times ZQ) \times (100 - ZQ)}{(100 - ZQ)^2 \times ZQ^2}$$

$$NN' = \frac{(K \times ZQ^2 - 2K \times ZQ \times MQ + 100K \times MQ - 100^2 N + 200N \times ZQ - N \times ZQ^2)}{(100ZQ - ZQ^2)^2} \tag{4}$$

Setzt man Term (4) gleich Null und löst nach ZQ auf, so ergibt sich:

$$ZQ_e = \frac{100N - K \times MQ}{N-K} \pm \frac{1}{N-K}\sqrt{K(K \times MQ - 100N) \times (MQ - 100)} \quad (5)$$

Um die Nettonutzenfunktion (3) zu illustrieren, soll ein konkretes Zahlenbeispiel gewählt werden: K_1=120, N=100 und MQ=50. Für diese Fälle ergibt sich ein ZQ_{e1} von –444,95 und ein ZQ_{e2} von 44,95. Da eine negative Lösung für ZQ keinen Sinn macht, stellt ZQ_{e2} das entsprechende Minimum dar.[615] Alternativ ergibt sich ceteris paribus bei K_2=150 ein ZQ_e von 35,60. Die beiden Nettonutzen-Funktionen sind in Abb. 17 dargestellt.

Abb. 17: Nettonutzen in Prozent der Gewinner in Abhängigkeit von der Zustimmungsquote

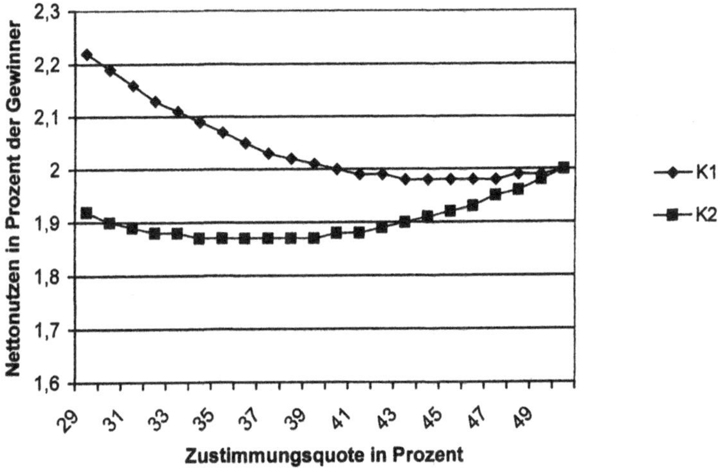

Quelle: Eigene Darstellung.

Aus Abb. 17 wird ersichtlich, dass der Nettonutzen von niedrigen Zustimmungsquoten bis ZQ_e sinkt und danach wieder ansteigt. Bei einer Zustimmungsquote, die der Mehrheitsquote entspricht, ist der Nettonutzen pro Prozent der Gewinner der verschiedenen öffentlichen Projekte schließlich gleich. Je höher die Kompensationskosten pro Prozent der Gewinner sind, desto mehr nähert sich die Netto-Nutzen-Kurve der Abzisse an. Ab einer einer kritischen Kostengröße wird der Nettonutzen für bestimmte Zustimmungsquoten schließlich negativ.

[615] Vgl. dazu Zimmermann/Just (2000), S. 154.

Warum existiert nun eine kritische Zustimmungsquote, bei der der Nettonutzen pro Prozent der Gewinner sein Minimum findet? Aus der Struktur der Gleichung (3) wird deutlich, wie die Entwicklung der Nettonutzenfunktion von ZQ abhängt.
Bei niedrigen Zustimmungsquoten unterhalb von ZQ_e verteilt sich der Nutzen des öffentlichen Projektes nur auf einen sehr kleinen Teil der Gesellschaftsmitglieder. Der Nutzen pro Prozent der Gewinner ist entsprechend hoch. Der prozentuale Teil des Elektorats, der für die Zustimmung zum öffentlichen Projekt kompensiert werden muss, ist bei einer niedrigen Zustimmungsquote zwar hoch. Da der Nutzen pro Prozent Gewinner allerdings relativ hoch ist, fällt der Nettonutzen pro Prozent Gewinner entsprechend aus.
Bei steigenden Zustimmungsquoten sinkt nun zunächst einmal der Nutzen pro Prozent Gewinner N/ZQ. Bis zu ZQ_e sinken die Kompensationskosten pro Prozent der Verlierer allerdings weniger stark als die Abnahme der Nutzen pro Prozent der Gewinner. Entsprechend sinkt der Nettonutzen bis ZQ_e auf sein Minimum. Ab ZQ_e steigt der Nettonutzen wieder an, da ab jener Zustimmungsquote die Abnahme der Nutzen pro Prozent Gewinner geringer ausfällt als die Abnahme der Kompensationskosten pro Prozent Verlierer.
Diesem Kalkül zufolge haben wir es mit zwei Effekten zu tun: Bis zu ZQ_e ist der Effekt, dass sich die Nutzen des Projektes auf eine immer größere Anzahl von Gewinnern verteilt größer als der Effekt der sinkenden Kompensationskosten pro Prozent der Verlierer. Ab Zustimmungsquoten von $ZQ > ZQ_e$ ist der gegenteilige Effekt dominierend: Die Abnahme der Nutzen pro Prozent der Gewinner ist weniger stark als die Abnahme der Kompensationskosten pro Prozent der Verlierer.

Nettonutzen des indirekten Verfahrens

Eine Interessengruppe wird sich im aufgezeigten Fall IV nur dann für den Einflusskanal der Volksinitiative entscheiden, wenn der Nettonutzen mittels der Volksinitiative größer ist als der Nettonutzen, der mittels des Einflusskanals der indirekten Demokratie gewählt wird. Es muss daher gefragt werden, welche Optionen einer Interessengruppe zur Verfügung stehen, im Rahmen des Prozesses einer repräsentativen Demokratie Einfluss auf die Entscheidungsträger zu nehmen und welche Kompensationskosten hierbei anfallen.
Folgende Einflussmöglichkeiten können in einer repräsentativen Demokratie als relevant betrachtet werden:

- Unterstellt man eine ideal-repräsentative Demokratie, in der die Zusammensetzung des Parlamentes exakt die Präferenzen seiner Bürger wiedergibt, so müssten die Interessengruppen analog der Vorgehensweise im Prozess einer direkten Demokratie eine entsprechende Zahl von Repräsentanten der Verlierer gerade so weit kompensieren, dass eine Zustimmung im Parlament erwartet werden kann. Wie die Analyse in Abschnitt 13.1.1. gezeigt hat, ist eine solch idealisierte Vorstellung der Repräsentation von Interessen fern der Realität tatsächlicher Repräsentation.

- In allen repräsentativen Demokratien ist es vielmehr üblich, dass spezielle Fragestellungen in Fachausschüssen vorbereitet werden und den Abgeordneten der Parteien bei einer abschließenden Abstimmung im Parlament auf der Grundlage des Votums des Ausschusses ein bestimmtes Abstimmungsverhalten nahegelegt wird. Faktisch haben die Mitglieder eines Fachausschusses damit einen erheblichen Einfluss auf die abschließende Entscheidung im Parlament. Falls sich Interessengruppen im politischen Prozess einer indirekten Demokratie Geltung verschaffen wollen, so wird in aller Regel lediglich Einfluss auf die Mitglieder eines Fachausschusses ausgeübt.[616] Weiterhin können Interessengruppen Einfluss bei politischen Entscheidungsträgern geltend machen, indem gezielt Informationen bereitstellt werden, Parteien finanziell unterstützt werden, Politiker direkt bestochen werden oder beispielsweise durch eine Beeinflussung der öffentlichen Meinung vor- und außerparlamentarisch Druck entsteht. [617] Die Kompensationskosten im Vergleich zu einer Einflussnahme auf die Mitglieder des gesamten Parlamentes dürften damit deutlich niedriger ausfallen.[618]

Da die Nutzen pro Prozent der Gewinner im betrachteten Fall IV unabhängig vom gewählten Einflusskanal realisiert werden, stellt sich für eine Interessengruppe die Frage, in welchem Prozess geringere Kompensationskosten anfallen. Die oben dargestellten Überlegungen lassen erwarten, dass die Kompensationskosten im repräsentativen System deutlich unter den Kompensationskosten des direkten Verfahrens liegen. Statt einen mehr oder weniger großen Teil des Elektorats kompensieren zu müssen, braucht die Interessengruppe im günstigsten Fall im repräsentativen Verfahren lediglich entscheidenden Einfluss auf einige wenige Mitglieder des entsprechenden Fachausschusses auszuüben.[619] Bezogen auf die Schweiz spitzen *Kirchgässner/Feld/Savioz* zu: „Etwas vereinfacht könnte man formulieren, dass es schwieriger ist, die Mehrheit eines Volkes von 5 Millionen Stimmbürgerinnen und Stimmbürgern zu 'kaufen' als die Mehrheit eines Parlaments mit 200 oder 500 Abgeordneten."[620] Die Höhe jener Kompensationskosten hängt davon ab, ob mit einer gezielten Bereitstellung von Informationen die Mitglieder beeinflusst werden können bzw. welches Informationsniveau die Ausschussmitglieder haben, wie stark die Zusammensetzung des Ausschusses von der Zusammensetzung im Parlament abweicht,

---

[616] In der vorliegenden Untersuchung wurde das Problem exekutiver Delegation ausgeblendet. Im politischen Entscheidungsprozess üben Verbände durch „personalisierte Dauerbeziehungen zu den politisch-administrativen Weichenstellern" in der Vorbereitungsphase von Gesetzgebungsverfahren gleichwohl einen erheblichen Einfluss aus. Vgl. Hartwig (1997), S. 663f.

[617] Ein weitgehender Einfluss würde ebenfalls realisiert werden, wenn Mitglieder einer Interessengruppe über die Zugehörigkeit von Parteien bzw. des Parlamentes unmittelbar Entscheidungen beeinflussen können. Vgl. Petersen (1993), S. 102; Stiglitz (1989), S. 163.

[618] Eine gewisse Begrenzung des Einflusses von Interessengruppen im Einflusskanal der repräsentativen Demokratie findet gleichwohl durch die Budgetrestriktion des Staates, die Wiederwahlorientierung der Politiker-Agenten sowie durch den Wettbewerb unter den Gruppen selbst statt. Vgl. Frey/Kirchgässner (1994), S. 216.

[619] Frey betont zudem, dass die Bürger in einer direkten Demokratie über die anliegenden politischen Fragen besser informiert sind und sich deswegen ungleich schwerer durch Gruppeninteressen beeinflussen lassen. Vgl. Frey (1997b), S. 186.

[620] Kirchgässner/Feld/Savioz (1999), S. 31; auch Matsusaka (1992), S. 545f.

ob im Parlament der sogenannte „Fraktionszwang" herrscht und wie groß die monopolistischen Handlungsspielräume der Politiker-Agenten sind.[621]
Formal ausgedrückt sinkt die notwendige Mehrheitsquote MQ_{ind} im repräsentativen Verfahren im Vergleich zur Mehrheitsquote MQ_{dir} im direkten Verfahren. Dies hat zur Folge, dass der oben dargestellte kritische Kosten-Nutzen-Quotient ceteris paribus im repräsentativen Verfahren größer ist als im direkten:

$$GQ_{ind} = \frac{100 - ZQ}{MQ_{ind} - ZQ} > \frac{100 - ZQ}{MQ_{dir} - ZQ} = GQ_{dir}$$

Weil die Kompensationskosten der potenziellen Verlierer im repräsentativen Verfahren im Vergleich zu einer Kompensation von potenziellen Verlierern in der Wählerschaft ungleich geringer ausfallen dürften, sinkt die notwendige Mehrheitsquote MQ_{ind} bzw. steigt der kritische Kosten-Nutzen-Quotient GQ_{ind}. Diesem Kalkül entsprechend wird ein größerer Teil ineffizienter Projekte durch den Einfluss von Interessengruppen im Verfahren der repräsentativen Demokratie realisiert.
Als Ergebnis lässt sich festhalten: Für den betrachteten Fall IV ist das Ergreifen einer Volksinitiative durch eine Interessengruppe bis zu einem bestimmten kritischen Kosten-Nutzen-Verhältnis *möglich*, da bei gleichem Projekt die entsprechenden Kompensationskosten allerdings im repräsentativen Verfahren niedriger ausfallen dürften, wird jene Einflussmöglichkeit durch eine Interessengruppe *weniger wahrscheinlich* genutzt.

Fall V

Ein bestimmter Teil gesamtgesellschaftlich ineffizienter Projekte kann nun nicht mehr mittels der Volksinitiative, sondern ausschließlich im repräsentativen Verfahren durchgesetzt werden. Hier liegt der oben klassifizierte Fall V vor. Formal lässt sich dieser Umstand wie folgt ausdrücken:

$$GQ_{krit,dir} < GQ_{ind} \leq GQ_{krit,ind}$$

Der Kosten-Nutzen-Quotient GQ_{ind} muss größer sein als der kritische Kosten-Nutzen-Quotient im direkten Verfahren, darf aber gleichfalls nicht höher sein als der kritische Kosten-Nutzen-Quotient im indirekten Verfahren $GQ_{krit,ind}$, da ansonsten der Nettonutzen der Durchsetzung des öffentlichen Projektes negativ wäre.

[621] Im Falle einer halbdirekten Demokratie muss eine Interessengruppe beachten, dass nicht präferenzgerechte Entscheidungen der Repräsentanten u.U. durch Volksinitiativen bzw. Referenden revidiert werden können. Dieses Risiko erhöht die Kosten im repräsentativen Verfahren. Eine Einbeziehung dieser Kosten soll an dieser Stelle nicht erfolgen.

13.1.2.2.2.4. Fazit

Die Bewertung des Einflusses von Interessengruppen in einer halbdirekten Demokratie muss sich an folgender Fragestellung orientieren: Können mittels direktdemokratischer Institutionen ineffiziente öffentliche Projekte durch den Einfluss von Interessengruppen zu Lasten der Mehrheit der Bürger durchgesetzt werden? In Tab. 8 wird eine Aufteilung von Volksintiativen in die oben beschriebenen Fälle vorgenommen, aus der ersichtlich wird, in welchem Fall ineffiziente Projekte mittels einer Volksinitiative durchgesetzt werden können.

Tab. 8: Verteilung von Nutzen und Kosten und Relevanz von Volksinitiativen

	N>K	**N<K**	
Gleichverteilung von Nutzen und Kosten	Volksinitiative (I)	Volksinitiative irrelevant (III)	
Konzentration von Nutzen und Kosten	Volksinitiative möglich (II)	Volksinitiative möglich (IV)	Volksinitiative nicht möglich (V)

Quelle: Zimmermann/Just (2000), S. 151.

Folgende Schlussfolgerungen können aus der oben durchgeführten Analyse gezogen werden:

- Effiziente öffentliche Projekte werden – unabhängig von der Verteilung von Nutzen und Kosten des Projektes – im Rahmen der direkten Demokratie stets realisiert.[622] Dagegen ist es durchaus möglich, dass effiziente Projekte in einer rein repräsentativen Demokratie wegen des Einflusses von Interessengruppen nicht realisiert werden. Das Vorhandensein direktdemokratischer Elemente fördert damit wesentlich das Durchsetzen effizienter öffentlicher Projekte.
- Wie die Analyse der Fälle IV und V oben gezeigt hat, ist die Wahrscheinlichkeit, dass ineffiziente öffentliche Projekte mittels des Einflusskanals der indirekten Demokratie statt im direkten Verfahren realisiert werden, als größer einzuschätzen. Interessengruppen werden ihre Einflussbemühungen eher auf die politische Sphäre der indirekten Demokratie richten, da die Kompensationskosten im repräsentativen System deutlich niedriger ausfallen dürften als die Kompensation eines mehr oder weniger großen Teils der gesamten Wählerschaft.

Insgesamt kann also gefolgert werden, dass *gerade* das Vorhandensein direktdemokratischer Elemente in einer Demokratie dazu führt, dass der allgemeinwohlschädliche Einfluss von Interessengruppen zurückgedrängt wird. *Zimmermann/Just* kommen daher zu folgendem Ergebnis: „Direct Democracy ensures the acceptance of ef-

[622] Vgl. hierzu auch Noam (1980), S. 808f.

ficient projects and – given that cost-benefit ratios are not too bad – decreases the inefficiency (raises the efficiency) of innefficient projects." „From a comparative perspective, there is clearly an efficiency advantage of direct in contrast to indirect democracy – indirect democracy tends to worsen and direct democracy tends to improve cost-benefit-ratios of projects."[623]

Es sollte gleichwohl nicht vollständig ein Einfluss von Interessengruppen in einer halbdirekten Demokratie negiert werden. In empirischen Untersuchungen konnte zwar nachgewiesen werden, dass eine unmittelbare Käuflichkeit von Abstimmungen durch finanzstarke Interessengruppen in der Schweiz nicht gegeben ist.[624] Gleichwohl bestehen für ressourcenstarke Gruppen in einer direkten Demokratie zweifelsohne bessere Möglichkeiten, politische Themen auf die Agenda zu setzen.[625] *Lydenberg* und *Lowenstein* kommen für Abstimmungen in den USA allerdings zu dem Ergebnis, dass der Einsatz erheblicher finanzieller Mittel durch Interessengruppen alleine nicht ausreicht, um eine Mehrheit der Wähler in der abschließenden Abstimmung zu erhalten. Gleichwohl stellt die finanzielle Überlegenheit einer Interessengruppe eine günstige Situation dar, eine Abstimmungsvorlage zu Fall zu bringen.[626]

Entscheidender für die vielfach geäußerte Skepsis gegenüber dem Wirken von Interessengruppen in der direkten Demokratie dürfte allerdings sein, dass der Einfluss jener Gruppen nun wesentlich transparenter und dadurch für die demokratische Öffentlichkeit wahrnehmbar wird.[627] Aber auch hier sollte eine komparative Sichtweise angesetzt werden: Nur weil der Einfluss von Interessengruppen in der direkten Demokratie transparenter ist, muss er nicht stärker sein als in einem repräsentativen System.[628] Transparenz in der Wissensvermittlung im politischen Willensbildungsprozess führt im Gegenteil dazu, dass interessenbezogene Informationen im politischen Diskurs als solche von der Öffentlichkeit wahrgenommen und so die gemeinwohlschädliche Einflussnahme vermindert werden kann.[629] Gerade weil Transparenz die Verteilungswirkungen politischer Maßnahmen erhöht, treten Interessenskonflikte im politischen Diskurs deutlicher zutage.[630] Damit bietet gerade eine größere Transparenz im politischen Willensbildungsprozess die Grundlage für einen wohlfahrtssteigernden Wettbewerb der Interessen – mit dem Ergebnis, dass die sich aus der unterschiedlichen Organisierbarkeit von Interessen ergebenden Probleme zwar nicht voll-

---

[623] Zimmermann/Just (2000), S. 156; 157.
[624] Vgl. Longchamp (1991); auch Hertig (1982).
[625] Zu den Erfahrungen in Kalifornien vgl. Möckli (1991b), S. 40f.
[626] Zitiert bei Feld/Savioz (1998), S. 57; auch Glaser (1997), S. 205, 214f.; Banducci (1998), S. 126ff.; Donovan et al. (1998), S. 99f.; Schiller (2002), S. 123ff., 150f. Als Beispiel kann die Initiative gegen das Rauchen in geschlossenen Räumen in Kalifornien herangezogen werden. Obwohl Tabakkonzerne und deren Interessenvertretungen eine 6,5 Millionen Dollar teure Kampagne finanzierten, wurde die Abstimmungsvorlage von der Mehrheit der Bürger angenommen. – Zu einem Überblick über Ausgaben von Proponenten und Opponenten sowie die Ergebnisse der 20 teuersten Abstimmungswahlkämpfe in Kalifornien vgl. Glaser (1997), S. 212.
[627] Zu einer kritischen Sichtweise des Einflusses von Interessengruppen bei Volksabstimmungen in amerikanischen Bundesstaaten vgl. Broder (2001).
[628] Vgl. Feld/Savioz (1998), S. 58.
[629] Vgl. Adamovich/Wohlgemuth (1999), S. 138.
[630] Vgl. Streit (1987), S. 53.

ständig beseitigt, gleichwohl doch gemildert werden können.[631] Gerade weil Individual- und nicht Kollektivakteure der normative Bezugspunkt demokratischer Politik sein sollten, bietet eine halbdirekte Demokratie einen adäquateren institutionellen Rahmen, mit der eine ausgeglichenere Repräsentation von Bürgerinteressen in einem Gemeinwesen erreicht werden kann.

13.2. Intrapersonelle Konsensfindungskosten kollektiver Entscheidungen

Neben den (wahrscheinlichen) externen Kosten der Delegation stellen die intrapersonellen Konsensfindungskosten kollektiver Entscheidungen diejenigen Nutzeneinbußen für die Mitglieder eines Gemeinwesens dar, die im Zuge kollektiven Handelns anfallen. Daher soll in diesem Abschnitt der vorliegenden Untersuchung eine detaillierte Analyse jener Kosten erfolgen.
Der Einfachheit halber werden an dieser Stelle die intrapersonellen Konsensfindungskosten im repräsentativen Verfahren nicht weiter analysiert. Dazu wurden bereits in Abschnitt 13.1.1.3. einige Ausführungen gemacht. Im Folgenden sollen daher ausschließlich die intrapersonellen Konsensfindungskosten in einer halbdirekten Demokratie betrachtet werden.[632] Das Gros jener Kosten kann durch die Informationskosten umschrieben werden. Dabei wird diesbezüglich insbesondere auf die Komplexität kollektiver Entscheidungen eingegangen.
Im Unterschied zu vielen demokratietheoretischen Untersuchungen werden in diesem Abschnitt nicht nur die Kosten der intrapersonellen Konsensfindung, sondern ebenfalls die Nutzen einer stärkeren Partizipation der Bürger betrachtet.[633] Dazu wird die politische Kommunikation in einer halbdirekten Demokratie untersucht. Der Kommunikationseffekt in einer direkten Demokratie kann die Kooperationsquote in der Gesellschaft signifikant steigern und so zu einem Entscheidungsfindungsnutzen führen. Das vor der Verfassungswahl stehende Indivduum wird damit neben den offensichtlich anfallenden Kosten der intrapersonellen Konsenssuche ebenfalls Entscheidungsfindungsnutzen in sein Kalkül einfliessen lassen.
Im Zuge der Diskussion um das Für und Wider einer stärkeren Beteiligung der Bürger im politischen Prozess einer Demokratie werden neben den von uns als konstitutiv angesehenen Kostenströmen eine Reihe weiterer Argumente vorgebracht, die an dieser Stelle nicht weiter vertieft werden sollen:

- *Kosten der Abstimmungsteilnahme*: Jene Nutzeneinbußen bestehen vor allen Dingen aus zeitlichen Opportunitätskosten. Wir unterstellen an dieser Stelle, dass jene Kosten im Vergleich zu den anderen aufgeführten Kostenarten von untergeordneter Rolle sind. Gleichwohl sollten die Beteiligungskosten im Verfassungskal-

---

631 Vgl. auch Cassel (1998), S. 475.
632 Da die intrapersonellen Konsensfindungskosten in einer reinen direkten Demokratie definitionsgemäß prohibitiv hoch sind, findet ausschließlich eine Analyse der Kosten in einem halbdirekten Verfahren statt.
633 Kleinewefers spricht in diesem Zusammenhang vom „Ertrag der direkten Volksrechte". Kleinewefers (1997), S. 68.

kül zur Ableitung eines optimalen Delegationsgrades eines Individuums nicht ausgeblendet werden.

- *Langsamkeit des politischen Prozesses*: Insbesondere in der Schweiz wird von Kritikern der direkten Demokratie deren Langsamkeit moniert. Die direkte Demokratie mit ihrem schwerfälligen und auf einen breiten Konsens ausgerichteten Entscheidungsprozess passe sich in einer beschleunigten Welt nicht mehr den Gegebenheiten an und sei entsprechend innovationsfeindlich. Gesellschaftlich notwendige Veränderungen und strukturelle Anpassungen würden nur schleppend umgesetzt, so dass es zu unerwünschten gesellschaftlichen Entwicklungsbrüchen komme.[634]

  Das Argument der Langsamkeit des politischen Prozesses in der direkten Demokratie erweist sich als irreführend, da eine politische Veränderung nicht per se eine Verbesserung im Sinne der Mehrheit der Bürger bedeutet.[635] Die Qualität kollektiver Entscheidungen kann kaum eindimensional anhand der Zeitdauer der Entscheidungsfindung beurteilt werden. Wiederum stellt sich im Rahmen einer verfahrensorientierten Sichtweise die Frage, inwiefern die Mitglieder einer Demokratie das Verfahren der Entscheidungsfindung als legitim erachten. Im Rahmen des Verfassungskalküls eines Individuums wird der zeitliche Aspekt der Entscheidungsfindung sicherlich eine Rolle spielen. Gleichwohl werden die Individuen ebenfalls Kostenüberlegungen dahingehend anstellen, inwieweit die getroffenen kollektiven Entscheidungen ihren eigenen Präferenzen entsprechen. Die zeitliche Dimension kollektiver Entscheidungsfindung im Hinblick auf die Frage der Optimalität des Delegationsgrades als ausschlaggebendes Kriterium heranzuziehen, dürfte im Zweifel eine verkürzte Sicht der Dinge darstellen. Falls die Individuen das Verfahren der Entscheidungsfindung als legitim erachten, kann keinesfalls von einer rückständigen oder falschen Entscheidung gesprochen werden.[636]

13.2.1. Informationskosten in der halbdirekten Demokratie

Aufgrund des geringeren Delegationsgrades in halbdirekten Demokratien benötigen die Bürger mehr und häufiger Informationen, da neben den periodisch wiederkehrenden Parlamentswahlen nun zusätzlich Abstimmungen über einzelne Sachthemen stattfinden. Es stellt sich die Frage, ob die Bürger in einem solchen institutionellen Arrangement Anreize haben, die für die Entscheidungsfindung notwendigen Informationen nachzufragen, um letztlich im Sinne ihrer eigenen Präferenzen „richtig" zu entscheiden.[637] Eine „richtige" Entscheidung soll hier im Sinne einer für das entscheidende Individuum präferenzgerechten Entscheidung verstanden werden. Ein Indivdiuum wird offensichtlich für sich nur dann eine richtige Entscheidung treffen, wenn es

---

634 Vgl. Borner/Brunetti/Straubhaar (1990); Borner/Brunetti/Straubhaar (1994); Kleinewefers (1997), S. 75; Möckli (1995), S. 12f.
635 Vgl. Schwarz (1997), S. 291.
636 Vgl. Frey (1997b), S. 186f.; Blankart (2002), S. 523.
637 Vgl. Bohnet (1997), S. 146.

nicht nur seine eigenen Präferenzen kennt, sondern darüber hinaus weitere Sachinformationen über den betreffenden Abstimmungsgegenstand einholt.[638]
Dabei stellt es keinen grundlegenden Unterschied dar, ob die Bürger vor der Wahl einer Partei oder einer konkreten Sachvorlage stehen. Letztlich werden die Bürger in einer Demokratie stets in gewissem Umfang unvollständig informiert bleiben. Aus dieser Uninformiertheit wachsen allerdings Konsequenzen: Weil die Erwartungen hinsichtlich der Regierungspolitik bzw. der Konsequenzen eines durch eine allgemeine Abstimmung in Kraft gesetzten Gesetzes aufgrund des defizienten Informationsstandes u.U. nicht erfüllt werden, können die Wähler enttäuscht werden und im Extremfall das Vertrauen in die Demokratie als produktives gesellschaftliches Arrangement verlieren. *Kirchgässner/Feld/Savioz* betonen daher, wie wichtig ein hoher Informationsstand in der Bevölkerung für die Stabilität einer Demokratie im allgemeinen ist.[639]
In der in Abschnitt 13.1.1.3. vorgenommenen Analyse der Informationsvermittlung in einer repräsentativen Demokratie wurde deutlich, dass die Wähler erheblich Informationskosten sparen, wenn sie ihre Entscheidungskompetenz delegieren und bei der Wahl einer Partei ihre Entscheidung auf eine ideologische Dimension bzw. Person reduzieren. Da weiterhin davon ausgegangen werden kann, dass die Vertreter der Wähler-Prinzipale – zumindest theoretisch – sich besser informieren können, sollten kollektive Entscheidungen aus dieser informationsökonomischen Perspektive zunächst einmal im Rahmen repräsentativer Verfahren getroffen werden.[640]
Wird ein Teil der Entscheidungskompetenz an die Gesamtheit des Kollektivs abgegeben, benötigen die Bürger für ihr Votum über einzelne Sachfragen deutlich mehr Informationen. Damit tragen die Bürger in einer direkten Demokratie im Vergleich zu einem rein repräsentativen Verfahren offenbar zusätzliche Kosten. Im Unterschied zu einer Situation, in der stets die Vertreter der Bürger über die Bedürfnisse ihrer Wähler-Prinzipale abstimmen, artikulieren die Bürger in einer direkten Demokratie selbständig ihre Belange. Um im Sinne ihrer eigenen Präferenzen eine richtige Entscheidung zu treffen, müssen die Bürger allerdings die für die anstehende kollektive Entscheidung relevanten Informationen erwerben, aufnehmen und verarbeiten. Die gesamten Nutzeneinbußen, die ein Individuum aus diesen Aktivitäten hinnehmen muss, wollen wir im Folgenden als Informationskosten bezeichnen. Wie in der Analyse der Transaktionskosten in einer Demokratie in Kapitel I deutlich wurde, stellen die Infor-

---

[638] Im Wesen politischer Entscheidungen liegt es, dass jenen stets eine Wert- und eine Sachkomponente inne liegt. Wegen der letztlichen Nichtbegründbarkeit von Wertentscheidungen ist es gleichwohl nicht statthaft, von „richtigen" oder „guten" kollektiven Entscheidungen zu sprechen. Gerade weil kollektive Entscheidungen auch/vor allem Wertentscheidungen sind, gilt das Primat des Verfahrens, mit dem jene Entscheidungen zustande kommen. Wenn eine kollektive Entscheidung im Rahmen eines Verfahrens getroffen wurde, dem alle Mitglieder der Gesellschaft – zumindest hypothetisch – einstimmig zugestimmt haben, so muss auf der Grundlage der Legitimitätsbetrachtungen der Individuen jene Entscheidung als „gut" und „richtig" betrachtet werden. Die Qualität kollektiver Entscheidungen kann demnach ausschließlich in Verbindung mit dem betreffenden Verfahren beurteilt werden. Zu den verschiedenen Formen von Verfahrensrationalität vgl. Homann (1982), S. 28f. – An dieser Stelle kann eine Parallele zur Sichtweise von v. Hayek gezogen werden, der die Ergebnisse von Marktprozessen ebenfalls nicht als „optimal" oder „suboptimal" kategorisiert, sondern eine prozessorientierte Sichtweise einnimmt. Vgl. v. Hayek (1969/1994).
[639] Vgl. Kirchgässner/Feld/Savioz (1999), S. 47; auch Kirchgässner (2001), S. 158.
[640] Vgl. Kirchgässner/Feld/Savioz (1999), S. 52.

mationskosten den wesentlichen Teil der intrapersonellen Konsensfindungskosten dar.
Die Bürger in einer direkten Demokratie werden gleichwohl nur dann jene Informationskosten auf sich nehmen, wenn die Nutzen der Informationsgewinnung die Kosten übersteigen. Im Folgenden soll daher analysiert werden, inwieweit die Bürger einer Demokratie Anreizen unterliegen, Informationen über die anstehenden Abstimmungsvorlagen *nachzufragen* und ob sich in einer direkten Demokratie Institutionen herausbilden, die ein effizientes *Angebot* an Informationen bereitstellen. Im Rahmen einer komparativen Sichtweise muss zudem hinterfragt werden, ob die Informationsbasis der Bürger in einer direkten Demokratie mit derjenigen der Repräsentanten zu vergleichen ist.

13.2.1.1. Nachfragebedingungen

Folgende Nachfragebedingungen für Informationen sind für eine direkte Demokratie als wesentlich zu betrachten:

- *Informationsbeschaffung und -selektion*: Erhebliche Kosten der Beschaffung von Informationen würden einem Wähler dann entstehen, wenn er Dritte beauftragen würde, jene Informationen für ihn bereitzustellen.[641] In den modernen massenmedial geprägten Demokratien werden den Bürgern Informationen quasi kostenlos zur Verfügung gestellt, so dass die Beschaffungskosten von Informationen als vernachlässigbar eingestuft werden können.[642] Aber gerade weil dem Stimmbürger eine solche Fülle an Informationen quasi kostenlos zur Verfügung steht, ist es für den Einzelnen wiederum mit Kosten verbunden, Informationen zu selektieren.[643] Der Bürger muss entscheiden, welche Informationen für ihn relevant und welche irrelevant sind. Diese Anstrengung stellt für den einzelnen Bürger bei der Fülle des Informationsangebotes einen nicht zu unterschätzenden Kostenfaktor dar.[644]
- *Informationsaufnahme und -verarbeitung*: Die Aufnahme und Verarbeitung von Informationen über den Abstimmungsgegenstand verlangt von den Individuen einen bestimmten (zeitlichen) Aufwand. Falls durch die Informationsaufnahme bestehende Denkmuster in Frage gestellt werden, müssen die neuen Informationen in die gewohnten Denkmuster integriert werden. Da andere nutzenbringende Aktivitäten durch die Informationstätigkeiten verdrängt werden, entstehen für die Individuen darüber hinaus zeitliche Opportunitätskosten. Je größer die Menge an Informationen über den anstehenden Abstimmungsgegenstand ist, die von den

[641] Downs macht darauf aufmerksam, dass eine ungleiche Einkommensverteilung dazu führt, dass Bürger mit höherem Einkommen sich eine Informationsbeschaffung eher leisten können als Bürger mit geringem Einkommen. Ein ungleiche Einkommensverteilung verzerrt damit das Prinzip der politischen Gleichheit in einer Demokratie. Vgl. Downs (1968), S. 231.
[642] Vgl. Lehner (1981), S. 26. Einen Überblick über die wichtigsten Informationsquellen bei Volksabstimmungen in drei amerikanischen Bundesstaaten gibt Glaser. Vgl. dazu Glaser (1997), S. 117.
[643] Vgl. Kirsch (1997), S. 219.
[644] Zur rationalen Wahl von Auswahlprinzipien vgl. Downs (1968), S. 207.

Bürgern in einer direkten Demokratie aufgenommen und verarbeitet werden muss, desto höher sind entsprechend auch die Informationskosten.
Die Individuen werden Informationskosten gleichwohl nur dann tragen, wenn die Grenzkosten des Informierens kleiner oder gleich den Grenznutzen sind.[645] Zum einen kann man davon ausgehen, dass die Kosten der Informationsbeschaffung im Hinblick auf kollektive Belange für den Einzelnen höher liegen als bei privaten Gütern.[646] Da „der sachliche, zeitliche und räumliche Streubereich der Konsequenzen von Kollektiventscheidungen sehr weit, in der Regel weiter als jener von Privatentscheidungen ist"[647], ist es für einen Stimmbürger in der direkten Demokratie relativ kostenträchtig, sich im Interesse seiner eigenen Präferenzen zu entscheiden. *Kirsch* merkt hierzu treffend an: „Wie soll jemand wissen, ob das Verbot der Genforschung seinen künftigen Tod an Aids bedeutet oder ob er mit seinem Votum für die Freiheit der Gentechnologie seinen Tod durch eine amoklaufende Mutation besiegelt?"[648]
Zum anderen wird ein Stimmbürger in der direkten Demokratie nur dann Nutzen aus seinem Engagement ziehen, wenn durch die Informationsaufnahme und -verarbeitung sowie einer daraus folgenden Abstimmungsentscheidung das Ergebnis der Abstimmung verändert wird und insofern unmittelbar ein zusätzlicher Nutzen resultiert. Da die Wahrscheinlichkeit, das abschließende Ergebnis einer Abstimmung durch die eigene Entscheidung entscheidend zu beeinflussen, sehr gering ist, muss der Ertrag des Informierens aus dieser Perspektive als marginal betrachtet werden.[649]
Nicht zuletzt stellen wohlinformierte kollektive Entscheidungen selbst ein Kollektivgut dar. Da keine Exkludierbarkeit gegeben ist, profitieren Gesellschaftsmitglieder, die nicht an einer Abstimmung teilnehmen und sich nicht informieren, von einer wohlinformierten Kollektiventscheidung. Die Kosten des Informierens fallen konzentriert beim betreffenden Individuum an, während der Nutzen sich über die Gesamtheit der Gesellschaftsmitglieder verteilt. Aus der Logik dieser Situation wird sich ein Individuum im Rahmen von allgemeinen Abstimmungen in einer direkten Demokratie kaum um entscheidungsrelevante Informationen bemühen. Während der Grenznutzen der Informationsaufnahme nahe null liegt, fallen eindeutig positive Grenzkosten der Informationsaufnahme und –verarbeitung an. Die Nachfragebedingungen nach Informationen in einer (direkten) Demokratie können aus dieser informationsökonomischen Perspektive daher entsprechend dem Phänomen der *rationalen Ignoranz* charakterisiert werden.[650]

- Obwohl die Stimmbürger in der direkten Demokratie nur einen geringen Einfluss auf die Abstimmungsentscheidung haben und das informative Engagement Kollektivgutcharakter besitzt, ist empirisch zu beobachten, dass ein Großteil der Ge-

645 Vgl. Downs (1968), S. 210.
646 Vgl. Petersen (1993), S. 88.
647 Kirsch (1997), S. 215.
648 Kirsch (1997), S. 215.
649 Vgl. Peters (2000), S. 299f.; Leipold (1988), S. 268; Herder-Dorneich/Groser (1977), S. 157; Wittman (1989), S. 1399.
650 Vgl. Downs (1968); Lehner (1981), S. 26f.

sellschaftsmitglieder sich dennoch informiert. Hierfür lassen sich mehrere Gründe anführen:[651]

1. Einzelne Bürger haben im Vorfeld der Abstimmungsentscheidung ein größeres Gewicht im privaten und/oder öffentlichen Diskurs als andere. Journalisten, Verbandsvertreter, Intellektuelle oder Politiker können dieses größere Gewicht u.U. nutzen, um die Abstimmungsentscheidung in ihrem Sinne zu beeinflussen. Jene Personen werden wegen des höheren Grenznutzens daher offensichtlich bereit sein, Informationskosten auf sich zu nehmen.[652]
2. Neben dem bisher betrachteten investiven Nutzen der Information, der aus einer sachgerechten und damit wohlfahrtssteigernden kollektiven Entscheidung resultiert, kann dem informativen Engagement auch ein konsumtiver Wert zugeschrieben werden. Ganz unabhängig davon, ob die Nutzen jenes Engagements über alle Gesellschaftsmitglieder streuen, informieren sich die Stimmbürger, weil der Abstimmungsgegenstand selbst ihr Interesse weckt und die Informationen selbst einen Nutzen stiften.[653] Die Informationsaufnahme und –verarbeitung wird zu einem privaten Gut.
3. Da es im Vorfeld von allgemeinen Abstimmungen zu einem unmittelbaren Diskussionsprozess über den Abstimmungsgegenstand zwischen den Bürgern kommt, kann der persönliche Informationsstand zu einem „Prestigeobjekt" werden.[654] Das soziale Umfeld einer Person kann eine hohe Erwartungshaltung hinsichtlich des Informationsstandes aufbauen, dem jene Person mit einer entsprechenden Informationstätigkeit nachkommt. Würden die Erwartungen im sozialen Umfeld enttäuscht, entstünde dem Individuum ein Verlust an sozialer Anerkennung. Falls diese Kosten höher sind als die Kosten der Informationsaufnahme und –verarbeitung, wird sich das Individuum über die anstehende Sachfrage informieren. Die unmittelbare Kommunikation zwischen den Bürgern verändert die Handlungsrestriktionen und führt dazu, dass der Charakter von Informationen zu einem privaten Gut wird.[655]
4. Wegen der unmittelbaren und erkennbaren Betroffenheit werden die Bürger in einer direkten Demokratie offensichtlich größere Anstrengungen unternehmen, sich die für sie relevanten Informationen zu besorgen, aufzunehmen und zu verarbeiten.[656]

[651] Vgl. hierzu Kirsch (1997), S. 220ff.
[652] Kirsch weist zurecht darauf hin, dass die Informierten ihren Informationsvorsprung gegenüber den weniger Informierten ausnutzen können und insoweit eine gewisse Instrumentalisierung zu befürchten ist. Vgl. Kirsch (1997), S. 221; Schaper (1984), S. 94f.
[653] Da sich die Individuen bei Abstimmungen bewusst sind, dass sie durch ihr Abstimmungsverhalten die Nutzenpositionen anderer Individuen verändern, werden sie in kollektiven Austauschprozessen u.U. auf Basis einer anderen Präferenzskala entscheiden. Das Bewusstsein der sozialen Interdependenz der indivdiuellen Entscheidung in einer kollektiven Abstimmung kann daher ebenfalls Auswirkungen auf das Informationsverhalten von Individuen haben. Vgl. Buchanan (1954a), S. 336.
[654] Vgl. Kirchgässner/Feld/Savioz (1999), S. 54f.
[655] Vgl. Bohnet/Frey (1994), S. 345.
[656] Vgl. Kirchgässner/Feld/Savioz (1999), S. 54; auch Erlei/Leschke/Sauerland (1999), S. 394.

13.2.1.2. Angebotsbedingungen

Folgende Bedingungen für das Angebot an Informationen können als wesentlich für eine direkte Demokratie betrachtet werden:

- In einer direkten Demokratie werden sich ähnlich wie in einer repräsentativen Demokratie Institutionen herausbilden, die die Informationskosten deutlich senken können. In der Prä-Entscheidungsphase werden sich Gegner und Befürworter der Abstimmungsvorlage formieren und Einfluss auf die Wähler nehmen wollen. Es werden Abstimmungsparolen in die öffentliche Debatte eingebracht. Standardisierte Stellungnahmen von Parteien und Interessengruppen erleichtern den Bürgern in dieser Phase des Entscheidungsprozesses die Informationsaufnahme.[657] Für den Bürger kann es durchaus rational sein, seine Informationssouveränität teilweise abzutreten und den Empfehlungen jener Gruppen zu folgen. Fehlen ihm die entsprechenden Ressourcen, so kann er im Vertrauen auf die Richtigkeit der entsprechenden Empfehlungen einen großen Teil an Informationskosten sparen.
  Der Wettbewerb zwischen Gegnern und Befürwortern der Abstimmungsvorlage führt dazu, dass im Zuge der Abstimmungsdiskussion ein umfassender Austausch von Argumenten stattfindet und die Positionen der jeweiligen Seite kritisiert werden.[658] Wie auf privatwirtschaftlichen Märkten kann die Kompetition im Vorfeld von Abstimmungen in einer direkten Demokratie als „Entdeckungsverfahren" charakterisiert werden. Ohne jenen Wettbewerb zwischen den Abstimmungsparteien würden viele Informationen, individuelle Präferenzen und neue Problemlösungsversuche unentdeckt bleiben.[659]
  Dass sich aus diesem Wettbewerbsprozess ergebende Informationsangebot können Stimmbürger einer direkten Demokratie kostengünstig für sich nutzen und auf dieser Grundlage eine fundierte Entscheidung im Hinblick auf ihre eigenen Interessen treffen.[660] Damit wird den Bürgern im Unterschied zur repräsentativen Demokratie in einer direkten Demokratie ein größerer Umfang an Informationen angeboten.
- Da einzelne Bürger ein größeres Gewicht im privaten und/oder öffentlichen Diskussionsprozess haben als andere, werden jene Informationskosten auf sich nehmen und in vielfältiger Weise versuchen, die Abstimmungsentscheidung in ihrem Sinne zu beeinflussen. Neben Interessenvertretern und Politikern werden sich insbesondere Spezialisten in den Diskussionsprozess einschalten und ihr Sachwissen zum Abstimmungsgegenstand einbringen. In der Schweiz finden regelmäßig Diskussionen über anstehende Sachabstimmungen statt, bei denen

---

657 Vgl. Eichenberger/Frey (1994), S. 783.

658 Der Wettbewerb im Vorfeld von Abstimmungen verhindert, dass es zu einer systematischen Verzerrung des Informationsangebotes kommt. Die Gefahr eines selektiven Informationsangebotes dürfte vor allem dann gegeben sein, wenn Befürworter oder Gegner eines Abstimmungsgegenstandes ein Informationsmonopol besäßen. Voraussetzung für eine sachgemäße Informationsvermittlung in einer direkten Demokratie ist damit der freie Zugang der Stimmbürger zu entscheidungsrelevanten Informationen.

659 Vgl. Adamovich/Wohlgemuth (1999), S. 131.

660 Vgl. Frey/Kirchgässner (1993), S. 140.

insbesondere Experten des betreffenden Abstimmungsthemas um ihre Meinung gefragt werden.[661] Vergleichbares lässt sich in repräsentativen Demokratien nicht oder nur in deutlich geringerem Umfang vorfinden.

- Neben dem sich spontan durch den Wettbewerb der Abstimmungsparteien entwickelnden Informationsangebot ist es in vielen direkten Demokratien weiterhin üblich, dem Stimmbürger vor der abschließenden Abstimmung amtliche Informationen über den Abstimmungsgegenstand zukommen zu lassen.[662] In der Schweiz geht jedem Stimmbürger vor der Abstimmung eine von der Regierung verfasste Informationsbroschüre zu, die die Abstimmungsvorlage begründet sowie die Argumente von Proponenten und Opponenten aufführt. Ebenso ist es in amerikanischen Bundesstaaten mit direktdemokratischen Beteiligungsmöglichkeiten üblich, an die Bürger sogenannte Wähler-Handbücher (Voter Pamphlet, Ballot Book, Ballot Pamphlet, Voter Handbook) zu verteilen.[663] Dieses institutionalisierte Informationsangebot kann die Informationskosten für den einzelnen Bürger erheblich senken und zu einer gewissen Objektivierung im Informationswettbewerb beitragen.

Die obigen Ausführungen dürften deutlich gemacht haben, dass sich sowohl die Nachfrage nach Informationen als auch das Angebot an Informationen in einer direkten Demokratie im Vergleich zu einem rein repräsentativen System deutlich unterscheidet. Auf der einen Seite erhöht die Institution der direkten Demokratie die Anreize für die Bürger, sich zu informieren. Auf der anderen Seite werden die Anbieter von politischen Informationen gezwungen, Informationen nicht nur zu den periodisch stattfindenden Parlamentswahlen, sondern auch zu konkreten Sachabstimmungen anzubieten. Im Zusammenspiel von Angebot und Nachfrage bilden sich in einer direkten Demokratie damit Mechanismen, die die Informationskosten der Individuen signifikant senken können.[664]

13.2.1.3. Komparative Analyse

Aus komparativer Sichtweise dürfte das repräsentative Verfahren hinsichtlich der Informationskosten gleichwohl deutliche Vorteile gegenüber einem direktdemokratischen Arrangement besitzen.[665] Statt sich bei jeder anstehenden Abstimmung über die Vorlage informieren zu müssen, entscheiden sich die Stimmbürger in einer indirekten Demokratie in der Regel nur alle 4 oder 5 Jahre für ihre Repräsentanten bzw. die sie verkörpernden politischen Parteien. Falls die Bürger sich bei ihrer Wahl an bestimmten Ideologien orientieren, die durch Wahlprogramme und vor allem einzelne

---

[661] Vgl. Kirchgässner/Feld/Savioz (1999), S. 58f.
[662] Vgl. Kleinewefers (1997), S. 68; Gross (1999), S. 91; Linder (1997), S. 456.
[663] Vgl. Glaser (1997), S. 122ff. Auch wenn die Wähler-Handbücher von vielen Bürgern genutzt werden und ein großes Vertrauen in die Objektivität der Informationen vorhanden ist, stellt der Umfang und die Verständlichkeit der z.T. über einhundert Seiten starken Broschüren die Stimmbürger vor Probleme. – Zu den „Ballot Pamphlets" in Kalifornien vgl. Möckli (1991b), S. 29f.
[664] Vgl. Eichenberger/Frey (1994), S. 783.
[665] Vgl. Downs (1968), S. 225ff.

Politiker repräsentiert werden, so stellen die Parteien in einer indirekten Demokratie eine Institution dar, die die Informationskosten für die Bürger signifikant senken können. In diesem Fall muss der Bürger nicht mehr alle Einzelheiten der Wahlprogramme kennen, sondern entscheidet sich allein aufgrund seiner Ideologie.[666]

Die verfassungsökonomische Perspektive macht deutlich, dass bei abnehmenden Delegationsgraden die Informationskosten als eine wesentliche Komponente der intrapersonellen Konsensfindungskosten ansteigen und bei einem Delegationsgrad von Null prohibitiv hoch ausfallen. Es ist unmittelbar einleuchtend, dass die Informationskosten der Parlamentarier des Deutschen Bundestages im Hinblick auf eine kollektive Entscheidung deutlich unter denen der gesamten wahlberechtigten Bevölkerung der Bundesrepublik Deutschland liegen. Bei anstehenden kollektiven Entscheidungen muss sich nicht mehr das gesamte Kollektiv informieren, sondern lediglich ein kleiner Teil des Kollektivs – die gewählten Vertreter.

Dabei sollte allerdings nicht übersehen werden, dass wiederum nur ein kleiner Teil der Parlamentarier einen hinreichend hohen Informationsstand über die zur Abstimmung im Parlament anstehenden kollektiven Belange hat. Auf der einen Seite besitzen die Politiker zunächst einmal nicht kraft ihres Amtes größere kognitive Fähigkeiten als die Stimmbürger. Auf der anderen Seite werden sich auch die Parlamentarier nicht über jede anstehende Entscheidung im Parlament vollumfänglich informieren und adäquat auseinandersetzen können. Für die Abgeordneten eines Parlamentes fallen ebenfalls positive Informationskosten vor allem in Form zeitlicher Opportunitätskosten an. Wiederwahlorientierte Politiker müssen zahlreiche Verpflichtungen in ihrem Wahlkreis und der Partei wahrnehmen und sich um die wahlwirksame Wahrnehmung in der Öffentlichkeit bemühen. Es kann daher nicht davon ausgegangen werden, dass die Gesamtheit der Politiker-Agenten in einer repräsentativen Demokratie dem Idealbild eines stets wohlinformierten Experten entspricht. Die Erfahrungen in der Schweiz zeigen, dass die Sachkenntnisse der Bürger vielfach nicht schlechter sind als diejenigen ihrer Repräsentanten. Die Informationsbasis der Bürger gründet sich auf Alltagserfahrungen, die Politiker vielfach nicht mehr haben, da sie in der Regel keinen normalen Beruf mehr ausüben.[667] Die Professionalität der Politiker bezieht sich stattdessen nicht in erster Linie auf konkrete Politikinhalte, sondern auf das geschickte Taktieren im politischen Raum sowie die Präsentation in der medialen Öffentlichkeit – Politiker müssen sich vor ihren Wählern vor allem „gut verkaufen" können.[668]

In Parlamenten repräsentativer Demokratien ist es üblich, dass die zu treffenden kollektiven Entscheidungen in Gremien vorbereitet werden und die im Gremium getroffene Entscheidung den restlichen Parlamentariern nahe gelegt wird. Jene Gremien werden entsprechend dem Parteienproporz im Parlament mit Fachleuten besetzt, so dass davon ausgegangen werden kann, dass jene Parlamentarier einen recht hohen Informationsstand besitzen und insofern im Prinzip eine sachgemäßere Entscheidung treffen können als ein durchschnittlicher Stimmbürger. Wie die Analyse der Delegationsbedingungen im Lichte der Principal-Agent-Theorie in einer indirekten

---

666 Vgl. Erlei/Leschke/Sauerland (1999), S. 321.
667 Vgl. Frey (1997b), S. 186.
668 Vgl. Kruse (1995), S. 13.

Demokratie allerdings gezeigt hat, kann a priori nicht davon ausgegangen werden, dass die Politiker-Agenten jene Informationen stets als wohlwollende Treuhänder ihrer Prinzipale verwerten und in deren Sinne entscheiden. *Kirchgässner/Feld/Savioz* bemerken daher zu recht: Es „stellt sich die Frage, ob die wesentlich durch Spezialisten getroffenen 'informierteren' Entscheidungen in rein repräsentativen Demokratien wirklich 'sachgemäßer' sind als Entscheidungen in direkten Demokratien, wo die Vorschläge der Spezialisten auch die Zustimmung der Bevölkerung finden müssen."[669]
Das problemrelevante Wissen der Spezialisten (der Parteien) muss in einer direkten Demokratie nun gleichwohl nicht untergehen. Ein entscheidendes Kennzeichen im Vorfeld von Abstimmungen in einer direkten Demokratie ist, dass sich ein breiter Diskussionsprozess ergibt, in den die Spezialisten der Parteien sowie andere Experten ihr fachspezifisches Wissen einbringen können. Der Vorteil der direkten Demokratie gegenüber einem rein repräsentativen System liegt allerdings darin, dass den Politiker-Agenten kein diskretionärer Handlungsspielraum zur Verfügung steht – damit also die sich durch den Wettbewerbsprozess im Vorfeld der Abstimmung resultierenden Informationen tatsächlich im Sinne der Präferenzen der Bürger verwendet werden.
Nicht zuletzt sollte bei der Beurteilung der Informationskosten in einer direkten Demokratie berücksichtigt werden, dass bei einer allgemeinen Abstimmung das Wissen der gesamten (wahlberechtigten) Bevölkerung und insofern „mehr" Wissen als bei wenigen Entscheidern berücksichtigt wird.[670] Da der hohe Delegationsumfang in einer rein repräsentativen Demokratie dazu führt, dass der Informationsgehalt von Wahlen im Hinblick auf die Präferenzen der Bürger gering ist, kann man von einem systematischen Defizit an Wissen bei den Repräsentanten der Bürger ausgehen.[671] Insbesondere in hochgradig ausdifferenzierten demokratischen Großgesellschaften dürften die Voraussetzungen für eine konsistente Politiksteuerung auf der Grundlage der generierten Präferenzen mittels repräsentativer Verfahren kaum mehr gegeben sein. Das Vorhandensein direktdemokratischer Entscheidungselemente in einem Gemeinwesen verbessert dagegen wesentlich das Wissen der Politiker-Agenten im Hinblick auf die Präferenzen der Wähler-Prinzipale. Volksinitiativen geben den Stimmbürgern einer direkten Demokratie die Möglichkeit, als dringend empfundene Probleme auf die politische Agenda zu setzen. Bei fakultativen Referenden wird zudem deutlich, ob die Bürger eine konkrete Politikalternative als relevant und änderungsbedürftig betrachten.

---

[669] Kirchgässner/Feld/Savioz (1999), S. 60. Eine ähnliche Sichtweise nimmt Downs ein: „Wer bei der Delegierung von Wertungen rational vorgehen will, muss persönlich feststellen, ob der von ihm gewählte Beauftragte (1) Ziele hat, die den seinen ähnlich sind, (2) mehr Daten besitzt als er selbst, und (3) eine Urteilsfähigkeit hat, die zumindest der seinen nicht um soviel unterlegen ist, dass dadurch die Vorteile der besseren Informiertheit des Beauftragten aufgehoben würden. Diese Bedingungen müssen nicht in allen Entscheidungsbereichen des Beauftragten erfüllt sein, sondern nur dort, wo sich der Auftraggeber dem Urteil des Beauftragten anvertrauen will." Downs (1968), S. 226f.
[670] Vgl. Kleinewefers (1997), S. 70.
[671] Vgl. Kruse (1995), S. 10. – Insofern die Repräsentanten ohne genaue Kenntnis der Präferenzen der Bürger entscheiden, kann man in Anlehnung an v. Hayek von einer „Anmaßung von Wissen" sprechen. Vgl. v. Hayek (1996).

13.2.2. Komplexität von kollektiven Entscheidungen

Wie in der Diskussion hinsichtlich des optimalen Grades demokratischer Delegation deutlich wurde, bestimmt die Komplexität der zu treffenden kollektiven Entscheidung im beträchtlichen Umfang die intrapersonellen Konsensfindungskosten. Je vielschichtiger und in ihren Zusammenhängen unüberschaubarer die zu treffende Entscheidung im Kollektiv ist, desto höher werden die intrapersonellen Konsensfindungskosten sein. Das vor der Entscheidung stehende Individuum muss bei steigendem Komplexitätsgrad einer Entscheidung größere Anstrengungen unternehmen, entscheidungsrelevante Informationen zu erwerben, sie aufzunehmen und zu speichern.[672]

Wenn komplexe kollektive Entscheidungen zwar eine wesentliche Determinante bei der Beurteilung eines optimalen demokratischen Delegationsgrades darstellen, so sollte gleichwohl nicht der Fehler begangen werden, wegen jener Komplexität a priori prohibitv hohe Kosten der intrapersonellen Konsensfindung zu unterstellen.[673] Folgende Argumente sprechen gegen eine solche Sichtweise:

- In der Ökonomik geht man aus normativ-individualistischer Sichtweise von der grundlegenden Annahme aus, dass die Individuen selbst am besten wissen, was gut für sie ist. Entsprechend diesem Postulat wird im marktlichen Entscheidungsumfeld vom Prinzip der Konsumentensouveränität gesprochen. Auch bei komplexen marktlichen Entscheidungen wird jenes Postulat nicht grundsätzlich in Abrede gestellt. Da sich Entscheidungen von Individuen im marktlichen Bereich einer Gesellschaft diesbezüglich nicht von politischen Entscheidungen unterscheiden, kann die Komplexität von kollektiven Entscheidungen kein Argument dafür sein, jene Entscheidungen a priori von Delegierten treffen zu lassen.[674] Nimmt man analog zum Prinzip der Konsumentensouveränität jenes der Wählersouveränität ernst, so stellt die Komplexität kollektiver Entscheidungen kein Grund dar, eine Unfähigkeit der Bürger anzunehmen und die Delegation von kollektiven Entscheidungen generell als superior einzustufen.
- Aus komparativer Sichtweise muss zudem argumentiert werden, dass sich die Delegierten der Bürger ebenfalls mit der Komplexität der anstehenden Entscheidung auseinandersetzen müssen.[675] Eine alleinige Delegation der Entscheidungsbefugnis an Stellverterter löst zunächst einmal nicht das Problem der Komplexität einer Entscheidung.[676] Erst wenn eventuelle Spezialisierungsvorteile der Delegierten und intrapersonelle Konsensfindungskosten die (wahrscheinlichen)

---

[672] An dieser Stelle erfolgt eine gesonderte Analyse der Komplexität von kollektiven Entscheidungen im Hinblick auf die intrapersonellen Konsensfindungskosten, da Gegner der direkten Demokratie die Komplexität kollektiver Entscheidungen als entscheidendes Argument für ein rein repräsentatives Verfahren anführen.

[673] Zu einer kritischen Sichtweise vgl. Oberreuter (2002), S. 296.

[674] Vgl. Frey/Eichenberger (1994), S. 782.

[675] Vgl. auch Cronin (1999), S. 61.

[676] Eine gegenteilige Ansicht vertritt Luthardt: Repräsentative Politikinstitutionen „verfügen über eine formell und sachlich legitimierte, höhere *Verfahrens- und Entscheidungsrationalität* und sind deshalb der Komplexität heutiger Demokratie angemessen." Luthardt (1994), S. 159.

externen Kosten der Delegation überwiegen, lohnt es sich für die Individuen einer demokratischen Gesellschaft, jene Entscheidung an Repräsentanten abzugeben.[677] In den Ausführungen in Abschnitt 12.4.1. dürfte gleichwohl deutlich geworden sein, dass bei steigendem Komplexitätsgrad einer kollektiven Entscheidung im Prinzip der optimale Grad der Delegation zunimmt. In jedem Fall müssen neben den intrapersonellen Konsensfindungskosten allerdings auch die Kosten der Delegation betrachtet werden. Eine einseitige Fixierung auf die Kosten der intrapersonellen Konsensfindung im Verfassungskalkül kann dagegen einen ineffizienten Delegationsgrad in einer Demokratie zur Folge haben.

- Falls die Komplexität von Sachentscheidungen ein grundsätzliches Argument gegen eine unmittelbare Beteiligung von Bürgern an kollektiven Entscheidungen sein soll, so muss gleichfalls die Frage gestellt werden, ob die Wahlbürger bei ihren Wahlentscheidungen zum Parlament nicht mit einer ungleich komplexeren Fragestellung konfrontiert werden.[678] Wie die Ausführungen zum Programmcharakter kollektiver Delegation gezeigt haben, muss ein Wähler bei der Wahl zum Parlament auf der einen Seite beurteilen, welche Auswirkungen die verschiedenen Parteiprogramme und eine entsprechende Vielzahl von damit verbundenen Maßnahmen auf sein Wohlfahrtsniveau haben. Auf der anderen Seite müssen die Wähler-Prinzipale wegen der Informationsasymmetrien prüfen, inwiefern die Politiker-Agenten in der Lage und willens sind, die von den Bürgern angestrebte Politik umzusetzen.
- Vielfach wird kritisiert, dass im Rahmen direkt-demokratischer Verfahren die Komplexität von kollektiven Entscheidungen auf eine einfaches „Ja-Nein-Schema" reduziert wird.[679] Dies kann per definitionem kein Argument für eine ausschließliche Behandlung komplexer Fragestellungen durch Delegierte in einer Demokratie angesehen werden, da auch in einer abschließenden Abstimmung im Parlament eine Verdichtung der entsprechenden Fragestellung stattfindet.

Die vorgebrachten Argumente sollen nun gleichwohl nicht zu dem Schluss leiten lassen, dass die Komplexität von kollektiven Entscheidungen bei der Abwägung zwischen direkter und indirekter Verfahrensweise eine untergeordnete Rolle spielt. Insbesondere wenn die Bürger mit einem großen Umfang an komplexen Abstimmungsvorlagen konfrontiert werden, informieren sich die Bürger nur wenig oder im Extremfall gar nicht. So moniert beispielsweise *Möckli*, dass bei komplexen Abstimmungsgegenständen in der Schweiz lediglich ein Sechstel der Abstimmenden ausreichend über den Abstimmungsgegenstand informiert ist und wenigstens einen Grund für die eigene Abstimmungsentscheidung nennen kann.[680] Es spricht gleichwohl wiederum einiges dagegen, dass die Bürger die ihnen vorgelegten Abstimmungsalternativen nicht verstehen.[681] Im Vorfeld von Abstimmungen kommt es zu

---

[677] Vgl. dazu im Gegensatz Kirsch (1997), S. 182f.
[678] Vgl. Frey/Eichenberger (1994), S. 783; auch Cassel (1998), S. 474f.
[679] Vgl. Schieren (1996), S. 68.
[680] Vgl. Möckli (1995), S. 14.
[681] Vgl. Frey (1997b), S. 185f.

Diskussions- und Austauschprozessen zwischen den Bürgern,[682] so dass zumindest die Grundzüge des Entscheidungsgegenstandes bekannt sein dürften.
Auf der anderen Seite kann aus komparativer Sichtweise ebenfalls Kritik an der Fachkompetenz von Politiker-Agenten geübt werden. Die politikimmanenten Anreizbedingungen des repräsentativen Systems haben dazu geführt, dass sich der Stand des „Berufspolitikers" herausgebildet hat. Man könnte vermuten, dass jene Allround-Politiker sich in hohem Umfang das jeweilige entscheidungsrelevante Fachwissen und Know-how aneignen. Wie *Kruse* allerdings zurecht bemerkt, spiegelt diese Beschreibung nicht die politische Realität wieder: „[D]ie Professionalität der Politiker [bezieht sich] nicht in erster Linie auf Inhalte, sondern auf das taktische Geschick im politischen Raum und auf die Präsentation in der medialen Öffentlichkeit (Public Relations)."[683] Zudem muss bedacht werden, dass Politiker wie Wähler in gleichem Umfang begrenzte kognitive Fähigkeiten besitzen. Entscheidend für die optimale Ableitung von Delegationsgraden bei komplexen kollektiven Entscheidungen dürfte sein, welche komparativen Kostenvorteile der jeweiligen Verfahrensalternative zugrunde liegen. Eine Entscheidung a priori zugunsten des einen oder anderen Verfahrens führt im Zweifel zu ineffizienten Delegationsgraden.

13.2.3. Politische Kommunikation in der direkten Demokratie

Im Unterschied zur direkten Demokratie existieren in repräsentativen Demokratien nur wenig Anreize für eine breite politische Diskussion in der Gesellschaft.[684] Gerade weil die Vertreter der Bürger nur in Abständen von mehreren Jahren gewählt werden und keine allgemeinen Abstimmungen über einzelne Sachfragen vorgenommen werden, unterscheiden sich die beiden Demokratieformen deutlich in ihrer Kommunikationsintensität. Die institutionell zugesicherten Mitspracherechte des Referendums und der Initiative im Rahmen einer direkten Demokratie geben dagegen den Anreiz für eine politische Kommunikation zwischen den Bürgern und in der Öffentlichkeit. Direktdemokratische Entscheidungsprozesse erweisen sich aus komparativer Sichtweise gegenüber repräsentativen Verfahren als superior, da ein größerer Raum für kommunikative Prozesse im Wahlvolk geboten wird.
Bei der Analyse der Kommunikation in einer direkten Demokratie muss zunächst berücksichtigt werden, dass es sich bei einer allgemeinen Abstimmung nicht um eine einfache Entscheidung zwischen gegebenen Alternativen handelt. Vielmehr muss beachtet werden, dass es sich um einen Entscheidungs*prozess* im Zeitablauf handelt, der nach *Frey* in folgende Phasen aufgeteilt und charakterisiert werden kann:[685]

- *Prä-Entscheidungsphase*: Im Unterschied zu kollektiven Entscheidungen, die von den Repräsentanten der Bürger getroffen werden, wird bei einer allgemeinen Ab-

[682] Vgl. dazu Abschnitt 13.2.3. der vorliegenden Untersuchung.
[683] Kruse (1995), S. 13.
[684] Vgl. Bohnet (1997), S. 142.
[685] Vgl. Frey (1994), S. 339f. Zu einer weiteren Unterteilung vgl. Möckli (1994a), S. 252ff.; Gerber et al. (2001), S. 9f.

stimmung in der Bevölkerung ein breiter Diskussionsprozess über den Abstimmungsgegenstand ausgelöst.[686] Die jeweiligen Abstimmungsparteien lancieren ihre Argumente in der Öffentlichkeit und versuchen so, das Ergebnis der Abstimmung in ihrem Sinne zu beeinflussen. Neben dem unmittelbaren Austausch von Argumenten zwischen Proponenten und Opponenten wird ein großer Teil der Abstimmungsdiskussion ebenfalls in den Medien geführt.

- *Formale Entscheidungsphase*: In diesem Stadium des Entscheidungsprozesses wird eine abschließende Entscheidung durch die Bürger getroffen.[687] Der vorangegangene Diskussionsprozess führt dazu, dass die Zahl der relevanten Abstimmungsalternativen verkleinert wird und und somit die Präferenzen der Bürger homogener werden.
- *Post-Entscheidungsphase*: Nach der abschließenden Abstimmung findet wiederum eine Diskussion in der Öffentlichkeit über das Entscheidungsergebnis statt. Die Abstimmungsparteien versuchen, das Ergebnis in ihrem Sinne zu interpretieren und für sich politisch nutzbar zu machen. Die Maßnahmen zur Umsetzung des Abstimmungsergebnisses führen ebenfalls zu Diskussionen in der Bevölkerung. Auch wenn die Abstimmungspartei mit der erforderlichen Mehrheit der Stimmen sich offensichtlich als Sieger fühlen kann, werden oftmals Kompromisse mit den Verlierern bei knappen oder unerwarteten Abstimmungsergebnissen geschlossen.[688]

Wir wollen uns in diesem Abschnitt insbesondere auf die Diskussionsprozesse zwischen den Bürgern im Vorfeld einer allgemeinen direktdemokratischen Abstimmung konzentrieren. Der sich im Vorfeld einer allgemeinen Abstimmung ergebende Diskurs kann nach *Frey/Kirchgässner* folgendermaßen strukturiert werden:[689]

- Da mittels eines Referendums oder einer Volksinitiative ein bestimmter Politikbereich neu justiert werden soll, werden die Bürger die zur Abstimmung stehenden Alternativen mit dem Status quo vergleichen. Dabei dürften insbesondere die finanziellen Folgen der Abstimmungsvorlagen intensiv diskutiert werden.
- Die Intensität der Diskussionen im Vorfeld von Abstimmungen korreliert mit der Betroffenheit der Bürger. Zu bestimmten Themen wird sich innerhalb der Wählerschaft wegen der abseitigen Betroffenheit nur eine geringe Neigung zu Diskussionen ergeben. Entsprechend wird eine solche Abstimmungsvorlage ebenfalls nur geringe Resonanz in den Medien finden. Bei grundlegenden Themen, wie z.B. hinsichtlich Einwanderungsfragen oder der Frage des Währungssystems,

---

[686] Sicherlich wird in der Bevölkerung auch über anstehende politische Entscheidungen im Parlament diskutiert. Die unmittelbare Partizipation der Bürger an einer Entscheidung dürfte dagegen zu einer wesentlich intensiveren und breiteren Diskussion in der Bevölkerung führen.

[687] Bei der abschließenden Entscheidung ist der Aggregationsmechanismus für den Ausgang der Abstimmung von großer Bedeutung. Da die Zahl der Alternativen durch den Diskussionsprozess abnimmt, wird die Wahrscheinlichkeit von Wahlparadoxien geringer. Vgl. dazu Kapitel III der vorliegenden Untersuchung.

[688] Als Beispiel kann die bereits oben genannte Volksinitiative in der Schweiz zur Abschaffung der Armee genannt werden.

[689] Vgl. dazu Frey/Kirchgässner (1993), S. 139ff.

wird es dagegen zu grundsätzlichen und intensiven Diskussionen zwischen den Bürgern und einem Diskurs in der medialen Öffentlichkeit kommen.

- Die Diskussionen über die Abstimmungsalternativen finden quer durch alle Bevölkerungsschichten statt. Gleichwohl wird der Diskurs über die Vorlagen nicht nur vis-a-vis zwischen den Bürgern, sondern gerade auch durch große Organisationen wie etwa Parteien, Gewerkschaften, Umwelt- oder Unternehmerverbände und ebenso Fachleute geführt.[690]
- Die Diskussion über das Abstimmungsthema impliziert ein Austauschen von Argumenten der Abstimmungsparteien. Ein vor der Abstimmungsentscheidung stehender Wähler sieht sich diesen Argumenten ausgesetzt und überdenkt u.U. seine bisherige Position.[691] Viele Wähler werden aufgrund der Diskussionen Verständnis für andere Haltungen entwickeln und konträre Meinungen eher gelten lassen.[692] Im Rahmen der Diskussionsprozesse im Vorfeld von Abstimmungen kommt es damit zumindest bei einem Teil des Elektorats zu Lerneffekten. Im Vergleich zu einem rein repräsentativen System führt die politische Kommunikation in halbdirekten Demokratien damit zu einem „ausgeprägteren politischen Bewusstsein und zu einem höheren politischen Bildungsstand"[693]. Diskussionsprozesse haben damit einen gewichtigen Einfluss auf die politische Sozialisation der Bürger in einer direkten Demokratie.[694] Im Unterschied zur politischen Diskussionen in der repräsentativen Demokratie finden jene Debatten zudem über einzelne Sachfragen statt. Da ein Zurückziehen auf ideologische Positionen nur noch schwer möglich ist, werden durch die Diskussionsprozesse im Zuge direktdemokratischer Abstimmungen Ideologien entmachtet.[695]

  Glaser weist am Beispiel von Abstimmungen in Kalifornien nach, dass es im Zuge des Wahlkampfes zu einem deutlich messbaren Meinungswandel innerhalb der Wählerschaft kommt. Bei vier von fünf Abstimmungsvorlagen ist eine signifikante Abnahme der Zustimmungsrate im Laufe des Wahlkampfes zu erkennen. Dieser Meinungswandel ist bei der Hälfte der betrachteten Fälle so stark, dass sich die Mehrheitsverhältnisse bis zur abschließenden Abstimmung zuungunsten der Ja-Seite verändern. Im Laufe der Diskussion über das Abstimmungsthema wandeln immerhin 70 Prozent der Abstimmenden ihre Meinung.[696]

---

[690] Schiller unterscheidet interpersonale und interaktive Kommunikation sowie die Ebene der Massenkommunikation. Vgl. Schiller (2002), S. 148.

[691] Bei einem bestimmten Teil der Wähler „ohne Meinung" wird sich im Laufe des Diskussionsprozesses dagegen erst eine Präferenz herausbilden. Zur Meinungsbildung und -veränderung im Vorfeld von Volksabstimmungen vgl. Möckli (1994a), S. 193ff.

[692] Vgl. Möckli (1995), S. 11; Möckli (1993), S. 9ff.

[693] Kirchgässner (1997), S. 255. Sen zitiert in diesem Zusammenhang Frank Knight: „Values are established or validated and recognized through *discussion*, an activity which is at once social, intellectual, and creative." Vgl. Sen (1993), S. 16.

[694] Vgl. Möckli (1993), S. 9f.

[695] Vgl. Kirchgässner/Feld/Savioz (1999), S. 55.

[696] Vgl. dazu Glaser (1997), S. 114f. Der Meinungswandel der Wähler wurde am Beispiel von kalifornischen Abstimmungen untersucht. Im Vorfeld von Abstimmungen wurden Meinungsumfragen gestartet, die ex post mit den tatsächlichen Wahlergebnissen verglichen wurden. Vgl. auch Cronin (1999), S. 114; Matsusaka (1992), S. 546. – Sen fordert daher: „There are plenty of 'social choice problems' [...], but in analyzing them, we have to go beyond looking only for the best reflection of *given* individual preferences, or the most acceptable procedures for choices based on those pre-

- Aufgrund der Diskussionsprozesse im Vorfeld von Abstimmungen klären die Individuen ihre Präferenzen hinsichtlich des Abstimmungsgegenstandes und bringen jene in eine Ordnung. Damit wird die Wahrscheinlichkeit von paradoxen Entscheidungsergebnissen wesentlich vermindert.[697]

Die Diskussion über das Abstimmungsthema hat offenbar zur Folge, dass die Bürger recht gut über die Vorlagen informiert werden. *Kleinewefers* kommt für die Schweiz daher zu folgendem Ergebnis: „Da es für gewöhnlich drei bis vier Abstimmungstermine pro Jahr gibt, findet auf diese Weise fast ständig eine kontroverse und potenziell höchst informative Diskussion über mehr oder weniger bedeutsame politische Fragen statt, und dies nicht nur auf Bundes-, sondern auch auf Kantons- und Gemeindeebene."[698]

13.2.3.1. Spieltheoretische Analyse der Kommunikation in Gefangenendilemma-Situationen

In der vorliegenden Untersuchung wird der Standpunkt vertreten, dass die unmittelbare Kommunikation zwischen den Bürgern sowie die öffentliche Diskussion in den Medien in der Prä-Entscheidungsphase eine bedeutende Funktion im Hinblick auf die Lösung von sozialen Dilemmata[699] haben. Dazu soll auf die Situation eines Gefangenendilemmas Bezug genommen werden.[700]
Auf Grundlage der Erkenntnisse der experimentellen Spieltheorie wird im Folgenden gezeigt, dass kommunikative Prozesse eine entscheidende Rolle für die Bereitschaft zur Kooperation der Gesellschaftsmitglieder in einer Demokratie spielen – und insofern dem direktdemokratischen Entscheidungsverfahren gegenüber einem rein repräsentativen Verfahren Entscheidungsfindungsnutzen zugesprochen werden müssen.[701]
Wenn wir im Folgenden die Rolle der Kommunikation in einer Demokratie analysieren, so dürfte zuvorderst klar sein, dass die formalen demokratischen Entscheidungsstrukturen das wesentliche Fundament für das Lösen der Dilemmastruktur darstellen. Es sollte jedoch nicht übersehen werden, dass die Kommunikation der Bürger in einer Demokratie ebenfalls einen Beitrag zum Lösen von sozialen Dilemmata leisten kann. Wenn die Bürger in einer direkten Demokratie in einzelnen Sach-

---

ferences. We need to depart [..] from the assumption of given preferences (as in traditional social choice theory)". Sen (1993), S. 17.

697 Vgl. Bohnet/Frey (1994), S. 345 sowie Abschnitt 15.2. der vorliegenden Untersuchung.

698 Kleinewefers (1997), S. 68. Frey/Kirchgässner ziehen aus dieser Perspektive Parallelen zur Diskursethik von Habermas. Vgl. Frey/Kirchgässner (1993), S. 135f.; auch Baurmann/Kliemt (1993), S. 162.

699 Vgl. hierzu Weimann (1996), S. 111ff.

700 Vgl. dazu Luce/Raiffa (1957); Holler/Illing (1996), S. 2ff.

701 An dieser Stelle soll nicht näher auf den aus der experimentellen Ökonomik bekannten Darstellungs- bzw. Framing-Effekt eingegangen werden. Unter dem Framing-Effekt versteht man die Beeinflussbarkeit der individuellen Entscheidung allein durch die Formulierung oder Ausgestaltung der betreffenden Spielsituation. Eine Umformulierung von Spielsituationen wie dem Gefangenendilemma kann zu signifikant höheren Kooperationsquoten führen. Vgl. dazu Selten (1990); Pruitt (1970).

abstimmungen über ihre Bedürfnisse abstimmen, so stellt die sich ergebende Kommunikation zwischen den Bürgern und der Diskurs in den Medien ein nutzenbringendes gesellschaftliches Kuppelprodukt der intraindividuellen Konsenssuche dar. Wie in der Analyse unten deutlich wird, kann der „Kommunikationseffekt" in der direkten Demokratie die Kooperationsbereitschaft der Individuen signifikant erhöhen.
In Anlehnung an *Bohnet*[702] setzt sich Kommunikation aus zwei wesentlichen Komponenten zusammen: Zum einen kann einer schweigsamen Interaktion zwischen Individuen das Sprechen gegenübergestellt werden. Zum anderen müssen Identifikation und Anonymität verglichen werden.[703] Von Kommunikation wollen wir im Folgenden sprechen, wenn beide Komponenten, also Sprechen und Identifikation, vorhanden sind. Kommunikation stellt eine „direkte, beidseitige verbale Interaktion zweier oder mehrerer Individuen"[704] dar. Entscheidend für die Beurteilung der Kommunikation aus spieltheoretischer Sichtweise ist nun, dass im Rahmen von Gefangenendilemma-Situationen das private Nutzen-Kosten-Kalkül durch Kommunikation verändert wird. Das spieltheoretisch zu erwartende Gleichgewicht stellt sich unter zusätzlicher Berücksichtigung der Kommunikation nicht ein, da offensichtlich die Verhaltensrestriktionen der Individuen verändert werden. Im Folgenden wird analysiert, welche Bedeutung Identifikation und Anonymität respektive Sprechen und Schweigen in Gefangenendilemma-Spielen haben.

13.2.3.1.1. Identifikation und Anonymität

Identifikation als nonverbale Kommunikationsform ist im Rahmen von Gefangenendilemma-Situationen insofern relevant, als die Handlungen der am Spiel teilnehmenden Individuen von anderen Individuen identifiziert werden können und dadurch dem Urteil der anderen Individuen ausgesetzt sind. Damit muss sich das vor eine Entscheidung in einem Gefangenendilemma ausgesetzte Individuum nicht nur vor sich selbst, sondern auch „potenziell" vor seinen Mitspielern rechtfertigen. Gegenüber einer anonymen Spielsituation werden die Verhaltensrestriktionen eines Spielers damit zusätzlich durch soziale Anerkennung, Sanktionierung oder Ignoranz der Mitspieler verändert. Falls bestimmte Normen nicht schon vom Individuum internalisiert und bereits in anonymen Entscheidungssituationen relevant sind, bewirken die Identifikation der Mitspieler in der Entscheidungssituation und die drohende „potenzielle" soziale Sanktion eine Normaktivierung beim entscheidenden Individuum. Indem die Anonymität in einer Spielsituation aufgehoben und Identifikation zwischen den Spielern geschaffen wird, kann soziale Kontrolle im Verhalten der Spieler und damit letztlich ein Anreiz für die Befolgung einer Kooperationsnorm erreicht werden. Anhand eines Experimentes von *Bohnet* an der Universität Zürich, an dem 340 Studentinnen und Studenten teilnahmen, soll gezeigt werden, wie die Identifikation in einer Spielsituation

---

[702] Vgl. zu den folgenden Ausführungen Bohnet (1997) und Bohnet/Frey (1999). Bohnet verweist auf eine Reihe von experimentellen Studien, die die eigenen experimentellen Ergebnisse stützen. Die Ergebnisse von Bohnet sollten daher stellvertretend verstanden werden.
[703] Vgl. Bohnet (1997), S. 3.
[704] Bohnet (1997), S. 29.

wie dem Gefangenendilemma das Kooperationsverhalten der Individuen verändert.[705]

Folgende in Tab. 9 aufgeführte Kooperationsquoten der Spiele bei anonymem Schweigen sowie bei identifiziertem Schweigen konnten in den Experimenten ermittelt werden.

Tab. 9: Kooperationsquoten bei anonymem Schweigen und identifiziertem Schweigen

Interaktion	Kooperationsquote	Anzahl der Personen
Anonymes Schweigen	12%	172
Identifiziertes Schweigen	23%	68

Quelle: In Anlehnung an Bohnet (1997), S. 66, 69.

Wie kann dieses Ergebnis erklärt werden? Zunächst ist aus spieltheoretischer Sichtweise zu erwarten, dass sich bei anonymem Schweigen eine Kooperationsquote von 0 Prozent einstellt. Auf der einen Seite werden die im Gefangenendilemma entscheidenden Individuen nur dann einen erwarteten Nutzen aus der Kooperation ziehen, wenn eine intrinsische Motivation vorliegt oder externe monetäre Anreize eine Normbefolgung lohnenswert erscheinen lassen. Zudem dürften die erwarteten Kosten in einer Spielsituation des anonymen Schweigens hoch liegen, da die Spielteilnehmer keine Verhaltenserwartungen ihrer Mitspieler eruieren können. Nur wenn psychisch bindende Verträge zwischen den Spielern geschlossen werden, können die erwarteten Kosten der Kooperation gesenkt werden. Gemäß dem Eigennutzaxiom des ökonomischen Ansatzes zur Erklärung menschlichen Verhaltens müsste sich bei der erwarteten Nutzen-Kosten-Relation eine Kooperationsquote von 0 Prozent einstellen. Im Experiment konnte gleichwohl eine Kooperationsquote von 12 Prozent ermittelt werden, was der spieltheoretisch zu erwartenden Lösung widerspricht. Die intrinsische Motivation tangiert bei einigen Spielern offenbar deutlich die erwarteten Nutzen der Kooperation, so dass sie der Kooperationsnorm folgen.
Im Vergleich zu einer Situation anonymen Schweigens steigt die Kooperationsrate bei identifiziertem Schweigen deutlich auf 23 Prozent an. Im Unterschied zur ersten Versuchssituation nehmen die erwarteten Nutzen der Kooperation zu, da die Verhaltensrestriktionen der einzelnen Spieler durch die potenzielle soziale Anerkennung der Mitspieler verändert wird. Die erwarteten Kosten der Kooperation bleiben dagegen unverändert, da wegen des verordneten Schweigens keine psychisch bindenden Verträge in der Entscheidungsgruppe eingegangen werden können. Jeder Spieler kann lediglich durchschnittliche Erwartungen hinsichtlich des Verhaltens seiner Mitspieler entwickeln – eine Verhaltensbindung der Spieler erscheint so unmöglich. Da-

[705] Anonymität in der Spielsituation bedeutete, dass die Teilnehmer des Experiments nicht wussten, wer die anderen Spielteilnehmer waren. Für den Fall der Identifikation wurden die Spieler darüber aufgeklärt, wer mit ihnen in der betreffenden Entscheidungsgruppe vertreten war. Blickkontakt zwischen den Spielteilnehmern wurde ermöglicht. Im Falle der Kommunikation konnten die Teilnehmer des Experiments 10 Minuten miteinander sprechen. Dabei bestand unter den Probanden keine Möglichkeit, schriftliche Verträge abzuschließen.

mit erhöht die Identifikation der Spielteilnehmer mittels der Aktivierung der Kooperationsnorm signifikant die Kooperationsquote in Gefangenendilemma-Spielsituationen.

13.2.3.1.2. Sprechen und Schweigen

Im Unterschied zu einer Situation des Schweigens, in der die Spielteilnehmer also nicht miteinander sprechen konnten, wurde ein Gefangenensituations-Spiel bei identifiziertem Sprechen experimentell untersucht. In Tab. 10 werden die entsprechenden Kooperationsquoten gegenübergestellt.

Tab. 10: Kooperationsquoten bei identifiziertem Schweigen und identifiziertem Sprechen

Interaktion	Kooperationsquote	Anzahl der Personen
Identifiziertes Schweigen	23%	68
Identifiziertes Sprechen	78%	100

Quelle: In Anlehnung an Bohnet (1997), S. 66, 69.

Im Vergleich zu einer Situation identifizierten Schweigens fallen die erwarteten Nutzen der Kooperation für die Individuen in einer Situation identifizierten Sprechens in ähnlicher Höhe an. Dagegen verringern sich die erwarteten Kosten der Kooperation durch die Möglichkeit des Sprechens deutlich. Mittels des Gespräches können die Spielteilnehmer auf der einen Seite das erwartete Verhalten der anderen Individuen spezifizieren. Es können Informationen über die Einstellungen der anderen Teilnehmer eingeholt werden. Dieser Informationsgewinn führt dazu, dass sich die Spielteilnehmer weniger der Gefahr ausgesetzt sehen, von den anderen Teilnehmern ausgebeutet zu werden. Auf der anderen Seite gehen die Individuen implizit einen psychisch bindenden Vertrag ein. Durch die Gespräche mit den anderen Spielteilnehmern entsteht eine psychische Bindung an das selbst Gesagte, so dass von einer *Bindungswirkung* der Kommunikation gesprochen werden kann. Obwohl jener implizite psychische Vertrag keine formelle Bindung erlangt, entscheidet sich die große Mehrheit der Spielteilnehmer auf der Grundlage des selbst Gesagten für die Verhaltensstrategie Kooperation. Der Nettonutzen der Befolgung der Kooperationsnorm steigt durch diese zwei Effekte damit deutlich an. Dies spiegelt sich in der experimentell beobachteten hohen Kooperationsquote von 78 Prozent wider. Das Sprechen der Spielteilnehmer bewirkt offensichtlich einen Koordinationsgewinn, der zu deutlich höheren Kooperationsquoten als bei identifiziertem Schweigen führt (Gesprächseffekt).[706]

Als Ergebnis der Experimente bleibt festzuhalten: Die Faktoren „Identifikation" und „Sprechen" beeinflussen das Kooperationsverhalten von Individuen in Situationen eines Gefangenendilemmas in erheblichem Umfang. Die Kommunikation zwischen den Mitgliedern eines Kollektives stellt offenbar eine Möglichkeit dar, individuelle und

[706] An dieser Stelle soll nicht weiter untersucht werden, wie klare Eigentumsrechte und monetäre Anreize die Kooperation der Individuen beeinflusst.

kollektive Rationalität in Situationen eines Gefangenendilemmas – zumindest in recht hohem Umfang – in Einklang zu bringen. Gleichwohl sollte nicht übersehen werden, dass die experimentellen Ergebnisse nicht friktionslos auf reale Gegebenheiten übertragen werden können. *Bohnet* merkt an, dass es durchaus eine Nachfrage nach Kommunikation in Situationen wie dem Gefangenendilemma gibt.[707] Allerdings ist die Nachfrage nach Kommunikation nicht preisunelastisch, sondern reagiert auf Preiserhöhungen. Die Mitglieder einer Gesellschaft fragen Kommunikation offensichtlich nur dann nach, wenn die Nutzen der Kommunikation die Kosten übersteigen. Sollten die Kosten der Kommunikation zu hoch sein, werden die Individuen keine Kommunikation nachfragen.[708]

13.2.3.1.3. Empirische Evidenz für einen Kommunikationseffekt in direkten Demokratien

Der Eingangs dargestellte Unterschied in der Kommunikation zwischen repräsentativer und direkter Demokratie müsste den experimentellen Untersuchungen nach zur Folge haben, dass die Kooperationbereitschaft in Demokratien mit größeren Mitsprachemöglichkeiten seitens der Bürger größer ausfällt.[709] Als Indikator für die Kooperationsbereitschaft der Bürger soll in der vorliegenden Untersuchung die Steuermoral in einer Demokratie dienen. Das Zahlen von Steuern in einem demokratischen Gemeinwesen kann als Indiz dafür herhalten, inwieweit die Bürger in Situationen wie dem Gefangenendilemma bereit sind zu kooperieren. *Bohnet* stellt die folgenden zwei Hypothesen hinsichtlich der Auswirkungen von Kommunikation auf die Steuermoral auf:[710]

- Auf der einen Seite führen Anreize zu kollektiver Identifikation („identifiziertes Schweigen") beim Steuerzahler zur Aktivierung der Kooperationsnorm Steuermoral.
- Auf der anderen Seite führen Anreize zu Sprechen zwischen den Bürgern in einer direkten Demokratie („Identifiziertes Sprechen") zu höheren Kooperationsquoten, d.h. einer höheren Steuermoral.

Eine höhere Steuermoral als Indiz für die Kooperationsquote in der Gesellschaft müsste auf der Grundlage von „Identifikationseffekt" und „Gesprächseffekt", also dem „Kommunikationseffekt", empirisch nachgewiesen werden können. Folgende Studien

---

[707] Vgl. dazu Bohnet (1997), S. 116ff.

[708] Als weitere Handlungsalternativen zur Kommunikation („voice") unter den Spielteilnehmern kommen die Optionen „Exit" und „Loyalty". Vgl. dazu Hirschman (1974).

[709] An dieser Stelle könnte der Einwand gebracht werden, dass die Kooperationsquoten in großen Gruppen, wie sie für demokratische Politikprozesse typisch sind, signifikant geringer ausfallen. In experimentellen Studien konnte gleichwohl nachgewiesen werden, dass der Kommunikationseffekt in leicht abgeschwächter Form erhalten bleibt. Damit scheint eine grundsätzliche Übertragbarkeit der Aussagen der experimentellen Studien auf Kommunikationsprozesse in Großgesellschaften, in denen keine unmittelbare Interaktion zwischen allen Individuen stattfindet, statthaft zu sein. Vgl. Bohnet (1997), S. 162.

[710] Vgl. Bohnet (1997), S. 156ff.

weisen darauf hin, dass der Kommunikationseffekt in einer direkten Demokratie empirisch evident ist:

- *Frey* kommt in einer empirischen Untersuchung zu dem Ergebnis, dass ein höheres Ausmaß an unmittelbaren Mitwirkungsmöglichkeiten der Bürger zu einer höheren Steuermoral respektive geringerer Steuerhinterziehung führt.[711] Dazu wurden die 26 schweizer Kantone aufgrund ihrer demokratischen Charakteristika in „reine direkte Demokratien" und in „reine repräsentative Demokratien" aufgeteilt. Auf der Grundlage einer kombinierten Querschnitts-/Zeitreihenanalyse wurde eine multiple Regression ermittelt, mit der der Anteil des nicht-deklarierten Einkommens erklärt werden kann.[712] Als erklärende Variablen haben die Koeffizienten der Variablen der demokratischen Charakteristika das erwartete Vorzeichen und sind statistisch hoch signifikant. In Kantonen, die als „reine direkte Demokratien" eingestuft wurden, ist die Steuermoral ceteris paribus höher. Immerhin liegt der Anteil des nicht-deklarierten Einkommens in Kantonen mit „reiner direkter Demokratie" um 7,7 Prozentpunkte unter dem der anderen Kantone. Pro Steuerzahler und Jahr werden damit im Durchschnitt rund 1.600 sFr. weniger Steuern hinterzogen als in den anderen Kantonen. Demgegenüber wird in den als „rein repräsentativ" klassifizierten Kantonen ein höherer Anteil der Steuern ceteris paribus hinterzogen. Hier liegt der Anteil des nicht-deklarierten Einkommens um 4 Prozent über dem Durchschnitt der anderen Kantone. *Frey* erhält in seiner Untersuchung damit empirische Evidenz für die These, dass das Ausmaß an direktdemokratischen Beteiligungsmöglichkeiten mittels Referendum und Initiative die Steuermoral erhöht.
- *Weck-Hannemann/Pommerehne* konnten in einer Untersuchung zur Einkommenssteuerhinterziehung in schweizer Kantonen ebenfalls empirisch nachweisen, dass das Vorhandensein von unmittelbaren Partizipationsmöglichkeiten einen positiven Einfluss auf die Steuermoral hat.[713] In Kantonen mit direkter Demokratie lag der Anteil des hinterzogenen Einkommens um sechs Prozent niedriger als in Kantonen, in denen entsprechende Einflussmöglichkeiten nicht gegeben waren. Im Endeffekt wurden in Kantonen mit direkter Demokratie 30 Prozent weniger Steuern hinterzogen. Damit haben direktdemokratische Elemente in einem politischen System einen signifikant negativen Einfluss auf das Ausmaß der Steuerhinterziehung.

---

[711] Vgl. Frey (1997c), S. 52ff.

[712] Grundlage für die Analyse bilden die Jahre 1965, 1970, 1978. Die bei der multiplen Regression zugrunde gelegten Variablen sind die Wahrscheinlichkeit der Entdeckung einer Steuerhinterziehung, die Strafsteuer, der durchschnittliche Grenzsteuersatz, Einkommensabzugsmöglichkeiten, das Pro-Kopf-Einkommen, das Nichtlohn-Einkommen, der Anteil der Steuerbezieher höheren Alters sowie die demokratischen Charakteristika der Kantone.

[713] Vgl. Weck-Hannemann/Pommerehne (1989), S. 515ff.

13.2.3.2. Fazit

Die oben gemachten Ausführungen legen den Schluss nahe, Kommunikationsprozessen im Vorfeld von allgemeinen Abstimmungen eine positive Wirkung zuzusprechen. *Kleinwefers* spricht in diesem Zusammenhang nicht zu Unrecht vom „Ertrag der direkten Volksrechte".[714] Gleichwohl sollte nicht übersehen werden, dass ein zu hoher Umfang an allgemeinen Abstimmungen negative Effekte haben kann.[715] Im Zuge der politischen Diskussion über eine Vielzahl von Abstimmungsthemen käme es zu einer gewissen Sättigung beim Bürger. Bei einem großen Teil des Elektorats würde dieses Übermaß an politischer Diskussion eher zu Verwirrung statt zu Orientierung führen und u.U. ein Gefühl der Arbitrarität von kollektiven Entscheidungen entstehen lassen.[716] Verfassungsökonomisch muss der Kommunikationseffekt in einer Demokratie damit wie folgt interpretiert werden: Falls die Zahl der Abstimmungen eine kritische Grenze nicht übersteigt, die Bürger also nicht überfordert werden, können Kommunikationsprozesse im Elektorat die Kooperationsquote in einer demokratischen Gesellschaft signifikant steigern. Jene Nutzenkomponenten senken die intrapersonellen Konsensfindungskosten, so dass in gewisser Weise von einem Entscheidungsfindungsnutzen durch kommunikative Prozesse in einer direkten Demokratie gesprochen werden kann. Jener Entscheidungsfindungsnutzen findet gleichwohl dort seine Grenze, wo die Kosten der Kommunikation so hoch sind, dass sie die Nutzenkomponenten übersteigen.

Insbesondere *Sen* weist auf die Bedeutung von Kommunikationsprozessen in einer Demokratie hin und bezeichnet jene als „government by discussion".[717] Gerade weil die Präferenzen der Bürger in einer Demokratie nicht invariant gesetzt werden können, spielen öffentliche Diskussionen sowie der Meinungsaustausch der Bürger untereinander im Vorfeld von Abstimmungen eine erhebliche Rolle für das Herausbilden und/oder die Veränderung von Präferenzen.[718] *Sen* kommt daher zu folgendem

---

714 Kleinewefers (1997), S. 68.

715 In dieser Hinsicht kann auch der Ansatz der E-Demokratie kritisiert werden. Das elektronische Wählen senkt zwar die Kosten, da der Gang zur Abstimmungsurne gespart und theoretisch von jedem Ort der Welt gewählt werden kann. Unter Fairnessgesichtspunkten ist das elektronische Wählen jedoch kritisch zu betrachten, da jener Teil der Gesellschaftsmitglieder diskrimiert würde, der keinen oder nur schwerlich Zugang zu den entsprechenden Medien hat. Damit würde implizit das demokratische Gleichheitspostulat des one man – one vote in Frage gestellt. Zudem bleibt bei einer rein technischen Betrachtungsweise unberücksichtigt, dass ein gesellschaftlicher Diskurs im Vorfeld von Abstimmungen für die Qualität der kollektiven Entscheidung bedeutend ist. Bei quasi permanenten Abstimmungen in der E-Demokratie würde sich dieser notwendige politische Diskurs nur rudimentär entwickeln. Dies hätte zur Konsequenz, dass die Bürger der Demokratie die getroffene Entscheidung zwar als legal einstufen, jene unter Legitimitätsgesichtspunkten jedoch eher als kritisch betrachten würden. Gleichwohl können durch Internetdiskurse die Kommunikationskosten deutlich gesenkt und damit ein höheres Maß an Kommunikation erreicht werden. Vgl. dazu Kirchgässner/Feld/Savioz (1999), S. 190ff.; Remper (2001), S. 40f.; Leggewie/Bieber (2001), S. 42f.; Sterk (2002), S. 34f. Zu Sicherheitsbedenken des elektronischen Wählens vgl. o.V. (2000), S. 8. Auch Saris (1991).

716 Vgl. Kleinewefers (1997), S. 69.

717 Vgl. Sen (1993), S. 16; auch Sen (1999a), S. 10f.

718 Als Beispiel nennt Sen die öffentliche Diskussion über die Senkung der Geburtenrate in Indien. So sank die Geburtenrate in gebildeten Schichten der Bevölkerung deutlich, weil im Rahmen einer öffentlichen Diskussion die gravierenden Nachteile hoher Geburtenraten für junge Frauen und die Allgemeinheit thematisiert wurden. In Kerala mit einem besonders hohen Anteil an Lese- und Schreib-

Schluss: „Die Macht der öffentlichen Auseinandersetzung ist nicht nur ein weitreichendes Korrelat der Demokratie, sie zu kultivieren trägt auch zum besseren Funktionieren der Demokratie selbst bei."[719]

---

kundigen konnte durch diesen Dialog in der Bevölkerung eine Geburtenrate von 1,7 erreicht werden, die der Englands entspricht. Vgl. Sen (2000), S. 188f.

[719] Sen (2000), S. 194.

Kapitel III: Wahlverfahren in der Demokratie

14. Einleitung

Während in Kapitel II die Frage des optimalen Delegationsgrades in einer Demokratie behandelt wurde, soll in diesem Kapitel nun analysiert werden, mit welchem Abstimmungsverfahren[720] kollektive Entscheidungen in einer Demokratie idealiter getroffen werden sollten. Dabei macht es grundsätzlich keinen Unterschied, ob eine Entscheidung vom gesamten Kollektiv oder nur von einem mehr oder weniger kleinen Teil des Kollektivs getroffen wird.[721] Die Entscheidung, die die Repräsentanten für ihre Bürger treffen, soll in der vorliegenden Untersuchung in Anlehnung an die Definition in Kapitel I ebenfalls als eine kollektive Entscheidung aufgefasst werden, so dass sich das Problem der Aggregation jener Präferenzen gleichermaßen stellt.

Die Analyse von Wahlverfahren in der vorliegenden Arbeit erscheint uns geboten, da eine Reihe produktiver Aggregationsverfahren bekannt sind, die in der Praxis demokratischer Staaten allerdings nur selten zur Anwendung kommen. Obwohl der Ruf nach erweiterten Partizipationsmöglichkeiten für die Bürger laut ist und damit verschiedene institutionelle Arrangements kollektiven Handelns diskutiert werden, so erstaunlich wenig findet eine wissenschaftliche wie öffentliche Diskussion über demokratische Abstimmungsverfahren statt. Bei den Befürwortern direkter Demokratie scheint die Auffasung vorzuherrschen, dass alleine die Forderung nach Durchsetzung erweiterter Partizipationsmöglichkeiten automatisch auch eine bei den Abstimmenden vorhandene Meinungsverteilung im Wahlergebnis widerspiegele.[722] Wie die Analyse in diesem Kapitel zeigen wird, kann gleichwohl kein ideales Aggregationsverfahren für demokratische Entscheidungsprozesses ausgemacht werden. Jedes Verfahren weist in der Realität mehr oder weniger große Defizite auf. Umso mehr scheint es daher angebracht, die Vielfalt an möglichen Entscheidungsverfahren darzulegen und zu zeigen, dass es keine first best-Lösung gibt, aber zumindest gegenüber bestehenden Aggregationsmechanismen pareto-superiore Entscheidungsverfahren existieren.

In diesem Kapitel soll zunächst grundsätzlich die Frage der Transformierbarkeit von Individualpräferenzen in Kollektivpräferenzen im Rahmen der Social Choice-Theorie behandelt werden. Es stellt sich die Frage, ob die Möglichkeit besteht, individuelle Präferenzen widerspruchsfrei mittels eines Wahlverfahrens zu aggregieren.[723]

Wie bereits in Kapitel II geschehen, findet im Anschluss eine Analyse der politischen Transaktionskosten von Abstimmungsverfahren statt. Um beurteilen zu können, nach welcher Regel kollektive Entscheidungen in einer Demokratie getroffen werden sollten, werden auf der Grundlage eines individuellen Verfassungskalküls Kriterien für ein optimales Abstimmungsverfahren auf konstitutioneller Ebene entwickelt. Zentrale Kostenkategorien stellen die (wahrscheinlichen) externen Kosten sowie die interpersonellen Konsensfindungskosten dar, die in ihrer Summe die Interdependenzkosten

[720] Die Begriffe Wahl-, Entscheidungs- und Abstimmungsverfahren werden fortan synonym benutzt.
[721] Vgl. Weimann (1996), S. 150.
[722] Vgl. Grözinger (1996), S. 195f.
[723] Vgl. Arrow (1951/1963), S. 2.

darstellen. Im Anschluss daran werden verschiedenen Determinanten der Kostenverläufe diskutiert.
Die verfassungsökonomischen Optimalitätsbetrachtungen eines Individuums können sich auf eine Reihe von verschiedenen Wahlverfahren erstrecken. Jene im laufenden politischen Prozess einer Demokratie zur Verfügung stehenden Wahlverfahren werden kurz in ihrer grundlegenden Funktionsweise skizziert. Um eine systematische Beurteilung jener Verfahren vornehmen zu können, werden daran anschließend Kriterien entwickelt, anhand derer die einzelnen Wahlverfahren diskutiert werden. Abschließend wird ein zusammenfassender Vergleich der Wahlverfahren vorgenommen.

15. Die Transformation von Individualpräferenzen in Kollektiventscheidungen – der Social Choice-Ansatz

Im Gegensatz zum Public Choice-Ansatz, in dem auf empirischer Basis das Verhalten politischer Akteure vor dem Hintergrund institutioneller Anreizstrukturen untersucht wird, werden im Social Choice-Ansatz kollektive Entscheidungen abstrakt logisch analysiert.[724] Ausgangspunkt der Überlegungen der Social Choice-Theorie stellt die Frage dar, ob aus individuellen Wahlakten eine kollektive Entscheidung, die bestimmten Anforderungen genügt, abgeleitet werden kann.[725] Entscheidend für diese Beurteilung ist die Art und Weise, mittels derer die Präferenzen der Individuen aggregiert werden. Jener Aggregationsmechanismus sollte bestimmte, demokratischen Prinzipien genügende Eigenschaften aufweisen. Die für den Aggregationsmechanismus als notwendig erachteten Bedingungen gelten als axiomatisch, da sie nicht aus anderen Eigenschaften abgeleitet werden und allgemein anerkannte Grundsätze darstellen.[726] Ziel jenes Ansatzes ist es, auf der Grundlage jener Axiome Aussagen über die Rationalität kollektiver Entscheidungen zu treffen.
Neben den Anforderungen an den Aggregationsmechanismus – die im Folgenden detailliert analysiert werden – werden weiterhin grundlegende Anforderungen an die Präferenzen der Individuen gestellt:[727]

[724] Vgl. dazu die grundlegenden Arbeiten von Arrow (1951/1963) und Sen (1970). Auch Sen (1987); Pattanaik (1971). Einen historischen und aktuellen Überblick gibt Sen (1999b).
[725] Aus wohlfahrtsökonomischer Sichtweise geht es um die Frage der Existenz einer Sozialen Wohlfahrtsfunktion (SWF). Auf der Grundlage einer SWF ist es möglich, eine gesellschaftliche Indifferenzkurve im Nutzenraum abzubilden. Jene Indifferenzkurve kann als der grafische Ort im Nutzenraum umschrieben werden, der ein konstantes Wohlfahrtsniveau bei unterschiedlichen Nutzenniveaus der einzelnen Gesellschaftsmitglieder wiedergibt. Bergson brachte als erster die Frage einer SWF in die Diskussion. Daher wird auch oft von gesellschaftlichen Indifferenzkurven des Bergson-Typs gesprochen. Vgl. dazu Bergson (1954); Arrow (1951/1963), S. 22ff.
[726] Kritik an dieser Sichtweise wird in Abschnitt 15.4. geübt.
[727] Im Folgenden wird eine Kurzschreibweise gewählt. Es existiere eine Menge von Alternativen $X=\{x,y,z,...\}$, aus der die Mitglieder einer Gesellschaft wählen können. Die einzelnen Alternativen kann ein Individuum in verschiedener Art und Weise in binäre Relation setzen. Eine Alternative kann von einem Individuum mindestens so gut wie eine andere (Relation R), strikt besser (Relation P) oder gleichwertig (Relation I) bewertet werden. Vgl. dazu Arrow (1979), S. 132; Bernholz/Breyer (1994), S. 24f.; Weimann (1996), S. 170ff.

- Reflexivität: Für jedes Element x aus der Menge aller möglichen Alternativen X gilt xRx. Jede Alternative der Menge X ist also mindestens so gut wie sie selbst.
- Transitivität: Wenn xRy und yRz, dann folgt hieraus xRz. z ist also mindestens so gut wie x, wenn Alternative x so gut wie y und y so gut wie z ist.
- Vollständigkeit: Jedes Paar von Alternativen aus der Menge X kann geordnet werden, wobei Indifferenz möglich ist. Für x≠y gilt: xRy oder yRx oder beides.

Eine Präferenzrelation wird dann eine Präferenzordnung genannt, wenn die Bedingungen der Reflexivität, Transitivität und Vollständigkeit erfüllt sind. Jener „Forderungskatalog" an die individuellen Präferenzen liefert Bedingungen, die gemeinhin für individuell rationale Entscheidungen unterstellt werden. Den Wertungen der einzelnen Mitglieder der Gesellschaft werden damit keine Einschränkungen außer der Forderung nach formaler logischer Konsistenz auferlegt.

15.1. Das Unmöglichkeitstheorem von Arrow

Das zentrale Anliegen des Social Choice-Ansatzes liegt in der Suche nach einer kollektiven Entscheidungsregel, die eine funktionale Beziehung zwischen den vielzähligen Präferenzordnungen der einzelnen Gesellschaftsmitglieder und einer und nur einer sozialen Präferenzordnung herstellt.[728] Jene funktionale Beziehung muss durch eine Aggregierungsvorschrift geleistet werden, die bestimmten Forderungen genügen sollte und gleichzeitig den Präferenzen der Individuen keinerlei Beschränkungen auferlegt.[729]

Arrow, Nobelpreisträger des Jahres 1972, konnte zeigen, dass es auf der Grundlage individueller und ordinaler Präferenzen keinen gesellschaftlichen Aggregationsmechanismus gibt, der bestimmte Mindestanforderungen erfüllt und eine logisch konsistente soziale Präferenzordnung generiert.[730] Jene auf den ersten Blick recht harmlos erscheinenden Bedingungen lauten:[731]

[728] Eine kollektive Entscheidungsregel, die auf Basis der individuellen Präferenzordnungen eine Gruppenpräferenz herstellt, wird allgemein als collective choice rule (CCR) bezeichnet. Ein Mechanismus, der *eine* Alternative aus der Menge sämtlicher möglichen Alternativen generiert und damit Eindeutigkeit herstellt, wird als social choice function (SCF) bezeichnet. Falls die gesellschaftliche Präferenzrelation ebenfalls eine Ordnung ist, so stellt jene Auswahlfunktion eine social welfare function (SWF) im Sinne von Arrow dar. Vgl. Bernholz/Breyer (1994), S. 27.

[729] Mangelsdorff zeigt, wie sich die Zahl möglicher Aggregationsvorschriften verringert, wenn bestimmte Bedingungen an die Aggregationsvorschrift gestellt werden. Vgl. Mangelsdorff (1990), S. 189ff.

[730] Vgl. Arrow (1979), S. 142ff.; Arrow (1951/1963), S. 46ff. und 97ff.; auch Bernholz/Breyer (1994), S. 27ff.; Sen (1970), S. 41ff.; Gaertner (1978), S. 290ff. Die von Arrow formulierten Anforderungen stellen eher ein Minimum als ein Maximum dar. Die Anforderungen an eine Aggregationsvorschrift müssen damit als notwendig und keinesfalls bereits als hinreichend charakterisiert werden. Vgl. Kern (1977), S. 653f.

[731] Vgl. Arrow (1951/1963), S. 22ff.; Arrow (1979), S. 142ff. – Ursprünglich führte Arrow insgesamt fünf Bedingungen für sein Unmöglichkeitstheorem an. Blau konnte allerdings nachweisen, dass die fünfte Bedingung Arrows fehlerhaft war und eliminiert werden konnte. Vgl. Blau (1957).

- Bedingung des unbeschränkten Defintionsbereiches: Alle logisch möglichen Kombinationen der individuellen Präferenzordnung sind zulässig, die den Erfordernissen der Transitivität, Vollständigkeit und Reflexivität entsprechen.
- Pareto-Regel: Wenn die Alternative x der Alternative y von jedem Individuum bevorzugt wird, dann rangiert auch in der sozialen Rangordnung x höher als y.
- Unabhängigkeit von irrelevanten Alternativen: Bei der gesellschaftlichen Entscheidung zwischen Alternative x und y soll die Wertschätzung nur von diesen beiden Alternativen durch die Individuen abhängen. Dritte Alternativen dürfen bei der Wertschätzung der Individuen keine Rolle spielen.
- Demokratieregel: Es soll kein Individuum geben, dass ungeachtet der Präferenzen der übrigen Individuen eine Entscheidung für das Kollektiv trifft.

Falls sich drei oder mehr Individuen zwischen drei oder mehr Alternativen entscheiden müssen, so existiert keine kollektive Entscheidungsregel, die die gestellten Mindestanforderungen erfüllt und eine soziale Präferenzordnung generiert („Unmöglichkeitstheorem").[732] Logische Inkonsistenzen müssen in der sozialen Präferenzordnung nun nicht zwangsläufig auftreten – solche Ergebnisse können lediglich mit Sicherheit nicht ausgeschlossen werden.[733] Bei dem Unmöglichkeitstheorem handelt es sich aber nicht um einen mit „Akribie konstruierten 'pathologischen' Sonderfall[s]".[734] Für die Beurteilung demokratischer Abstimmungsverfahren hat das Unmöglichkeitstheorem von *Arrow* weitreichende Folgen: So lange im Rahmen einer Aggregierungsvorschrift der Anspruch erhoben wird, zwischen individuellen und sozialen Präferenzen einen systematischen Zusammenhang herzustellen, muss eine stringente Präferenzaggregation in Frage gestellt werden.[735] Widersprüchliche Entscheidungsergebnisse lassen sich nur dann zweifelsfrei vermeiden, wenn gegen Bedingungen verstoßen wird, die den demokratischen Charakter der *Arrow*`schen Axiome ausmachen.[736] *Lehner* weist zudem darauf hin, dass auftretende Inkonsistenzen in kollektiven Entscheidungen Ermessensspielräume und damit einhergehende Beeinflussungsmöglichkeiten durch einzelne Individuen implizieren. Eine politische Steuerung von Tauschprozessen kann damit analog zu marktlichen Austauschprozessen offensichtlich nicht als spontane Ordnung aufgefasst werden. Jede kollektive Aggregierungsvorschrift enthält Elemente einer zweckorientierten Steuerung und verändert je nach Ausgestaltung das Ausmaß der Spontaneität der kollektiven Ordnung.[737]

[732] Zum Beweis des Unmöglichkeitstheorems vgl. Arrow (1951/1963), S. 51ff. und 97ff. Arrow spricht selbst vom "Possibility Theorem". – Auch Sen (1970), 41ff.; Lenk/Teichmann (1999), S. 866ff.
[733] Vgl. Frey (1977), S. 97f.; Sen (1970), S. 163ff.; Tristram (1974), S. 88ff. – Bei drei Alternativen und drei Wählern liegt die Wahrscheinlichkeit einer inkonsistenten kollektiven Entscheidung bei unter sechs Prozent. Die Wahrscheinlichkeit von Inkonsistenzen steigt mit der Zahl der zur Abstimmung anstehenden Alternativen sowie der Zahl der Wähler. Vgl. Frey (1974), S. 40.
[734] Gaertner (1978), S. 290.
[735] Vgl. Kern (1977), S. 654.
[736] Vgl. Arrow (1951/1963), S. 59.
[737] Vgl. Lehner (1979), S. 15f.

15.2. Das Condorcet-Paradox und andere Abstimmungsparadoxa

Anhand eines konkreten Abstimmungsverfahrens kann illustriert werden, welche Inkonsistenzen bei der Aggregation individueller Präferenzen zu einer kollektiven Entscheidung auftreten können.[738] Das in der Literatur am meisten verwendete Beispiel hierfür ist das Condorcet-Paradox, welches vom französischen Mathematiker, Pädagogen und demokratischen Revolutionär *Marquis de Condorcet* bereits Ende des achtzehnten Jahrhunderts im „Essai sur l'Application de l'Analyse à la Prohabilité des Décisions Redues à la Pluralité des Voix" diskutiert wurde.[739]
Nach dem Condorcet-Verfahren wird diejenige Alternative zum Sieger gewählt, die in einem paarweisen Vergleich aller Alternativen mit der einfachen Mehrheitsregel gewinnt.[740] Dieses Verfahren soll anhand eines einfachen Beispiels mit drei Wählern und drei Alternativen illustriert werden. Tab. 11 gibt den Sachverhalt wieder.

Tab. 11: Wahlsituation beim Condorcet-Verfahren

Wähler I	Wähler II	Wähler III
A	C	B
B	A	C
C	B	A

Quelle: In Anlehnung an Frey (1977), S. 96.

Nach diesem Verfahren wird A gegen B mit 2:1 und B gegen C mit 2:1 gewinnen. Die logische Konsistenz (Transitivität) würde fordern, dass A auch C vorgezogen wird. Tatsächlich aber siegt C über A mit 2:1. Als gesellschaftliche Präferenzordnung ergibt sich somit A>B>C>A.[741] Nach diesem Verfahren sind also zyklische Mehrheiten möglich. Die Bedeutung des Condorcet-Paradoxons (oder auch Abstimmungsparadoxon) liegt in der Unmöglichkeit, einen eindeutigen Gewinner zu bestimmen.[742] Die Zyklizität der Mehrheiten im Rahmen des Verfahrens der sukzessiven paarweisen Abstimmung kann entsprechend auch als Indifferenz des Elektorats gegenüber den zur Abstimmung stehenden Alternativen interpretiert werden.[743] Ob es im laufenden politischen Prozess einer Demokratie tatsächlich zu den beschriebenen zyklischen Mehrheiten kommt, ist schwer zu beurteilen. In der Regel wird das Abstimmungsprozedere nach

[738] Es sollte gleichwohl nicht unbeachtet bleiben, dass neben paradoxen kollektiven Entscheidungen auch kollektive Pattsituationen ein Problem darstellen können.
[739] Vgl. Condorcet (1785). Einen umfassenden Überblick über das Condorcet-Paradox gibt Gehrlein. Vgl. dazu Gehrlein (1983), S. 161ff.; auch Arrow (1951/1963), S. 2f.
[740] Vgl. Sugden (1981), S. 140; Mueller (1989), S. 112.
[741] A>B bedeutet, dass Alternative A strikt Alternative B vorgezogen wird.
[742] Vgl. Frey/Kirchgässner (1994), S. 147. Eine Abstimmungsalternative, die im paarweisen Vergleich über alle anderen Alternativen siegt, wird auch als Condorcet-Gewinner bezeichnet. Falls eine Aggregationsvorschrift keinen Condorcet-Sieger hervorbringt, wird jenes Ergebnis auch als Thwarted-Majority-Paradox bezeichnet. Vgl. Fishburn/Brams (1983), S. 207.
[743] Vgl. Sohmen (1976), S. 352.

einem Wahlgang abgebrochen, so dass mögliche zyklische Mehrheiten nicht offen zutage treten.[744]

Welcher der Vorschläge im Rahmen des Condorcet-Verfahrens gewählt wird, hängt von der Reihenfolge ab, in der die Vorschläge zur Abstimmung eingebracht werden.[745] Falls zyklische Mehrheiten vorliegen, wird das Abstimmungsverfahren damit anfällig für Manipulationen, also pfadabhängig. Angenommen, die Präferenzen der Abstimmungsteilnehmer sind einem Wahlleiter bekannt, so kann dieser durch die Bestimmung der Abstimmungsreihenfolge ein gewünschtes Ergebnis erzeugen. In Tab. 12 wird deutlich, dass diejenige Abstimmungsalternative gewinnt, die möglichst spät zur Abstimmung gebracht wird.[746]

Tab. 12: Wechselnde Mehrheiten beim Condorcet-Verfahren

Abstimmungs-folgen		**1. Wahlgang**	**2. Wahlgang**	**Endergebnis**
1	Mehrheiten für	A>B	C>A	C
2	Mehrheiten für	C>A	B>C	B
3	Mehrheiten für	B>C	A>B	A

Quelle: In Anlehnung an Sohmen (1976), S. 350.

Ein weiteres Problem des Condorcet-Verfahrens besteht darin, dass die Abstimmungsteilnehmer durch taktisches Wahlverhalten das Ergebnis der Abstimmung in ihrem Sinne beeinflussen können. Wird im betrachteten Beispiel zunächst zwischen den Alternativen A und B abgestimmt, so kann Wähler I entgegen seinen Präferenzen für B stimmen. Im ersten Wahlgang wird damit durch das taktische Wahlverhalten des Wählers I Alternative B vor Alternative A siegen. Im zweiten Wahldurchgang wird sich bei wahrheitsgemäßer Angabe der Präferenzen Alternative B gegen C durchsetzen. Durch das strategische Wahlverhalten konnte Wähler I damit der Alternative B zum Sieg verhelfen. Hätte Wähler I seine Präferenzen wahrheitsgemäß offenbart, so hätte sich Alternative C durchgesetzt. Da C in der Präferenzordnung durch Wähler I unterhalb von B angeordnet ist, lohnt sich das taktische Wahlverhalten. Wenn mehrere Wähler sich taktisch verhalten, kann dies zu einem für alle Wähler unvorteilhaften Abstimmungsergebnis führen.[747]

Neben dem in der Literatur weit verbreiteten Condorcet-Paradox können eine Vielzahl weiterer Paradoxien aufgeführt werden:[748]

- Borda-Paradox: *Borda* konnte zeigen, dass im Rahmen der Pluralitätsregel[749] die siegreiche Alternative ein Condorcet-Verlierer sein kann. Bei paarweiser Abstim-

[744] Vgl. Beck (1992), S. 9; Nurmi (1999), S. 25. – Empirische Evidenz für eine Wahl mit einer großen Zahl von Teilnehmern findet Kurrild-Klitgaard für die dänische Parlamentswahl. Vgl. dazu Kurrild-Klitgaard (2001), S. 137ff.; auch Radcliffe (1992).

[745] Vgl. Bernholz/Breyer (1994), S. 55.

[746] Vgl. Beck (1992), S. 4.

[747] Vgl. Bernholz/Breyer (1994), S. 55f.

[748] Vgl. dazu Nurmi (1999); Fishburn/Brams (1983), S. 207f.; auch Fishburn (1974). – Eine umfassende Klassifizierung von Abstimmungsparadoxien gibt Nurmi. Vgl. dazu Nurmi (1999), S. 120ff.

mung kann der Sieger der Pluralitätswahl von allen anderen Alternativen geschlagen werden. In Tab. 13 ist eine Wahlsituation dargestellt, die das Borda-Paradox erzeugt.

Tab. 13: Wahlsituation beim Borda-Paradox

1 Wähler	7 Wähler	7 Wähler	6 Wähler
A	A	B	C
B	C	C	B
C	B	A	A

Quelle: Nurmi (1999), S. 12.

Die Alternative A wird im Rahmen der Pluralitätswahl gewinnen. In der paarweisen Abstimmung gegen die Alternativen B und C unterliegt jedoch die Alternative A.

- No-Show-Paradox: Mit diesem Paradox ist der Umstand beschrieben, dass sich ein Individuum durch die Teilnahme an einer Wahl selbst schädigt. Dazu sei angenommen, dass ein Individuum Alternative A der Alternative B vorziehe. Beteiligt sich das Individuum nicht an der Abstimmung, so möge die Alternative A als Sieger hervortreten. Nimmt das Individuum nun an der Wahl teil und äußert wahrheitsgemäß seine Präferenzen, wird die Alternative B siegen. Damit schadet sich das Individuum durch die Teilnahme an der Wahl selber.
- Schwartz-Paradox: Ein dem No-Show-Paradox verwandtes Abstimmungsparadox stellt das im Rahmen der Repräsentation auftretende Schwartz-Paradox dar.[750] Dazu sei die in Tab. 14 dargestellte Wahlsituation angenommen.

Tab. 14: Wahlsituation beim Schwartz-Paradox

Partei 1 23 Sitze	Partei 2 28 Sitze	Partei 3 49 Sitze
A	B	C
B	C	A
C	A	B

Quelle: In Anlehnung an Nurmi (1999), S. 117.

Es sei unterstellt, dass zwischen den drei Alternativen A, B und C in paarweiser Abstimmung ein Sieger ermittelt werden soll. Wird zunächst zwischen B und C abgestimmt, so tritt B als Sieger hervor. In der Abstimmung zwischen A und B wird die Alternative B von A geschlagen werden. Damit setzt sich die Alternative durch, die am wenigsten von der Partei 2 gewünscht wird.

Wenn die Partei 2 vier Sitze verliert und jeweils zwei Sitze an die anderen Parteien abgeben muss, stellt sich das Wahlergebnis anders dar. In diesem Fall ist die Alternative C der Condorcet-Gewinner. Damit gewinnt eine Alternative die Wahl, die

---

[749] Bei der Pluralitätsregel oder auch der Regel der relativen Mehrheit gewinnt jene Alternative die Wahl, die für sich genommen mehr Stimmen als jede andere einzelne Alternative erhält.

[750] Vgl. Schwartz (1995).

von der Partei 2 stärker präferiert wird als die Alternative A. Es stellt sich das paradoxe Ergebnis ein, dass die Partei 2 einen Nutzen daraus zieht, mit weniger Sitzen repräsentiert zu sein. Selbst wenn Partei 2 gar nicht mehr im Parlament vertreten wäre und die Sitze gleichmäßig auf die anderen Parteien verteilt würden, könnte sie einen höheren Nutzen aus dem Wahlergebnis ziehen, als wenn sie ihre Präferenzen durch die Teilnahme an der Wahl äußern würde.

- Multiple-Districts-Paradox: Es sei angenommen, dass unterschiedliche Wahlkreise existieren, in denen jeweils über die Alternativen A und B abgestimmt wird. In jedem Wahlkreis möge die Alternative A siegen. Führt man nun eine Gesamtwahl durch, wird die Alternative B über A siegen und insofern zu einer inkonsistenten kollektiven Entscheidung führen.[751]
- More-is-less-Paradox: Das more-is-less-Paradox tritt auf, wenn ceteris paribus der Gewinner einer Abstimmung in der Präferenzordnung einiger Abstimmungsteilnehmer höher steigt und in einem weiteren Wahlgang eine andere Abstimmungsalternative siegt.

15.3. Auswege aus Arrow`s Paradoxon

Viele Anstrengungen wurden nach der Veröffentlichung des *Arrow*-Unmöglichkeitstheorems unternommen, um Auswege aus jener Kalamität zu finden. Alle Versuche zielen darauf ab, das durch das *Arrow*-Theorem aufgezeigte Dilemma zwischen der Irrationalität kollektiver Entscheidungen und einer Diktatur zu umgehen bzw. zu relativieren,[752] indem die von *Arrow* formulierten Bedingungen abgeschwächt werden.[753] Folgende Richtungen können dabei unterschieden werden:[754]

- Bedingung des unbeschränkten Definitionsbereiches bzw. kollektiver Rationalität: *Arrow* übertrug mit seinem Axiom des unbeschränkten Definitionsbereiches den Anspruch an die Rationalität individueller Präferenzen auf die soziale Präferenzordnung. Diesbezüglich gilt insbesondere der Anspruch der Transitivität an die kollektiven Präferenzen. Die Transitivität einer sozialen Präferenz sichert, dass es nicht zu zyklischen Mehrheiten kommt.[755]

---

[751] Aus diesem Wahlparadoxon leitet Smith die Anforderung der Separabilität an Wahlverfahren ab. Vgl. dazu Smith (1973), S. 1029.

[752] Vgl. Söllner (1993), S. 31.

[753] Vgl. auch Arrow (1951/1963), S. 60; Sen (1999b), S. 353.

[754] Vgl. insbesondere Langmann (1990), S. 37ff. – Die Demokratie- sowie die Pareto-Regel werden als Bedingung in der Literatur weitgehend akzeptiert und sollen an dieser Stelle daher nicht weiter analysiert werden. – Von Sen wird die Pareto-Regel kritisch analysiert, da selbst ein Minimum an persönlichen Entscheidungsspielräumen mit der Pareto-Norm nicht vereinbar sein kann („Liberales Paradoxon" oder auch „Dilemma des paretianischen Liberalen"). Vgl. dazu Sen (1970), S. 78ff.; auch Breyer (1980).

[755] Zum anderen wird durch das Axiom des unbeschränkten Definitionsbereiches sichergestellt, dass die kollektive Entscheidung pfadunabhängig getroffen wird. In dem oben dargestellten Condorcet-Paradox konnte das Wahlergebnis durch die Festsetzung der Reihenfolge der Abstimmungen beeinflusst werden und so eine Pfadabhängigkeit der Entscheidung hergestellt werden. Vgl. Weimann (1996), S. 209f.

Eine Möglichkeit, das Unmöglichkeitstheorem im Hinblick auf die Anforderung der Bedingung des unbeschränkten Definitionsbereiches zu umgehen, besteht darin, die von den Individuen gewählten Kombinationen sozialer Rangordnungen zu restringieren. Lässt man die Möglichkeit vollkommen identischer individueller Präferenzen als einen konstruierten Ausnahmefall aussen vor, so liegt eine mögliche Beschränkung darin, dass niemand eine Alternative als die schlechteste einschätzt.[756] Diese in der Literatur als Fall „eingipfliger Präferenzen" bekannte Einschränkung wurde zum ersten Mal von *Black* untersucht.[757] Intransitivität in der sozialen Präferenzordnung kann folglich vermieden werden, wenn alle individuellen Präferenzordnungen die Bedingungen der Eingipfligkeit erfüllen und die Zahl der Wähler ungerade ist.[758] Es wird demnach eine partielle Übereinstimmung in den individuellen Präferenzordnungen vorausgesetzt. Ändert Wähler II im oben angeführten Beispiel des Condorcet-Paradox seine Präferenzen dahingehend, dass Alternative C die geringste und A die mittlere Präferenz erhält, so kann bei paarweiser Abstimmung Intransitivität vermieden werden. Von keinem Wähler wird B als die schlechteste Alternative eingeschätzt. Falls eingipflige individuelle Präferenzen vorliegen und die Zahl der Wähler wiederum ungerade ist, so sind (hinreichende) Bedingungen für einen Condorcet-Gewinner gegeben.[759] Die Median-Alternative B gewinnt die Wahl.[760]

Die Bedingung der Eingipfligkeit setzt voraus, dass die individuellen Präferenzen (zumindest partiell) vollkommen identisch sind, damit inkonsistente soziale Präferenzordnungen vermieden werden.[761] In der Realität demokratischer Politikprozesse erweist sich diese Bedingung als äußerst restriktiv.[762] Zur Abstimmung stehende Alternativen dürften in der Beurteilung der Wähler stets mehr- und nicht wie von *Black* unterstellt, eindimensional sein. Gerade in demokratischen Großgesellschaften mit einer weitgehenden Aufspaltung in eine Vielzahl voneinander abgesetzter Interaktionssysteme dürfte diese Minimalanforderung an die Homogenität individueller Präferenzen kaum der Realität entsprechen.[763] Nicht nur, dass die Annahme einer partiell vollkommenen Homogenität der individuellen Präferenzen un-

---

[756] Weiterhin können die beschränkenden Bedingungen dichotomer, echo-artiger und antagonistischer Präferenzen angeführt werden. Bestimmte individuelle Präferenzmuster werden durch diese Bedingungen verboten. Sen spricht von „qualitative patterns of individual preferences". Vgl. Sen (1970), S. 170.

[757] Vgl. dazu Black (1948), S. 24f.; Black (1958); auch Arrow (1951/1963), S. 75ff.; Beck (1992), S. 161ff. – Stellt man die Präferenzordnung eines Individuums in einem Koordinatensystem grafisch dar, so werden Präferenzen dann als eingipflig bezeichnet, wenn die Streckenzüge im Koordinatensystem lediglich einen Gipfel aufweisen. Entweder steigen oder fallen die Präferenzen ständig oder sie steigen erst und fallen dann. Das Vorzeichen der Steigung der Kurven darf sich notwendigerweise im gesamten Verlauf nur ein einziges Mal ändern. Vgl. Andel (1998), S. 42ff. – Die Eingipfligkeit der Präferenzen als Bedingung für eine transitive kollektive Entscheidung ist nur dann gültig, wenn eine Alternative von keinem Wähler als die *schlechteste* eingestuft wird. Falls eine Alternative von keinem Wähler als die beste eingestuft wird, so liegt keine Eingipfligkeit vor. Dennoch ergibt sich eine transitive kollektive Präferenzordnung.

[758] Vgl. Sohmen (1976), S. 355.

[759] Vgl. Bernholz/Breyer (1994), S. 60.

[760] Vgl. von Oehsen (1983), S. 35f.; auch Mueller (1989), S. 65f.

[761] Vgl. Frey (1977), S. 100.

[762] Vgl. dazu Kramer (1973).

[763] Vgl. Downs (1968), S. 60; Lehner (1981), S. 50.

realistisch ist, eine Beschränkung des Definitionsbereiches der individuellen Präferenzen dürfte sich ebenso schwerlich rechtfertigen lassen.[764]
Eine weitere Möglichkeit, die Bedingung der kollektiven Rationalität abzuschwächen, besteht in der Forderung, weniger als die Transitivitätseigenschaft zu verlangen. *Sen* hielt *Arrows* Anforderungen für zu weitgehend und sah es als ausreichend an, dass die soziale Präferenzrelation immer die Auswahl einer besten Alternative ermögliche.[765] *Sen* konnte zeigen, dass bei Quasitransitivität bzw. Azyklizität die Bedingungen *Arrows* erfüllt sind.[766] Die neuen Bedingungen führten allerdings auch nicht zu einer Lösung des Problems, da „Quasi-Transitivität [...] den *Arrow*schen Diktator demnach durch eine Gruppe schwacher Diktatoren"[767] ersetzt. Diejenigen Individuen bestimmen die soziale Präferenz, deren Präferenzen übereinstimmen bzw. erzwingen eine soziale Indifferenz, falls die Interessenlagen nicht kongruent sind. Da eine Übereinstimmung in den Präferenzen die Voraussetzung dafür ist, dass sich die Präferenzen der schwachen Diktatoren durchsetzen, führt eine weitgehende – also demokratische – Berücksichtigung der Präferenzen der Individuen zu immer weitergehender sozialer Indifferenz. Wiederum steht man vor einem Dilemma: Entweder man verstößt gegen eine der aufgestellten Bedingungen oder die Entscheidungsmenge bleibt leer.[768]
Es stellt sich nicht zuletzt grundsätzlich die Frage, ob die Ansprüche an individuelle Rationalität unumschränkt auf kollektive Entscheidungen übertragen werden sollten.[769] Das folgende Beispiel der Wahl des österreichischen Bundespräsidenten mag verdeutlichen, dass an dieser Vorgehensweise deutliche Zweifel angebracht sein können.[770] Für dessen Wahl sieht die Verfassung der Republik Österreich zwingend die absolute Mehrheit der Stimmen vor. Falls in einem ersten Wahlgang keiner der angetretenen Kandidaten die absolute Mehrheit erhält, findet in einem zweiten Wahlgang zwischen den beiden Kandidaten mit den höchsten Stimmenanteilen der ersten Wahlrunde eine Stichwahl statt.[771] Da die ÖVP regelmäßig über das größte Wählerpotential verfügte,[772] ergaben sich in der ersten Wahlrunde nun regelmäßig folgende Reihungen: 1. ÖVP-Kandidat, 2. SPÖ-Kandidat, 3. FPÖ-Kandidat, 4. KPÖ-Kandidat.
Da in der Geschichte der Wahl des österreichischen Bundespräsidenten der Kandidat der ÖVP im ersten Wahlgang in der Regel nicht die absolute Mehrheit der

---

[764] Vgl. Gaertner (1978), S.293.
[765] Vgl. dazu Sen (1970), S. 47ff.; Bernholz/Breyer (1994), S. 31ff.; Gaertner (1978), S. 296ff.; Bossert/Stehling (1990), S. 120ff. Eine CCR heisst dann eine soziale Entscheidungsfunktion (social decision function, SDF), wenn sie eine Präferenzrelation mit einem besten Element erzeugt.
[766] Bei Quasi-Transitivität beschränkt sich die Suche auf eine Alternative, die eine Mehrheit über alle anderen erhält. Wenn eine beste Alternative existiert, dann braucht Transitivität nicht unbedingt erfüllt zu sein. Vgl. Tristram (1974), S. 79.
[767] Kern (1977), S. 656.
[768] Vgl. Weimann (1996), S. 211.
[769] Zu dieser Kritik vgl. Buchanan (1954b), S. 116.
[770] Vgl. dazu Sohmen (1976), S. 352.
[771] In der Verfassung der USA ist beispielsweise vorgeschrieben, dass im zweiten Wahlgang das Repräsentantenhaus den Präsidenten aus den drei Kandidaten mit den höchsten Stimmenanteilen des ersten Wahlganges kürt. Vgl. Sohmen (1976), S. 359f.
[772] Die beschriebene Reihung der Kandidaten entspricht allerdings kaum mehr den aktuellen politischen Kräfteverhältnissen in Österreich.

Stimmen auf sich vereinigen konnte, musste in vielen Fällen eine Stichwahl angesetzt werden. In dieser Wahlrunde kehrte sich die Reihenfolge der Kandidaten regelmäßig um. Der SPÖ-Kandidat erhielt nicht nur von den KPÖ-Wählern, sondern zu einem Teil ebenso von den FPÖ-Wählern Stimmen, so dass der SPÖ-Kandidat die Unterstützung der Mehrheit der Wähler auf sich vereinigen konnte. Misst man das Resultat dieser kollektiven Entscheidung am *Arrow*'schen Rationalitätsaxiom, muss jene soziale Präferenz als logisch widerspruchsvoll empfunden werden. Die österreichischen Wähler stuften das Ergebnis der Wahl des Bundespräsidenten allerdings keineswegs als logisch inkonsistent ein. Wie das Beispiel zeigt, scheint es keineswegs sinnvoll, vordergründig irrationale kollektive Entscheidungen auf Basis des *Arrow*'schen Rationalitätsaxioms auszuschließen.[773]

- Unabhängigkeit von irrelevanten Alternativen: Diese Bedingung von *Arrow* verhindert, dass sich eine Änderung in der sozialen Präferenz ergeben kann, wenn sich individuelle Präferenzintensitäten verschieben, ohne dass sich gleichzeitig die individuelle Rangfolge der Alternativen ändert. Falls realistischerweise angenommen wird, dass sich die soziale Präferenz aufgrund von Änderungen der individuellen Präferenzintensitäten modifiziert, muss das *Arrow*'sche Unabhängigkeitsaxiom gelockert werden.[774] *Sohmen* kritisiert folgendermaßen das Unabhängigkeitsaxiom von *Arrow*: „Ob man sich als 'Ordinalist' oder als 'Kardinalist' bezeichnen will, man wird kaum umhin können, auch solche Wohlfahrtsurteile als sinnvoll anzuerkennen, die nicht nur die Reihenfolge, sondern auch die Intensität der Bewertung gesellschaftlicher Zustände in den individuellen Präferenzen berücksichtigen. Damit ist einem zentralen Grundsatz der *Arrow*'schen Werturteile der Boden entzogen."[775] In der Realität gibt es eine Fülle von Beispielen dafür, dass sich Kollektive auf Abstimmungsverfahren einigen, welche explizit gegen die Bedingung der Unabhängigkeit von irrelevanten Alternativen verstoßen.[776] Beispiele stellen die Borda-Wahl oder die Abstimmung mittels Steuer dar.[777]

Falls die Bedingung der Unabhängigkeit irrelevanter Alternativer fallengelassen wird, so muss allerdings in Kauf genommen werden, dass die kollektive Aggregationsvorschrift für strategisches Verhalten der Wähler anfällig wird. *Gibbard* und *Satterthwaite* konnten den Nachweis antreten, dass ausser der diktatorischen Auswahlfunktion jede soziale Aggregierungsvorschrift manipulierbar ist.[778] Das *Gibbard-Satterthwaite*-Theorem hat damit weitreichende Folgen für die Theorie der Präferenzaggregation: Es kann nicht mehr ausgeschlossen werden, dass

---

[773] Bei paarweiser Abstimmung über drei Kandidaten würde bei eingipfligen individuellen Präferenzen unabhängig von der Reihenfolge der Abstimmungen der FPÖ-Kandidat als Median-Kandidat gewählt werden. Die kollektive Rangfolge der Kandidaten ist damit genau der Reihenfolge der Parteistärken entgegengesetzt. Vgl. Sohmen (1976), S. 358f.

[774] Vgl. Eisenführ/Weber (1994), S. 315.

[775] Sohmen (1976), S. 349f.; auch Dummet (1984), S. 54ff.

[776] Vgl. Weimann (1996), S. 207; Langmann (1990), S. 43. – So verstößt beispielsweise das Entscheidungsverfahren der Ermittlung des Siegerliedes im Grand Prix gegen das Axiom der binären Unabhängigkeit. Vgl. Wagener (1999), S. 500. – Auch das Verfahren der US Präsidentschaftswahl verletzt das Axiom der binären Unabhängigkeit. Vgl. Wagener (2001), S. 670f.; auch Niemi/Riker (1976), S. 21.

[777] Vgl. dazu Abschnitt 17.3.

[778] Vgl. Satterthwaite (1975); Gibbard (1973). Vgl. auch Sen (2001).

durch unehrliches Verhalten der Abstimmungsteilnehmer, durch die Beeinflussung der Zusammensetzung der Abstimmenden oder der Reihenfolge der Abstimmung das Abstimmungsverfahren und damit auch das Ergebnis der kollektiven Entscheidung manipuliert wird.[779] An dieser Stelle wird deutlich, dass das Hauptproblem der Aggregation individueller Präferenzen u.U. nicht in den auftretenden Inkonsistenzen liegt, sondern dass demokratische Entscheidungsverfahren für vielfältige Manipulationen anfällig sind und daher in gewisser Weise drohen, zu einem arbiträren Ereignis zu verkommen. Bereits kleinste Änderungen im Hinblick auf Struktur, Ablauf und Kontext des Abstimmungsgegenstandes können das Ergebnis der Präferenzaggregation verändern.[780]
Die Abschwächung der Bedingung der Unabhängigkeit von irrelevanten Alternativen bietet offenbar keinen gangbaren Weg, das Unmöglichkeitstheorem zu umgehen. Entweder ist die soziale Aggregierungsvorschrift gegenüber Änderungen der Präferenzintensitäten zum großen Teil immun – oder das Abstimmungsverfahren wird vulnerabel gegenüber strategischem Wahlverhalten.

Aus den Ergebnissen der Post-*Arrow*-Literatur zur Abschwächung der Minimalanforderungen an kollektive Entscheidungsregeln muss der Schluss gezogen werden, dass offensichtlich kein Königsweg existiert, jenes von *Arrow* aufgezeigte Dilemma kollektiver Entscheidungen grundsätzlich zu lösen. *Buchanan* kommt zu folgendem ernüchternden Ergebnis: „Since the 1950`s [...] social choice theorists have explored in exhaustive logical and mathematical detail possible ways and means of escaping from the implications of the Arrow impossibility theorem, but they have had little or no success."[781] Sollte aufgrund der Ergebnisse der Social Choice-Theorie daher ein grundlegender Pessimismus hinsichtlich der Sinnhaftigkeit demokratisch getroffener kollektiver Entscheidungen bestehen?

15.4. Zur (Ir-)Relevanz des Arrow-Theorems

Während auf der einen Seite eine Reihe von Theoretikern der Social Choice-Theorie das Problem der Aggregation von individuellen Präferenzen zu einer gesellschaftlichen Entscheidungsfunktion im Rahmen des *Arrow*-Unmöglichkeitstheorems durch Abschwächung der Mindestanforderungen zu lösen versuchen, gibt es auf der anderen Seite den Versuch einer Vielzahl von Autoren, das Unmöglichkeitstheorem zu „lösen", indem dessen Irrelevanz behauptet wird. *Tullock* stellt die praktische Relevanz des Unmöglichkeitstheorems generell in Frage: „Majority voting will not produce a ´perfect` answer, but the answer it does produce will not be significantly ´worse` than if the paradox of voting did not exist. Any choice process involving large numbers of people will sureley be subject to innumerable minor defects with the result that the outcome, if considered in sufficient detail, will always deviate from Arrow`s condi-

[779] Vgl. Pfingsten/Wagener (1996), S. 356.
[780] Vgl. Schmidt (1997), S. 184.
[781] Buchanan (1984), S. 17. Zu einem ähnlichen Ergebnis kommt Frey (1977), S. 114. Vgl. auch Arrow (1984), S. 162f.

tions. The deviation may, however, be so small that it makes no practical difference."[782]

Wenn *Arrow* mit seinem Unmöglichkeitstheorem beweisen konnte, dass intransitive kollektive Entscheidungen *möglich* sind, so bedeutet dies gleichwohl nicht, dass Abstimmungsparadoxien für eine Gesellschaft auch ein relevantes Problem darstellen. Vielmehr hängt die Relevanz jener Abstimmungsparadoxien von der Auftretens-*Wahrscheinlichkeit* ab. Wenn ein Abstimmungsparadox bei einer von fünf Milliarden Abstimmungen auftritt, wird man jenen Paradoxien jegliche praktische Relevanz absprechen müssen. Tritt ein Paradoxon allerdings mit einer Wahrscheinlichkeit von mehreren Prozentpunkten auf, dürfte dies für die Praxis demokratischer Abstimmungsverfahren nicht unerhebliche Auswirkungen haben.[783]

Seit den sechziger Jahren wurde daher mit Hilfe von computergestützten Simulationsrechnungen versucht, unter bestimmten Grundannahmen[784] die Wahrscheinlichkeit zu berechnen, dass es zu paradoxen Abstimmungsergebnissen kommt bzw. kein Condorcet-Sieger ermittelt werden kann. In der folgenden Tab. 15 sind die Wahrscheinlichkeiten einer Simulationsrechnung in Abhängigkeit der Zahl der Wähler sowie der Zahl der Abstimmungsalternativen wiedergegeben.[785]

Tab. 15: Die Wahrscheinlichkeit paradoxer Abstimmungsergebnisse

Zahl der Wähler	Zahl der Alternativen			
	3	5	13	25
3	0,067	0,160	0,385	0,525
7	0.075	0,215	0,500	0,655
17	0,083	0,237	0,541	0,700
29	0,085	0,243	0,553	0,712
39	0,086	0,246	0,557	0,717
49	0,086	0,248	0,560	0,719

Quelle: Nurmi (1999), S. 27; in Anlehnung an Gehrlein (1997), S. 179.

Aus den Angaben der Tabelle wird deutlich, dass die Wahrscheinlichkeit paradoxer Abstimmungsergebnisse ceteris paribus mit der Zahl der Wähler als auch mit der

[782] Tullock (1967), S. 257; auch Beck (1992), S. 185; Eisenführ/Weber (1994), S. 317.

[783] Vgl. Beck (1992), S. 7; Langmann (1990), S. 38. – Letztlich lassen sich Abstimmungszyklen nur bei der Einstimmigkeitsregel gänzlich vermeiden. Allerdings tendiert die Wahrscheinlichkeit paradoxer Abstimmungsergebnisse bereits bei der Abstimmungsregel der qualifizierten Mehrheit gegen Null. Vgl. dazu Bernholz (1974); Caplin/Nalebuff (1988).

[784] Folgende Annahmen werden von Beck genannt: Die Anzahl der Abstimmenden ist ungerade, es existieren mindestens drei Abstimmungsalternativen, die Individuen dürfen nicht indifferent sein, jeder Wähler stimmt unabhängig von den anderen Wählern ab, alle Präferenzstrukturen können mit der gleichen Wahrscheinlichkeit gewählt werden und die Wähler stimmen wahrheitsgemäß entsprechend ihrer Präferenzstruktur ab. Vgl. Beck (1992), S. 11f.

[785] Bereits 1952 berechnete Guilbaud exakte Werte für Paradox-Wahrscheinlichkeiten. Guilbaud errechnete zudem einen Grenzwert für den Fall, dass unendlich viele Personen über drei Abstimmungsalternativen abstimmen. Dieser Grenzwert liegt bei 0,0877. Vgl. dazu Guildbaud (1952). – Eine Herleitung des guildbaudschen Grenzwertes erfolgte erst durch Niemi/Weisberg (1968) und Garman/Kamien (1968).

Zahl der Abstimmungsalternativen ansteigt. Lässt man die Zahl der Alternativen gegen unendlich streben, so ist die Wahrscheinlichkeit paradoxer Abstimmungsergebnisse sogar mit 1 anzusetzen. Auch wenn man die Zahl der in der demokratischen Praxis zur Abstimmung stehenden Alternativen nur selten im zweistelligen Bereich ansiedeln wird, muss konstatiert werden, dass unter den getroffenen Annahmen das Auftreten paradoxer Abstimmungsergebnisse offensichtlich politisch relevant ist.[786]
An dieser Sichtweise wurde vielfach Kritik geübt. Die wichtigsten Kritikpunkte lauten:

- Es kann nicht der Umkehrschluss gezogen werden, dass die Abwesenheit eines Condorcet-Gewinners im Rahmen paarweiser sukzessiver Abstimmungen immer auch Abstimmungszyklen zur Folge hat. Das in Tab. 16 angeführte Beispiel von *Nurmi* verdeutlicht dies.

Tab. 16: Kein Condorcet-Sieger und kein Abstimmungsparadox

3 Wähler	3 Wähler	1 Wähler	1 Wähler
A	B	C	C
B	A	A	B
C	C	B	A

Quelle: Nurmi (1999), S. 28.

  Alternative A und B können sich gegen C durchsetzen, wobei zwischen A und B mittels der einfachen Mehrheitsregel kein Sieger ermittelt werden kann. In dieser Abstimmungskonstellation gibt es keinen Condorcet-Sieger, aber es kommt gleichwohl nicht zu einem Abstimmungszyklus. Die in der Tab. 16 aufgeführten Wahrscheinlichkeiten geben die Wahrscheinlichkeiten von Abstimmungszyklen damit tendenziell zu hoch an.[787]
- Weiterhin kann in Frage gestellt werden, ob praktische politische Entscheidungen so beschaffen sind, wie sie von *Arrow* modelliert werden. Eine Vielzahl politischer Entscheidungen – wenn nicht sogar die überwiegende Zahl – werden im Laufe des politischen Prozesses[788] in einer Demokratie letztendlich auf eine Wahl zwischen *zwei* Alternativen verdichtet.[789] In Parlamenten ist es üblich, dass in vorgeschalteten Entscheidungsgremien eine Vielzahl von Abstimmungsalternativen eliminiert wird und in der abschließenden Entscheidung aller Parlamentarier es lediglich um eine Zustimmung oder Ablehnung einer Abstimmungsvorlage geht.

---

786 Vgl. Langmann (1990), S. 40.
787 Vgl. Nurmi (1999), S. 28. – Wenn man die Annahme einer partiellen Indifferenz einführt, so verringert sich die Paradox-Wahrscheinlichkeit weiterhin. Vgl. Beck (1992), S. 172.
788 Ein vielfach geäusserter Kritikpunkt am Unmöglichkeitstheorem von Arrow liegt darin, dass das Bilden einer kollektiven Präferenz mittels einer Aggregierungsvorschrift ohne eine prozessurale Dimension betrachtet wird. Die Bedingung des unbeschränkten Definitionsbereiches bedeutet, dass jede beliebige Kombination der individuellen Präferenzordnung ebenso für die soziale Präferenzordnung zulässig ist. Mit dieser Sichtweise wird der für direktdemokratische Entscheidungsprozesse bedeutende Prozess der Kommunikation zwischen den Bürgern in der Prä-Entscheidungsphase ausgeblendet. Vgl. dazu Riker (1982), S. 122.
789 Vgl. Tullock (1998b), S. 59, 64.

Falls Entscheidungssituationen mit zwei Alternativen vorliegen, kann von vornherein ein Abstimmungsparadoxon ausgeschlossen werden.[790]

- Selbst wenn es mit einer recht hohen Wahrscheinlichkeit zu paradoxen Abstimmungsergebnissen kommt, sollten jene Ergebnisse nicht als quasi gottgegeben betrachtet werden und insofern Anlass zu Resignation geben.[791] Die Individuen einer demokratischen Gesellschaft werden die Möglichkeit paradoxer Abstimmungsergebnisse in Betracht ziehen und im Vorfeld bestimmte Mechanismen installieren, um mit jenen unter bestimmten Umständen auftretenden Paradoxien sinnvoll umzugehen. *Beck* schlägt hierzu fünf verschiedene Regelungen vor:[792]
  1. Implizite Privilegierung einer Vorlage: Wie die Analyse des Condorcet-Verfahrens gezeigt hat, hat die Reihenfolge der Abstimmung entscheidenden Einfluss auf die Auswahl der siegreichen Alternative. Die Mitglieder einer demokratischen Gesellschaft können sich im Vorfeld der Abstimmung auf eine bestimmte Abstimmungsreihenfolge einigen, so dass es zu einer impliziten Lösung des Abstimmungsparadoxons kommt.
  2. Explizite Privilegierung einer Vorlage: Für den Fall, dass bei sukzessiver paarweiser Abstimmmung über alle Alternativen kein Condorcet-Gewinner generiert werden kann, so können sich die Individuen ex ante darauf einigen, dass eine bestimmte Vorlage für diesen Fall automatisch zum Sieger gewählt wird.
  3. Privilegierung einer Person: Ein Abstimmungsparadox kann gelöst werden, wenn für den Fall eines Abstimmungszyklus einer bestimmten Person, z.B. einem Präsidenten oder Wahlleiter, die Kompetenz eingeräumt wird, einen Sieger nach persönlichem Gutdünken zu wählen.
  4. Los-Entscheid: Will man keine Vorlage im Vorfeld der Abstimmung bevorzugen oder die Wahl von den Präferenzen einzelner Individuen abhängig machen, so bietet es sich weiterhin an, im Falle paradoxer Abstimmunsergebnisse den Zufall entscheiden zu lassen.
  5. Mehrstufiges Verfahren: Wie im Fußball üblich, können mehrstufige Verfahren geeignet sein, auftretende Intransitivitäten bei kollektiven Entscheidungen zu vermeiden. Dazu sei angenommen, dass bei paarweiser Abstimmung keine Alternative zum Condorcet-Sieger gekürt werden kann und insofern Punktgleichheit zwischen den Alternativen erzielt wird. Die Differenz zwischen Ja- und Nein-Stimmen kann im Folgenden herangezogen werden, um einen eindeutigen Sieger zu küren. Sind auch jene Differenzen bei mehreren Vorlagen identisch, kann die Anzahl der Ja-Stimmen als nächstes Entscheidungskrite-

---

[790] Vgl. auch Knappe (1984), S. 10ff. – Direktdemokratische Entscheidungsprozesse können durch den im Vorfeld einer allgemeinen Abstimmung stattfindenden Diskurs ebenfalls zu einer Verminderung der Zahl der relevanten Abstimmungsalternativen führen. Die diskursinduzierte Reduktion der relevanten Abstimmungsalternativen führt damit zu einer geringeren Wahrscheinlichkeit paradoxer Abstimmungsergebnisse. – Bei direktdemokratischen Abstimmungen in der Schweiz kann es zu paradoxen Ergebnissen kommen, wenn die Bundesversammlung im Rahmen einer Volksinitiative einen Gegenvorschlag einbringt. In diesem Fall muss simultan über den Vorschlag der Initiative, den Gegenvorschlag sowie den status quo abgestimmt werden. Die Wahrscheinlichkeit paradoxer Ergebnisse im Rahmen von Volksabstimmungen dürfte eher gering sein, wobei paradoxe Stände-Abstimmungen vergleichsweise wahrscheinlich sind. Vgl. dazu Beck (1992), S. 169ff.

[791] Langmann (1990), S. 42.

[792] Vgl. dazu Beck (1992), S. 185ff.

rium dienen. Steht nach diesem Prozedere immer noch kein Sieger fest, ist die Betrachtung der Teilabstimmung zwischen zwei Alternativen ein mögliches Entscheidungskriterium. Wird nur ein Patt in den Teilabstimmungen erreicht bzw. sind in diesem Verfahrensschritt noch mehr als zwei Abstimmungsalternativen vorhanden, kann im letzten Schritt ein Losentscheid einen eindeutigen Sieger bestimmen. Der Vorteil eines mehrstufigen Verfahrens liegt darin, dass bis zum letzten Verfahrensschritt die Präferenzen der Abstimmungsteilnehmer beachtet werden und keine Alternative bzw. Person a priori bevorzugt wird.

Selbst wenn mit einer bestimmten Wahrscheinlichkeit Abstimmungsparadoxa auftreten und eine demokratische Gesellschaft für diese Fälle *keine* weiteren Vorkehrungen getroffen hat, müssen Intransitivitäten bei kollektiven Entscheidungen nicht nur als nachteilig eingestuft werden. Dies soll die von *Buchanan* vertretene Position verdeutlichen.[793]
Intransitivitäten in der kollektiven Entscheidung können erst dann auftreten, wenn die Präferenzen relativ heterogen sind. Nimmt man dagegen umgekehrt relativ homogene Präferenzen (wie z.B. eingipflige Präferenzen) an, so wird auf der einen Seite die Wahrscheinlichkeit intransitiver kollektiver Entscheidungen verringert. Auf der anderen Seite wird u.U. eine ähnlich zusammengesetzte Mehrheit relativ stabil eine Minderheit „tyrannisieren". Diese Situation stellt insbesondere dann ein Problem dar, wenn eine knappe Mehrheit mit schwach ausgeprägten Präferenzen eine Minderheit mit stark ausgeprägten Präferenzen überstimmt. Auftretende Intransitivitäten im laufenden politischen Prozess einer Demokratie stellen daher in gewisser Weise eine Absicherung gegen eine stabile Ausbeutung einer Minderheit dar. Sie können Ausdruck für eine stetig wechselnde Zusammensetzung der Mehrheit sein und sind daher keinesfalls per se als unerwünscht einzustufen.
Aus einer pragmatischen Sichtweise kann eine trotz Intransitivität getroffene kollektive Entscheidung als Weg interpretiert werden, aus einer Art „kollektiven Sackgasse" herauszufinden und kollektives Handeln erst zu ermöglichen. Unter Opportunitätskostengesichtspunkten ist es für eine Gesellschaft demnach offensichtlich produktiver, in bestimmten Fällen intransitive kollektive Entscheidungen hinzunehmen, wenn die Alternative in einem gänzlichen Verzicht auf eine kollektive Entscheidung bestünde. Gerade weil in Demokratien die Entscheidungen der Bürger nicht unwiderruflich sind, sondern im Zeitablauf revidiert werden können, stellen jene Intransitivitäten keine unverrückbaren Nachteile für eine demokratische Gesellschaft dar.
Grundsätzliche Kritik kann nicht zuletzt an der gewählten Vorgehensweise des Social Choice-Ansatzes geübt werden. Wie in der Naturwissenschaft oder Mathematik vielfach üblich, wird im Social Choice-Ansatz vom Theoretiker ein axiomatisches System installiert, aus dem bestimmte logische Folgerungen gezogen werden sollen. Wenn die vorgegebenen Axiome vom Theoretiker zwar kaum als absolut sicheres Wissen bzw. als konsensual akzeptiert vorgegeben werden,[794] so stellen sie doch zumindest unter Zweckmäßigkeitsgesichtspunkten ein System von Anforderungen dar, aus dem mit dem Anspruch an Konsistenz bestimmte Aussagen deduziert werden. Es stellt

---

[793] Vgl. dazu Buchanan (1954b), S. 118ff.; auch Graaf (1962); Plott (1972).
[794] Arrow spricht gleichwohl von „natural conditions". Vgl. Arrow (1951/1963), S. 2.

sich allerdings die Frage, ob es sinnvoll ist, im sozialwissenschaftlichen Kontext jenen axiomatischen Ansatz im Hinblick auf das Problem der Präferenzaggregation anzuwenden. Unbestritten dürfte sein, dass im Falle der Notwendigkeit kollektiver Entscheidungen die Aggregation von Präferenzen unumgänglich ist. Da kaum zu erwarten ist, dass die Präferenzen der Gesellschaftsmitglieder homogen sind, stellt sich die Frage, wie die Präferenzen aggregiert werden. Auf der Basis von Zweckmäßigkeitsüberlegungen sollten *die Individuen* als zentrale Wertinstanz der Gesellschaft darüber entscheiden, welches Verfahren hierfür am geeignetsten ist. Jene Zweckmäßigkeitsentscheidungen sind allerdings so vielfältig, dass sie auch nur annähernd im Rahmen eines axiomatischen Systems dargestellt werden können. Wie die breite wissenschaftliche Diskussion um das „Unmöglichkeitstheorem" gezeigt hat, sind die von *Arrow* gestellten Mindestanforderungen daher keineswegs unumstritten bzw. werden grundsätzlich als nicht relevant betrachtet. Aus diesem Grund sollte eine streng normativ-individualistisch ausgerichtete Analysemethode im Hinblick auf das Problem der Aggregation individueller Präferenzen ausschließlich die Kostenbetrachtungen der Individuen als Basis nutzen und nicht ein vom Social Choice-Theoretiker aufgestelltes System von Axiomen. *Koschwald* bemerkt kritisch, dass „jeder Theoretiker, der mit Präferenzaggregationen schöpferisch tätig ist, seine eigene Menge von 'Lieblingsanforderungen' an CCRs schätzt."[795]
In Abschnitt 16 werden daher keine vom Theoretiker vorformulierten Axiome, sondern jene Anforderungen gewählt, die die *Individuen selbst* an Aggregationsverfahren stellen. In der vorliegenden Untersuchung wird in Anlehnung an die Überlegungen von *Buchanan/Tullock* in „The Calculus of Consent" der Standpunkt vertreten, dass die Mitglieder einer Gesellschaft die Frage eines optimalen Abstimmungsverfahrens unter dem Blickwinkel von zwei zentralen Kostenkategorien treffen: den (wahrscheinlichen) externen Kosten sowie den interpersonellen Konsensfindungskosten.
Das Anliegen der Theoretiker des Social Choice-Ansatzes, kollektive Entscheidungsregeln zu identifizieren, die über möglichst „gute" Eigenschaften verfügen und gleichzeitig bestimmte Mindestanforderungen erfüllen, muss daher als mehr oder weniger gescheitert angesehen werden.[796] Mit seinem Unmöglichkeitstheorem konnte *Arrow* die Illusion einer optimalen Abstimmungsregel zerstören, blieb allerdings die Antwort schuldig, wie weit man sich von diesem Ideal bei Abstimmungen im laufenden politischen Prozess entfernen muss.[797] Gleichwohl sollten die Ergebnisse der Social Choice-Theorie nicht gänzlich negiert werden. Es sollte zumindest bedacht werden, dass die Social Choice-Theorie die inhärenten Probleme demokratischer Abstimmungsverfahren offengelegt und insofern den Blick für eine kritische Analyse jener Verfahren geöffnet hat.[798] *Sen*, der mit den folgenden Worte seine Rede zur Verleihung des Nobelpreises beginnt, fasst treffend zusammen: „'A camel', it has been said, 'is a horse designed by a committee.' This might sound like a telling example of the terrible deficiencies of committee decisions, but it is really much too mild an in-

[795] Koschwald (1976), S. 109.
[796] Vgl. Langmann (1990), S. 99ff.
[797] Vgl. Weimann (1996), S. 199; Söllner (1993), S. 32.
[798] Vgl. Wagener (2001), S. 669; auch Sen (1999b), S. 365; Kurrild-Klitgaard (2001), S. 142.

dictment. A camel may not have the speed of a horse, but it is a very useful and harmonious animal – well coordinated to travel long distances without food and water."[799]

16. Kriterien für ein optimales Wahlverfahren auf konstitutioneller Ebene

16.1. Einleitung

In diesem Kapitel werden Kriterien entwickelt, die ein Individuum bei der Wahl einer optimalen Verfassung im Hinblick auf die für kollektives Handeln notwendige Aggregation individueller Präferenzen im Rahmen einer theoretischen Urvertragssituation anlegt. Ein Individuum wird auf konstitutioneller Ebene jenes Wahlverfahren als optimal erachten, das die politischen Transaktionskosten in bezug auf die Aggregation individueller Präferenzen minimiert.[800] Verkürzt man das Verfassungsproblem auf die Frage, welche Anzahl an Ja-Stimmen erforderlich ist, um eine Entscheidung im Kollektiv zu treffen, reduziert sich das Problem eines optimalen Wahlverfahrens auf die Suche nach einer optimalen Anzahl erforderlicher Ja-Stimmen. Der Einfachheit halber wird vorläufig angenommen, dass ein 100 Mitglieder umfassender Zusammenschluss gegeben ist.[801] In Anlehnung an *Buchanan* und *Tullock* soll die Optimalität von Wahlverfahren im Folgenden anhand von zwei zentralen Kostenkategorien beurteilt werden.[802]

16.2. (Wahrscheinliche) externe Kosten

Auf der einen Seite wird ein Individuum die Verfassung unter dem Gesichtspunkt beurteilen, inwiefern die mittels eines Wahlverfahrens getroffenen Entscheidungen seinen eigenen Präferenzen möglichst nahe kommen respektive jene Präferenzen möglichst wenig verletzen. Jene Nutzeneinbußen, die ein Individuum aufgrund der notwendigen Aggregierung individueller Präferenzen mit einer bestimmten Wahrscheinlichkeit tragen muss, werden von *Buchanan* und *Tullock* „wahrscheinliche externe Kosten" („expected external costs") genannt.[803] Falls eine kollektive Entscheidung gegen den Willen eines Individuums getroffen wird, muss es Kosten kollektiven Handelns

---

799 Sen (1999b), S. 349.

800 Wie bei der Analyse der politischen Transaktionskosten in bezug auf die Delegation kollektiver Entscheidungen werden im Rahmen des Verfassungskalküls ausschließlich intangible Kostenbestandteile betrachtet.

801 Vgl. Kirsch (1997), S. 122.

802 Vgl. dazu Buchanan/Tullock (1965/1999), S. 63ff.

803 Vgl. Buchanan/Tullock (1965/1999), S. 64. – Kritik an dieser Sichtweise kann geübt werden, weil das Individuum an der Abstimmung beteiligt wurde und insofern zumindest mittels der Verfahrensbeteiligung eine Internalisierung stattgefunden hat. Wie Kirsch zurecht bemerkt, widerspricht es dem Gefühl, ein überstimmtes Individuum einem anderen Individuum als gleich beteiligt gegenüber zu stellen, dessen Zielvorstellungen sich im Abstimmungsverfahren nicht durchgesetzt haben. Vgl. Kirsch (1974), S. 168.

auf sich nehmen, dass entsprechend den Präferenzen des Individuums keinen oder keinen den Kosten äquivalenten Nutzen stiftet.[804]
Die wahrscheinlichen externen Kosten setzen sich zum einen aus der Höhe der zu erwartenden Kosten sowie zum anderen aus der Wahrscheinlichkeit ihres Anfallens zusammen. Die Höhe der Kosten hängt einerseits von der Intensität der Bedürfnisse, deren Befriedigung beeinträchtigt wird, und andererseits vom Ausmaß der Bedürfnisse, auf deren Befriedigung verzichtet werden muss, ab. Die Wahrscheinlichkeit der anfallenden externen Kosten ist ihrerseits davon abhängig, welche Stellung die Präferenzen des betrachteten Gesellschaftsmitglieds zu den Präferenzen der übrigen Mitglieder hat.[805]
Welches Abstimmungsverfahren wird ein vor der Verfassungsentscheidung stehendes Individuum wählen, um die wahrscheinlichen externen Kosten zu minimieren? Ein Individuum wird davon ausgehen müssen, dass ihm unliebsame Entscheidungen umso eher zustande kommen, je geringer die erforderliche Zahl von Ja-Stimmen ist. Im Umkehrschluss wird die Gefahr, dass das Individuum der überstimmten Gruppe angehört umso geringer sein, je höher die für eine Übereinkunft notwendige Ja-Stimmenzahl ist.[806] Die Wahrscheinlichkeit des Anfallens externer Kosten wird offensichtlich dann besonders hoch sein, wenn die Ein-Personen-Regel gilt, wenn also nur ein Gesellschaftsmitglied kollektiv verbindliche Entscheidungen treffen kann.[807] Um die Nutzeneinbußen aus unliebsamen kollektiven Entscheidungen möglichst gering zu halten, wird ein Individuum damit offensichtlich höhere Zustimmungsquoten als die Ein-Personen-Regel wählen. Die Kosten des Überstimmtwerden können minimiert werden, wenn die Zustimmung aller Mitglieder der Gesellschaft für die Verbindlichkeit der kollektiven Entscheidung erforderlich ist. Im Fall der Einstimmigkeitsregel kann jedes Individuum eine gegen seine Präferenzen stehende Entscheidung durch ein Veto blockieren. In Abb. 18 wird der Zusammenhang zwischen der Zahl der erforderlichen Ja-Stimmen und den wahrscheinlichen externen Kosten C grafisch dargestellt.
Wären die wahrscheinlichen externen Kosten die einzig relevante Kostengröße im Verfassungskalkül eines Individuums, müsste die Einstimmigkeitsregel als effizientes Abstimmungsverfahren eingestuft werden. Neben den wahrscheinlichen externen Kosten existiert im Verfassungskalkül gleichwohl noch eine weitere zu berücksichtigende Kostengröße, die das Individuum wiederum vor eine Trade-off Betrachtung stellt.[808]

[804] Vgl. Lehner (1979), S. 14.
[805] Vgl. Kirsch (1997), S. 129.
[806] Vgl. Frey/Kirchgässner (1994), S. 48; Bernholz/Breyer (1994), S. 37.
[807] Vgl. Buchanan/Tullock (1965/1999), S. 67; Kirsch (1997), S. 125. – Die Ein-Personen-Regel ist keinesfalls mit einer Diktatur gleichzusetzen. In einer Diktatur entscheidet immer das gleiche Individuum für alle anderen Individuen. Das entscheidende Kennzeichen der Ein-Personen-Regel ist, dass diejenige Person nicht spezifisch identifizierbar ist.
[808] Vgl. Mueller (1989), S. 53.

Abb. 18: (Wahrscheinliche) externe Kosten

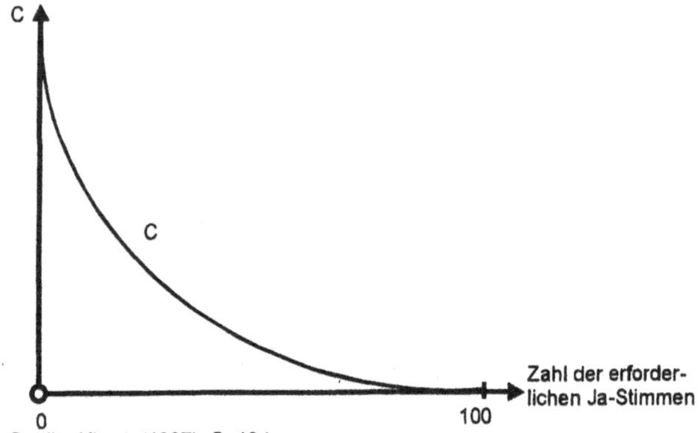

Quelle: Kirsch (1997), S. 124.

16.3. Interpersonelle Konsensfindungskosten

Weil die individuellen Vorstellungen der Bedürfnisbefriedigung hinsichtlich kollektiver Güter mehr oder weniger voneinander abweichen, muss ein Individuum auf der anderen Seite jene Kostenkomponenten in das Verfassungskalkül einfließen lassen, die entstehen, weil die Individuen sich untereinander einigen müssen. Diese Kosten sollen in Anlehnung an *Buchanan* und *Tullock* als *interpersonelle Konsensfindungskosten* D bezeichnet werden („decision making costs").[809] Die Konsensfindungskosten unterliegen den gleichen Einflussfaktoren wie die wahrscheinlichen externen Kosten. Einerseits hängen sie also von der Intensität und dem Ausmaß der Präferenzen und andererseits von den Zielvorstellungen eines Individuums im Verhältnis zu den Zielvorstellungen anderer Gesellschaftsmitglieder ab.

Kann ein Mitglied einer Gesellschaft für alle verbindlich entscheiden (Ein-Personen-Regel), so entstehen offensichtlich keine Einigungskosten. Die interpersonellen Konsensfindungskosten weisen in diesem Fall ihr absolutes Minimum auf. Dies ändert sich schon dann, wenn zwei Ja-Stimmen für die kollektive Übereinkunft notwendig sind. Weichen die Zielvorstellungen der Individuen voneinander ab, entstehen zwischen den beiden Individuen Kosten der Einigung. Man kann davon ausgehen, dass die interpersonellen Konsensfindungskosten umso höher sein werden, je höher das Zustim-

[809] Vgl. Buchanan/Tullock (1965/1999), S. 68f. – Streng genommen müsste in Anlehnung an Buchanan/Tullock von Entscheidungsfindungskosten gesprochen werden. Da diese Kostenbezeichnung den verschiedenen Dimensionen kollektiver Entscheidungen nicht gerecht wird, soll hier von interpersonellen Konsensfindungskosten gesprochen werden. Von Buchanan/Tullock werden explizit nur die interindividuellen, nicht aber die intraindividuellen Aufwendungen berücksichtigt.

mungserfordernis ist.[810] Jene Kosten weisen dort ihr Maximum auf, wo alle Mitglieder der Gesellschaft zustimmen müssen. Im Fall der Einstimmigkeitsregel muss damit gerechnet werden, dass ein Konsens im Verhandlungsprozess zwischen allen Individuen wegen der Monopolstellung jedes einzelnen Individuums nicht zustande kommt. Neben den entstehenden Einigungskosten zwischen den Individuen fallen weiterhin erwartete Kosten von nicht getroffenen kollektiven Entscheidungen an.[811] Die interpersonellen Konsensfindungskosten dürften bei Anwendung der Einstimmigkeitsregel in größeren Kollektiven unter Einbeziehung von Opportunitätskosten nicht getroffener Entscheidungen prohibitiv hoch ausfallen.[812]

Abb. 19 verdeutlicht den Zusammenhang zwischen der Zahl der erforderlichen Ja-Stimmen und den interpersonellen Konsensfindungskosten. Der ansteigende Verlauf der Kostenkurve drückt aus, dass es für den Einzelnen mit zunehmendem Zustimmungserfordernis immer kostspieliger wird, eine Einigung über die in der Gesellschaft zu treffende Entscheidung zu seinen Gunsten herbeizuführen.[813]

Abb. 19: Interpersonelle Konsensfindungskosten

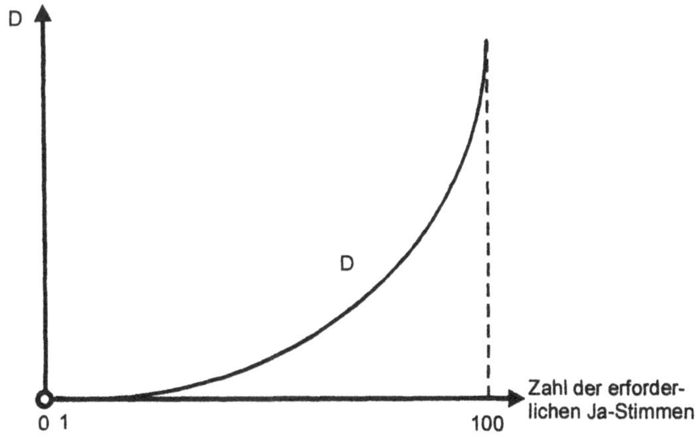

Quelle: Kirsch (1997), S. 123.

16.4. Interdependenzkosten

Die Optimalitätsbetrachtungen eines Individuums werden sich nun nicht entweder auf die wahrscheinlichen externen Kosten oder die interpersonellen Konsensfindungskosten erstrecken. Ein Individuum wird jenes Zustimmungserfordernis als optimal erachten, bei dem die Summe der beiden Kostengrößen minimiert wird. Grafisch be-

[810] Vgl. Kirsch (1997), S. 122f.
[811] Vgl. Homann (1988), S. 172.
[812] Vgl. Buchanan/Tullock (1965/1999), S. 69.
[813] Vgl. Kirsch (1997), S. 123.

trachtet erhält man durch die vertikale Addition der beiden Kostenkurven die Gesamtkostenkurve. Jene Kosten werden in Anlehnung an *Buchanan* und *Tullock* als Interdependenzkosten („interdependence costs") bezeichnet.[814] Sie stellen jene Kosten in Abhängigkeit von der gewählten Zustimmungsquote dar, die dem Individuum dadurch entstehen, dass über die Befriedigung seiner Bedürfnisse in der Gesellschaft entschieden wird.[815] Abb. 20 stellt die Interdependenzkosten grafisch dar.
Die optimale Zahl an Ja-Stimmen ist dort gegeben, wo die Interdependenzkosten ihr Minimum aufweisen. Punkt X stellt diesen Zustand in Abb. 20 dar. Die Strecke XM gibt die minimalen Interdependenzkosten wieder, die das Individuum im Falle der optimalen Zustimmungsquote X zu tragen hat. Ein Abweichen von der optimalen Zustimmungsquote wäre mit Nutzeneinbußen für das Individuum verbunden, da jene Verfassung die Präferenzaggregation nicht mehr zu geringstmöglichen Kosten garantieren würde. Zustimmungsquoten rechts und links von X müssen im Verfassungskalkül des Individuums als ineffizient gelten.
Grafisch interpretiert stellt die Interdependenzkostenkurve den Ort der Transaktionskosten kollektiver Entscheidungen in Abhängigkeit von der gewählten Zustimmungsquote dar. Das Minimum der Interdependenzkostenkurve liegt dort, wo die Zunahme der (wahrscheinlichen) externen Kosten durch eine (streng genommen infinitesimale kleine) Erhöhung der Zustimmungsquote genau der Abnahme der interpersonellen Konsensfindungskosten entspricht. Das vor der Verfassungswahl stehende Individuum wird so lange höheren Zustimmungsquoten zustimmen, bis die Abnahme der (wahrscheinlichen) externen Kosten gerade kleiner ist als die Zunahme der zusätzlichen interpersonellen Konsensfindungskosten.
Je nachdem wie ein Individuum die interpersonellen Konsensfindungskosten und die (wahrscheinlichen) externen Kosten einschätzt, wird sich die relative Lage der optimalen Zustimmungsquote verändern. Um so höher die (wahrscheinlichen) externen Kosten (interpersonellen Konsensfindungskosten) eingeschätzt werden, desto höher (niedriger) wird die optimale Zustimmungsquote ausfallen. Wenn ein Individuum den wahrscheinlichen externen Kosten eine vergleichsweise hohe Bedeutung beimisst, wird das optimale Zustimmungserfordernis nahe 100 Ja-Stimmen liegen. Umgekehrt kann ein Individuum die interpersonellen Konsensfindungskosten z.B. aufgrund hoher zeitlicher Opportunitätskosten als relativ hoch einschätzen und somit eher für niedrige Zustimmungsquoten plädieren.[816]

---

[814] Vgl. Buchanan/Tullock (1965/1999), S. 70ff. – In der Literatur hat sich seit dem Erscheinen von „The Calculus of Consent" der Begriff der Interdependenzkosten etabliert. Im Rahmen der vorliegenden Untersuchung soll diese Diktion fortgeführt werden. Vor dem Hintergrund einer umfassenderen institutionenökonomisch ausgerichteten Theorie kollektiver Entscheidungen müsste von politischen Transaktionskosten im Hinblick auf die Präferenzaggregation gesprochen werden.
[815] Vgl. Kirsch (1997), S. 125.
[816] Vgl. Mueller (1989), S. 54.

Abb. 20: Interdependenzkosten

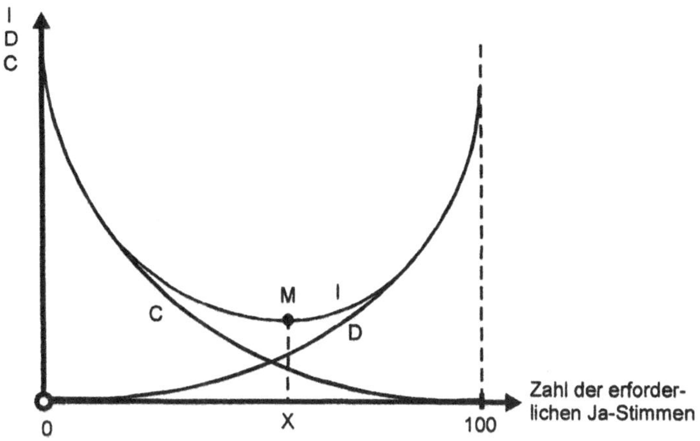

Quelle: In Anlehnung an Kirsch (1997), S. 126.

Aus der Abb. 20 wird deutlich, dass das optimale Zustimmungserfordernis nicht notwendigerweise bei 50 Ja-Stimmen liegen muss. Jedes Individuum wird im Rahmen seines Verfassungskalküls eine eigene Bewertung jener Kostenarten vornehmen. Aus der verfassungsökonomischen Analyse von Abstimmungsverfahren wird daher unmittelbar ersichtlich, dass kollektive Entscheidungen a priori nicht mit einer bestimmten Entscheidungsregel getroffen werden sollten. Im Rahmen des Verfassungskalküls eines Individuums lässt sich im Prinzip für jeden einzelnen Abstimmungsgegenstand eine effiziente Zustimmungsquote respektive ein effizientes Abstimmungsverfahren ableiten.[817] Aus dieser Perspektive erweist sich die einfache Majoritätsregel als arbiträr.[818]

Dass der einfachen Mehrheitsregel in fast allen Demokratien der Welt eine derart herausgehobene Bedeutung zukommt, hat gleichwohl eine verfassungsökonomisch rationale Basis. Die Mehrheitsregel gibt das niedrigste Zustimmungserfordernis an, bei dem mit weniger als fünfzig Ja-Stimmen gleichzeitig mehrere, sich eventuell widersprechende Kollektiventscheidungen verhindert werden.[819] Mehrere, sich unter Umständen widersprechende Entscheidungen haben aufgrund der fehlenden eindeutigen Übereinkunft zur Folge, dass die interpersonellen Konsensfindungskosten bis zur Zustimmungsquote von fünfzig Prozent sehr hoch ausfallen. Erst ab Zustimmungsquoten von über fünfzig Prozent können Kosten für erneute Verhandlungen respektive Abstim-

[817] Buchanan/Tullock merken an, dass bei der Verwendung des gleichen Abstimmungsverfahrens Skalenerträge anfallen. Vgl. Buchanan/Tullock (1965/1999), S. 76.
[818] Vgl. Frey (1977), S. 106.
[819] Vgl. Mueller (1989), S. 55; Fritsch (1983), S. 130.

mungsrunden im Kollektiv vermieden werden. In Abb. 21 wird dargestellt, wie sich die Interdependenzkosten für diesen betrachteten Fall verhalten.[820]
Bis zur Zustimmungsquote N/2 verläuft die Kurve der interpersonellen Konsensfindungskosten D parallel zur Abzisse. Der Kurvenverlauf spiegelt die Tatsache wider, dass es bei zwei oder mehreren siegreichen Alternativen unterhalb der Mehrheitsregel zu einem aufwendigen Prozedere im Kollektiv kommt, um verbindliches kollektives Handeln zu generieren. Erst ab einer Zustimmungsquote von mehr als N/2 wird der Umstand unterbunden, dass konkurrierende Abstimmungsvorlagen in einer Abstimmung obsiegen können. Daher weist die Kurve der interpersonellen Konsensfindungskosten an dieser Stelle einen Knick auf. Da die Kurve der wahrscheinlichen externen Kosten C über sämtliche Zustimmungsquoten einen steten Verlauf hat, weist die Interdependenzkostenkurve I bei der Zustimmungsquote von N/2 ebenfalls einen Knick auf. Der diskontinuierliche Verlauf der interpersonellen Konsensfindungskosten macht die Mehrheitsregel im Verfassungskalkül des betreffenden Individuums damit zur optimalen Abstimmungsregel.
Die Mehrheitsregel stellt gleichwohl nur dann die kostenminimale Entscheidungsregel dar, wenn im Vergleich zu den interpersonellen Konsensfindungskosten die wahrscheinlichen externen Kosten eine vergleichsweise geringe Rolle spielen. Haben die externen Kosten im Verfassungskalkül eines Individuums allerdings eine herausgehobene Bedeutung, werden Mehrheitsregeln mit einem Zustimmungserfordernis von über fünfzig Prozent ein kostenminimales Arrangement darstellen.[821]

Abb. 21: Interdependenzkosten mit diskontinuierlichem Lauf

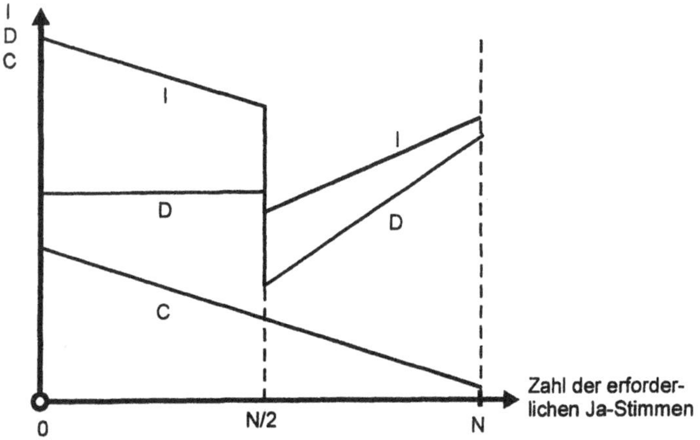

Quelle: In Anlehnung an Mueller (1989), S. 56.

---

[820] Im Unterschied zur Darstellung bei Buchanan und Tullock wird ein proportionaler Anstieg der Kostenkurven unterstellt.
[821] Vgl. Weimann (1996), S. 165.

16.5. Determinanten der Kostenverläufe

Theoretisch lässt sich eine optimale Abstimmungsregel aus dem Minimum der Interdependenzkosten, das sich zwischen der einfachen Mehrheitsregel und der Einstimmigkeit befindet, herleiten. Im laufenden politischen Prozess einer Demokratie wird sich allerdings keine Abstimmungsregel finden, die unabhängig von der Größe und Beschaffenheit des Kollektivs sowie der Art des Abstimmungsgegenstandes stets die Interdependenzkosten minimiert.[822] Wie das obige Beispiel der einfachen Mehrheitsregel gezeigt hat, liegt das Minimum der Interdependenzkosten nicht notwendigerweise bei jener Regel, sondern wird sich je nach Abstimmungsgegenstand und Zusammensetzung des Kollektivs verändern.[823]
Im Folgenden soll daher geschildert werden, welche Determinanten die Interdependenzkosten beeinflussen und welche Schlussfolgerungen sich hieraus für Abstimmungsregeln in einer Demokratie ergeben. Die Komplexität einer kollektiven Entscheidung, die Größe und Homogenität eines Kollektivs sowie die Intensität der Bedürfnisse stellen wesentliche Determinanten der Interdependenzkosten dar, die untersucht werden sollen:[824]

- *Komplexität der kollektiven Entscheidung*: Je vielschichtiger und in ihren Zusammenhängen unüberschaubarer eine zu treffende Entscheidung im Kollektiv ist, desto schwieriger wird es offensichtlich für die Individuen des Kollektivs, sich untereinander zu einigen. Es sei angenommen, dass zwei kollektive Entscheidungen sich ausschließlich durch den Grad der Komplexität unterscheiden. Je komplexer der Abstimmungsgegenstand ist, desto mehr Zeit und Anstrengungen müssen die Gesellschaftsmitglieder aufwenden, um die notwendige Zustimmung bei anderen Gesellschaftsmitgliedern zu erreichen. Da defintionsgemäß die externen Kosten unverändert bleiben, verschiebt sich ausschließlich die Kurve der interpersonellen Konsensfindungskosten bei steigendem Komplexitätsgrad kollektiver Entscheidungen nach oben. Damit verschiebt sich ebenso die Kurve der Interdependenzkosten weiter nach oben. Das Minimum der Interdependenzkosten liegt nun ceteris paribus bei einem geringeren Zustimmungserfordernis. In Abb. 22 wird dieser Sachverhalt verdeutlicht. Die durch die steigende Komplexität der kollektiven Entscheidung ansteigenden interpersonellen Konsensfindungskosten werden in der Kurve D_2 dargestellt. Die optimale Abstimmungsregel liegt nicht mehr beim Zustimmungserfordernis x_1, sondern bei der geringeren Zustimmungsquote x_2.

---

[822] Vgl. Buchanan/Tullock (1965/1999), S. 73.
[823] Vgl. Weimann (1996), S. 164.
[824] Jene Einflüsse werden wiederum im Rahmen der ceteris paribus Bedingung analysiert.

Abb. 22: Einfluss der Komplexität kollektiver Entscheidungen

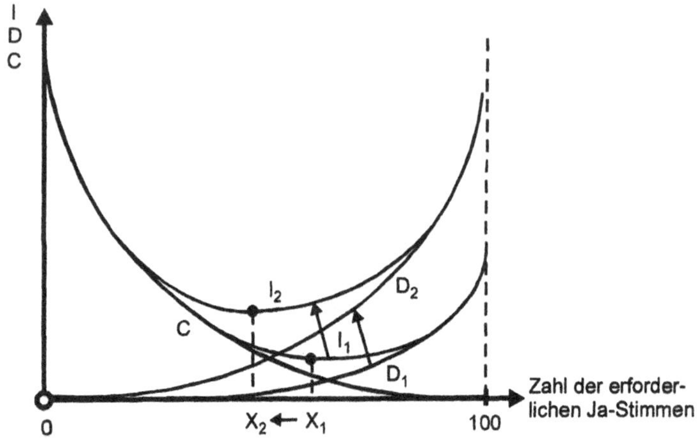

Quelle: Eigene Darstellung.

- *Bedeutung kollektiver Entscheidungen*: Je größer die Bedeutung einer kollektiven Entscheidung für ein Individuum ist, desto höher dürften tendenziell die (wahrscheinlichen) externen Kosten eingeschätzt werden. Wird eine bedeutende kollektive Entscheidung (wie z.B. Entscheidungen über Verfassungsartikel) gegen den Willen eines Individuums getroffen, muss es Kosten kollektiven Handelns auf sich nehmen, dass entsprechend den Präferenzen des Individuums keinen oder keinen den Kosten äquivalenten Nutzen stiftet. Unabhängig von der Wahrscheinlichkeit des Anfallens jener Entscheidungen wird ein Individuum die Höhe der erwarteten Kosten einer kollektiven Entscheidung in Abhängigkeit von der Bedeutung jener Entscheidung in das Verfassungskalkül einfließen lassen. Da die externen Kosten bei zunehmender Bedeutung einer kollektiven Entscheidung ceteris paribus höher ausfallen, wird sich ein Individuum tendenziell für höhere Zustimmungsquoten aussprechen. In Abb. 23 wird deutlich, dass sich bei zunehmender Bedeutung einer kollektiven Entscheidung die Kurve der (wahrscheinlichen) externen Kosten von C_1 zu C_2 nach oben verschiebt. Das Minimum der Interdependenzkosten verschiebt sich von X_1 zur höheren Zustimmungsquote X_2.

Abb. 23: Einfluss der Bedeutung kollektiver Entscheidungen

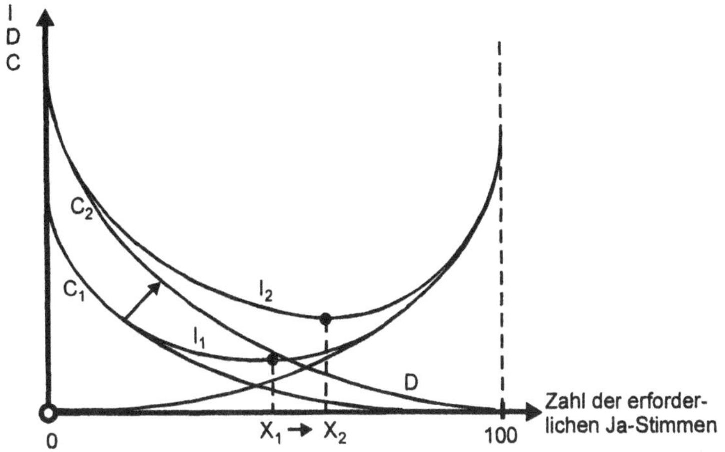

Quelle: Eigene Darstellung.

- *Größe des Kollektivs*:[825] Je größer die Zahl der Kollektivmitglieder ist, die sich untereinander einigen müssen, desto größer sind auch die interpersonellen Konsensfindungskosten. Bei zunehmender Größe des entscheidenden Kollektivs sind mehr Zeitaufwand und Anstrengungen notwendig, um eine Übereinstimmung unter den Individuen zu erreichen.[826] Im Verfassungskalkül des Individuums verschiebt sich die Kurve der interpersonellen Konsensfindungskosten bei steigender Kollektivgröße damit nach oben. Da annahmegemäß die Kurve der wahrscheinlichen externen Kosten konstant bleibt,[827] verschiebt sich ebenfalls die Interdependenzkostenkurve nach oben. Die optimale Zustimmungsquote wird damit ceteris paribus bei Zunahme der Zahl der Kollektivmitglieder niedriger ausfallen.[828]
- *Zusammensetzung des Kollektivs*: Wie in Abb. 20 deutlich wird, unterstellen *Buchanan* und *Tullock* einen überproportionalen Anstieg der interpersonellen Konsensfindungskosten D und annähernd spiegelbildlich einen Verlauf der wahrschein-

[825] Neben der Implikationen für Abstimmungsregeln sieht Lehner im Zusammenhang zwischen der Größe eines Kollektivs und den Interdependenzkosten weiterhin ein Kriterium zur Ableitung effizienter Zentralisierungsgrade. Vgl. Lehner (1981), S. 55. – Diese Betrachtungsweise wird den verschiedenen Dimensionen kollektiver Entscheidungen gleichwohl nicht gerecht. Eine verfassungsökonomische Betrachtung optimaler Zentralisierungsgrade findet in Kapitel IV der vorliegenden Untersuchung statt.

[826] Vgl. Buchanan/Tullock (1965/1999), S. 68.

[827] Da in aller Regel ein negativer Zusammenhang zwischen der Größe eines Kollektivs und der Homogenität der Präferenzen besteht, dürften mit zunehmender Größe ebenfalls die externen Kosten kollektiver Entscheidungen zunehmen. Falls sich die beiden Effekte gegenseitig aufheben, wird eine Erhöhung der Zahl der Mitglieder nur zur Folge haben, dass die Interdependenzkosten an ihrem Optimalpunkt höher sind. Dieser Effekt soll hier nicht weiter betrachtet werden. Vgl. Bernholz/Breyer (1994), S. 41; Lehner (1981), S. 54.

[828] Vgl. Bernholz/Breyer (1994), S. 41f.

lichen externen Kosten C. Es soll im Folgenden gezeigt werden, dass diese Kostenverläufe – wenn auch nicht unplausible – Spezialfälle darstellen.[829]
Ein linearer Verlauf der Kostenkurven würde sich ergeben, wenn die Präferenzen der an der kollektiven Entscheidung beteiligten Gesellschaftsmitglieder homogen wären. Bei Annahme heterogener Präferenzen verlaufen die Kostenkurven dagegen nicht mehr linear, sondern weisen je nach Stellung der Präferenzen des betrachteten Gesellschaftsmitglieds zu den Präferenzen der übrigen Mitglieder einen über- oder unterproportionalen Verlauf auf.
Der von *Buchanan* und *Tullock* unterstellte überproportionale Verlauf der Kostenkurve kann wie folgt interpretiert werden. Bis zu einer bestimmten Zustimmungsquote von z.B. zehn Prozent wird es aufgrund ähnlicher Präferenzen noch relativ einfach sein, Befürworter für eine anstehende Entscheidung zu finden. Da für die Verbindlichkeit der Entscheidung allerdings in der Regel eine deutlich höhere Zustimmungsquote notwendig ist und annahmegemäß die Präferenzen der Individuen heterogen sind, wird nur mit überproportional hohen Mühen eine konsensuale Entscheidung möglich sein. Die interpersonellen Konsensfindungskosten werden umso höher ausfallen, je weiter die Präferenzen der zu „Überzeugenden" von der Abstimmungsvorlage abweichen. Falls eine notwendige Zustimmungsquote nicht erreicht werden kann, besteht für die Proponenten die Möglichkeit, die Überzeugungsarbeit zu intensivieren oder den Abstimmungsgegenstand im Sinne der Opponenten zu verändern.[830] Die Nutzeneinbußen für die Proponenten aufgrund der entstehenden zeitlichen Opportunitätskosten und der Veränderung des Abstimmungsgegenstandes dürften mit steigender Zustimmungsquote überproportional ansteigen. Eine konsensuale Zustimmung aller Gesellschaftsmitglieder lässt sich schließlich nur unter prohibitiv hohen Kosten erzielen. Spiegelbildliche Betrachtungen lassen sich ebenso für den Verlauf der Kurve der (wahrscheinlichen) externen Kosten anstellen.[831]
Das Steigungsmaß der Kostenkurven lässt damit zum einen Schlüsse auf die Höhe der Interdependenzkosten zu. Zum anderen kann anhand der Steigung der Kostenkurven vor allem die Dringlichkeit des Verfassungsproblems aus der Sicht des Individuums beurteilt werden.[832]
Hinsichtlich der relativen Stellung eines Individuums zu den übrigen Gesellschaftsmitgliedern sei im Folgenden unterstellt, dass sich jenes Individuum in einer polarisierten Gesellschaft und sich selber im minoritären Gesellschaftssegment befinde. Das minoritäre Gesellschaftssegment umfasse etwa ein Viertel, das majoritäre Segment entsprechend etwa drei Viertel des Elektorats. Die zwei betrachteten Gruppen in der Gesellschaft seien im politischen Meinungsfeld stark polarisiert und durch eine Art politisches Niemandsland voneinander getrennt.[833] In Abb. 24 wird grafisch der Zusammenhang zwischen den interpersonellen Konsensfindungs-

---

[829] Vgl. Fritsch (1983), S. 127.
[830] Weiterhin könnten Kompensationszahlungen an diejenigen geleistet werden, die sich der Zustimmung zum Abstimmungsgegenstand aufgrund der zu erwarteten Nutzeneinbußen verweigern.
[831] Vgl. Erlei/Leschke/Sauerland (1999), S. 396f.
[832] Vgl. Kirsch (1997), S. 127.
[833] Vgl. Kirsch (1997), S. 129ff.; auch Kirsch (1974), S. 177ff.

kosten bzw. (wahrscheinlichen) externen Kosten und der Zahl der erforderlichen Ja-Stimmen in der polarisierten Gesellschaft dargestellt.[834]

Abb. 24: Kostenverläufe in einer polarisierten Gesellschaft

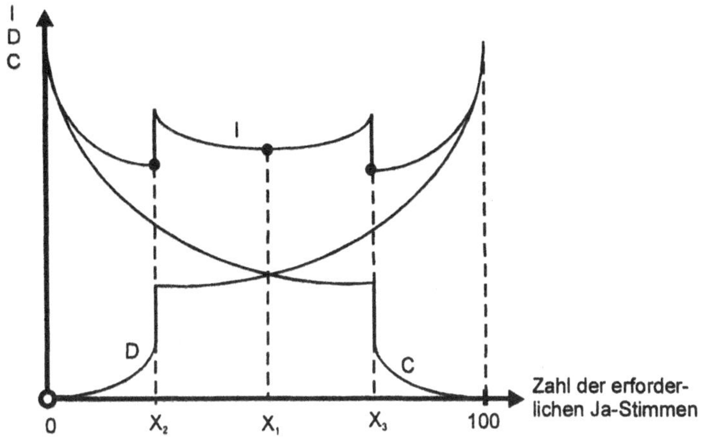

Quelle: In Anlehnung an Fritsch (1983), S. 131.

Die beiden Kostenkurven C und D weisen in Abb. 24 einen Sprung bei der Zustimmungsquote x_2 bzw. x_3 auf, welches als ein Zeichen für den Polarisierungsgrad des betrachteten Kollektivs interpretiert werden kann.

Im Fall der interpersonellen Konsensfindungskosten ist der sprunghafte Anstieg der Kurve bei x_2 damit zu erklären, dass bei einer Abstimmungsregel, welche mehr Ja-Stimmen benötigt als das minoritäre, in sich homogene Gesellschaftssegment an Mitgliedern hat, der Aufwand an Zeit und Zugeständnissen für das betrachtete Individuum sehr stark ansteigt.[835] Bei Zustimmungsquoten die auch nur wenig über x_2 liegen, muss das Individuum einen überproportional hohen Aufwand in Kauf nehmen, um die Zustimmung derjenigen Mitglieder des majoritären Gesellschaftssegments zu erreichen.

Die Kurve der (wahrscheinlichen) externen Kosten weist im Vergleich zur Kurve der interpersonellen Konsensfindungskosten annähernd einen spiegelbildlichen Verlauf auf.[836] Bei der Zustimmungsquote x_3 befindet sich ein Knick im Kurvenverlauf, der sich durch die relative Stellung des Individuums zu den übrigen Gesellschaftsmitgliedern erklären lässt. Da sich das betrachtete Individuum im mino-

[834] Darüber hinaus sind noch eine Reihe weiterer Kurvenverläufe denkbar. Vgl. Kirsch (1997), S. 133; Fritsch (1983), S. 129.

[835] Vgl. Fritsch (1983), S. 131.

[836] Die Kurven der wahrscheinlichen externen Kosten und der interpersonellen Konsensfindungskosten müssen nicht unbedingt, wie hier unterstellt, spiegelbildlich verlaufen.

ritären Gesellschaftssegment befindet und sich die Zielvorstellungen der Gruppen deutlich voneinander unterscheiden, wird es bis zu einer Zustimmungsquote von x_3 in der Regel zur unterlegenen Gruppe gehören. Erst wenn für die Verbindlichkeit der kollektiven Entscheidung auch die Zustimmung von Mitgliedern des minoritären Gesellschaftssegmentes notwendig ist, wird die Wahrscheinlichkeit, die nicht gewollten Entscheidungsfolgen der kollektiven Entscheidung tragen zu müssen, geringer.

Durch Addition der (wahrscheinlichen) externen Kosten und der interpersonellen Konsensfindungskosten erhält man die Interdependenzkostenkurve I. Interessant bei diesem Kurvenverlauf ist, dass sich im Kalkül des betrachteten Individuums drei Minima x_1, x_2 und x_3 befinden. Die beiden absoluten Minima liegen allerdings an den Extrempunkten. Das Individuum als Mitglied der minoritären gesellschaftlichen Gruppe schwankt also zwischen zwei Verfahren: Einerseits befürwortet es Verfahren mit möglichst hoher Ja-Stimmenzahl und andererseits Verfahren, bei denen im Extrem der Einzelne die Möglichkeit hat, für alle Gesellschaftsmitglieder verbindlich zu entscheiden.[837]

17. Wahlverfahren auf operationeller Ebene

17.1. Einleitung

Ist die Notwendigkeit der Aggregierung der Präferenzen von Gesellschaftsmitgliedern gegeben, so stellt sich im laufenden politischen Prozess einer Demokratie die Frage, mit welchem konkreten institutionellen Arrangement jene Präferenzaggregation vorgenommen werden soll. In der Theorie der Präferenzaggregation existieren eine Reihe von z.T. in der Praxis demokratischer Staaten angewandten Wahlverfahren. Wie die Analyse in den vorangehenden Kapiteln gezeigt hat, gibt es allerdings offenbar kein ideales Abstimmungsverfahren in einer Demokratie.

Black kommt in seiner 1958 veröffentlichten Arbeit beispielsweise zu dem Schluss, dass der Condorcet-Mechanismus in Verbindung mit der Borda-Wahl anderen Abstimmungsverfahren überlegen ist.[838] Andere Autoren wie *Niemi/Riker* präferieren das Copeland-Verfahren oder wie *Bordley* die Zustimmungswahl.[839] *Sen* kommt zu dem Schluss, dass es wohl größere Übereinstimmung über die Qualität eines Drainage-Systems als über die Vorteilhaftigkeit von Abstimmungsverfahren in einer Demokratie gibt.[840]

Levin/Nalebuff weisen gleichwohl darauf hin, dass bei relativ homogenen Wählerpräferenzen hinsichtlich eines Abstimmungsgegenstandes die meisten Abstimmungsverfahren ähnliche Ergebnisse erzeugen. Im Umkehrschluss stellt sich die Wahl eines Wahlverfahrens dann als besonders problematisch dar, wenn die Präferenzen der Wähler relativ heterogen sind. In diesem Fall können unterschiedliche Abstim-

---

[837] Vgl. Kirsch (1997), S. 132.
[838] Vgl. Black (1958).
[839] Vgl. Niemi/Riker (1976), S. 26f.; Bordley (1983), S. 132.
[840] Vgl. Sen (1995), S. 91.

mungsverfahren zu großen Ergebnisdifferenzen führen.[841] Gerade in demokratischen Großgesellschaften mit einer weitgehenden Pluralität von Interessenlagen dürfte die Wahl eines Abstimmungsverfahrens also keine „zweitrangige technische Frage für die graue Riege der Geschäftsordnungsspezialisten"[842] sein, sondern eine Entscheidung von weitreichender Relevanz für die Legitimität des demokratischen Verfahrens.

Welche Wahlverfahren sollten nun auf operationeller Ebene in einer Demokratie gewählt werden? Die im vorangegangenen Abschnitt aufgezeigten Kostenkategorien stellen zunächst eine Heuristik zur Beurteilung von Wahlverfahren auf konstitutioneller Ebene dar. Wenn wir im Folgenden eine Reihe von Kriterien zur Beurteilung von Wahlverfahren auf operationeller Ebene aufstellen, so ist evident, dass die aufgestellten Anforderungen an Wahlverfahren in das Konzept einer optimalen Abstimmungsregel á la *Buchanan/Tullock* integriert werden können. Letztlich stellen jene Beurteilungskriterien mögliche individuelle Maßstäbe dar, die im Rahmen des Verfassungskalküls verwendet werden können, gleichwohl in ihren kostenmäßigen Konsequenzen stets auf eine der grundlegenden Kostenkategorien zurückgeführt werden können.[843] Die interpersonellen Konsensfindungskosten sowie die (wahrscheinlichen) externen Kosten stellen zwei grundlegende verfassungsökonomische Kostenarten dar, die von einer Reihe weiterer untergeordneter Kostenarten abhängen.[844] Die vorgebrachten Beurteilungskriterien sollten also keinesfalls als ein in sich geschlossenes axiomatisches System aufgefasst werden.

Sieht man einmal von den Arbeiten der französischen Mathematiker und Philosophen *Condorcet*, *Borda* und *Laplace* im 18. Jahrhundert ab, so wird erst seit den vierziger Jahres des letzten Jahrhunderts intensiv Forschung über Abstimmungsmechanismen betrieben.[845] Die Forschungen haben eine Vielzahl unterschiedlicher Abstimmungsverfahren hervorgebracht, die in ihrem Umfang nur noch schwer überschaubar sind.[846] In der vorliegenden Untersuchung wird daher eine Auswahl der wichtigsten Verfahren vorgenommen. Um diese Verfahren systematisch analysieren zu können, wird ein Katalog von Kriterien entwickelt, der eine schematische Bewertung der Verfahren zulassen soll. Abschließend erfolgt eine tabellarisches Zusammenfassung der Analyseergebnisse.[847]

---

[841] Vgl. Levin/Nalebuff (1995), S. 4; auch Caplin/Nalebuff (1988).

[842] Grözinger (1996), S. 202.

[843] Sen sieht in dem hier vertretenen Ansatz eher einen komplementären denn einen kompetitiven Ansatz zur Social Choice-Theorie. „The exercise of evaluation of voting schemes is, thus, best seen as a two-way process, part of it involving the classical social choice approach of going from axiomatic demands of isolated properties to whole voting schemes, and another part dealing with examining the attractions and perversities of voting schemes and isolating properties responsible for these characteristics." Sen (1995), S. 97.

[844] Ein weiteres Argument für das Lösen von jener grundlegenden Trade-Off Betrachtung liegt darin, dass eine große Zahl von Mechanismen der Präferenzaggregation existieren, die im klassischen Sinne nicht mehr über eine optimale Zustimmungsquote verfügen. Die Abstimmung mittels Veto oder Steuer kann beispielsweise kaum mehr anhand einer optimalen Zustimmungsquote beurteilt werden.

[845] Vgl. Dummet (1984), S. 4.

[846] Vgl. Levin/Nalebuff (1995), S. 23.

[847] Im Rahmen der Analyse wird nicht stets der gesamte Kriterienkatalog abgeprüft. Offensichtliche Analysergebnisse werden der Vollständigkeit halber lediglich in der Ergebnistabelle aufgeführt.

17.2. Anforderungen an Wahlverfahren: ein Kriterienkatalog

Die Anforderungen an Wahlverfahren, die in diesem Abschnitt entwickelt werden, können per definitionem dem Anspruch auf Vollständigkeit nicht genügen.[848] Letztlich ist die Frage, welches Abstimmungsverfahren in einer Demokratie zur Anwendung gelangen sollte, von den Bürgern einer Demokratie selbst zu beantworten.
Die in diesem Abschnitt aufgestellten Kriterien lassen sich für eine schematische Bewertung als Kriterienkatalog verwenden. Im wesentlichen soll mittels der Bewertung eine grobe Kategorisierung über verschiedene Wahlverfahren gegeben und aufgezeigt werden, bei welchen Anforderungen die Verfahren ihre jeweiligen Vor- und Nachteile besitzen. Im Einzelnen lauten die Anforderungen wie folgt:[849]

- Ein Wahlverfahren erfüllt das Kriterium der *Äquivalenz*, wenn alle Wahlteilnehmer Chancengleichheit besitzen.[850] Das Kriterium der Äquivalenz geht über das grundlegende Postulat des „one man one vote" hinaus, da nicht nur absolute, sondern auch relative Gleichheit des Stimmengewichtes gefordert wird.[851]
- Durch das Kriterium der *Korrespondenz* soll das oben angeführte More-is-less-Paradox vermieden werden. Wenn ceteris paribus die siegreiche Alternative einer Abstimmung in der Präferenzordnung einiger Abstimmungsteilnehmer höher steigt, sollte entsprechend dem Kriterium der Korrespondenz zwischen individueller und sozialer Präferenzordnung in einem weiteren Wahlgang dieselbe Abstimmungsalternative wiederum siegen.
- Ein Abstimmungsverfahren sollte auf der einen Seite in der Lage sein, durch das Abstimmungsprozedere einen Sieger hervorzubringen. Falls Patt-Situationen erzeugt werden, so kann das Verfahren das Kriterium der *Dezisivität* nicht erfüllen.[852] Auf der anderen Seite kann es in bestimmten Situationen wie z.B. bei der

---

[848] Ein grundsätzlich anderer Ansatz stellen Simulationsrechnungen von verschiedenen Wahlverfahren auf der Grundlage einer sozialen Wohlfahrtsfunktion dar. Bei einer Veränderung der Zahl der Alternativen oder der Zahl der Abstimmenden kann die Wertigkeit eines Verfahrens exakt bestimmt werden. Bordley kommt im Rahmen seiner Simulationsrechnungen zu dem Ergebnis, dass Borda- bzw. die Zustimmungswahl unter den ausgewählten Abstimmungsverfahren am besten abschneiden. Bordley gibt allerdings auch für seinen Ansatz zu bedenken: „Analytical results developed in this century indicate that virtually every voting system has some undesirable feature, so in one sense, the problem of choosing the ideal voting system cannot be solved." Bordley (1983), S. 123. – Vgl. dazu Bordley (1983); Bordley (1985); auch Ludwin (1976); Mueller (1989), S. 116f.

[849] Vgl. dazu Grözinger (1996), S. 202ff.; Holubiec/Mercik (1994), S. 52f.; Young (1975), S. 824ff.; Jöhr (1976), S. 483ff.; Bernholz/Breyer (1994), S. 92ff.; Frey/Kirchgässner (1994), S. 169f.; Eisenführ/Weber (1994), S. 316ff.; Levin/Nalebuff (1995), S. 18ff.; Pilkington (1997), S. 86ff. – Eine Reihe weiterer Kriterien, die in der Literatur genannt werden, sollen hier nicht weiter betrachtet werden.

[850] Im Rahmen der Beurteilung der Äquivalenz von Abstimmungsverfahren soll nicht weiter berücksichtigt werden, inwieweit formale und faktische Einschränkungen der Stimmengleichheit vorliegen. Im strengen Sinne ist Äquivalenz nicht gegeben, wenn Individuen wie z.B. Kinder von der Abstimmung ausgeschlossen werden oder durch eine geschickte Einteilung von Wahlkreisen eine Manipulation der Stimmengleichheit vorgenommen wird. Vgl. Frey/Kirchgässner (1994), S. 145f.

[851] Neben der Kompetenz (Effizienz) spielt die Fairness eine entscheidende Rolle bei der Akzeptanz gesellschaftlicher Entscheidungssysteme. Das Kriterium der Äquivalenz unterstützt diese Anforderung. Vgl. dazu Oberholzer-Gee/Bohnet/Frey (1997).

[852] Vgl. May (1952), S. 681. – Das Kriterium der Dezisivität ist nicht mit dem Kriterium der Condorcet-Effizienz zu verwechseln. Condorcet-Effizienz verlangt, dass ein und dieselbe Alternative bei allen paarweisen Abstimmungen gewinnt. Dezisivität fordert allein, dass überhaupt ein Abstimmungssieger

Wahl von Kandidaten notwendig sein, eine *Rangordnung* unter den Abstimmungsalternativen zu bilden.[853]

- Die *Resistenz* beschreibt die Fähigkeit eines Abstimmungsverfahrens, gegenüber strategischem Wahlverhalten der Abstimmungsteilnehmer immun zu sein.[854] Das Kriterium der Resistenz kann nicht in einem absoluten Maßstab, sondern nur relativ bestimmt werden. Ausschlaggebend für die Resistenz eines Abstimmungsverfahrens ist, wie viele Informationen ein Wähler benötigt, um sinnvollerweise strategisch wählen zu können.[855]
- Falls Abstimmende die Möglichkeit besitzen, eine für sie nicht gewünschte Alternative explizit nicht zu unterstützen, so genügt das Abstimmungsverfahren dem Kriterium der *Renitenz.*[856]
- Das Kriterium der *Anonymität* besagt, dass die Abstimmungsteilnehmer ihre Präferenzen geheim mitteilen können und so vor etwaigen Repressalien oder Beeinflussungsmöglichkeiten von aussen geschützt sind. Wenn zwei Abstimmungsteilnehmer ihre Präferenzen quasi „tauschen", so sollte sich das gleiche Abstimmungsergebnis einstellen. In allen Demokratien findet dieses Kriterium Ausfluss im Wahlgeheimnis.
- Unter der *praktischen Anwendbarkeit* ist einerseits die Handhabbarkeit des Wahlverfahrens (Einfachheit und Verständlichkeit) zu verstehen. Andererseits stellen die Durchführungskosten ein wesentliches Bewertungsmerkmal dar.[857]
- Gerade in Fragen, in denen die Präferenzen der Wähler stark differieren, ist die *Ausdrucksmöglichkeit von Präferenzintensitäten* bedeutsam.[858]
- Der *Minderheitenschutz* soll gewährleisten, dass vulnerable Gruppen nicht durch eine Mehrheit ausgebeutet werden. In diesem Sinne sollte eine Abstimmungsregel also pareto-optimal sein.[859]

---

ermittelt werden kann. Theoretisch relativ unwahrscheinliche Patt-Situationen wie der Stimmengleichstand bei einer Mehrheitswahl mit mehreren Millionen Teilnehmern sollen dabei nicht weiter berücksichtigt werden.

[853] Vgl. Levin/Nalebuff (1995), S. 22.

[854] Bernholz/Breyer unterscheiden insgesamt drei verschiedene Arten strategischen Wahlverhaltens. An dieser Stelle soll lediglich die strategische Intervention der nicht wahrheitsgemäßen Präferenzoffenbarung betrachtet werden. Vgl. Bernholz/Breyer (1994), S. 72.

[855] In der Literatur ist durchaus umstritten, ob die Resistenz ein sinnvolles Kriterium zur Beurteilung von Wahlverfahren ist. Wie Grözinger bemerkt, ist die Strategieanfälligkeit von Abstimmungsverfahren bei unklarer Informationslage problematisch. Wenn die Präferenzen der anderen Abstimmungsteilnehmer nicht oder nur in geringem Umfang bekannt sind, wird eine große Zahl von Individuen – unter Umständen falsche – Vermutungen anstellen. Das gegenseitige Aufschaukeln dieser Vermutungen kann sich im Endeffekt nachteilig auswirken. Vgl. Grözinger (1996), S. 205.

[856] Das Kriterium der Renitenz widerspricht gleichwohl der grundlegenden Anforderung der Social Choice-Theorie an die Präferenzen der Individuen im Hinblick auf die Vollständigkeit. Danach soll jedes Paar von Alternativen in der individuellen Präferenzordnung vollständig geordnet werden können, wobei Indifferenz möglich ist. Da allerdings nur eine ordinale Reihung der Alternativen gefordert wird, kann keine Auskunft hinsichtlich Zustimmung oder Ablehnung gegeben werden.

[857] Während im Rahmen der verfassungsökonomischen Sichtweise ausschließlich intangible Kostenkomponenten betrachtet wurden, werden an dieser Stelle ebenfalls tangible Kosten in das Kalkül einbezogen.

[858] Vgl. Frey/Kirchgässner (1994), S. 169. – Einen Maßstab zur Beurteilung von Abstimmungssystemen im Hinblick auf die Fähigkeit, Präferenzintensitäten der Wähler abzubilden, leitet Weber ab. Vgl. Weber (1995), S. 44f.

- Wenn auf der einen Seite eine Mehrheit keinesfalls stabil eine Minderheit ausbeuten sollte, darf auf der anderen Seite ebenfalls nicht eine Minderheit der Gesellschaft die Mehrheit tyrannisieren. Entsprechend sollte ein Abstimmungsverfahren dem *Mehrheitenschutz* genügen.[860]

Folgende in der Literatur häufig genannten Kriterien sollen nicht oder lediglich rudimentär behandelt werden:

- Ein Abstimmungsverfahren genügt dem Kriterium der *Condorcet-Effizienz*, wenn bei paarweiser sukzessiver Abstimmung eine Alternative eindeutig gewinnt. Falls ein Abstimmungsverfahren nicht stets einen Condorcet-Sieger ermittelt, kann zudem gefragt werden, mit welcher Wahrscheinlichkeit ein Condorcet-Gewinner existiert.[861] In der Literatur ist allerdings durchaus umstritten, ob das Kriterium der Condorcet-Effizienz sinnvoll ist, da Präferenzintensitäten durch dieses Kriterium beispielsweise vollkommen negiert werden.[862] Wegen seiner herausgehobenen Stellung in der Literatur soll das Kriterium der Condorcet-Effizienz im Folgenden nicht vollkommen unberücksichtigt bleiben, allerdings nur fallweise in die Analyse eingehen.
- Die *Neutralität* eines Verfahrens ist dann sicher gestellt, wenn durch das Abstimmungsverfahren keine Alternative (z.B. durch die Abstimmungsreihenfolge) bevorzugt wird. Gegen das Kriterium der Neutralität wird beispielsweise beim Condorcet-Verfahren verstoßen, da durch die Abstimmungsreihenfolge das Ergebnis beeinflusst werden kann. Da Abstimmungsverfahren in der Regel dieses Kriterium erfüllen, soll es im Weiteren nicht durchgängig betrachtet werden.
- Das Problem stetiger Wahlalternativen ergibt sich, wenn Wahlalternativen nicht automatisch vorgegeben sind (wie z.B. bei einfachen Ja/Nein-Entscheidungen), sondern durch eine Vorauswahl generiert werden müssen. Eine Vorauswahl aus dem Kontinuum möglicher Wahlalternativen kann die Wahlmöglichkeiten erheblich einschränken. Es kann ex ante nicht sichergestellt werden, dass die Vorauswahl von Alternativen den Vorstellungen der Wähler entspricht. Das *Stetigkeitsproblem* wird ausschließlich bei der Abstimmung mittels Veto adäquat berücksichtigt.

---

[859] Bereits 1835 kritisierte de Tocqueville die „Tyrannei der Mehrheit“ in der amerikanischen Demokratie. Vgl. de Tocqueville (1965/1984), S. 113ff.

[860] Mehrheiten- und Minderheitenschutz stellen Kriterien dar, die der Tendenz nach konfliktär sind. Falls sich eine Minderheit der Wähler gegenüber der zahlenmäßigen Mehrheit durchsetzen kann, so wird das Kriterium des Mehrheitenschutzes verletzt et vice versa.

[861] Vgl. dazu Merill (1984).

[862] Vgl. Grözinger (1996), S. 218f.

17.3. Darstellung und Beurteilung von Abstimmungsverfahren

Den nachfolgend aufgelisteten Abstimmungsverfahren kommt in der Literatur eine herausgehobene Stellung zu:[863]

- Mehrheitsregel (Pluralitätsregel und absolute Mehrheitsregel mit Stichwahl)
- Hare-Verfahren
- Coombs-Verfahren
- Borda-Wahl
- Punktwahlverfahren
- Zustimmungsregel
- Abstimmung mittels Veto
- Abstimmung mittels einer Steuer
- ExCumLex

Die aufgeführten Abstimmungsverfahren sollen im Folgenden in ihrer grundlegenden Funktionsweise erläutert und im Anschluss daran anhand des aufgestellten Kriterienkataloges beurteilt werden.

17.3.1. Mehrheitsregel

Die Mehrheitsregel[864] stellt das bekannteste und auch das am weitesten verbreitete demokratische Abstimmungsverfahren dar. Folgende zwei Typen der Mehrheitsabstimmung können unterschieden werden:

- Wenn über zwei Alternativen abgestimmt werden soll, so kommt in aller Regel die einfache Mehrheitsregel zur Anwendung. Es wird diejenige Alternative präferiert, die mehr als die Hälfte der Stimmen erhält. Ein höheres Zustimmungserfordernis liegt bei der qualifizierten Mehrheit vor, bei der zwei Drittel oder drei Viertel, auf jeden Fall aber mehr als 50 Prozent der Wähler zustimmen müssen. Im Extremfall gilt die Einstimmigkeit. Eine Alternative wird in diesem Fall nur dann angenommen, wenn alle Mitglieder des betrachteten Kollektivs zustimmen.
- Wenn mehr als zwei Alternativen zur Auswahl anstehen, so muss zwischen der absoluten und der relativen Mehrheitsregel unterschieden werden.[865] Bei der absolu-

[863] Vgl. dazu Frey/Kirchgässner (1994), S. 144ff. und 158ff.; Bernholz/Breyer (1994), S. 90ff.; Mueller (1989), S. 112ff. und 124ff.; Sugden (1981), S. 138ff.; Levin/Nalebuff (1995), S. 6ff. – Weitere Abstimmungsverfahren sollen nicht analysiert werden, da im Rahmen der vorliegenden Untersuchung lediglich ein Überblick gegeben werden soll. Hierzu gehören die Zufallsauswahl auf Grundlage der Mehrheitsregel, die Zufallsauswahl auf Grundlage einer Punktwahl, das Copeland-Verfahren, das Verfahren der geringstmöglichen Verletzung, die Simpson-Kramer Mini-Max-Regel, das Kemeny-Young-Verfahren, das Kendall-Wei Verfahren sowie das Jech-Verfahren. Levin/Nalebuff bekennen freimütig: „If the multitude of available vote-counting systems leaves you overwhelmed, you are not alone." Levin/Nalebuff (1995), S. 13.

[864] Zu einer axiomatischen Analyse der Mehrheitsabstimmung vgl. May (1952); Arrow (1984), S. 167ff.; Bernholz/Breyer (1994), S. 45ff.

ten Mehrheitsregel gilt eine Alternative dann als gewählt, wenn sie mehr Stimmen als alle Alternativen zusammen, also mehr als 50 Prozent der Stimmen erhält. Bei der relativen Mehrheitsregel oder auch Pluralitätsregel[866] wird die Alternative vorgezogen, die für sich genommen mehr Stimmen als jede andere einzelne Alternative erhält.[867]

Auf der Basis der aufgestellten Kriterienkataloges kann die Mehrheitsabstimmung wie folgt beurteilt werden:

- Nach dem Kriterium der praktischen Anwendbarkeit schneidet die Mehrheitswahl besonders im Hinblick auf Einfachheit und Verständlichkeit beim Wähler gut ab. Die Mehrheitsabstimmung gehört zu den am weitest verbreiteten und damit zum bekanntesten demokratischen Abstimmungsverfahren schlechthin und dürfte auf breite Akzeptanz stoßen. Als Inbegriff der demokratischen Verfahrensweise muss der Mehrheitswahl eine besondere Legitimität attestiert werden.
  Wird die Mehrheitsabstimmung in einem Wahlgang vollzogen, so ist sie insgesamt ohne großen Aufwand durchführbar. Bei mehr als zwei zur Wahl stehenden Alternativen kann bei Anwendung der absoluten Mehrheitsregel oft im ersten Wahlgang keine Entscheidung zustande kommen, so dass in einem zweiten Wahlgang eine Stichwahl zwischen den zwei Alternativen mit den meisten Stimmen notwendig wird.[868] In diesem Fall steigen die Durchführungskosten deutlich an.[869]
- Die Mehrheitswahl entspricht dem demokratischen Gleichheitspostulat des one man-one vote.[870] Das Kriterium der Äquivalenz ist erfüllt, da nicht nur absolute, sondern ebenfalls eine relative Gleichheit des Stimmengewichtes gegeben ist.
- Das Kriterium der Dezisivität wird durch die Mehrheitsabstimmung nur bedingt erfüllt. Dazu muss unterschieden werden, welche Anzahl an Alternativen zur Wahl steht. Bei der Wahl von zwei Alternativen wird durch das Abstimmungsprozedere immer eindeutig ein Sieger hervorgebracht. Bei der Auswahl von mehr als zwei Alternativen und der Anwendung der Regel der absoluten Mehrheit kann das Kriterium der Dezisivität verletzt werden, wenn keine Alternative mehr als die Hälfte der Stimmen auf sich vereinigen kann. Diese Situation dürfte insbesondere dann

---

[865] Vom Condorcet-Verfahren, also der sukzessiven paarweisen Abstimmung aller Alternativen, wird in diesem Zusammenhang abgesehen. Die durchzuführenden Wahlgänge dürften bei mehr als zwei Alternativen zu prohibitiv hohen Durchführungskosten führen.

[866] Vgl. Bernholz/Breyer (1994), S. 92.

[867] Vgl. Frey/Kirchgässner (1994), S. 144. – Levin/Nalebuff betonen, dass die Zahl der Abstimmungsalternativen nicht exogen vorgegeben ist, sondern zum großen Teil auch durch das Abstimmungsverfahren determiniert wird. Bei Anwendung der Pluralitätsregel wird ein Großteil der Wähler nur derjenigen Alternative ihre Stimme zukommen lassen, die Aussicht auf einen Sieg hat. Wie das Beispiel der englischen Parlamentswahlen zeigt, führt dies zu einem Zwei-Parteien-System. Jener empirische Befund wird auch als „Duverger`s Gesetz" bezeichnet. Vgl. Levin/Nalebuff (1995), S. 7f.

[868] Die Stichwahl wird auch als „Runoff Voting" oder „Double Election" bezeichnet. Vgl. Levin/Nalebuff (1995), S. 9.

[869] Vgl. Bernholz/Breyer (1994), S. 92. Die absolute Mehrheitsregel mit Stichwahl wird in einer Vielzahl von Demokratien angewendet. So wird beispielsweise das Amt des französischen Staatspräsidenten nach dieser Regel bestimmt.

[870] Vgl. Frey/Kirchgässner (1994), S. 145f.

auftreten, wenn eine große Anzahl von Alternativen zur Auswahl steht und die Präferenzen der Individuen breit gestreut sind.[871] Dezisivität wird dann erreicht, wenn die absolute Mehrheitsregel in Kombination mit einer Stichwahl angewendet wird. Im Zuge der Mehrheitsregel kann weiterhin keine Rangordnung unter den Alternativen gebildet werden, wenn die Zahl der Abstimmungsalternativen zwei übersteigt.

- Ein Mehrheitenschutz ist bei der Mehrheitsregel nicht vollumfänglich erfüllt. So kann bei Anwendung der relativen Mehrheitsregel eine Alternative gewinnen, die nur von einer Minderheit präferiert wird.[872] *Bill Clinton* wurde bei der Präsidentschaftswahl 1992 beispielsweise mit weniger als 50 Prozent der Stimmen zum Präsidenten der Vereinigten Staaten gewählt.[873]
  Durch geschicktes Positionieren von Kandidaten bzw. Abstimmungsvorlagen kann bei Anwendung der Pluralitätsregel ein Mehrheitslager aufgespalten werden und eine Abstimmungsalternative gewinnen, die nur von einer deutlichen Minderheit der Wähler gewünscht wird. Dies möge das folgende Beispiel verdeutlichen. Aus vier Abstimmungsalternativen A, B, C und D soll eine siegreiche Alternative gewählt werden, wobei die drei ähnlichen Alternativen A, B und C eine Mehrheit von 70 Prozent der Wähler auf sich vereinigen können. Die extreme Alternative D wird dagegen nur von 30 Prozent der Wähler unterstützt. Würde sich die Zustimmung zum majoritären Alternativenset gleichmäßig auf die einzelnen Alternativen verteilen, könnte sich die minoritäre Alternative D im Rahmen der Pluralitätswahl durchsetzen. Die absolute Mehrheitsregel mit Stichwahl kann diesen Defekt der Pluralitätswahl verhindern, in dem die zwei Alternativen mit den höchsten relativen Stimmanteilen in einer Stichwahl erneut gegeneinander antreten müssen. Im betrachteten Beispiel würde in der zweiten Abstimmungsrunde die von der Minderheit präferierte Alternative D eindeutig geschlagen werden.
  Bei Anwendung der Regel der absoluten Mehrheit besteht gleichwohl die Möglichkeit, dass eine stabile Mehrheit eine Minderheit der Wählerschaft dauerhaft ausbeutet.[874] Im Extremfall wird eine intensiv empfindende Minderheitsgruppe (z.B. 49 Prozent) von einer Mehrheit mit schwach ausgeprägten Präferenzen überstimmt.[875] Das Kriterium des Minderheitenschutzes wird damit nur bedingt erfüllt.
- Präferenzintensitäten können im Rahmen der Mehrheitsregel nicht geäußert werden.
- Bei der relativen Mehrheitsregel wird das Kriterium der Korrespondenz erfüllt. Im Rahmen der absoluten Mehrheitsregel in Verbindung mit einer Stichwahl setzt sich die Höherbewertung einer Alternative durch einen Wähler nicht zwingend auch in der sozialen Präferenzordnung zumindest in der Hinsicht durch, dass jene Alternative nicht schlechter als vorher bewertet wird. Dies soll das folgende in Tab. 17 aufgeführte Beispiel verdeutlichen.[876]

[871] Vgl. Frey/Kirchgässner (1994), S. 146.
[872] Vgl. Brümmerhoff (1996), S. 108.
[873] Vgl. Levin/Nalebuff (1995), S. 7.
[874] Vgl. Frey/Kirchgässner (1994), S. 148.
[875] Vgl. Bernholz/Breyer (1994), S. 73.
[876] Vgl. dazu Grözinger (1996), S. 217f.

Tab. 17: Korrespondenz und Stichwahl

	Wählergruppe				
	a	b	c	d	e
Anzahl der Wähler	3	2	6	4	2
1. Rang	A	A	B	C	C
2. Rang	B	C	C	A	B
3. Rang	C	B	A	B	A

Quelle: Grözinger (1995), S. 218.

Im ersten Wahldurchgang kann keine Alternative die absolute Mehrheit von 9 Stimmen auf sich vereinigen, so dass es in einem zweiten Wahlgang zu einer Stichwahl zwischen den beiden höchstplazierten Alternativen B und C kommt. Im paarweisen Vergleich gewinnt die Alternative B mit einer Stimme Vorsprung vor C. Nimmt man nun an, dass die Wähler der Gruppe e ihre Präferenzen dahingehend ändern, dass die Alternativen B und C die Plätze tauschen, so ändert sich die soziale Präferenz folgendermaßen. Im ersten Wahlgang erlangt die Alternative C nur noch 4 Stimmen und unterliegt mit einer Stimme Abstand der Alternative A. In der Stichwahl kann sich nun Alternative A gegen B mit 9:8 Stimmen durchsetzen. Damit gewinnt Alternative A die Wahl, obwohl in der Bewertung der Wählergruppe e die Alternative B höher eingeschätzt wurde. Durch die veränderte Präferenzordnung der Wählergruppe e kann sich ausgerechnet die Alternative A durchsetzen, die von diesen Wählern am wenigsten geschätzt wird.

- Die Mehrheitsregel ist weiterhin vulnerabel gegenüber strategischem Abstimmungsverhalten. Bei einer Abstimmung über drei Alternativen und Anwendung der Pluralitätsregel wird ein Individuum beispielsweise nicht seine erstpräferierte Alternative wählen, wenn jene keine Aussicht auf Erfolg hat. Stattdessen wählt ein Individuum die zweitpräferierte Alternative, die Aussicht auf einen Sieg hat. Ein Wähler wird in einer solchen Situation strategisch intervenieren, weil die Stimme bei der Wahl der Erstpräferenz verschenkt würde. Bei Anwendung der absoluten Mehrheitsregel mit Stichwahl wird ein Wähler ebenfalls nicht derjenigen Alternative seine Stimme geben, die keine Aussicht hat, in die zweite Wahlrunde zu gelangen.[877] Gleichwohl ist auch vorstellbar, dass eine nicht erstpräferierte Alternative gewählt wird, um Protest auszudrücken.[878]

Letztlich hängt die Beurteilung der Strategieanfälligkeit der Mehrheitsregel davon ab, ob die Informationsbedingungen ein strategisches Verhalten der Wähler begünstigen. Da in aller Regel nur eine geringe Anzahl von Alternativen zur Wahl steht und die Individuen nur eine Stimme abgeben können, sind die Bedingungen für strategisches Wählen jedoch insgesamt als relativ günstig anzusehen. Die Wähler müssen für eine erfolgreiche strategische Intervention lediglich hinreichende Informationen über die Verteilung der Erstpräferenzen der anderen Wäh-

[877] Vgl. Bernholz/Breyer (1994), S. 95.
[878] Vgl. Levin/Nalebuff (1995), S. 19ff.

ler besitzen.[879] Dazu tragen nicht zuletzt Meinungsumfragen vor Wahlen bei, die die Präferenzen bzw. Wahlabsichten der anderen Wähler offen legen.[880]

- Ein Wähler hat im Zuge der Mehrheitsregel lediglich die Möglichkeit, seine Zustimmung für eine einzige Alternative auszudrücken.[881] Das Kriterium der Renitenz muss damit als bedingt erfüllt betrachtet werden. Der Wähler wird zwar nicht genötigt, positiv interpretierbare Präferenzen für nicht gewünschte Alternativen zu äußern. Ein Wähler kann allerdings nicht explizit ausdrücken, welche Alternativen von ihm abgelehnt werden.

17.3.2. Hare-Verfahren

Das Hare-Verfahren, in der Literatur auch als Cincinnati-Regel oder Single Transferable Vote (STV) bezeichnet, wurde erstmals 1859 vom Londoner Rechtsanwalt *Thomas Hare* diskutiert.[882] Die Vorzüge des Abstimmungsverfahren wurden von *John Stuart Mill* bereits 1862 als „the greatest improvements yet made in the theory and practice of government"[883] eingestuft.
Das Funktionsprinzip des Hare-Verfahrens kann für die Auswahl *einer* Abstimmungsalternative wie folgt umschrieben werden: Jeder Wähler muss diejenige Alternative auswählen, die er am höchsten einschätzt. Falls im ersten Wahlgang keine der Alternativen mehr als 50 Prozent Zustimmung erhält, ist ein zweiter Wahlgang erforderlich. Vor der zweiten Wahlrunde wird allerdings die Alternative, die die wenigsten Stimmen aller Wähler auf sich vereinigen konnte, ausgeschlossen. Diese Prozedur wird solange wiederholt, bis eine Alternative als Gewinner feststeht.[884] Um von vornherein mehrere Wahlrunden zu vermeiden wird in praxi allerdings von den Wählern eine vollständige Reihung der zur Abstimmung stehenden Alternativen verlangt. Falls eine Alternative ausscheidet, die von den Wählern auf Platz 1 gesetzt wurde, so werden die Stimmen auf die jeweils dahinter liegenden Alternativen umverteilt.[885]
Falls durch das Hare-Verfahren *mehrere* Alternativen ausgewählt werden sollen, so gestaltet sich das Prozedere der Alternativenwahl um einiges komplizierter.[886] Auf der einen Seite muss festgelegt werden, welches Quorum q jede Alternative mindestens

---

[879] Vgl. Grözinger (1996), S. 220.
[880] Vgl. Bernholz/Breyer (1994), S. 94.
[881] Vgl. Frey/Kirchgässner (1994), S. 148.
[882] Vgl. Hare (1859); Tideman (1995). – Ein ähnliches Wahlverfahren wurde bereits 1819 von Thomas Hill vorgeschlagen. Unabhängig von Hill entwickelte der dänische Mathematiker und Politiker Carl Andrae ebenfalls eine dem Hare-Verfahren ähnliche Prozedur. Vgl. Tideman (1995), S. 29.
[883] Zitiert bei Doron/Kronick (1977), S. 304.
[884] Vgl. Mueller (1989), S. 112. Im Extremfall können bei n Alternativen n-1 Wahlrunden erforderlich sein.
[885] Im Unterschied zur Prozedur bei der Auswahl mehrerer Alternativen werden die Stimmen ausgeschlossener Alternativen ungewichtet transferiert. Vgl. Doron/Kronick (1977), S. 305. – Weiterhin kann das Hare-Verfahren dahingehend unterschieden werden, ob es einstufig oder sequentiell durchgeführt wird. Im einstufigen Verfahren geben die Wähler nur ein einziges Mal die Präferenzen für die Abstimmungsalternativen an, während in der sequentiellen Version bei jedem Wahlgang eine erneute Abfrage der Präferenzen stattfindet. Vgl. Pfingsten/Wagener (1996), S. 355f.
[886] Vgl. dazu Tideman (1995), S. 30ff.; Levin/Nalebuff (1995), S. 9f. – Eine grafische Darstellung des Verfahrensablaufs findet sich bei Doron/Kronick (1977), S. 306.

erreichen muss, um in die Menge der siegreichen Alternativen zu gelangen. Wenn N die Zahl der Wähler und K die Anzahl der auszuwählenden Alternativen ist, so können folgende Quotenregeln zur Anwendung kommen:

- Die höchste Quote wird nach *Andrae* durch die Formel q= N/K gebildet.
- *Newland/Britton* schlagen eine Quote von q = N/(K+1) vor. Wie bei der Quote von *Andrae* ist bei der NB-Quote allerdings eine zusätzliche Regel notwendig, die im Falle der Wahl von K+1 Alternativen zu einem sinnvollen Ergebnis führt.
- Aufgrund der Kritik an der NB-Quote verlangt *Mann* zur Wahl einer Abstimmungsalternative mehr als jene Quote. Dies soll das folgende Beispiel verdeutlichen. 12 Wähler sollen 2 Alternativen aus einer Menge von 4 Alternativen auswählen. Die NB-Quote beträgt q = 12/(2+1) = 4. Die Präferenzen der Alternativen sind wie folgt verteilt: 4 x DFGE, 4 x EFGD, 3 x FGED, 1 x GFDE. Nach der NB-Quote werden die Alternativen D und E gewählt. Ein Großteil der Wähler dürfte es als unfair empfinden, dass die Alternativen F und G nicht gewählt werden, obwohl sie bedeutende Kompromisskandidaten aller Wähler darstellen. Wenn nach der *Mann*-Quote verfahren würde, so würde G eliminiert und die Stimmen auf F umverteilt werden. Wegen des Stimmengleichstandes der drei Alternativen D, E und F könnte keine mehr eliminiert werden, so dass z.B. durch einen Losentscheid ein Ergebnis herbeigeführt werden müsste.
- Nach einem Vorschlag von *Droop* kann eine Quote ebenfalls nach folgender Formel berechnet werden: q = [N/(K+1)]+1. Die Quote von *Droop* ist die kleinste Quote, bei der nicht mehr als K Alternativen gewählt werden können.

Auf der anderen Seite muss im Rahmen der Hare-Wahl eine Prozedur festgelegt werden, wie die Stimmen ausgeschlossener Alternativen umverteilt werden. Dazu haben sich folgende Prozeduren herausgebildet:

- *Senatoren-Regel*: Die von *Gregory of Tasmania* 1880 vorgeschlagene Regel sieht vor, dass die Stimmen einer Alternative umverteilt werden, wenn die tatsächlich erreichte Stimmenzahl k größer ist als die notwendige Stimmenzahl q. Die überzähligen Stimmen der betreffenden Alternative werden an die nächstbesten Alternativen umverteilt und mit dem Faktor (k-q)/k gewichtet. Die Gewichtung der überzähligen Stimmen stellt sicher, dass die Zahl der Stimmen nicht größer als N wird und damit die Zahl der gewählten Alternativen nicht das vorgegebene K übersteigt. Die Senatoren-Regel findet vor allem dann Anwendung, wenn überzählige Stimmen nur ein einziges Mal transferiert werden.
  Folgendes Beispiel soll das Prozedere des Hare-Verfahrens bei der Anwendung der Senatoren-Regel in Verbindung mit der NB-Quote verdeutlichen. In Tab. 18 ist die Verteilung der Präferenzen im Elektorat wiedergegeben. 80 Wähler müssen sich zwischen fünf Kandidaten entscheiden, wobei drei Kandidaten gewählt werden sollen.

Tab. 18: Präferenzen der Wähler bei der Hare-Wahl

	Anzahl der Wähler						
	25	15	9	9	6	7	9
1. Rang	R	R	S	S	T	U	V
2. Rang	S	S	R	U	U	T	T
3. Rang	V	T	T	T	R	S	U
4. Rang	U	U	U	R	S	R	R
5. Rang	T	V	V	V	V	V	S

Quelle: In Anlehnung an Tideman (1995), S. 32.

Die NB-Quote q ist im betrachteten Beispiel q=80/(3+1)=20. Da 40 Wähler die Alternative R auf die erste Position gesetzt haben, ist R im ersten Wahlgang gewählt. Die überzähligen Stimmen derjenigen Wähler, die Alternative R auf Rang 1 gesetzt haben, müssen nun umverteilt werden. Jene 40 Stimmen werden mit dem Faktor von (40-20)/40=0,5 gewichtet und auf die Alternative S umverteilt. Alternative S erreicht im zweiten Wahlgang nun 40x0,5+9+9=38 Stimmen. Neben Alternative R erreicht S damit ebenfalls die notwendige Quote von 20 Stimmen und gilt als gewählt. Die überzähligen Stimmen von S werden wiederum anteilig auf die nächstbesten Alternativen umverteilt. Der Verteilungsfaktor nimmt nun den Wert (38-20)/40=0,45 an. Alternative V erreicht im dritten Wahlgang 0,45x25+9=20,25 und Alternative T 0,45x15+0,45x9+6=16,8 Stimmen. Damit ist Alternative V die dritte gewählte Alternative.

- *Meek-Regel*: Der Vorschlag von *Meek* ist vor allem für Wahlsituationen geeignet, in denen überzählige Stimmen mehrmals transferiert werden müssen. Ein Nachteil der Senatoren-Regel liegt insbesondere darin, dass nur die Stimmen derjenigen Wähler transferiert werden, deren erstgenannte Alternative eliminiert wurde. Aus Fairness-Überlegungen sollten jedoch ebenfalls die Stimmen der Wähler transferiert werden, die die siegreiche Alternative nicht als Erstpräferenz haben. *Meek* schlägt für die zweite Umverteilung Faktoren vor, mit denen jene überzähligen Stimmen ebenfalls beachtet werden. In Anlehnung an das obige Beispiel können die zwei Faktoren aus folgenden Thermen errechnet werden: $40f_R + 9\ (1-f_S)\ f_R = 20$ und $18f_S + 40\ (1-f_R)\ f_S = 20$. Hieraus ergibt sich ein f_S von 0,4997 und ein f_R von 0,4494. Die Alternative V der 25 Wähler mit der Rangordnung RSVUT wird entsprechend mit dem Faktor (1-0,4494)(1-0,4997)=0,2754 gewichtet. Die Stimmen der 9 Wähler mit der Rangordnung SUTRV gehen im Hinblick auf Alternative U mit dem Faktor (1-0,4997)=0,5003 in die Bewertung ein. Zählt man die einzelnen Stimmen mit den entsprechenden Gewichtungen zusammen, so ergeben sich folgende Stimmensummen: R = 20, S = 20, T=13,611, U=10,503 und V=15,886. Da die Alternative U die geringsten Stimmen erhält, wird sie eliminiert. Mit der entsprechenden Gewichtung werden nun die Stimmen auf die Alternativen T und V transferiert. Die Alternative V erhält 25x0,2754+9=15,885 und Alternative T 15x0,2754+9x 0,2754 +9x0,5003+6+7=24,1123 Stimmen. Bei Anwendung der Meek-Regel wird damit im Gegensatz zur Senatoren-Regel nicht mehr Alternative V, sondern Alternative T als dritte Alternative gewählt.

- *Warren-Regel*: Die Meek-Regel wurde wiederum von *Warren* kritisiert, der beim Faktor für die zweite Umverteilung das gleiche Gewicht für alle Wähler fordert, die eine erstplazierte Alternative wählen. Im betrachteten Beispiel unterstützen 49 Wähler die Alternative R in dem Sinne, dass die Alternative R sich auf den ersten beiden Plätzen befindet. Gewichtet man die Stimme jedes Wählers, der Alternative R unterstützt, gleich hoch, so haben jene Wähler einen Anteil von 20/49=40,82 Prozent an der Wahl der Alternative R. Für S ergibt sich entsprechend ein Wert von 20/(25+15+9+9)=34,48 Prozent. Entsprechend dieser Gewichtungen werden die Stimmen in der zweiten Wahlrunde übertragen. Für die 25 Wähler, die die Rangordnung RSVUT wählen, ergibt sich für die Alternative V ein Übertragungsfaktor von 1-0,4082-0,3448=0,2470. Für die Rangordnung der 9 Wähler von SUTRV erhält man für die Alternative U entsprechend einen Faktor von 1-0,3448=0,6552. Summiert man die Stimmen für die einzelnen Alternativen, so ergibt sich folgendes Resultat: R=20, S=20, T=15x0,247+9x0,247+6=11,928, U=9x0,6552+7=12,897 und V=25x0,247+9= 20,75. Die Alternative T wird eliminiert und die Stimmen wiederum übertragen. Danach erhält man für die Alternative U eine Stimmensumme von 15x0,247+ 9x0,247+9x0,6552+6+7=24,91 und für die Alternative V eine Summe von 25x0,247+9=15,175. Die Alternative U wird – im Gegensatz zur Senatoren-Regel und Meek-Regel – damit als dritte Alternative gewählt.

Anhand des aufgestellten Kriterienkataloges kann die Hare-Wahl wie folgt kritisiert werden:[887]

- Das Kriterium der Äquivalenz ist nur unzureichend erfüllt, da – je nach Prozedere der Umverteilung von Stimmen ausgeschlossener Alternativen – das Ergebnis durch die Folgepräferenzen beeinflusst wird. Werden die Folgepräferenzen wie bei der Senatoren-Regel nicht über alle Wähler einheitlich gezählt, so erhalten diejenigen Wähler ein größeres Stimmengewicht, deren Folgepräferenz aufgrund des Ausscheidens einer Alternative berücksichtigt wird. Meek- und Warren-Regel können diesen Mangel z.T. beheben, jedoch nicht gänzlich beseitigen.
- Wie das folgende Beispiel zeigt, genügt das Hare-Verfahren nicht dem Kriterium der Korrespondenz.[888] 11 Wähler sollen aus drei Kandidaten einen auswählen, wobei die Präferenzen wie folgt verteilt sind: 3 ABC, 4 BCA, 3 CAB und 1 CBA. Da die Alternative A über die geringste Nennung von Erstpräferenzen verfügt, wird sie in der ersten Wahlrunde eliminiert und die Stimmen transferiert. In der zweiten Wahlrunde siegt die Alternative B mit sieben Erstnennungen. Unterstellt man nun, dass in der Präferenz des letzten Wählers C und B die Plätze tauschen, so ergibt sich ein paradoxes Resultat. Im ersten Wahlgang erreichen A und C einen Stimmengleichstand. Wenn man unterstellt, dass der Stimmengleichstand zugunsten von A entschieden wird, so wird in der zweiten Abstimmungsrunde die Alternative B von A geschlagen. Obwohl die Alternative B in der Wertschätzung eines Wählers höher

[887] Doron weist zudem nach, dass das bereits oben diskutierte Multiple-Districts-Paradox bei der Hare-Wahl auftreten kann. Vgl. Doron (1979), S. 284f.
[888] Vgl. Tideman (1995), S. 36; Grözinger (1996), S. 217.

steigt, schlägt sich dies nicht insoweit in der sozialen Präferenz durch, dass jene Alternative zumindest nicht schlechter eingeschätzt wird.[889]

- Das Verfahren muss nach dem Kriterium der praktischen Durchführbarkeit kritisch beurteilt werden, wenn im Falle der Anwendung der sequentiellen Version mehrere Wahlgänge für die Kür einer Abstimmungsalternative notwendig sind. Modifiziert man das Verfahren dahingehend, dass von den Wählern eine vollständige Reihung der Alternativen gefordert wird, so entfallen im Rahmen des einstufigen Verfahrens auf der einen Seite zwar die hohen Kosten mehrerer Wahlgänge. Auf der anderen Seite können die Wähler mit der Aufgabe der vollständige Reihung der Alternativen u.U. überfordert sein. Zudem fallen bei dem aufwendigen Verfahren der Stimmenauszählung nicht unbeträchtliche Kosten an.[890] Gleichwohl zeigen praktische Anwendungen wie die Wahl zur „Dáil Assembly" in Irland, des Senats in Australien sowie des „House of Representatives" in Malta, dass die mit dem Wahlverfahren verbundenen Vorteile die aufgezeigten Anwendungsprobleme in den Hintergrund treten lassen. In kleineren Kollektiven ist eine Anwendung in jedem Fall unproblematisch. So wird beispielsweise die Wahl des Austragungsortes der Olympischen Spiele auf Basis der Hare-Regel getroffen.[891]
- Das Hare-Verfahren garantiert nicht in jedem Fall die Wahl des Condorcet-Gewinners.[892] Selbst wenn nur eine Abstimmungsalternative gewählt werden muss, ist es möglich, dass mittels des Hare-Verfahrens ein Condorcet-Verlierer die Wahl gewinnt. Wenn eine Alternative von allen Wählern auf den 2. Rang gesetzt wird und in sukzessiven paarweisen Abstimmungen jede andere Alternative schlägt, würde jene Alternative beim Hare-Verfahren wegen nicht vorhandener Erstplazierungen eliminiert.
- Die Wähler können bei der Auswahl mehrerer Alternativen ihre Präferenzen im Rahmen der vorgegebenen Rangordnung zum Ausdruck bringen. Eine Gewichtung der Präferenzen einzelner Alternativen ist dagegen nicht möglich.
- Das Kriterium der Renitenz muss als bedingt erfüllt betrachtet werden. Falls nur *eine* Alternative gewählt werden soll und das Verfahren sequentiell durchgeführt wird, wird vom Wähler lediglich die Angabe der Erstpräferenz verlangt. Die Nicht-Nennung von Alternativen kann in diesem Fall als explizite Zustimmungsverweigerung interpretiert werden. Falls es allerdings zu mehreren Wahlrunden kommt und die vom Wähler als unterstützenswert eingestuften Alternativen ausscheiden, so kann der Wähler gezwungen sein, auch eine Alternative zu wählen, die er nicht für zustimmungswürdig hält. Falls *mehrere* Alternativen gewählt werden sollen, so müssen die Alternativen vom Wähler in eine vollständige Rangordnung gebracht werden. Eine explizite Zustimmungsverweigerung ist in diesem Fall ebenfalls ausgeschlossen.

---

[889] Aufgrund der mangelnden Korrespondenz stufen Doron/Kronick die Hare-Wahl als „Perverse Social Choice Function" ein. Vgl. dazu Doron/Kronick (1977), S. 307f.

[890] Die Auszählung der Stimmen im Rahmen der Wahl zum „Cambridge City Council" nimmt beispielsweise eine Woche in Anspruch. Vgl. Levin/Nalebuff (1995), S. 10. – Bei der Wahl zum irischen Abgeordnetenhaus müssen die Stimmen aufgrund der Umverteilungen bis zu zwölf Mal ausgezählt werden.

[891] Vgl. dazu Pfingsten/Wagener (1996).

[892] Vgl. Tideman (1995), S. 36; Bernholz/Breyer (1994), S. 93.

- Das Hare-Verfahren muss als relativ resistent gegenüber strategischem Wahlverhalten eingeschätzt werden. Für eine rational begründete strategische Intervention benötigt ein Wähler einen hohen Umfang an Informationen über die Präferenzen der teilnehmenden Wähler. Da die Wähler gleichwohl eine vollständige Reihung der zur Wahl stehenden Alternativen vornehmen müssen, wird eine große Menge an Informationen durch die Hare-Wahl gewonnen. Aufgrund dieser Informationsfülle ist eine strategische Intervention relativ unwahrscheinlich.[893]
- Dezisivität ist im Rahmen des Hare-Verfahrens nur bedingt gegeben. Sollen mehrere Alternativen aus der Entscheidungsmenge ausgewählt werden, so muss bei Anwendung der Andrae- und der NB-Quote eine zusätzliche Regel für den Fall vorgesehen werden, bei dem mehr als die vorgesehene Zahl von Alternativen gewählt wird. Ein beträchtlicher Vorteil des Hare-Verfahrens liegt gleichwohl in seiner Eigenschaft, aus einer ex ante festgelegten Zahl von Alternativen eine Rangordnung zu bilden.
- Eine herausragende Eigenschaft des Hare-Verfahren liegt in der proportionalen Repräsentanz der Präferenzen der Individuen bei der Wahl mehrerer Alternativen.[894] Wenn aus einer Entscheidungsmenge beispielsweise insgesamt sechs Alternativen gewählt werden sollen, kann jede Alternative, die mehr als 17 Prozent der Stimmen auf sich vereinigt, gewinnen. Auf der einen Seite ist es nicht möglich, dass eine Alternative, die von einer „breiten" Minderheit als Erstpräferenz genannt wird, von einer majoritären Alternative mit Zweit- oder Drittpräferenz verdrängt wird. Falls eine Minderheit der Wählerschaft also groß genug ist, um den Anspruch an Repräsentanz zu genügen, werden jene Präferenzen quasi automatisch in das Wahlergebnis eingehen. Auf der anderen Seite wird eine majoritäre Alternative sicher gewinnen. Damit wird einerseits das Mehrheitsprinzip gewahrt und andererseits eine Tyrannei der Mehrheit vermieden.[895] Diese positive Eigenschaft der Hare-Wahl führte u.a. zur Anwendung des Verfahrens bei der Wahl des nordirischen Parlamentes.[896]

---

[893] Vgl. Grözinger (1996), S. 220. – Bei der Wahl des Austragungsortes der Olympischen Spiele durch das Internationale Olympische Komitee (IOC) wurde im Rahmen der sequentiellen Version der Hare-Regel nach jedem Wahlgang die Stimmenverteilung bekannt gegeben. Aufgrund der Spekulation, dass die Wahl von Atlanta 1990 als Austragungsort manipuliert wurde, änderte das IOC das Verfahren dahingehend, dass nur noch die ausgeschiedene Variante nach jedem Wahlgang genannt wird. Aufgrund der geringeren Informationsversorgung dürften die Manipulationsmöglichkeiten deutlich geringer eingeschätzt werden. Vgl. dazu Pfingsten/Wagener (1996).

[894] Vgl. dazu auch Dummett (1984), S. 282ff.; Levin/Nalebuff (1995), S. 10f.; Weimann (1996), S. 178. – Bei der Wahl einer Alternative ist eine proportionale Repräsentanz der Präferenzen dagegen nicht gegeben.

[895] Die Eigenschaft der proportionalen Repräsentanz setzt aufgrund höherer Wahlchancen im Rahmen von Kandidatenwahlen allerdings Anreize, Interessenkonflikte zwischen Minderheiten deutlicher hervortreten zu lassen. Meyerson kommt daher zu folgendem Ergebnis: „Designers of electoral systems should recognize a trade-off between these two desiderata: guaranteeing representation for minority groups in the electorate and encouring individual candidates to appeal broadly to the electorate as a whole." Meyerson (1993), S. 868; auch Cox (1990).

[896] Vgl. Jakubowski (1999), S. 190f.

17.3.3. Coombs-Verfahren

Im Gegensatz zum Hare-Verfahren müssen die Wähler bei dem erstmals 1964 von *Clyde Coombs* vorgeschlagenen Verfahren diejenige Alternative auswählen, die sie am wenigsten schätzen.[897] Es wird die Alternative eliminiert, die die meisten Stimmen auf sich vereinigt. Dieser Prozess wird so lange wiederholt, bis nur noch eine Alternative erhalten bleibt.[898] Während beim Hare-Verfahren die Prozedur dann abgebrochen wird, wenn ein Kandidat die absolute Stimmenmehrheit erhält, sind beim Coombs-Verfahren bei M Alternativen in jedem Fall M-1 Wahlrunden erforderlich. Bei der Auswahl von K Alternativen aus der Menge M sind dagegen nicht M-1, sondern lediglich M-K Wahlrunden vonnöten. Das Coombs-Verfahren besitzt zudem den Vorteil, dass ein aufwendiges Transferieren von Stimmen nicht notwendig ist.[899]
Da die Coombs-Wahl über große Ähnlichkeiten zum Hare-Verfahren verfügt, soll an dieser Stelle lediglich eine Besonderheit des Verfahrens diskutiert werden. Dies betrifft den Mehrheitenschutz des Verfahrens. Unter der Coombs-Wahl ist es möglich, dass ein von der Mehrheit favorisierter Kandidat nicht gewinnt. Dies soll das folgende Beispiel verdeutlichen. Zur Wahl eines Kandidaten stellen sich insgesamt fünf Bewerber. Während die vier Bewerber A, B, C und D Positionen vertreten, die lediglich von jedem vierten Wähler geteilt werden, stößt der Kandidat E auf breite Zustimmung im Elektorat: 75 Prozent der Wähler unterstützen die Position dieses Kandidaten. Unterstellt man nun, dass die Wähler des Kandidaten E ihre Stimmen für die letzten Plätze proportional auf die anderen vier Kandidaten verteilen und die anderen 25 Prozent der Wähler geschlossen den Kandidaten E ablehnen, so ergibt sich das paradoxe Resultat, dass Kandidat E im ersten Wahlgang eliminiert wird. Kandidat E erhält 25 Prozent der letzten Plätze, während alle anderen Kandidaten lediglich auf eine Ablehnung von 18,75 Prozent stoßen. Damit wird mittels der Coombs-Wahl ein Kandidat aussortiert, obwohl jener eindeutig die Mehrheitsmeinung vertritt.[900]

17.3.4. Borda-Wahl

Neben dem *Marquis de Condorcet* entwickelte im 18. Jahrhundert ein weiterer Zeitgenosse und ebenfalls Franzose ein neues Abstimmungsverfahren. *Jean-Charles de Borda* stellte 1770 der Französischen Akademie der Wissenschaften ein Abstimmungsverfahren vor, bei dem jeder Wähler die zur Abstimmung anstehenden Alternativen entsprechend seiner Präferenz ordnet.[901] Jede Alternative wird sodann vom Wähler nach einem vorgegebenen Punkte-Schemata bewertet. Die am schlechtesten

---

[897] Vgl. Coombs (1964).
[898] Vgl. Mueller (1989), S. 112f.
[899] Vgl. Weimann (1996), S. 179.
[900] Vgl. Meyerson (1993), S. 868; auch Levin/Nalebuff (1995), S. 11.
[901] Vgl. dazu Nurmi (1999), S. 11f.; Young (1995), S. 55ff. – Borda entwickelte seinen Verfahrensvorschlag aufgrund der für ihn unbefriedigenden Ergebnisse der Pluralitätsregel (Borda-Paradox). Erst 1784 (ein Jahr vor dem Erscheinen des „Essai sur l'Application de l'Analyse à la Prohabilité des Décisions Redues à la Pluralité des Voix" von Condorcet) wurde der Verfahrensvorschlag schließlich veröffentlicht.

bewertete Alternative bekommt Null Punkte, die zweitschlechteste einen Punkt, die drittschlechteste zwei Punkte usw.[902] Bei n Alternativen erhält die Alternative, die auf dem ersten Platz der individuellen Rangfolge steht, entsprechend n-1 Punkte. Die kollektive Präferenzordnung ergibt sich im Rahmen der Borda-Wahl (auch Rangsummenwahlverfahren genannt) schließlich gemäß der absteigenden Punktsumme.[903]
Die praktische Anwendbarkeit der Borda-Wahl dürfte im Hinblick auf die Verständlichkeit beim Wähler keine Probleme bereiten. Die Wähler können u.U. mit der vollständigen Reihung einer Vielzahl von Alternativen überfordert sein. Die Durchführungskosten stellen zudem keinen elementaren Engpass dar, da lediglich die vergebenen Punkte der einzelnen Alternativen addiert werden müssen. [904]
Im Gegensatz zu den bisher dargestellten Verfahren können die Individuen bei der Borda-Wahl innerhalb der ihnen vorgegebenen Punkteskala ihre Präferenzintensitäten zum Ausdruck bringen. Weiterhin kann der Borda-Wahl die positive Eigenschaft zugesprochen werden, dass sie auch beim Vorliegen zyklischer Mehrheiten im Rahmen sukzessiver paarweiser Abstimmungen einen Sieger hervorbringt. Zudem wird im Rahmen des Borda-Verfahrens verhindert, dass sich ein Condorcet-Sieger durchsetzt, obwohl ein bedeutender Kompromisskanditat existiert.[905] Nicht zuletzt kommt *Young* im Rahmen seiner axiomatischen Analyse der Borda-Wahl zu dem Ergebnis, dass nur jene Abstimmungsregel die Forderungen nach Anonymität, Ehrlichkeit und Konsistenz erfüllt.[906]
Gleichwohl können der Borda-Wahl eine Reihe von negativen Eigenschaften nachgewiesen werden:

- Wie das folgende Beispiel in Tab. 19 von *Weimann* zeigt, genügt die Borda-Wahl nicht dem Kriterium der Condorcet-Effizienz.[907]

Tab. 19: Borda-Wahl und Condorcet-Effizienz

	Anzahl der Wähler		
Rangordnung	**10**	**3**	**4**
1. Rang	A	B	B
2. Rang	B	A	C
3. Rang	C	C	A

Quelle: Weimann (1996), S. 183.

[902] Vgl. Weimann (1996), S. 181.
[903] Vgl. Gäfgen (1968), S. 445; Musgrave/Musgrave/Kullmer (1990), S. 125; Frey/Kirchgässner (1994), S. 159.
[904] Vgl. Bernholz/Breyer (1994), S. 92f. – Eine praktische Anwendung findet die Borda-Wahl im alljährlich stattfindenden europäischen Schlagerwettbewerb des „Grand Prix de la Chanson Européenne". Vgl. dazu Wagener (1999).
[905] Vgl. Sen (1995), S. 96f. Falls eine Million Wähler die Rangordnung A>B>C und eine Million-1 Wähler die Rangordnung B>C>A wählen, so ist die Alternative A der eindeutige Condorcet-Sieger. Gleichwohl spricht einiges für die Wahl der Alternative B, da diese Alternative von allen Wählern als beste bzw. zweitbeste eingestuft wird. Das Borda-Verfahren würde den Kompromisskandidaten B zum Sieger wählen.
[906] Vgl. dazu Young (1974).
[907] Vgl. Weimann (1996), S. 183f.; auch Levin/Nalebuff (1995), S. 12; Nurmi (1999), S. 22f.

Im Rahmen sukzessiver paarweiser Abstimmungen ist die Alternative A mit 10 Stimmen im betrachteten Beispiel der eindeutige Condorcet-Sieger. Führt man nun eine Borda-Abstimmung durch, so wird sich die Alternative B mit 24 Gesamtpunkten gegen den Condorcet-Sieger A mit 23 Punkten durchsetzen. Alternative B gewinnt im Rahmen der Borda-Wahl, weil im Unterschied zum Condorcet-Verfahren nicht nur eine paarweise Bewertung der Alternativen vorgenommen wird. Da eine Reihung sämtlicher Alternativen gefordert ist, wird die relative Position einer Alternative nicht nur von einer, sondern von allen anderen Alternativen – im betrachteten Fall der Alternative C – beeinflusst.[908] Würde man die letztlich irrelevante, weil ohne Siegeschancen dastehende Alternative C nicht mehr zur Wahl stellen, kämen Condorcet-Verfahren und Borda-Wahl schließlich zum gleichen Ergebnis.[909] *Condorcet* lehnte das von *Borda* vorgeschlagene Verfahren aufgrund der Relevanz irrelevanter Alternativen daher vehement ab. Die Aversion von *Condorcet* gegenüber der Borda-Wahl wird in folgendem Zitat deutlich: „As long as it relies on irrelevant factors to form its judgements, it is bound to lead to error, and that is the real reason why this method is defective for a great many voting patterns, regardless of the particular values assigned to each place. The conventional [plurality] is flawed because it ignores elements which should be taken into account and the new one [Borda`s] because it takes into account elements which should be ignored."[910]

- Die Borda-Wahl kann durch strategisches Abstimmungsverhalten der Wähler manipuliert werden.[911] Gleichwohl sind die Möglichkeiten der Wahlmanipulation beispielsweise im Vergleich zur einfachen Mehrheitswahl deutlich geringer, da die Wähler für eine erfolgreiche Verhaltensstrategie die Präferenzen der übrigen Wähler kennen müssen. Gerade weil im Rahmen der Borda-Wahl eine vollständige Reihung der Alternativen verlangt und damit eine relativ große Menge an Informationen gewonnen wird, ist strategisches Wahlverhalten eher unwahrscheinlich.[912]

  Während die Strategieanfälligkeit des Verfahrens durch strategisches Wählen bei vorgegebener Alternativmenge eher unwahrscheinlich ist, muss die Gefahr einer gezielten Ergebnisbeeinflussung durch das Einbringen inferiorer Alternativen als

---

908 Vgl. Niemi/Riker (1976), S. 26.

909 Bereits 1882 wurde vom australischen Mathematiker Nanson eine Verfahrensvariation bei der Borda-Wahl vorgeschlagen. Danach vergibt jeder Wähler wie gewöhnlich den Alternativen entsprechend des vorgegebenen Punkte-Schemas einen Rang. Anstatt nun diejenige Alternative als Sieger zu wählen, die über die größte Punktsumme verfügt, schlägt Nanson weitere Verfahrensschritte vor. Danach werden sukzessiv die Alternativen eliminiert, die weniger als die durchschnittliche Punktsumme der verbliebenen Alternativen erreichen. Diese Prozedur wird so lange wiederholt, bis eine Alternative übrig bleibt. Die Wahrscheinlichkeit, dass nach diesem Verfahrensschritt der Condorcet-Sieger ebenfalls der Borda-Sieger ist, dürfte erheblich steigen. Vgl. Nurmi (1999), S. 24f.

910 Condorcet, zitiert nach Young (1995), S. 57. Auch Arrow kommt im Rahmen seiner axiomatischen Analyse zu der Forderung nach Unabhängigkeit irrelevanter Alternativen. – Ein vermittelnder Ansatz zwischen Borda- und Condorcet-Verfahren wird von Black vorgeschlagen. Falls im Rahmen sukzessiver paarweiser Abstimmungen kein eindeutiger Sieger gekürt werden kann, soll der Borda-Sieger gewählt werden. Vgl. Black (1958); auch Grözinger (1996), S. 200.

911 Vgl. Mueller (1989), S. 120.

912 Vgl. Weimann (1996), S. 185.

beträchtlich eingeschätzt werden.[913] Im oben betrachteten Beispiel kann ein Wähler durch das Einbringen der Alternative C die Wahlchancen seiner bevorzugten Alternative B so verbessern, dass sich jene nach dem Borda-Verfahren durchsetzt.[914]

- Die Borda-Wahl erzeugt stets eine Rangordnung unter den Alternativen. Eine Punktgleichheit zwischen Alternativen ist in großen Kollektiven recht unwahrscheinlich, so dass das Kriterium der Dezisivität ebenfalls als erfüllt betrachtet werden kann.[915]
- Das Kriterium der Renitenz wird im Rahmen der Borda-Wahl verletzt, da eine vollständige Reihung der Abstimmungsalternativen explizit eine Ablehnung ausschließt.[916]
- Das Kriterium des Minderheitenschutzes wird durch das Borda-Kriterium relativ gut erfüllt, da Wahlsituationen vorstellbar sind, in denen zwar die absolute Mehrheit der Wähler eine Alternative ablehnt, durch das Borda-Verfahren aber ein Kompromisskandidat gewinnt. Die folgende in Tab. 20 dargestellte Wahlsituation verdeutlicht dies.

Tab. 20: Minderheitenschutz und Borda-Wahl

	Zahl der Wähler	
	101	**100**
1. Rang	A	C
2. Rang	C	B
3. Rang	B	A

Quelle: Eigene Darstellung.

Nach der einfachen Mehrheitswahl würde die Alternative A die Abstimmung gewinnen. Unter Umständen hat die Mehrheit der 101 Wähler nur schwach ausgeprägte Präferenzen für die Alternative A, während die Minderheit von 100 Wählern starke Präferenzen für die Alternative C hat. Bei der Borda-Wahl wird sich die Kompromissalternative C mit insgesamt 301 Punkten vor Alternative A mit 202 Punkten durchsetzen. Dies scheint ein vernünftiges Ergebnis zu sein, da Alternative C von allen Wählern zumindest als die zweitbeste bzw. beste Alternative eingestuft wird.
Im Umkehrschluss kann allerdings an der Borda-Regel bemängelt werden, dass die von der zahlenmäßigen Mehrheit präferierte Alternative A nicht gewinnt und insofern das Kriterium des Mehrheitenschutzes nicht vollumfänglich erfüllt ist.

---

913 Vgl. Jakubowski (1999), S. 194f.

914 Bei allen Wahlverfahren, die Rangziffern verwenden, können die Abstimmungsergebnisse durch das Einbringen irrelevanter Alternativen verändert werden. Die Zustimmungswahl und STV sind in dieser Hinsicht damit ebenfalls strategieanfällig. Vgl. Weimann (1996), S. 185.

915 Vgl. Eisenführ/Weber (1994), S. 311. In kleineren Kollektiven kann es dagegen durchaus zu Patt-Situationen kommen.

916 Vgl. Grözinger (1996), S. 221.

17.3.5. Punktwahlverfahren

Im Rahmen des Punktwahlverfahrens oder auch Hildreth-Regel[917] wird den Wählern eine bestimmte Anzahl von Punkten zugeteilt, die entsprechend den Präferenzen auf die einzelnen zur Abstimmung stehenden Alternativen aufgeteilt werden. Es ist möglich, dass ein Individuum alle Punkte nur einer einzigen Alternative zukommen lässt oder diese beliebig aufteilt. Präferenzintensitäten können beim Punktwahlverfahren also stufenlos zur Geltung gebracht werden. Wie bei der Borda-Wahl wird diejenige Alternative angenommen, die die meisten Punkte auf sich vereinigen kann.[918] Das folgende Beispiel soll die Funktionsweise der Punktwahl verdeutlichen. Die Präferenzen der Wähler für die einzelnen Alternativen werden in Tab. 21 dargestellt.

Tab. 21: Punktwahlverfahren

Wähler	**Alternativen**			**maximale Punktzahl**
	A	**B**	**C**	
I	60	40	0	100
II	60	10	30	100
III	0	30	70	100
Summe	**120**	**80**	**100**	**300**

Quelle: Frey/Kirchgässner (1994), S. 160.

Im betrachteten Beispiel werden den Wählern 100 Punkte zur Verfügung gestellt, die jene stufenlos auf die einzelnen Alternativen verteilen können. Die Alternative A geht als Sieger aus dem Punktwahlverfahren hervor, da sie die höchste Punktzahl von insgesamt 120 Punkten erreicht.

Der eindeutige Vorteil des Punktwahlverfahrens besteht auf der einen Seite darin, dass die Wähler ihre Präferenzintensitäten stufenlos zur Geltung und in eine kardinale Reihung bringen können. Diese positive Eigenschaft wird auf der anderen Seite mit dem gravierenden Nachteil erkauft, dass die Individuen einen starken Anreiz besitzen, ihre wahren Präferenzen zu verschleiern.[919] Wenn im oben betrachteten Beispiel Wähler III die maximal zur Verfügung stehende Punktzahl ausschließlich der Alternative C zuteilt und die anderen beiden Wähler ihre Bewertung nicht verändern, so gewinnt die Alternative C mit 130 Punkten. Die strategische Intervention des Wählers III ist damit lohnenswert. Da alle anderen Wähler ebenfalls dem Anreiz unterliegen, ihre Präferenzen strategisch verzerrt zu äußern, werden alle Individuen lediglich einer Alternative die maximal zur Verfügung stehende Punktzahl zuordnen. Das Punktwahlverfahren degeneriert in diesem Fall zur Mehrheitswahl.[920] Das Ausmaß der strategischen Verzerrung der Präferenzen hängt allerdings entscheidend von den gegebenen Informati-

[917] Vgl. Hildreth (1953), S. 81ff. – Gäfgen bezeichnet die Punktwahl auch als Regel der Summation voll vergleichbarer Individualnutzen. Vgl. Gäfgen (1968), S. 452.
[918] Vgl. Musgrave/Musgrave/Kullmer (1990), S. 125; Frey/Kirchgässner (1994), S. 159f.; Mueller (1989), S. 134f.; Andel (1998), S. 45f.
[919] Vgl. Mueller (1989), S. 134.
[920] Vgl. Frey/Kirchgässner (1994), S. 161.

onsbedingungen ab. Wird in einem großen Kollektiv über ein Vielzahl von Alternativen abgestimmt, so dürfte es für den einzelnen Wähler relativ schwierig sein, durch die eigene strategische Intervention das Ergebnis im eigenen Sinne zu beeinflussen. In überschaubaren Kollektiven mit einer geringen Zahl von Alternativen ist die Strategieanfälligkeit des Punktwahlverfahrens dagegen deutlich höher einzuschätzen. Das Kriterium der Resistenz wird demnach durch das Punktwahlverfahren nur bedingt erfüllt.[921] Weiterhin werden die oben aufgestellten Anforderungen wie folgt erfüllt:

- Die praktische Anwendbarkeit des Punktwahlverfahrens dürfte im Hinblick auf die Verständlichkeit beim Wähler keine Probleme bereiten. U.U. können Wähler mit der vollständigen Reihung und der entsprechenden Punktvergabe bei einer großen Zahl von Alternativen überfordert sein. Die Durchführungskosten stellen zudem keinen elementaren Engpass dar, da lediglich die Punktsummen der einzelnen Alternativen addiert werden müssen.
- Das Kriterium der Äquivalenz wird durch das Punktwahlverfahren erfüllt, da jedem Wähler die gleiche Anzahl an Punkten zusteht.
- Falls die Individuen nicht strategisch intervenieren, kann sich in bestimmten Fällen eine Minderheit mit relativ stark ausgeprägten Präferenzen gegenüber einer Mehrheit mit schwachen Präferenzen durchsetzen. Im Umkehrschluss kann gleichfalls gefolgert werden, dass ein Mehrheitenschutz nicht vollumfänglich erfüllt ist.
- Als ein Vorteil des Punktwahlverfahrens kann die Eigenschaft betrachtet werden, eine Rangordnung unter den zur Auswahl stehenden Alternativen zu generieren. Das Kriterium der Dezisivität dürfte ebenfalls erfüllt sein, da die Wahrscheinlichkeit gleicher Punktstände – insbesondere bei Abstimmungen in großen Kollektiven – als recht gering einzuschätzen ist.
- Das Punktwahlverfahren erfüllt das Kriterium der Renitenz bedingt. Zwar ist es einem Abstimmungsteilnehmer nicht möglich, explizit seine Ablehnung z.B. durch negative Punktzahlen auszudrücken. Durch die relativ breite Ausdrucksmöglichkeit der Präferenzintensitäten im Rahmen der zur Verfügung stehenden Punkte kann ein Wähler nicht erwünschte Alternativen allerdings mit null Punkten „abstrafen" und dadurch in gewisser Weise seine Zustimmungsverweigerung ausdrücken.

17.3.6. Zustimmungsregel

Die von *Brams* und *Fishbum* entwickelte Zustimmungsregel („approval voting") kennzeichnet sich dadurch aus, dass jeder Abstimmungsberechtigte so viele Stimmen hat, wie Alternativen zur Wahl stehen.[922] Dabei steht es dem Wähler frei, jeder oder keiner Alternative seine Zustimmung zu geben.[923] Der Wähler entscheidet also selbst, wie

---

[921] Eine Weiterentwicklung der Punktwahlregel stammt von Hylland-Zeckhauser. Um den Anreiz zur strategischen Verzerrung der Präferenzen zu nehmen, schlagen die Autoren vor, die Aggregierung der Punktsummen auf Basis der Quadratwurzel der Punkte jedes einzelnen Wählers vorzunehmen. Vgl. dazu Mueller (1989), S. 135ff.

[922] Vgl. Brams/Fishburn (1978); Brams/Fishburn (1983).

[923] Die Abstimmungsregel der einfachen Mehrheit kann als ein Spezialfall der Zustimmungsregel aufgefasst werden. Während bei der Zustimmungsregel jeder Wähler so viele Stimmen wie zur Wahl ste-

viele Alternativen er unterstützen möchte. Im Kalkül jedes Individuums wird die Menge der Alternativen damit in unterstützenswerte und nicht unterstützenswerte aufgeteilt. Der Wähler hat allerdings keine Möglichkeit, einer Alternative mehrere Stimmen zu geben. Gewählt ist schließlich diejenige Alternative, die am häufigsten genannt wird.[924] Die Zustimmungsregel kann wie folgt beurteilt werden:

- Der Abstimmungsmechanismus verlangt vom Wähler keine vollständige, sondern nur eine partielle Reihung der Alternativen. Der Wähler muss sich lediglich entscheiden, welche Alternativen er für unterstützenswert hält bzw. welche er ablehnt. Die praktische Anwendbarkeit der Zustimmungswahl muss daher positiv eingeschätzt werden.[925] So wird die Zustimmungsregel mittlerweile in einigen US-amerikanischen Wissenschaftsorganisationen wie der National Academy of Sciences, der Ingenieursvereinigung IEEE, der Mathematical Association of America, der Americal Statistical Association oder auch der Econometric Society angewendet. Darüber hinaus findet die Zustimmungsregel bereits Anwendung in den amerikanischen Bundesstaaten North Dakota und Oregon.[926] Auch die Wahl des UN-Generalsekretärs wird mit Hilfe der Zustimmungswahl vorgenommen.
- Das Kriterium der Renitenz wird durch die Zustimmungswahl erfüllt, da eine explizite Zustimmungsverweigerung als Ablehnung einer Abstimmungsalternative interpretiert werden kann.[927]
- Strategisches Wahlverhalten ist im Rahmen der Zustimmungswahl eher unwahrscheinlich, da die Wähler für ihre Strategie eine große Menge an Informationen benötigen. Für erfolgreiches strategisches Wählen müsste ein Wähler wissen, welche Alternativen von den Abstimmungsberechtigten auf Zustimmung stoßen. Diese Informationsbedingungen dürften nur in den seltensten Fällen erfüllt sein.[928] Der Anreiz zu strategischem Wählen wird bei der Zustimmungswahl zudem dann unwahrscheinlich, wenn die Abstimmungsalternativen von den Wählern in zwei oder drei Gruppen mit gleicher Wertschätzung eingeteilt werden können. Bei dichotomen oder trichotomen Präferenzen wird sich ein Wähler für die Gruppe mit der höchsten Präferenz entscheiden.[929]
- Das Kriterium der Korrespondenz wird durch die Zustimmungsregel erfüllt – eine Höherbewertung einer Alternative durch einen einzelnen Wähler bedeutet, dass in der sozialen Präferenz jene Alternative zumindest nicht schlechter eingeschätzt wird als vorher.

---

hende Alternativen besitzt, hat bei der einfachen Mehrheitsregel jeder Wähler nur eine Stimme. Zwischen der einfachen Mehrheitsregel und der Zustimmungswahl lassen sich damit weitere Abstimmungsmechanismen konstruieren, die sich in der Anzahl der dem Wähler zur Verfügung stehenden Stimmen unterscheiden. Vgl. Eisenführ/Weber (1994), S. 312.

[924] Vgl. Mueller (1989), S. 120f.; Frey/Kirchgässner (1994), S. 161f.; Bernholz/Breyer (1994), S. 92.

[925] Vgl. Mueller (1989), S. 121; Weimann (1996), S. 180.

[926] Vgl. Weber (1995), S. 40.

[927] Vgl. Weimann (1996), S. 180.

[928] Vgl. Grözinger (1996), S. 220.

[929] Vgl. Brams/Fishburn (1978), S. 837ff. Diese Einschätzung gilt gleichwohl nicht für multichotome Präferenzen.

- Die Zustimmungsregel genügt allerdings nicht in jeder Abstimmungssituation dem Kriterium der Condorcet-Effizienz.[930] Wie das folgende Beispiel in Tab. 22 zeigt, ist es sogar möglich, dass mittels der Zustimmungswahl ein Condorcet-Verlierer gewählt wird.

Tab. 22: Zustimmungswahl und Condorcet-Effizienz

	4 Wähler	3 Wähler	2 Wähler
Beste Alternative	A	B	C
Mittlere Alternative	B	C	B
Schlechteste Alternative	C	A	A

Quelle: In Anlehnung an Eisenführ/Weber (1994), S. 317.

Nimmt man an, dass bei der Zustimmungswahl die Wähler nur der von ihnen als beste eingeschätzten Alternative ihre Stimme geben, so wird die Alternative A gewählt werden. In einer paarweisen sukzessiven Abstimmung unterliegt allerdings die Alternative A den anderen beiden Alternativen B und C. Nicht nur, dass bei der Zustimmungswahl nicht der Condorcet-Gewinner gewählt wird – es gewinnt sogar der Condorcet-Verlierer.[931]

- Die Zustimmungswahl besitzt zudem die Eigenschaft, bei der Reduzierung der Zahl der Abstimmungsalternativen die Position des Gewinners zu sichern. Da die Bewertung einer Alternative durch einen Wähler unabhängig von anderen Alternativen vorgenommen wird, hat der Wegfall einer Alternative keinerlei Einfluss auf die soziale Rangordnung. Das Kriterium der Persistenz der sozialen Präferenz wird damit erfüllt.[932]
- Ein Mehrheitenschutz ist durch die Zustimmungsregel nicht in jedem Fall gewährleistet, da eine zur Abstimmung stehende Alternative durchaus auch gewinnen kann, wenn weniger als die Hälfte der Wähler dieser Alternative zustimmen, andere Alternativen allerdings auf eine noch geringere Zustimmung stoßen.
- Bei der Zustimmungswahl besteht durchaus die Gefahr, dass Minderheiten (mit stark ausgeprägten) Präferenzen von einer Mehrheit (mit schwachen) Präferenzen ausgebeutet werden. Falls sich beispielsweise in einer „Zwei-Drittel-Gesellschaft" die Bürger dichotom für die Alternativen entscheiden, wird ein Drittel der Bürger systematisch zu den Abstimmungsverlierern gehören.

17.3.7. Abstimmung mittels Veto

Die von *Mueller* entwickelte Abstimmung mittels Veto[933] unterscheidet sich von anderen Entscheidungsverfahren vor allem dadurch, dass jedes Mitglied des Elektorats ei-

[930] Vgl. Bernholz/Breyer (1994), S. 93.
[931] Brams/Fishburn weisen allerdings darauf hin, dass die Zustimmungswahl bei dichotomen Präferenzen der Wähler immer auch Condorcet-Effizienz gewährleistet. Vgl. Brams/Fishburn (1978), S. 832.
[932] Vgl. Grözinger (1996), S. 217f.
[933] Vgl. Mueller (1978).

nen eigenen Vorschlag in die Menge der möglichen Alternativen einbringen kann. Bei n Mitgliedern umfasst die Alternativmenge inklusive des status quo also maximal n+1 Vorschläge. Die zweite zentrale Eigenschaft des Verfahrens besteht darin, dass jedes Individuum diejenige Alternative aus der Alternativmenge entfernen kann, die am wenigsten seinen Präferenzen entspricht. Mit einem Zufallsverfahren wird dabei die Reihenfolge der Individuen bestimmt, die ihr Veto einlegen können. Das erste Individuum wird also aus den n+1 Alternativen eine Alternative, das zweite aus n Alternativen eine eliminieren usw. Die übrigbleibende Alternative gilt schließlich als gewählt.[934] Die auf ordinalem Nutzenkonzept aufbauende Abstimmung mittels Veto versucht wie die Einstimmigkeitsregel pareto-optimale Zustände zu erreichen, gleichzeitig deren Schwächen aber zu umgehen. Dies soll im Folgenden an einem einfachen Entscheidungsbeispiel illustriert werden.[935]

Dazu sei eine Situation gegeben, in der zwei Wähler über die Annahme eines Geldgeschenkes B entscheiden sollen. Falls das Geschenk angenommen wird, so ist weiterhin über die Verteilung zu bestimmen. In einem ersten Verfahrensschritt kann jeder Wähler einen eigenen Wahlvorschlag in die Alternativenmenge einbringen. Wenn beide Wähler einen Vorschlag unterbreiten und man den status quo (Geschenk wird nicht angenommen) betrachtet, so umfasst die Alternativenmenge drei Vorschläge. Es wird angenommen, dass Wähler I den Vorschlag V_I (B-1,1) und Wähler II den Vorschlag V_{II} (1,B-1) macht. Wähler I sieht also den Geldbetrag B-1 für sich und eine Geldeinheit für Wähler II vor. Beim status quo S (0,0) erhält keiner der beiden Wähler Geld.

Im zweiten Schritt hat jeder Wähler die Möglichkeit, denjenigen Vorschlag aus der Alternativenmenge zu entfernen, der seinen Vorstellungen am wenigsten entspricht. Mittels eines Zufallverfahrens wird die Reihenfolge festgelegt, in der die Individuen Vorschläge eliminieren dürfen. Nach dem Zufallsverfahren habe Wähler II als erster die Möglichkeit abzustimmen. Er wird Vorschlag S eliminieren, da er bei Vorschlag V_I immerhin eine Geldeinheit erhält.[936] Wähler I wird daran anschließend V_{II} entfernen, da V_I für ihn eindeutig günstiger ist. Die gewählte Alternative ist also V_I. Wie in diesem Beispiel deutlich wird, hat die Reihenfolge der Abstimmung Einfluss auf das Wahlergebnis. Schon bei drei Wählern vermindert sich dieser Einfluss allerdings erheblich.[937]

Die Abstimmung mittels Veto kann anhand der aufgestellten Kriterien wie folgt beurteilt werden:

- Zunächst einmal wird deutlich, dass die getroffene Entscheidung im betrachteten Beispiel pareto-optimal ist. Gäbe es Vorschläge, die Wähler schlechter als den Status quo stellen würden, so würden diese Vorschläge eliminiert. Die Wähler haben

[934] Vgl. Mueller (1989), S. 139ff.

[935] Vgl. dazu Mueller (1978), S. 58f.

[936] In dem Beispiel von Mueller (1978), S. 59 eliminiert Wähler II den Vorschlag V_I. Dieses Vorgehen ist im Endeffekt für ihn günstiger, da Wähler I im nächsten Schritt S entfernen wird und Wähler II damit B-1 Geldeinheiten erhält. Frey/Kirchgässner (1994), S. 165 unterstellen, dass Wähler II nicht strategisch wählt. Bei einer großen Zahl von Wählern wird die strategische Intervention wegen der restriktiven Informationsbedingungen unwahrscheinlich.

[937] Vgl. Mueller (1978), S. 60.

also ex ante einen Anreiz, pareto-optimale Vorschläge zu unterbreiten.[938] Daraus lässt sich folgern, dass nur diejenige Alternative gewinnen kann, die von allen Wählern hoch eingeschätzt wird. Nehmen viele Wähler an dem Entscheidungsverfahren teil, so besteht die Tendenz zu einer egalitären Verteilung.[939]
Durch das Vetorecht jedes einzelnen Wählers kann damit verhindert werden, dass eine Mehrheit eine Minderheit stabil ausbeutet. Minderheitenschutz ist mit diesem Verfahren also im Prinzip gesichert. Gegenüber der Einstimmigkeitsregel besitzt die Abstimmung mittels Veto gleichwohl den Vorzug, dass der Einzelne eine Lösung durch strategisches Wählen nicht blockieren kann.[940]
Allerdings sollte beachtet werden, dass der Schutz von Minderheiten nur dann gewährleistet werden kann, wenn *alle Wähler* durch den Zufallsmechanismus ihre Vetomöglichkeit nutzen können. Gerade in großen Kollektiven ist durchaus die Situation vorstellbar, in der die Zahl der eingebrachten Alternativen um ein Vielfaches kleiner ist als die Zahl der Wähler. Dies dürfte vor allem dann der Fall sein, wenn ein Großteil der eingebrachten Vorschläge identisch ist. Bei einfachen Ja/Nein-Entscheidungen ist die Veto-Möglichkeit schließlich nur noch rudimentär vorhanden. In großen Kollektiven besitzt jeder Wähler also letztlich nur mit einer bestimmten Wahrscheinlichkeit eine Vetomöglichkeit. Insgesamt muss die kollektive Entscheidung lediglich als annähernd pareto-optimal eingestuft werden. Im Vergleich zu anderen Verfahren kommt dem Schutz von Minderheiten allerdings ein hoher Stellenwert zu. Insbesondere der für alle Wähler ex ante gesetzte Anreiz, konsensuale Abstimmungsalternativen in die Entscheidungsmenge zu bringen, fördert die Durchsetzung wichtiger Kompromissalternativen. Insofern wird die Abstimmung mittels Veto sowohl dem Kriterium des Minderheiten- als auch des Mehrheitenschutzes gerecht.

- Ein Defizit der Abstimmung mittels Veto liegt darin, dass Koalitionen von Wählern strategisch intervenieren können. Bei einer Entscheidung mit drei Wählern können sich zwei Wähler auf Kosten eines Wählers besserstellen. Da der benachteiligte Wähler nur eine Vetomöglichkeit hat, kann sich eine Alternative durchsetzen, die ihn schlechter als den status quo stellt. Das Problem von Koalitionen verliert allerdings in großen Kollektiven an Bedeutung.[941]
- Präferenzintensitäten können wegen des zugrundeliegenden ordinalen Nutzenkonzeptes nicht zum Ausdruck gebracht werden. Trotzdem stellt dieses Verfahren einen interessanten Wahlmodus dar, da für alle Wähler die Möglichkeit besteht, Wahlalternativen in den Entscheidungsprozess einzubringen und insofern eine engere Bindung an die Präferenzen der Abstimmungsteilnehmer stattfindet.
- Das Kriterium der Renitenz wird durch die Abstimmung mittels Veto bedingt erfüllt. Da jedem Wähler – zumindest mit einer bestimmten Wahrscheinlichkeit – ein Veto-

[938] Vgl. Mueller (1978), S. 59; Mueller (1989), S. 141. Die Abstimmung mittels Veto weist gewisse Analogien zum Verfahren der *graphe paranomon* (Klage wegen Ungesetzlichkeit) in der athenischen Demokratie auf. Vgl. Castoriadis (1990), S. 319.
[939] Vgl. Mueller (1989), S. 143.
[940] Vgl. Frey/Kirchgässner (1994), S. 165.
[941] Vgl. Mueller (1989), S. 144; auch Bernholz/Breyer (1994), S. 96.

Recht eingeräumt wird, können nicht gewünschte Alternativen explizit abgelehnt werden.

- Die praktische Anwendbarkeit der Abstimmung mittels Veto muss als kritisch eingestuft werden. Zunächst einmal sollte jeder einzelne Wähler im Idealfall einen eigenen Vorschlag unterbreiten. Jene Kosten der intraindividuellen Konsenssuche dürfen nicht unterschätzt werden. Zudem wird die im zweiten Schritt durchzuführende Zufallsauswahl möglicherweise auf Unverständnis stoßen. Insgesamt verlangt die Abstimmung mittels Veto eine recht hohe Einsicht der Wähler.[942] Die Durchführung der Wahl lässt sich ohne großen Aufwand vollziehen. Im Vergleich zur Mehrheitsabstimmung entstehen nur durch das Verfahren der Zufallsauswahl zusätzliche Kosten.
- Das Kriterium der Äquivalenz ist im Hinblick auf die Generierung der Alternativenmenge als erfüllt anzusehen. Jedem Wähler steht es frei, einen Abstimmungsvorschlag nach seinen Gunsten in den Abstimmungsprozess einzubringen. Da ein Großteil der Wähler vielfach nur mit einer bestimmten Wahrscheinlichkeit eine Veto-Möglichkeit besitzt, wird die Gleichheit des Stimmengewichtes in gewisser Weise aufgehoben. Die Zufallsauswahl wird – trotz gleicher Veto-Wahrscheinlichkeit – von den Wählern unter Umständen dahingehend interpretiert, dass die Chancengleichheit verletzt wird.
- Der Verfahrensablauf der Abstimmung mittels Veto sichert zu, dass es einen eindeutigen Abstimmungssieger gibt. Eine Rangordnung unter den Abstimmungsalternativen kann mit dem Verfahren allerdings nicht generiert werden, da am Ende des Prozesses immer nur eine Alternative gewählt wird.
- Das Stetigkeitsproblem wird bei der Abstimmung mittels Veto adäquat berücksichtigt. Jeder Wähler kann aus dem möglichen Bereich der Wahlalternativen einen Vorschlag unterbreiten. Eine den Entscheidungsspielraum der Wähler einengende Vorauswahl findet bei diesem Wahlmodus nicht statt.

17.3.8. Abstimmung mittels Steuer

Das Abstimmungsverfahren mittels Steuer wurde in den Grundzügen von *Vickrey*, *Clarke* und *Groves* entwickelt und zunächst auf das Problem der wahrheitsgemäßen Offenbarung der Zahlungsbereitschaft für den Konsum öffentlicher Güter angewendet.[943] *Tideman* und *Tullock*, die den Mechanismus weiterentwickelten, beschreiben das Verfahren folgendermaßen: „The essence of the process is that each individual is offered a chance to change the outcome that would occur without his vote by paying a special charge equal to the net cost to others that results from including his vote in the decision."[944]

Ein zentrales Merkmal der Abstimmung mittels Steuer besteht darin, dass die Individuen vollkommen stufenlos ihre Präferenzintensitäten in Geldeinheiten für die einzelnen Alternativen zum Ausdruck bringen können. Diejenige Alternative gilt schließlich als

[942] Vgl. Frey/Kirchgässner (1994), S. 165.
[943] Vgl. Vickrey (1961); Clarke (1971); Groves (1973). Vgl. auch Wellisch (1999), S. 187ff.
[944] Tideman/Tullock (1976), S. 1145.

gewählt, deren summierte Wertschätzung am größten ist. Damit die Wähler ihre wahren Präferenzen offenbaren, wird eine bestimmte Steuer erhoben. Fasst man das Abstimmungsergebnis eines Entscheidungsverfahrens als ein öffentliches Gut auf,[945] so kann jeder Wähler einem anderen Wähler durch seine Teilnahme einen negativen externen Effekt aufbürden. Die Gesamtentscheidung wirkt sich infolge der Teilnahme des Individuums negativ auf die anderen Individuen aus. In Höhe dieses marginalen negativen externen Effektes wird eine Steuer erhoben.[946] Damit stellt die Abstimmung mittels Steuer ein Wahlverfahren dar, welches einerseits die Möglichkeit bietet, Präferenzintensitäten zuzulassen und andererseits immun gegen strategisches Wählen ist.
Mit Hilfe eines einfachen Zahlenbeispiels soll das Verfahren im Folgenden näher erläutert werden.[947] Dazu werden fünf Wähler betrachtet, die zwischen drei Alternativen auswählen sollen. Die Wertschätzungen der einzelnen Individuen sind in Tab. 23 im linken Feld in €-Beträgen aufgeführt. Es ist ersichtlich, dass bei wahrheitsgemäßer Angabe der Präferenzen die Alternative C mit einer Summe von 120 € gewählt wird.

Tab. 23: Entscheidungsbeispiel mit Berechnung der Clarke-Groves-Steuer

	Alternativen			**Summe der Bewertungen ohne Wähler der entsprechenden Zeile**			
Wähler	A	B	C	A	B	C	Steuer
I	0	25	40	105	65	80	25
II	50	0	30	55	90	90	0
III	10	45	0	95	45	120	0
IV	0	20	30	105	70	90	15
V	45	0	20	60	90	100	0
Summe	105	90	120				

Quelle: In Anlehnung an Bernholz/Breyer (1993), S. 108.

Um den Mechanismus dieses Verfahrens zu verdeutlichen, sei zunächst das mittlere Feld der Summe der Bewertungen ohne den Wähler der entsprechenden Zeile betrachtet. In diesem Feld wird deutlich, welcher Wähler infolge seiner Teilnahme an der Wahl die Gesamtentscheidung beeinflusst. Betrachtet sei Wähler II. Für diesen ergibt sich in der vierten Spalte ein Wert von 55 €. Die Summe der Bewertungen aller Wähler für Alternative A ergibt 105 €. Berücksichtigt man bei der Gesamtberechnung nicht Wähler II mit einer Wertschätzung von 50 €, so ergibt sich der Wert von 55 €. Entsprechend erhält man für Wähler I in Spalte 6 einen Wert von 120 - 40 = 80 €. Betrachtet man die Zeile der summierten Bewertungen ohne Wähler I, so wird deutlich, dass Al-

[945] Vgl. Tullock (1974b), S. 103.
[946] Vgl. Tideman/Tullock (1976), S. 1145ff.; Mueller (1989), S. 124ff.
[947] Das Beispiel lehnt sich eng an Bernholz/Breyer (1993), S. 108ff.; vgl. ebenso Tideman/Tullock (1976), S. 1150ff.; Tideman (1977), S. 1ff.; Frey/Kirchgässner (1994), S. 166ff.; Mueller (1989), S. 124ff.; Arnold (1992), S. 102ff.

ternative A mit 105 € gewählt worden wäre. Die Teilnahme des Wählers I kehrt also das Wahlergebnis um. Daneben ist auch noch Wähler IV dafür verantwortlich, dass Alternative C präferiert wird. Infolge der Mitwirkung der Wähler I und IV fällt die Gesamtentscheidung für die anderen Wähler also negativ aus.
In Höhe des negativen externen Effektes für die unterlegenen Wähler wird nun die sogenannte Clarke-Groves-Steuer erhoben.[948] Sie entspricht dem Nachteil, den alle anderen Wähler durch die Mitwirkung von Wähler I bzw. IV erleiden.[949] Betrachtet man die Teilnahme von Wähler I, so haben die anderen Wähler einen Nutzenverlust von 25 €, da sie 105 € der Alternative A, aber nur 80 € der Alternative C zuweisen. Für Wähler I fällt somit in Höhe von 25 € die Clarke-Groves-Steuer an. Die getroffene kollektive Entscheidung ist pareto-effizient, da jedem Abstimmungsteilnehmer in Höhe des negativen externen Effektes eine pareto-optimale Steuer angelastet wird.
Um zu zeigen, dass die Wähler einen Anreiz haben, ihre wahren Präferenzen zu äußern, wird nun Wähler II betrachtet, der Alternative A präferiert. Würde seine Bewertung für Alternative A um 20 € höher ausfallen, so fiele, wie in Tab. 24 deutlich wird, die Entscheidung zugunsten von Alternative A aus. Allerdings hat Wähler II nun eine Steuer von 35 € zu zahlen.

Tab. 24: Entscheidungsbeispiel bei Angabe falscher Bewertungen durch Wähler II

	Alternativen			**Summe der Bewertungen ohne Wähler der entsprechenden Zeile**			
Wähler	A	B	C	A	B	C	Steuer
I	0	25	40	125	65	80	0
II	70	0	30	55	90	90	35
III	10	45	0	115	45	120	5
IV	0	20	30	125	70	90	0
V	45	0	20	80	90	100	20
Summe	125	90	120				

Quelle: In Anlehnung an Bernholz/Breyer (1993), S. 109.

Der wahre Vorteil, den Wähler II bei einer Entscheidung für A statt C erzielen könnte, liegt aber lediglich bei 50 - 30 = 20 €. Dies wird in Tab. 24 deutlich. Durch die Falschangabe seiner Präferenzen kann Wähler II also nichts gewinnen. Die Wähler haben durch den Steuermechanismus einen Anreiz, ihre wahren Präferenzen zu äußern.
Eine strategisch verzerrte Präferenzäußerung kann allerdings dann von Vorteil sein, wenn Koalitionen zwischen den Wählern geschlossen werden.[950] Besonders in kleinen Gruppen ist dieses Problem relevant. In großen Gruppen ist die Gefahr einer Mani-

[948] Vgl. Frey/Kirchgässner (1994), S. 167.
[949] Vgl. Bernholz/Breyer (1993), S. 109.
[950] Vgl. Groves/Ledyard (1977a), S. 108; Arnold (1992), S. 104; siehe dazu das Beispiel bei Bernholz/Breyer (1993), S. 110f.

pulation dagegen wesentlich geringer. Gerade innerhalb von Koalitionen mit vielen Mitgliedern ist der Zusammenhalt sehr lose. Es bestehen in der Koalition starke Anreize, entgegen den Vereinbarungen seine Präferenzen richtig anzugeben. Die optimale Strategie eines einzelnen Wählers ist es, in der Koalition einer verzerrten Präferenzäußerung zuzustimmen, selbst dann aber seine wahren Präferenzen anzugeben. Wenn alle Wähler diese Strategie verfolgen, so werden insgesamt wieder die wahren Präferenzen geäußert.[951]
Die Abstimmung mittels Steuer ist das einzige Abstimmungsverfahren, das auf der einen Seite die Präferenzintensitäten der Wähler berücksichtigt und auf der anderen Seite durch den Steuermechanismus ein strategisches Abstimmungsverhalten verhindert. Insofern werden die Kriterien der Ausdrucksmöglichkeit von Präferenzen sowie der Resistenz vollumfänglich erfüllt. Weiterhin müssen die Kriterien der Dezisivität und Korrespondenz als erfüllt betrachtet werden.[952]
Gleichwohl werden eine Reihe anderer grundlegender Anforderungen durch die Abstimmung mittels Steuer nicht erfüllt:

- Zunächst muss die praktische Anwendbarkeit der Abstimmung mittels einer Steuer kritisch betrachtet werden. Die Wähler müssen über eine einfache Ja/Nein-Entscheidung hinaus ihre Präferenzintensitäten für alle zur Abstimmung stehenden Alternativen angeben.[953] Die hierdurch entstehenden individuellen Kosten fallen z.B. im Vergleich zur Mehrheitswahl recht hoch aus. Zudem dürfte das Verfahren von vielen Wählern als undurchsichtig und schwer verständlich empfunden werden.[954] Die Durchführungskosten in Form eines Wahlganges fallen in gleicher Höhe wie bei der Mehrheitswahl an. Zusätzliche Kosten entstehen allerdings bei der komplizierteren Stimmenauswertung sowie der Berechnung und Erhebung der Wahlsteuer.
- Weiterhin verstößt die Abstimmung mittels Steuer gegen das Kriterium der Äquivalenz. Da die Abstimmungsteilnehmer die von ihren Zahlungsfähigkeiten abhängenden Zahlungsbereitschaften für die einzelnen Alternativen offenbaren können, wird das marktliche Kaufkraft-Prinzip auf einen demokratischen Abstimmungsprozess übertragen. Politische Entscheidungen würden im Rahmen der Abstimmung mittels Steuer von den Bürgern einer Demokratie damit letztlich als „käuflich" betrachtet. Eine Übertragung von Marktprinzipien auf demokratische Prozesse dürfte allerdings mit erheblichen Legitimationsproblemen bei einem großen Teil der Bürger verbunden sein.[955] Ein auf Kaufkraft-Prinzipien aufbauendes Wahlverfahren verstößt in fundamentaler Weise gegen das Postulat des „one man one vote" und wird daher im politischen System einer Demokratie von den meisten Bürgern als nicht fair eingestuft werden. Nicht zuletzt dürfte auch die Belastung von einzelnen Wählern mit der Wahlsteuer auf erhebliche Akzeptanzprobleme im Elektorat

[951] Vgl. Tullock (1977a), S. 103ff.; Mueller (1989), S. 133; Sugden (1981), S. 125f.; Tideman/Tullock (1977), S. 128.
[952] Zudem können durch die Abstimmung mittels Steuer Inkonsistenzen vermieden werden. Vgl. Frey/Kirchgässner (1994), S. 167f.
[953] Vgl. Tideman/Tullock (1976), S. 1146.
[954] Vgl. Weimann (1996), S. 203.
[955] Vgl. Andel (1998), S. 47.

stoßen. Bei einer Anwendung im repräsentativen Verfahren bleibt zudem die Frage offen, wer die anfallenden Steuern zu tragen hätte. Eine Belastung einzelner Repräsentanten durch die Steuer scheint kein gangbarer Weg zu sein.[956]

- Ein grundlegender Mangel der Abstimmung mittels Steuer besteht zudem darin, dass die Anonymität des Wählers nicht gewährleistet wird. Für das Funktionieren des Wahlmechanismus muss nach der Wahl von einigen Wählern eine Steuer erhoben werden. Damit diese Steuer berechnet und erhoben werden kann, muss die Anonymität der Wähler aufgehoben werden. Damit wird ein wichtiges Prinzip demokratischer Wahlen verletzt. Die Wähler können u.U. an einer freien Meinungsäußerung behindert werden, was ein verzerrtes Wahlergebnis zur Folge hätte.[957]
- Wenngleich die Abstimmungsteilnehmer in positiver Hinsicht unumschränkte Möglichkeiten besitzen, ihre Zahlungsbereitschaften auszudrücken, so existiert im Rahmen der Abstimmung mittels Steuer für die Wähler keine Möglichkeit, ihre Zustimmung zu einer Alternative explizit zu verweigern. Mit der Verweigerung jeglicher Zahlungsbereitschaft kann nach aussen lediglich Indifferenz ausgedrückt werden. Durch die unumschränkte Ausdrucksmöglichkeit der Präferenzintensitäten kann ein Wähler nicht erwünschte Alternativen allerdings mit Zahlungsverweigerung „abstrafen" und dadurch in gewisser Weise seine Ablehnung ausdrücken. Das Kriterium der Renitenz wird durch die Abstimmung mittels Steuer damit nur bedingt erfüllt.
- Ein mit dem Steuermechanismus verbundenes Problem stellen die Einnahmen aus dem Wahlverfahren dar. Die Steuereinnahmen dürfen nicht an die Individuen zurückerstattet werden, da es für die Indivdiuen in bestimmten Fällen lohnenswert wird, nicht wahrheitsgemäß die Präferenzen zu offenbaren.[958] Die Einnahmen sollten daher nicht an die Wähler zurückfließen, sondern müssen „verschwendet" werden.[959] Das Problem der Verschwendung der Einnahmen verringert sich allerdings mit zunehmender Wählerzahl, da die auf den einzelnen Wähler entfallende Summe nur noch sehr klein ist. In diesem Fall treten also keine wesentlichen Ineffizienzen auf.[960]

  Ein weiteres mit der Steuererhebung verbundenes Problem besteht darin, dass die erhobene Steuer höher als das verfügbare Einkommen des betroffenen Wählers sein kann und damit die Möglichkeit des Bankrotts von einzelnen Wählern durch die Steuererhebung existiert.[961]
- Durch den Abstimmungsmechanismus der Abstimmung mittels Steuer kann bei gleicher Einkommensverteilung sichergestellt werden, dass eine Minderheit mit

[956] Vgl. Frey/Kirchgässner (1994), S. 169. – Zur Problematik des Stimmenkaufs vgl. auch Kochin/Kochin (1998).
[957] Vgl. Frey/Kirchgässner (1994), S. 168
[958] Vgl. Tideman/Tullock (1976), S. 1148f.
[959] Vgl. Groves/Ledyard (1977a), S. 108; Tideman (1977), S. 1; Mueller (1989), S. 125f.
[960] Vgl. Tideman/Tullock (1976), S. 1149; Frey/Kirchgässner (1994), S. 167; Arnold (1992), S. 105 gibt zu Bedenken, dass ein allgemeiner Beweis hierfür allerdings noch nicht erbracht wurde. Ein erster Ansatz liegt von Sinn (1986), S. 65ff. vor.
[961] Vgl. dazu Groves/Ledyard (1977a), S. 109; Tideman/Tullock (1977), S. 126ff.; Mueller (1989), S. 133f.

starken Präferenzen nicht durch eine Mehrheit mit schwachen Präferenzen ausgebeutet werden.[962] Die entsprechend hohen Zahlungsbereitschaften der Minderheit führen dazu, dass sie sich gegen die schwachen Präferenzen der Mehrheit durchsetzen kann. Hebt man die Annahme einer gleichen Einkommensverteilung auf, so ist ein Schutz der Ausbeutung einer Minderheit nicht mehr gegeben. Für diesen Fall ist eine Situation vorstellbar, in der eine große zahlungskräftige Mehrheit der Wähler einen kleinen, nicht zahlungskräftigen Teil der Wählerschaft stabil ausbeutet. Umgekehrt kann ebenfalls eine zahlungskräftige Minderheit der Bürger eine weniger zahlungskräftige Mehrheit ausbeuten. Eine solches Entscheidungsbeispiel wird in Tab. 25 dargestellt. Wähler I und II verfügen über eine hohe Zahlungsbereitschaft für die Alternativen A und B. Wähler III, IV und V präferieren dagegen die Alternative C, können sich allerdings aufgrund der geringen Zahlungsbereitschaft nicht gegen Wähler I und II durchsetzen. Eine zahlenmäßige Minderheit der Bürger bestimmt in diesem Beispiel damit aufgrund der hohen Zahlungsbereitschaft die siegreiche Alternative A. Mehrheiten- und Minderheitenschutz sind bei der Abstimmung mittels Steuer damit letztlich nur bei einer halbwegs gleichmäßigen Einkommensverteilung gesichert.

Tab. 25: Entscheidungsbeispiel bei ungleicher Einkommensverteilung

	Alternativen			**Summe der Bewertungen ohne Wähler der entsprechenden Zeile**			
Wähler	A	B	C	A	B	C	Steuer
I	80	25	0	40	15	30	0
II	40	15	0	80	25	30	0
III	0	0	10	120	40	20	0
IV	0	0	15	120	40	15	0
V	0	0	5	120	40	25	0
Summe	120	40	30				

Quelle: Eigene Darstellung.

17.3.9. ExCumLex

Ein neuartiges, von *Grözinger* in die Diskussion gebrachtes Abstimmungsverfahren stellt ExCumLex dar.[963] Die wesentlichen Charakteristika dieses Abstimmungsverfahrens können wie folgt umschrieben werden:

[962] Vgl. Tullock (1998a), S. 158f.
[963] Vgl. dazu Grözinger (1995), S. 213ff. – Semantisch lässt sich ExCumLex aus den Begriffen Examination, Cumulation und Lexikographie ableiten.

- Wie bei der Zustimmungswahl kann jeder Wähler seine Zustimmung oder Ablehnung einer Alternative ausdrücken. Die Zustimmung zu einer Alternative kann im Rahmen von ExCumLex allerdings präziser erfolgen. Dazu können beispielsweise vier verschiedene Bewertungskategorien aufgestellt werden, die von einem „sehr gut“ bis zu einem „noch akzeptabel“ gehen. Der in Abb. 25 dargestellte Wahlzettel verdeutlicht diese Kategorien.

Abb. 25: Wahlzettel bei ExCumLex

Bitte kreuzen Sie in jeder Zeile *höchstens* 1 Spalte an! Kandidaten *ohne Kreuz* werden als abgelehnt bewertet.				
	Ich bewerte:			
	(1) **sehr gut**	**(2)** **gut**	**(3)** **in Ordnung**	**(4)** **noch akzeptabel**
Kandidat A				
Kandidat B			x	
Kandidat C				
Kandidat D				
Kandidat E				x
Kandidat F	x			
Kandidat G			x	

Quelle: Grözinger (1996), S. 212.

- Diejenige Alternative, die zum einen mehr Nennungen der höchsten Bewertungsebene als jede andere Alternative sowie zum anderen mehr als 50 Prozent der Stimmen auf sich vereinigen kann, gilt als Sieger bei ExCumLex. Falls in einem ersten Wahlgang kein Sieger gekürt werden kann, so werden alle Stimmen der höchsten sowie der zweithöchsten Bewertungskategorie addiert und geprüft, ob nun eine Alternative mehr Stimmen als jede andere und zudem mehr als 50 Prozent der Stimmen erhalten hat. Ist auch nach der zweiten Auszählungsrunde noch kein Sieger gefunden, so wird das Prozdere noch einmal wiederholt, indem auch die Bewertungen der nachfolgenden Bewertungskategorie berücksichtigt werden.

Das Abstimmungsverfahren ExCumLex kann anhand des aufgestellten Kriterienkataloges wie folgt beurteilt werden:

- Äquivalenz ist bei ExCumLex sichergestellt, da stets eine Stimmengleichheit erfüllt wird. Im Unterschied zum Hare- Verfahren bzw. dem Coombs-Verfahren werden bei der Kumulation von Stimmen die Präferenzen der nachfolgenden Bewertungsebene unterschiedslos berücksichtigt.
- Die Korrespondenz wird bei ExCumLex erfüllt. Die Höherbewertung einer Alternative durch ein Individuum wirkt sich so auf die soziale Präferenz aus, dass diejenige Alternative bei einer erneuten Abstimmung zumindest nicht schlechter bewertet wird als vorher.

- Das Kriterium der Dezisivität wird durch ExCumLex sichergestellt, auch wenn für die Ermittlung eines eindeutigen Siegers unter Umständen die Stimmen nachfolgender Bewertungsebenen berücksichtigt werden müssen. Eine Rangfolge unter den zur Abstimmung stehenden Alternativen kann durch ExCumLex ebenfalls hergestellt werden.[964] Dazu ist die Vorgabe eines Quorums notwendig, die eine Alternative mindestens erreichen muss. Zudem muss eine Regelung dahingehend gefunden werden, wie mit den Stimmen der Wähler umzugehen ist, deren Erstpräferenz zu den siegreichen Alternativen zählt. Analog dem Vorgehen beim Hare-Verfahren muss festgelegt werden, in welcher Form die Stimmen ausgeschlossener Alternativen transferiert werden.[965]
- ExCumLex zeigt ein hohes Maß an Resistenz gegenüber strategischen Interventionen der Wähler. Um erfolgreich intervenieren zu können benötigt ein Wähler nicht nur Informationen darüber, welche Alternativen von den anderen Wählern für unterstützenswert befunden werden, sondern weiterhin, welche Bewertungskategorie die Wähler den einzelnen Alternativen zuordnen. Erfolgreiches strategisches Wählen dürfte bei Anwendung von ExCumLex wegen der diffusen Informationsbasis daher recht unwahrscheinlich sein.
- Den Wählern wird bei ExCumLex die Möglichkeit gegeben, im Rahmen der vorgegebenen Bewertungskategorien Intensitäten von Präferenzen auszudrücken. Dies ist gleichwohl nicht derart punktgenau möglich wie beispielsweise bei der Abstimmung mittels Steuer oder auch der Punktwahl. Dennoch bietet ExCumLex u.E. nach ein probates Verfahren, unterschiedliche Präferenzintensitäten im Elektorat zumindest der Tendenz nach adäquat widerzuspiegeln.
- Das Kriterium der Renitenz wird durch ExCumLex eindeutig erfüllt, da die Wähler explizit durch das Verweigern der Stimmabgabe für eine Alternative ihre Ablehnung ausdrücken können.
- Die praktische Handhabbarkeit von ExCumLex muss im Hinblick auf die Verständlichkeit beim Wähler positiv beurteilt werden. Jeder Wähler muss für sich zunächst die Entscheidung treffen, ob eine Alternative zustimmungsfähig ist oder nicht. Anschließend wird jede einzelne Alternative isoliert betrachtet und im Rahmen des vorgegebenen Bewertungsrasters eingestuft. Im Vergleich zur Borda-Wahl muss der Wähler die Alternativen damit nicht in eine vollständige Reihung bringen. Die Durchführungskosten dürften nicht deutlich höher liegen als bei Anwendung der Mehrheitswahl. Zusätzlicher Aufwand fällt lediglich für die umfangreichere Stimmenauswertung an. Falls im ersten Wahlgang keine siegreiche Alternative gewählt wird, so müssen weitere administrative Kosten in Kauf genommen werden.
- ExCumLex erfüllt das Kriterium des Mehrheitenschutzes umfänglich, da es ausgeschlossen ist, dass eine von einer Minderheit präferierte Alternative gewinnt. Gleichwohl sichert die hierarchische Auszählung von ExCumLex, dass gewichtige

---

[964] Da Wähler die Möglichkeit haben, Alternativen nur auf eine niedrige Zustimmungsstufe einzuordnen, kann neben der Präferenz für die siegreiche Alternative weiterhin ein recht gutes Bild über die untergründige Präferenzstruktur gewonnen werden. Vgl. Grözinger (1996), S. 223.

[965] Grözinger unterbreitet seinen Verfahrensvorschlag lediglich für die Wahl einer Alternative. Ein Verfahrensvorschlag für die Wahl mehrerer Alternativen steht noch aus.

Kompromisskandidaten nicht von vornherein chancenlos sind. In dieser Hinsicht muss man ExCumLex ähnlich wie das Hare-Verfahren bewerten. Eine Alternative, die von einer „breiten" Minderheit als Erstpräferenz genannt wird, kann nicht von einer majoritären Alternative mit Zweit- oder Drittpräferenz verdrängt werden. Die Präferenzen einer genügend großen Minderheit der Wählerschaft werden quasi automatisch im Wahlergebnis berücksichtigt.[966] Durch das Prozedere von ExCumLex wird damit auf der einen Seite das Mehrheitsprinzip gewahrt und auf der anderen Seite verhindert, dass sich eine Mehrheit mit schwachen Präferenzen gegen eine Minderheit mit starken Präferenzen durchsetzt.

17.4. Zusammenfassender Vergleich von Wahlverfahren

Tab. 26 zeigt im Überblick, inwieweit die verschiedenen Wahlverfahren den aufgestellten Beurteilungskriterien entsprechen.[967]

Wie leicht zu erkennen ist, kann von den ausgewählten Wahlverfahren keines als das beste gelten. Keines der Wahlverfahren kann die gestellten Anforderungen vollständig erfüllen.[968] Jedes Wahlverfahren besitzt unter bestimmten Voraussetzungen seine spezifischen Vor- und Nachteile.[969] Auch *Levin/Nalebuff* kommen zu diesem Ergebnis: „No voting system will satisfy everyone on all of these dimensions; the choice is always between flawed alternatives."[970]

Bei der Auswahl eines Wahlverfahrens ist daher entscheidend, welches Gewicht den einzelnen Kriterien beigemessen wird.[971] Wird die praktische Durchführbarkeit als entscheidend empfunden, so dürfte vieles für die in allen Demokratien praktizierte Mehrheitsabstimmung sprechen. Abstimmungsverfahren mit hohen Durchführungskosten und kompliziertem Prozedere dürften daher – wenn überhaupt – nur in kleinen Gremien zur Anwendung gelangen. Weiterhin stellt die Äquivalenz ein zentrales Beurteilungskriterium dar. Falls die Individuen ein Abstimmungsverfahren als illegitim erachten, scheint jede praktische Anwendung von vornherein aussichtslos. Da strategisches Wählen in großen Gruppen wegen der geringeren Wahrscheinlichkeit der Beeinflussung geringer ist, bieten sich hierfür Wahlverfahren an, deren Resistenz gegenüber strategischen Wahlverhalten nicht sonderlich ausgeprägt ist.[972] Misst man den Ausdrucksmöglichkeiten von Präferenzintensitäten hohe Bedeutung bei, so

---

[966] Die ex post Fähigkeit des Verfahrens, wichtigen Kompromisskandidaten zum Sieg zu verhelfen, hat ex ante ebenfalls Auswirkung auf das Alternativenset. Da die Alternativenwahl stark konsensorientiert ist, wird es einen „Trend zur inhaltlichen Bescheidung bei der Antragsgenerierung" geben. Grözinger (1996), S. 227.

[967] Die Angaben in der Tabelle sind wie folgt zu interpretieren. Falls ein Kriterium polar beurteilt werden kann, so wird dies in der Tabelle durch ein „ja/nein" deutlich gemacht. Falls das Kriterium Abstufungen zulässt, wird durch ein > + < eine positive und durch ein > - < eine negative Beurteilung ausgedrückt. Bei bedingter Erfüllung wird ein „o" angegeben.

[968] Allen Wahlverfahren ist zudem gemeinsam, dass die Wähler nur geringe Anreize haben, sich über die zur Entscheidung anstehenden Fragen zu informieren und an der Wahl teilzunehmen. Vgl. Tideman/Tullock (1976), S. 1145f.; Frey/Kirchgässner (1994), S. 148.

[969] Vgl. dazu auch Groves/Ledyard (1977b), S. 140; Riker (1982), S. 136; Bordley (1985), S. 114.

[970] Levin/Nalebuff (1995), S. 24; auch Nurmi/Riker (1976), S. 21; Brams/Fishburn (1978), S. 831.

[971] Vgl. Frey/Kirchgässner (1994), S. 169.

[972] Vgl. Eisenführ/Weber (1994), S. 319.

könnten die Abstimmung mittels Steuer, die Punktwahl oder auch ExCumLex angemessene Entscheidungsverfahren sein. Wird dem Minderheitenschutz ein besonderer Stellenwert eingeräumt, wären die Hare-Wahl oder auch ExCumLex adäquate Abstimmungsmodi.

Wie die obige Analyse deutlich gemacht hat, stehen eine Reihe von praktisch anwendbaren Wahlverfahren zur Verfügung, die einen großen Teil der Defizienzen der Mehrheitsabstimmung umgehen. Die Anwendung von neuen Wahlverfahren wie der Zustimmungswahl, der Hare-Wahl oder auch ExCumLex wird dort allerdings kaum erreichbar sein, wo die Mehrheitsabstimmung seit langem gut funktioniert. Eine Einführung von neuen Wahlverfahren scheint in den Gebieten am ehesten möglich, in denen noch keine demokratischen Entscheidungen bzw. jene bislang von Repräsentanten getroffen wurden.[973]

In aller Regel dürfte die Diskussion über den Einsatz von Wahlverfahren nicht eindimensional verlaufen. Stattdessen muss ein Kompromiss zwischen verschiedenen Anforderungen geschlossen werden.[974] Es dürfte allerdings evident sein, dass die praktische Durchführbarkeit, die Anonymität sowie weitreichende Äquivalenz dominante Kriterien darstellen. In jedem Fall muss von den Bürgern einer Demokratie bei der Auswahl von Abstimmungsverfahren ein Werturteil getroffen werden, welche Kriterien als wichtig und welche als weniger wichtig eingestuft werden.[975]

Die Analyse von Abstimmungsverfahren in einer Demokratie hat insgesamt gezeigt, dass die Aggregierung individueller Präferenzen keine ex ante feststehende, nur noch zu enthüllende soziale Präferenz erzeugt. Das Ergebnis kollektiver Entscheidungen hängt davon ab, welche Abstimmungsregeln sich die Menschen einer Demokratie geben. Letztlich bleibt nur ernüchternd festzustellen: „There are many methods of arriving at a social choice. The choice might be determined by a dictator, or by the roll of a die, or even by 'signals from heaven'. No democratic system can perfectly reflect the desires of the people."[976]

[973] Vgl. Frey/Kirchgässner (1994), S. 170.

[974] Vgl. Musgrave/Musgrave/Kullmer (1990), S. 127; Wagener (1999), S. 500. Fraglich ist zudem, ob hybride Anwendungen von Abstimmungsverfahren Verbesserungen bringen.

[975] Vgl. Eisenführ/Weber (1994), S. 318.

[976] Doron/Kronick (1977), S. 309.

Tab. 26: Ergebnistabelle

	Äquivalenz	Korrespondenz	Dezisivität	Rangordnung	Resistenz	Renitenz	Anonymität	Praktische Anwendbarkeit	Ausdruck von Präferenzintensitäten	Minderheitenschutz	Mehrheitenschutz
Absolute Mehrheitsregel	ja	nein	o	nein	—	-	ja	++	-	—	++
Relative Mehrheitsregel	ja	ja	ja	nein	—	-	ja	++	-	+	-
Hare-Regel	nein	nein	ja	ja	+	—	ja	+	+	++	+
Coombs-Verfahren	nein	nein	ja	ja	+	—	ja	+	+	++	+
Borda-Regel	ja	ja	ja	ja	+	—	ja	+	+	+	-
Punktwahlverfahren	ja	ja	ja	ja	-	-	ja	+	++	+	-
Zustimmungswahl	ja	ja	ja	ja	+	++	ja	+	-	-	-
Abstimmung mittels Veto	nein	ja	ja	nein	+	+	ja	-	-	++	+
Abstimmung mittels Steuer	nein	ja	ja	ja	++	-	nein	—	++	o	o
ExCumLex	ja	ja	ja	ja	+	++	ja	+	+	++	+

Quelle: Eigene Darstellung.

Kapitel IV: Der Zentralisierungsgrad in der Demokratie

18. Einleitung

> Viele scheinen zu denken, dass ein hoch zentralisiertes System der Staatsgewalt das effizienteste ist. Dies stimmt nicht, wenn auch der Zentralstaat die in ihrem Konstruktionsprinzip simpelste Form der staatlichen Ordnung ist. Wenn es uns darum zu tun ist, dass der Staat sich an den Wünschen seiner Bürger ausrichtet, dann ist ein System effizienter, dass den Bürgern die Möglichkeit bietet, den staatlichen Entscheidungsinstanzen ihre Wünsche detailliert und gezielt mitzuteilen."
>
> Gordon Tullock (1977b), S. 35.

Während in den Kapitel II und III die Frage nach dem optimalen Delegationsgrad respektive die Frage der Optimalität von Abstimmungsverfahren behandelt wurde, wird in diesem Kapitel die dritte Dimension von Kollektiventscheidungen analysiert. Es soll geklärt werden, welcher Ausschnitt eines Kollektives in welcher organisatorischen Form idealiter über kollektive Belange entscheiden sollte. Sollte stets das gesamte Kollektiv oder lediglich ein mehr oder weniger kleiner Teil des Elektorats kollektive Entscheidungen treffen? Es stellt sich demnach die Frage nach dem *optimalen Zentralisierungsgrad in einer Demokratie*.

Während im Bereich der marktlichen Allokation[977] die Konsum- bzw. Produktionsentscheidungen dezentral mittels des Preismechanismus koordiniert werden, ergibt sich bei Kollektivgütern aufgrund der Defizite der marktlichen Allokation kein befriedigendes Ergebnis. Es stellt sich daher die Frage, ob und in welcher Form dezentrale Entscheidungsstrukturen ebenfalls effizientes kollektives Handeln ermöglichen.[978]

Dass eine zentrale Gliederung eines Staatswesens offensichtlich keine adäquate Form der Organisation von Kollektiven ist, zeigt die weltweit große Anzahl von 50 Prozent aller Nationalstaaten, die in Form von Föderationen bestehen. Die Aktualität des Föderalismus-Gedanken spiegelt sich nicht zuletzt auch in den Diskussionen in Deutschland wider, die Kompetenzen der Länder im Bereich der konkurrierenden Gesetzgebung mit dem Bund zu erweitern oder die Kompetenzen der nationalen Regierungen in der Europäischen Union (EU) weitgehend zu erhalten.[979]

Seit Mitte der 1960er Jahre wird unter dem Rubrum „Föderalismustheorie" in der ökonomischen Zunft daher intensiv diskutiert, welche Determinanten für einen optimalen Zentralisierungsgrad verantwortlich sind. Föderalismus kann verstanden werden als ein „Organisationsprinzip für ein gegliedertes Gemeinwesen, in dem grundsätzlich gleichberechtigte und eigenständige Glieder zu einer übergreifenden politischen Gesamtheit zusammengeschlossen sind. Grundlegendes Merkmal ist dabei, dass sowohl die Glieder als auch die übergreifende Gesamtheit einerseits ei-

---

[977] Aspekte der Stabilisierung und der Einkommensverteilung werden in diesem Kapitel nicht näher betrachtet. Vgl. hierzu Pitlik (1997), S. 118ff.; 124ff.; Frey/Kirchgässner (1994), S. 64f.

[978] Zu geeigneten Trägern bzw. Jurisdiktionen von Distributions- und Stabilisierungspolitik vgl. Pitlik (1997), S. 118ff.; 124ff.

[979] Vgl. Sauerland (1997), S. 14f.; Vaubel (1992), S. 59ff. – Zur Entwicklung des bundesdeutschen Föderalismus vgl. Laufer/Münch (1998), S. 20ff.

genständig sind und andererseits gleichzeitig miteinander in enger Verbindung stehen."[980] Die fundamentale Fragestellung der ökonomischen Theorie des Föderalismus lautet: Wie sieht die bestmögliche räumliche bzw. funktionale Gliederung eines Gemeinwesens im Sinne der Präferenzen der Bürger aus?[981] Gemäß dem ökonomischen Kalkül ist die Organisation eines demokratischen Gemeinwesens derart vorzunehmen, dass der Nutzen der Bürger aus einer freien Standort- bzw. Klubwahl und die hiermit verbundenen institutionellen Kosten in ein optimales Verhältnis gebracht werden.[982]

Im Folgenden sollen zunächst die verschiedenen Dimensionen des Zentralisierungsgrades in einer Demokratie aufgezeigt werden. Im Anschluss hieran werden – wie in den vorangehenden Kapiteln – Kriterien entwickelt, die die Individuen bei der Wahl ihrer Verfassung im Hinblick auf den Zentralisierungsgrad in einer Demokratie anlegen.

19. Dimensionen des Zentralisierungsgrades in einer Demokratie

In einer Demokratie kann eine Vielzahl von Organisationseinheiten unterschieden werden, innerhalb derer die Individuen ihre kollektiven Belange regeln. Nach *Grossekettler* können folgende Zentralisierungsebenen unterschieden werden:[983]

- Als „natürlicher Nullpunkt" wird das Indiviuum in der Rolle eines „unechten Verbandes" betrachtet.
- Echte Verbände können nicht-zahlungswillige Nutzer mit privatrechtlichen Mitteln vom Konsum ausschließen. Verbände haben die Möglichkeit, von ihren Mitgliedern freiwillige Gebühren, freiwillige Beiträge oder Mischtarife zu verlangen. Beispiele stellen Tennisvereine oder Klubkinos dar. Die Mitgliedschaft in einem Verein ist für die Individuen fakultativ.
- Zwangsvereine und Zwangsgenossenschaften wie z.B. Wasserverbände besitzen im Vergleich zu freiwilligen Zusammenschlüssen von Individuen in Form von Ver-

[980] Laufer/Münch (1998), S. 15. Sauerland definiert Föderalismus als „(räumlich) überlappende Gliederung unabhängiger Organisationen unterschiedlicher Größe, die gegenüber einer gegebenen Menge von kleinsten Einheiten hierarchische Kompetenzen haben." Sauerland (1997), S. 23. – In der Literatur hat sich gleichwohl noch keine allgemein anerkannte Föderalismus-Definition durchgesetzt. Vgl. auch Kirsch (1977), S. 3ff.

[981] Vgl. Frey/Kirchgässner (1994), S. 57f. – Die optimale (räumliche) Gliederung eines Gemeinwesens kann weiterhin in zwei Teilbereiche unterschieden werden. Auf der einen Seite gibt es eine optimale Anzahl von Jurisdiktionen bzw. Klubs auf vertikaler Ebene. Auf der anderen Seite kann ebenfalls auf Grundlage einer horizontalen Differenzierung eine Optimierung vorgenommen werden. Vgl. Sauerland (1997), S. 25.

[982] Vgl. Sauerland (1997), S. 37.

[983] Vgl. dazu Grossekettler (1995), S. 506f. Grossekettler bezeichnet die Ebenen auch als Extensionsniveau. Als Abgrenzungskriterium dient die Finanzierungskompetenz eines Verbandes. Zu den aufgeführten Gebietskörperschaften ließen sich noch Kreise, Bezirke oder regionale Staatenbünde hinzufügen. Da jene Gebietskörperschaften über keine eigene Finanzierungskompetenz verfügen, sollen sie hier nicht berücksichtigt werden. – Vertikale Verflechtungssysteme mittels Finanztransfers werden nicht weiter berücksichtigt. Vgl. dazu Pitlik (1997), S. 93f.

einen die Kompetenz, Zwangsgebühren und -beiträge zu erheben. Die Mitgliedschaft ist jenem Verein bzw. jener Genossenschaft ist für die Individuen verbindlich, da privat-rechtliche Möglichkeiten der Exklusion nicht ausreichend sind.[984]

- In der Rangordnung über den Zwangsvereinen stehen Gemeinden, Bundesländer, der Bund sowie supranationale Organisationen (mit einem eigenen Abgabenrecht). Im Unterschied zu Vereinen und Zwangsvereinen werden Gebietskörperschaften neben ihrer Funktion vor allem anhand ihrer räumlichen Ausdehnung definiert.[985] Vereine und Zwangsvereine stellen Organisationseinheiten dar, die nur für die Bereitstellung eines einzigen Kollektivgutes zuständig sind. In fast allen Staaten der Welt sind Gebietskörperschaften dagegen multifunktional ausgestaltet: Eine Vielzahl von kollektiven Belangen wird durch *eine* entsprechende Organisationseinheit geregelt.
- Am Ende der Klassifizierungsskala steht ein fiktiver Weltstaat mit einem eigenen Abgaberecht.

Im Folgenden soll – entgegen der realen Ausgestaltung von subzentralen Kollektiven in fast allen Demokratien – zunächst die Annahme getroffen werden, dass eine Gebietskörperschaft für die Bereitstellung nur eines Kollektivgutes zuständig ist.[986]

20. Kriterien für einen optimalen Zentralisierungsgrad auf konstitutioneller Ebene

In diesem Abschnitt werden Kriterien diskutiert, die ein Individuum bei der Wahl einer optimalen Verfassung im Hinblick auf den Zentralisierungsgrad in einer theoretischen Urvertragssituation anstellt. Ein Individuum wird jene Verfassung wählen, die die politischen Transaktionskosten in bezug auf den Zentralisierungsgrad minimiert. Das Verfassungsproblem lässt sich auf die Frage verkürzen, welcher optimale Zentralisierungsgrad gewählt werden sollte. Um beurteilen zu können, welcher Zentralisierungsgrad optimal ist, werden auf der Grundlage eines individuellen Verfassungskalküls Kriterien für einen optimalen Zentralisierungsgrad auf konstitutioneller Ebene entwickelt. Zentrale Kostenkategorien stellen die (wahrscheinlichen) externen Kosten der Zentralisierung sowie die interkollektiven Konsensfindungskosten dar. Auf der Grundlage des individuellen Verfassungskalküls soll die Frage geklärt werden, welcher Teil des Kollektivs in welcher Organisationsform idealiter über Menge, Qualität und Finanzierung eines Kollektivgutes entscheiden sollte. Je nach Eigenschaft eines Kollektivgutes ergibt sich eine unterschiedlich optimale Kollektivgrö-

---

[984] Zweckverbände werden in der Schweiz als kantonale Konkordate und in den USA als „special districts“ bezeichnet. Vgl. Frey (1997b), S. 190.

[985] Vgl. Sauerland (1997), S. 53.

[986] Bei der Diskussion verschiedener Determinanten der Kostenverläufe wird diese Annahme aufgehoben und die verfassungsökonomischen Konsequenzen von multifunktionalen Gebietskörperschaften aufgezeigt. – In Kapitel II wurden die Auswirkungen des Programmcharakters von politischen Wahlentscheidungen diskutiert. Bei einer angenommenen monofunktionalen Bereitstellungskompetenz dürften sich die Delegationsbedingungen grundlegend verändern.

ße sowie räumliche bzw. funktionale Glie- derung. Im Anschluss hieran werden wiederum verschiedene Einflussfaktoren auf die jeweiligen Kostengrößen untersucht.[987] Im individuellen Verfassungskalkül sollen im Folgenden ausschließlich politische Transaktionskosten, nicht jedoch die bei der Bereitstellung von Kollektivgütern anfallenden Produktionskosten berücksichtigt werden.[988] Die analytische Trennung von Bereitstellung und Produktion erscheint sinnvoll, da die Frage der Eigenproduktion respektive der Fremdvergabe der bereitzustellenden Leistung logisch nachgelagert ist.[989] Erst wenn im Kollektiv über Menge, Qualität sowie Finanzierung eines Gutes entschieden wurde, stellt sich die Frage, wie eine effiziente Produktion institutionell arrangiert werden sollte.

Gleichwohl sollte bedacht werden, dass Produktionskosten ebenfalls Einfluss auf den optimalen Zentralisierungsgrad in einem demokratischen Gemeinwesen haben können.[990] In bestimmten Fällen können Unteilbarkeiten in der Produktion ein Argument dafür sein, höhere Zentralisierungsgrade zu wählen. Da im Extremfall eines „natürlichen“ Monopols ein einziger Anbieter die Nachfrage am kostengünstigsten bedienen kann, ist es u.U. sinnvoll, das betreffende Kollektivgut nicht dezentral, sondern auf einer zentraleren Ebene kostengünstiger zu produzieren. Entsprechend dem Phänomen der Subadditivität von Kostenfunktionen sind die Kosten für die Produktion von (Teil-) Mengen des entsprechenden Kollektivgutes durch zwei oder mehrere Anbieter größer als bei der Produktion des Gutes durch einen alleinigen Anbieter. Im Ein-Güter-Fall können sinkende Durchschnittskosten ein Grund dafür sein, die Produktionskompetenz auf zentralerer Ebene anzusiedeln. Eine Jurisdiktion kann aufgrund von Mindesteinsatzmengen in der Produktion wie z.B. bei Müllverbrennungsanlagen oder Kraftwerken die öffentliche Leistung u.U. nicht im Alleingang zu minimalen Durchschnittskosten produzieren. Gerade bei multifunktional tätigen Gebietskörperschaften sollte zudem beachtet werden, dass Kostenvorteile auch im Mehr-Güter-Fall auftreten können. Verbundvorteile in der Produktion treten hier aufgrund von Komplementaritäten in der Produktion unterschiedlicher Güter auf und können ebenfalls Einfluss auf den Zentralisierungsgrad der Produktionskompetenz haben. Im Folgenden soll allerdings die Annahme getroffen werden, dass die Produktion des entsprechenden Kollektivgutes zu minimalen Durchschnittskosten erfolgt und daher kein Einfluss auf den Zentralisierungsgrad gegeben ist.

Weiterhin müssen die internen administrativen Kosten als eine wesentliche Kostendeterminante für die Beurteilung eines effizienten Zentralisierungsgrades gelten. Der Einfluss der administrativen Kosten ist dabei nicht als eindeutig einzustufen, da die Verwaltungskosten je Produktionseinheit eines Kollektivgutes nicht zwangsläufig bei

[987] Andere Dimensionen kollektiver Entscheidungen wie der Delegationsgrad und die Art der Präferenzaggregation werden invariant gesetzt. Zu den Auswirkungen eines dezentralen Gemeinwesens auf den politischen Wettbewerb in repräsentativen Demokratien vgl. Pitlik (1997), S. 185ff.

[988] Die Frage der Produktion eines Kollektivgutes im Sinne eines „make or buy“ wird anhand von Produktions- und Transaktionskosten getroffen. Jene Transaktionskosten fallen allerdings nicht in der politischen Sphäre einer Gesellschaft an, sondern müssen im Sinne der Transaktionskostenökonomik als „wirtschaftliche“ Transaktionskosten interpretiert werden. Vgl. auch Grossekettler (1995), S. 515f.

[989] Vgl. Sauerland (1997), S. 164f.; Erlei/Leschke/Sauerland (1999), S. 402ff.; Grossekettler (1995), S. 513f.; Pitlik (1997), S. 78.

[990] Zu einer integrierten Betrachtung vgl. Tullock (1977b), S. 27f.

steigenden Zentralisierungsgraden sinken. Auf der einen Seite können durch eine Bündelung von Verwaltungsaktivitäten Skalenvorteile realisiert werden. Auf der anderen Seite muss bei zentralisierteren Organisationseinheiten eine Tendenz zur Bürokratisierung befürchtet werden, so dass u.U. die Verwaltungskosten je Produktionseinheit in dezentraleren Einheiten geringer ausfallen.[991]

20.1. (Wahrscheinliche) externe Kosten der Zentralisierung

Im Hinblick auf das individuelle Verfassungskalkül hinsichtlich des Zentralisierungsgrades kollektiver Entscheidungen wollen wir zunächst von einem unitären Staatsaufbau ausgehen. In diesem Fall werden alle kollektiven Belange stets durch das Votum des gesamten Elektorats bzw. durch die Entscheidungen von Repräsentanten einer zentralen Ebene bestimmt. Welche Kosten entstehen einem Individuum in einem solchen Verfassungsarrangement?

Für demokratische Großgesellschaften mit einer weitgehenden Aufspaltung in eine Vielzahl voneinander abgesetzter Interaktionssysteme dürfte die Heterogenität individueller Präferenzen konstituierend sein. Es stellt sich daher die Frage, welche Kosten im Rahmen des individuellen Verfassungskalküls aufgrund der Heterogenität individueller Präferenzen anfallen.

Gemäß der *Pennock*`schen These entspricht das Angebot an Kollektivgütern bei sinkender Größe des Kollektivs im Prinzip besser den Präferenzen der Kollektivmitglieder.[992] Die Frustration der Bürger über Kollektiventscheidungen, die nicht den eigenen Präferenzen entsprechen, nimmt mit abnehmender Kollektivgröße ab. Es läßt sich demnach das allgemeine Prinzip ableiten, dass es aus Gründen der Präferenzkonformität nicht sinnvoll ist, stets das gesamte Kollektiv über kollektive Belange entscheiden zu lassen. Aufgrund der besseren Erfüllung individueller Präferenzen ist aus dieser isolierten Perspektive eine möglichst weitgehende Dezentralisierung effizient. Ein einfaches Beispiel von *Tullock* kann diesen Sachverhalt verdeutlichen.[993]

Ein Kollektiv mit insgesamt 10.000 Mitgliedern soll über das Kollektivgüterangebot A und B entscheiden, wobei sich im gesamten Elektorat eine Mehrheit von 6.000 Stimmen für die Alternative A findet. Wird das Kollektiv nun in zwei gleich große Teile aufgespalten, so möge sich folgende Situation ergeben. In einem Teilkollektiv findet nach wie vor die Alternative A mit 4.000 zu 1.000 Stimmen eine Mehrheit. In dem anderen Teilkollektiv kann sich allerdings die Alternative B mit 3.000 zu 2.000 Stimmen

[991] Vgl. Frey/Kirchgässner (1994), S. 61f.; Frey (1997b), S. 189f. – Zudem müssen die Bürger in einem zentralisierten Staatswesen längere Wege zu entsprechenden Verwaltungseinheiten zurücklegen und höhere Informationskosten in Kauf nehmen.

[992] „[...] from the point of view of maximizing voter satisfaction with government, indeed of achieving a greater harmonization of conflicting demands, it is a major advantage of federalism that the decentralisation of voter decisions makes for the satisfaction of more of the voters more of the time than if they acted in a single unit." Pennock (1959), S. 149.

[993] Vgl. dazu Tullock (1977b), S. 29.

durchsetzen. Im Vergleich zur Ausgangssituation können sich durch die Aufteilung des Elektorats die Präferenzen von 7.000 Individuen statt 6.000 durchsetzen.[994]
In einem einfachen Modell von *Oates* soll im Folgenden illustriert werden, dass dezentrale Entscheidungsstrukturen aufgrund einer besseren Orientierung an den Präferenzen der Individuen Wohlfahrtsgewinne gegenüber einer zentralen Lösung zur Folge haben.[995]
Es sei angenommen, dass zwei Bevölkerungsgruppen über die Bereitstellungsmenge eines lokalen (regionalen) Kollektivgutes zu entscheiden haben. Während die Präferenzen der Individuen innerhalb der Teilkollektive annahmegemäß vollkommen homogen sind, unterscheiden sich die Präferenzen zwischen den Kollektiven deutlich. Die Präferenzen der Individuen der Teilkollektive werden in Abb. 26 mittels der Nachfragekurven N_1 bzw. N_2 aggregiert dargestellt. Die Grenzkosten seien annahmegemäß unabhängig vom Produktionsoutput, so dass die Kurve der Grenzkosten GK parallel zur Abszisse verläuft.

Abb. 26: Wohlfahrtsgewinne durch dezentrale Entscheidungsfindung

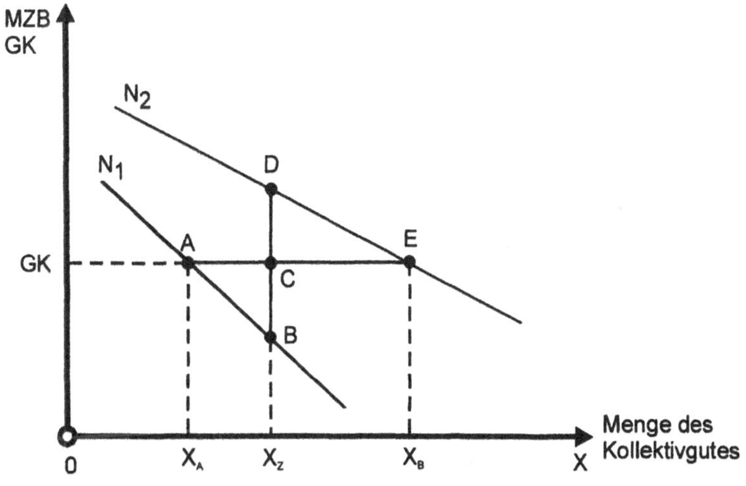

Quelle: In Anlehnung an Frey/Kirchgässner (1994), S. 61.

994 Eine gesellschaftliche Wohlfahrtsverbesserung liegt allerdings nur dann vor, wenn die Nutzengewinne der Bessergestellten größer sind als die Nutzeneinbußen der Verlierer. – Zudem kann bei einer höheren Wahlbeteiligung im Rahmen einer föderalen Struktur im Vergleich zu einem unitären Staat die Zahl der Verlierer höher ausfallen. Vgl. hierzu Pennock (1959), S. 151f.
995 Vgl. dazu Oates (1972), S. 9ff.; Oates (1977), S. 20f.; Pitlik (1997), S. 85ff.; Frey/Kirchgässner (1994), S. 60f.

Es sei willkürlich angenommen, dass bei zentraler Entscheidungsfindung die einheitlich standardisierte Menge X_Z bereitgestellt wird.[996] Die Menge X_Z entspricht allerdings nicht den Mengen, die jeweils von den Teilkollektiven gewünscht werden. Bei einer Separierung des Elektorats in zwei homogene Teilkollektive könnte den Präferenzen der Individuen daher besser entsprochen werden. Das Kollektiv 1 würde entsprechend die Menge X_1 und das Kollektiv 2 die Menge X_2 wählen. Die Mitglieder der Gruppe 1 können einen Wohlfahrtsgewinn dadurch realisieren, dass sie kein überhöhtes Angebot konsumieren müssen. Bei der zentral bereitgestellten Menge X_Z überschreiten die Grenzkosten die summierten marginalen Zahlungsbereitschaften. Entsprechend kann der Wohlfahrtsgewinn einer dezentralen Entscheidungsfindung in Höhe der Konsumentenrente ABC angegeben werden. Für die Mitglieder Gruppe 2 verhält es sich gerade umgekehrt. Bei der zentral bereitgestellten Menge X_Z besteht in Höhe von CD ein Überschuss der summierten marginalen Zahlungsbereitschaft über die Grenzkosten. Das realisierte Angebot ist damit offensichtlich zu gering. Durch die Angebotsausweitung mittels dezentraler Entscheidungsfindung auf X_2 kann in Höhe von CDE ein Wohlfahrtsgewinn realisiert werden. Die Wohlfahrtsgewinne durch dezentrale Entscheidungsfindung fallen entsprechend dem angestellten Kalkül umso deutlicher aus, je stärker die Präferenzen der Individuen in den Teilkollektiven differieren, je größer die Einkommensunterschiede zwischen den Teilkollektiven und je unelastischer die Nachfragefunktionen N_1 und N_2 sind.[997]

Das Individuum wird die Verfassung damit unter dem Gesichtspunkt beurteilen, inwiefern kollektives Handeln seinen eigenen Präferenzen möglichst nahe kommt respektive jene Präferenzen möglichst wenig verletzt. Ein möglichst weitgehender föderaler Staatsaufbau bietet entsprechend der Aussage des Dezentralisierungstheorems von *Oates* Gewähr dafür, dass den Präferenzen einer möglichst großen Zahl von Individuen entsprochen wird. Aus individueller verfassungsökonomischer Perspektive kann formuliert werden: Ein dezentraler Staatsaufbau vermindert die Wahrscheinlichkeit, dass kollektive Entscheidungen den eigenen Präferenzen widersprechen. Die Nutzeneinbußen, die ein Individuum allein aufgrund des Zentralisierungsgrades in einer Demokratie tragen muss, sollen als *(wahrscheinliche) externe Kosten der Zentralisierung* bezeichnet werden.[998] Jene externen Kosten kollektiver Entscheidungen stellen die Komponente in der Nutzenfunktion eines Individuums dar, die von jenem nicht vollständig kontrolliert und mit mehr oder weniger großer Wahrscheinlichkeit zu Nutzeneinbußen führen wird. Wären die (wahrscheinlichen) externen Kosten die einzige Kostenkategorie im Verfassungskalkül eines Indivi-

---

[996] Die Annahme eines einheitliches Versorgungsniveaus im Modell von Oates muss als restriktiv betrachtet werden. Theoretisch ist es möglich, dass auch eine Zentralregierung das von den Teilkollektiven gewünschte Versorgungsniveau realisiert. Diese Sichtweise unterstellt allerdings, dass die Politiker-Agenten stets die Präferenzen der Bürger-Prinzipale in bestmöglicher Form erfüllen. Aufgrund der Delegationsbedingungen, opportunistischer Verhaltensannahme sowie den Informationsasymmetrien muss die Gefahr einer nicht präferenzgerechten Politik für die jeweiligen Teilkollektive allerdings als evident betrachtet werden. Es muss befürchtet werden, dass die Politiker-Agenten in einem Zentralstaat sich eher an Durchschnittswerten als an den Präferenzen in den Teilkollektiven orientieren. Vgl. auch Pitlik (1997), S. 87f.; Frey (1997a), S. 30.

[997] Vgl. Pitlik (1997), S. 87.

[998] Pennock bezeichnet jene Kosten als „frustration costs". Vgl. Pennock (1959), S. 150ff. – Lehner spricht von „Konfliktkosten". Vgl. Lehner (1979), S. 168.

duums, so müsste auf der Grundlage einer weitgehenden Präferenzorientierung der Zentralisierungsgrad in einer Demokratie so niedrig wie möglich gewählt werden. Die (wahrscheinlichen) externen Kosten der Zentralisierung haben umgekehrt ihr Maximum bei einem Zentralisierungsgrad von 1. In einem vollkommen unitären Gemeinwesen, in dem alle kollektiven Belange stets zentral geregelt werden, ist die Wahrscheinlichkeit am größten, dass es zu nicht präferenzgerechten Entscheidungen kommt. In Abb. 27 ist der Zusammenhang zwischen dem Zentralisierungsgrad in einer Demokratie sowie den (wahrscheinlichen) externen Kosten K_1 grafisch wiedergegeben.[999]

Abb. 27: (Wahrscheinliche) externe Kosten der Zentralisierung

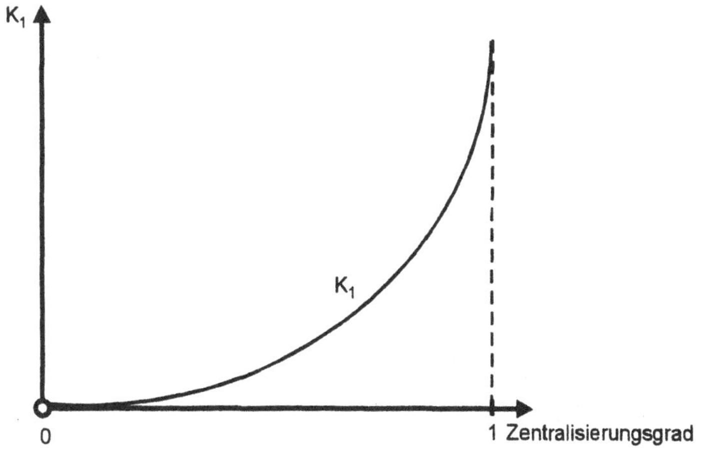

Quelle: Eigene Darstellung.

Als Ergebnis bleibt festzuhalten: Eine weitgehende Aufspaltung eines demokratischen Gemeinwesens in eine Vielzahl von Subkollektive führt aus dem Blickwinkel der Präferenzorientierung zu einer effizienten Allokation von Ressourcen. Weiterhin hat die (räumliche) Dezentralisierung aus einer *dynamischen* Perspektive zur Folge, dass aufgrund eines Rangordnungswettbewerbs zwischen den einzelnen Jurisdiktionen es im Prinzip zu einem präferenzgerechteren Angebot an Kollektivgütern kommt.[1000] Dieses Argument wird durch eine Gegenüberstellung von unitarischem und dezentralem System unmittelbar deutlich. In einem zentralen Staatsaufbau werden sich die Individuen bei ihrer Entscheidung für eine Parlaments-Partei an einer

[999] Tullock bildet die Frustrationskosten in Abhängigkeit von der Größe des Kollektivs ab und unterstellt einen unterproportionalen Anstieg der Frustrationskosten bei steigender Kollektivgröße. Vgl. Tullock (1977b), S. 29f.

[1000] Vgl. hierzu Pitlik (1997), S. 189f.; auch Oates (1977), S. 21f.

fiktiven Gegenüberstellung zwischen der tatsächlichen Leistung der regierenden Partei und dem mittels Parteiprogramm dargebotenen Angebot der oppositionellen Partei orientieren. Aufgrund des Programmcharakters politischer Wahlentscheidungen gestalten die Parteien ihre Programme allerdings so vieldeutig, dass es für den Wähler kaum möglich ist, auf der Informationsgrundlage eines Parteiprogrammes ein präferenzgerechtes Votum zu fällen.[1001] Einer aussagekräftigen Gegenüberstellung zwischen der geleisteten Arbeit einer Regierung und dem Angebot der Opposition liegt in einem unitären Staatswesen daher eine große Unsicherheit zugrunde. In dezentralisierten politischen Systemen fällt eine Gegenüberstellung konkurrierender Angebote durch den Wähler dagegen deutlich leichter, da die Bürger sich Kenntnisse über die Arbeit von Regierungen gleicher Jurisdiktionsebenen mit relativ geringem Aufwand verschaffen können. Verschlechtert sich das Güterangebot in dem betreffenden Subkollektiv relativ zu dem Angebot einer Organisationseinheit der gleichen Ebene, so wird ein Wähler tendenziell das Angebot der Opposition vorziehen. Da die Politiker-Agenten sich dieser Gegenüberstellung bewusst sind und die Wiederwahlrestriktion durch eine aussagekräftige Gegenüberstellung des Leistungsangebots verschärft wird, führt der interjurisdiktionelle Rangordnungswettbewerb im Prinzip zu einer präferenzgerechteren Politik im Sinne der Bürger.

Der Rangordnungswettbewerb zwischen verschiedenen Jurisdiktionen gleicher Ebene bzw. Klubs kann aus dieser Perspektive als „Entdeckungsverfahren“ angesehen werden.[1002] In Anlehnung an den *Schumpeter*'schen Pionierunternehmer können innovative Anbieter kollektiver Leistungen Vorsprungsgewinne für sich realisieren, wenn ihr Angebot den individuellen Präferenzen des betreffenden Kollektivs besser entspricht. Beispielsweise können neue Formen der Zusammenarbeit zwischen Bereitstellungsverband und der Privatwirtschaft oder innovative Instrumente im Umweltschutz getestet werden.[1003] Die Bedingungen für Experimente sind in dezentral gegliederten Gemeinwesen zudem deutlich günstiger als in unitarischen, da das Risiko des Fehlschlagens wegen der kleineren Zahl der betroffenen Bürgern als geringer einzustufen ist.[1004]

Mittels des interjurisdiktionellen Rangordnungswettbewerbs werden Anreize für innovative Politikkonzeptionen gesetzt, so dass innovative Anbieter im politischen Markt wesentlich ihre Wiederwahlchancen erhöhen können. Der Rangordnungswettbewerb in einem System subzentraler Einheiten führt aus dieser dynamischen Perspektive

---

[1001] Bei monofunktionaler Bereitstellungskompetenz dürfte das Problem von gebündelten Wahlentscheidungen gleichwohl deutlich entschärft werden.

[1002] Vgl. v. Hayek (1969/1994), S. 249ff.; Sauerland (2001), S. 483.

[1003] Vgl. Frey/Kirchgässner (1994), S. 62; Frey (1997b), S. 189.

[1004] So fordert Popper beim Eingreifen in soziale Prozesse die sogenannte Stückwerk-Sozialtechnik (piecemeal engineering): „Der typische Stückwerk-Ingenieur wird folgendermaßen vorgehen. Er mag zwar einige Vorstellungen von der idealen Gesellschaft 'als Ganzem' haben – sein Ideal wird vielleicht die allgemeine Wohlfahrt sein -, aber er ist nicht dafür, dass die Gesellschaft als Ganzes geplant wird. Was immer seine Ziele sein mögen, er sucht sie schrittweise durch kleine Eingriffe zu erreichen, die sich dauernd verbessern lassen. [...] Wie Sokrates weiss der Stückwerk-Ingenieur, wie wenig er weiss. Er weiss, dass wir nur aus unseren Fehlern lernen können. Daher wird er nur Schritt für Schritt vorgehen und die erwarteten Resultate stets sorgfältig mit den tatsächlich erreichten vergleichen, immer auf der Hut vor den bei jeder Reform unweigerlich auftretenden unerwünschten Nebenwirkungen." Popper (1995), S. 298f.

wegen einer besseren Erfüllung der Innovationsfunktion damit im Prinzip zu einer präferenzgerechteren Politik respektive zu geringeren (wahrscheinlichen) externen Kosten der Zentralisierung.[1005]
Weiterhin kann die Mustervoraussage getroffen werden, dass sich ähnlich wie auf privatwirtschaftlich organisierten Wettbewerbsmärkten in einem dezentral organisierten Gemeinwesen die Verbände bzw. Gebietskörperschaften aufgrund der Abwanderungsoption ihrer Mitglieder bemühen werden, die Menge, Qualität sowie Finanzierung von Kollektivgütern entsprechend den Präferenzen ihrer Mitglieder vorzunehmen. Falls das Angebot an Kollektivgütern nicht den Präferenzen der Bürger entspricht, können jene die Anbieter im Prinzip durch eine „Abstimmung mit den Füßen"[1006] disziplinieren.[1007] Der Wanderungsdruck zwischen den jeweiligen Organisationseinheiten führt in einem dezentral organisierten Staatswesen folglich dazu, dass der Tendenz nach das Angebot an Kollektivgütern pareto-effizient erfolgt.[1008] Bei hoher Mobilität der Bürger ist demnach keine zentrale Instanz notwendig, um eine effiziente Allokation von Kollektivgütern sicherzustellen.[1009]
Der Wettbewerbsdruck zwischen den Organisationseinheiten aufgrund der „exit"-Option hängt dabei wesentlich vom Charakter des Kollektivgutes ab. Falls eine Exklusion von Nutzern möglich ist, so kann mittels eines Klubs eine effiziente Bereitstellung des Klubkollektivgutes erreicht werden. Wenn die Versorgungssituation nicht den Präferenzen der Mitglieder entspricht, können die Individuen in einen anderen Klub „abwandern", ohne den angestammten Wohnort verlassen zu müssen.
Bei der Bereitstellung eines Kollektivgutes durch eine räumlich definierte Organisationseinheit wird die Wirksamkeit des Sanktionsmechanismus Abwanderung dagegen deutlich vermindert. Die Bürger einer Jurisdiktion werden aus folgenden Gründen die Arbitragemöglichkeiten durch Abwanderung zur Verbesserung ihres Versorgungsniveaus nur unvollständig nutzen:[1010]

- Die Standortentscheidung eines Bürgers wird in der Regel nicht vom Versorgungsniveau eines einzelnen Kollektivgutes abhängen. Da Gebietskörperschaften im Falle multifunktionaler Bereitstellungskompetenz ein großes Bündel an verschiedenen Gütern anbieten, wird die Entscheidung für den Standort in einer Jurisdiktion nicht isoliert im Hinblick auf das Versorgungsniveau eines

[1005] Vgl. Sauerland (1997), S. 17. – Neben dem positiven Effekt des Wettbewerbs verschiedener Jurisdiktionen auf gleicher Ebene kann die Konkurrenz auf vertikaler Ebene eine Ergänzung der horizontalen Gewaltenteilung sein. Vgl. Münch/Laufer (1998), S. 30f.
[1006] Vgl. Hirschman (1974), S. 17ff.
[1007] Im Tiebout-Modell werden bei Abwesenheit von Mobilitätskosten die Bürger in diejenige Gebietskörperschaft ziehen, in der das Angebot an Kollektivgütern ihren Präferenzen am meisten entspricht. Die Wanderungsbewegungen zwischen den Jurisdiktionen führen im Endeffekt zu homogenen Präferenzen in den Teilkollektiven. Es kommt – unter den restriktiven Annahmen des Tiebout-Modells – zu einem perfect mapping hinsichtlich der räumlichen Gliederung der Kollektive. Vgl. dazu Tiebout (1977). – Nach Kirsch gewinnt wegen des Versagen des Tiebout-Modells die Frage des intrakollektiven Wettbewerbs an Bedeutung. Vgl. Kirsch (1977), S. 11.
[1008] Vgl. Frey/Kirchgässner (1994), S. 56f.
[1009] Vgl. Sauerland (1997), S. 80.
[1010] Vgl. hierzu Sauerland (1997), S. 118ff. – An dieser Stelle soll lediglich das Wanderungskalkül von Individuen, also des Faktors „Arbeit" untersucht werden.

Gutes getroffen. Aus der Logik dieser Situation folgt, dass der Sanktionsmechanismus Abwanderung erst dann von den Bürgern einer Jurisdiktion wahrgenommen wird, wenn die Abweichungen des Versorgungsniveaus von den Präferenzen in der Summe einen kritischen Wert übersteigt. Arbitragemöglichkeiten durch Abwanderung werden bei einer marginalen Abweichung des Versorgungsniveaus von den Präferenzen aufgrund der Multifunktionalität der Jurisdiktion daher kaum genutzt.

- Die Bürger einer Jurisdiktion werden die Option der Abwanderung nur dann realisieren, wenn sie ihren optimalen Standort bestimmen können. Dazu müssen sie auf der einen Seite vollständig über den Ist-Zustand des gewählten Standortes informiert sein und auf der anderen Seite eine hinreichende Vorstellung vom Soll-Zustand des präferierten Versorgungsniveaus haben. Da die Beschaffung, Aufnahme sowie Verarbeitung von Informationen allerdings nicht kostenlos ist, wird ein Nachfrager-Bürger stets unvollständig informiert bleiben und seine Standortentscheidung unter Unsicherheit treffen müssen. Die Unsicherheit der Standortwahlentscheidung wird weiterhin durch die „eingeschränkte Rationalität" des Entscheidenden verstärkt. Im Ergebnis wird der Bürger einer Jurisdiktion ein satisfizierendes Versorgungsniveau anstreben und von einer optimalen Standortbestimmung abweichen.
- Der Sanktionsmechanismus Abwanderung funktioniert weiterhin nicht vollumfänglich, da die Standortwahl für die Bürger einer Gebietskörperschaft nicht ausschließlich vom Versorgungsniveau der bereitgestellten Kollektivgüter abhängt.[1011] Im Wanderungskalkül eines Individuums wird weiterhin die Versorgung mit privaten Gütern berücksichtigt. Die Abwanderung in eine andere Jurisdiktion wird nur dann erfolgen, wenn am entsprechenden Standort beispielsweise ein adäquates Arbeitsplatz- sowie Wohnraumangebot vorgefunden wird. Positive Wanderungskosten fallen weiterhin an, wenn aufgrund des neuen Standortes der vertraute Freundes- und Verwandtenkreis verlassen werden muss. Der Verlust dieser Bindungen ist mit hohen Abschreibungen auf Investitionen in spezifisches Humankapital verbunden. Je höher jene sunk costs ausfallen, desto größer werden die Verharrungstendenzen am gegebenen Standort.[1012]

Da die Idealbedingungen einer vollkommenen Mobilität der Individuen als äußerst restriktiv anzusehen sind, ist die Wirksamkeit des Sanktionsmechanismus „Abwanderung" als begrenzt einzuschätzen. Allenfalls bei kleinräumiger Betrachtung können Bürger aufgrund relativ geringer Migrationskosten die Abwanderung als Mittel zur Verbesserung ihres Versorgungsniveaus wählen.

[1011] Die Standortwahl von Unternehmen soll an dieser Stelle nicht weiter berücksichtigt werden.
[1012] Vgl. Pitlik (1997), S. 99.

20.2. Interkollektive Konsensfindungskosten

Würde ein Individuum das Verfassungskalkül der optimalen Zentralisierung ausschließlich unter dem Gesichtspunkt der (wahrscheinlichen) externen Kosten der Zentralisierung treffen, so wäre ein atomisiertes Gemeinwesen als transaktionskostenminimal einzustufen. Neben den (wahrscheinlichen) externen Kosten der Zentralisierung wird ein Individuum gleichwohl noch eine weitere Kostenkomponente in das Verfassungskalkül einbeziehen. Jene Kosten der Dezentralisierung – im Folgenden als interkollektive Konsensfindungskosten bezeichnet – sind der „Preis" für die Dezentralisierung eines demokratischen Gemeinwesens.

Bei Quasi-Kollektivgütern sowie prototypischen Kollektivgütern läßt sich eine Exkludierbarkeit nicht bzw. nicht zu vertretbaren Kosten herstellen.[1013] In diesem Fall kann die Bereitstellung ausschließlich von einer räumlich definierten Organisationseinheit wahrgenommen werden, da es anderenfalls zu keinem effizienten Angebot des Kollektivgutes kommt. Unterstellt man den theoretischen Fall eines perfekten Mapping, so endet die räumliche Wirkung der angebotenen Kollektivgüter an der Grenze der bereitstellenden Jurisdiktion. Nutzenströme in Form von technologischen externen Effekten wären aufgrund der perfekten Exklusion nicht existent.

Ein perfektes Mapping bei der Bereitstellung von Kollektivgütern in räumlichen Bezugseinheiten im Ein-Güter-Fall dürfte allerdings als ein konstruierter Sonderfall einzustufen sein. Die Grenze einer Jurisdiktion und die Nutzenströme des angebotenen Kollektivgutes dürften in der Regel räumlich nicht kongruent sein.[1014] Die bei der Bereitstellung von Kollektivgütern zwangsläufig auftretenden positiven externen räumlichen Effekte zwischen Gebietskörperschaften (Spillover-Effekte)[1015] sind problematisch, weil die Nutzer jenseits der Grenzen der bereitstellenden Jurisdiktion aufgrund fehlender Exklusion keinen nutzenäquivalenten Beitrag zur Finanzierung des Kollektivgutes zahlen und es daher zu keiner wohlfahrtsoptimalen Internalisierung der Spillover kommt.[1016] Da jede Gebietskörperschaft in den Genuss von spillins kommen möchte, nehmen angrenzende Jurisdiktionen eine abwartende Position in der Hoffnung ein, dass ihre Bürger Nutznießer der positiven spillin-Effekte werden, ohne einen Beitrag zur Finanzierung des Gutes leisten zu müssen. Aufgrund der Freifahrerposition wird die Zahlungsbereitschaft für das Kollektivgüterangebot von allen Jurisdiktion nach unten strategisch verzerrt. Als Ergebnis stellt sich eine Unterversorgung der produzierten öffentlichen Leistung ein, da die spillouts beim Produzenten der bereitstellenden Körperschaft nicht abgegolten werden. Existieren aufgrund des nichtkooperativen Verhaltens kollektiver Subeinheiten nicht internalisierte positive räumli-

---

[1013] Vgl. Grossekettler (1995), S. 496ff.

[1014] Vgl. Sauerland (1997), S. 81.

[1015] Neben dem spillover-Fall kann weiterhin der „internality"-Fall unterschieden werden. Ein suboptimales Versorgungsniveau wird in diesem Fall erreicht, da die Zuständigkeitsgrenze der Jurisdiktion die Nutzengrenze überschreitet. Bürger, die keinen Nutzen aus dem Konsum des Gutes ziehen und trotzdem an der Finanzierung des Kollektivgutes beteiligt werden, stimmen in jedem Fall gegen eine Bereitstellung des Kollektivgutes. Vgl. Olson (1977), S. 69; Pitlik (1997), S. 81f.

[1016] In der vorliegenden Untersuchung sollen ausschließlich die Wirkungen von „public goods" und nicht von „public bads" untersucht werden. Die Wirkungen negativer externer Effekt müssen reziprok betrachtet werden.

che technologische externe Effekte, so ist das Angebot des betreffenden Kollektivgutes wegen der Unterversorgung nicht pareto-effizient.[1017] Gemäß dem Prinzip fiskalischer Äquivalenz sollte die Größe eines Kollektivs daher im Idealfall so gewählt werden, dass der Kreis der Nutzer und der Kreis der Zahler für das betreffende Kollektivgut territorial kongruent ist.[1018]

Ein vor der Verfassungswahl stehendes Individuum wird die entstehenden Nutzeneinbußen aufgrund nicht internalisierter positiver räumlicher externer Effekte in sein Kalkül miteinfließen lassen. Eine Internalisierung dieser externen Effekte gelingt in einem unitären Bereitstellungskollektiv vollständig, da kein Nutzer ausserhalb der bereitstellenden Jurisdiktion in den Genuss des Kollektivgutes kommt. Bei einem Zentralisierungsgrad von 1 findet demnach defintionsgemäß eine vollständige Internalisierung der räumlichen externen Effekte statt.[1019]

Unterhalb dieser vollständigen Zentralisierung können nun durch interjurisdiktionelle Verhandlungen Effizienzsteigerungen erreicht werden. Die im Zuge der Verhandlungen entstehenden Wohlfahrtsgewinne für die beteiligten Subkollektive sind jedoch nicht kostenlos. Die Transaktionskosten zur Internalisierung auftretender spillover-Effekte hängen vor allem von der Zahl der beteiligten Subkollektive ab. In einem vollkommen dezentral organisierten Gemeinwesen mit einem (theoretischen) Zentralisierungsgrad von 0 entstehen daher prohibitiv hohe Verhandlungskosten. Jede subzentrale Einheit müßte zur Internalisierung der räumlichen externen Effekte in Verhandlungen mit allen betroffenen Jurisdiktionen treten, um zu einer Einigung im Hinblick auf Bereitstellungskompetenzen zu kommen. Diese Kosten der interkollektiven Konsenssuche werden nun ebenfalls in das Verfassungskalkül eines Individuums eingehen.

Die interkollektiven Konsensfindungskosten[1020], definiert als interjurisdiktionelle Verhandlungskosten zur Internalisierung auftretender räumlicher spillover-Effekte, können offensichtlich mittels höherer Zentralisierungsgrade verringert werden. In größeren räumlichen Subkollektiven können die spillover-Effekte ohne interkollektive Konsenssuche effizient internalisiert werden. Je nach Nutzenreichweite des bereitzustellenden Kollektivgutes wird eine räumliche Zentralisierung im Verfassungskalkül eines Individuums aus dieser isolierten Perspektive sinnvoll erscheinen. In Abb. 28 werden die interkollektiven Konsensfindungskosten in Abhängigkeit vom Zentralisierungsgrad grafisch dargestellt.

[1017] Vgl. Frey/Kirchgässner (1994), S. 63; Pitlik (1997), S. 89ff.; auch Oates (1977), S. 18f.; Olson (1977), S. 70.

[1018] Vgl. Olson (1977); Sauerland (1997), S. 42f.; 54. – In einer erweiterten Definition des Äquivalenzprinzips wird zusätzlich die Identität von Nutzern, Zahlern und Entscheidungsberechtigten gefordert. Vgl. Grossekettler (1995), S. 507.

[1019] Tullock bemerkt: „Die völlige Internalisierung der Effekte [...] würde möglicherweise nur im Rahmen eines Entscheidungskollektivs von kontinentalen oder gar planetarischen Ausmaßen erfolgen können." Tullock (1977b), S. 27.

[1020] Sauerland bezeichnet die interkollektiven Konsensfindungskosten als Kosten der Koordination. Allerdings werden unter diese Kosten ebenfalls die Kosten des Aushandelns von Verträgen mit externen Produzenten subsummiert. Der oben gemachten Definition entsprechend fallen jene Kosten unter die „wirtschaftlichen" Transaktionskosten und sollen daher unberücksichtigt bleiben. Vgl. Sauerland (1997), S. 169.

Abb. 28: Interkollektive Konsensfindungskosten

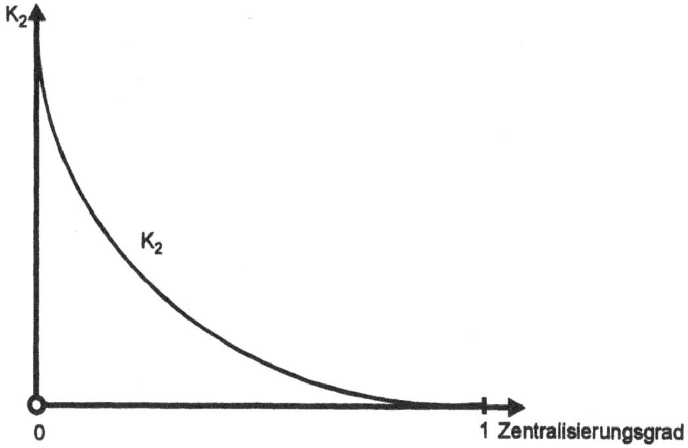

Quelle: Eigene Darstellung.

20.3. Der optimale Zentralisierungsgrad in einer Demokratie

Die Individuen in einer Demokratie werden für eine anzustrebende Gliederung ihres Gemeinwesens dem oben aufgeführten Verfassungskalkül folgen und entsprechend einen Kollektivtyp wählen, der eine transaktionskostenminimale Bereitstellung des Kollektivgutes in Abhängigkeit vom gewählten Zentralisierungsgrad gewährleistet.[1021] Je nach Eigenart des betrachteten Kollektivgutes ergeben sich zwei grundsätzliche Organisationstypen von Kollektiven mit jeweils unterschiedlich großen Nutzerzahlen. Zum einen werden aufgrund der Exkludierbarkeit von nicht-zahlungswilligen Nutzern Klubs und zum anderen wegen der Nicht-Exkludierbarkeit räumlich definierte Organi-

---

[1021] Diese vorgeschlagene Organisationsregel läuft im wesentlichen auf eine möglichst weitgehende Ausprägung des der katholischen Soziallehre entstammenden Prinzips der Subsidiarität hinaus. Papst *Pius XI.* formulierte das Subsidiaritätsprinzip in der „Enzyklika Quadragesimo anno" wie folgt: „ [...] wie dasjenige, was der Einzelmensch aus eigener Initiative und mit seinen eigenen Kräften leisten kann, ihm nicht entzogen und der Gesellschaftstätigkeit zugewiesen werden darf, so verstößt es gegen die Gerechtigkeit, das, was die kleineren und untergeordneten Gemeinwesen leisten und zum guten Ende führen können, für die weitere und übergeordnete Gemeinschaft in Anspruch zu nehmen. [...] Jedwede Gesellschaftstätigkeit ist ja ihrem Wesen und Begriff nach subsidiär; sie soll die Glieder des Sozialkörpers unterstützen, darf sie aber niemals zerschlagen oder aufsaugen." Bundesverband der Katholischen Arbeitnehmer-Bewegung Deutschlands (1985), S. 121, zitiert nach Dichmann (1994), S. 196.- Nach dem Subsidiaritätsprinzip sollten die kollektiven Belange also auf der niedrigsten Ebene angesiedelt werden, die gerade noch in der Lage ist, jene Aufgaben zu erfüllen. Erst wenn die Problemlösungskompetenz einer unteren Ebene erschöpft ist, sollte eine Aufgabenerfüllung der nächsthöheren Ebene angestrebt werden.

sationseinheiten in einer Demokratie etabliert.[1022] Für beide Organisationstypen soll im Folgenden das verfassungsökonomische Optimierungskalkül dargestellt werden.

20.3.1. Die optimale Klubgröße

Die optimale Nutzerzahl eines Klubs ist entsprechend dem Kalkül eines Individuums dann gegeben, wenn die Differenz zwischen dem Nutzen und den Kosten des bereitgestellten Kollektivgutes in Abhängigkeit von der Zahl der Nutzer maximal ist. Diejenige Mitgliederzahl ist demnach optimal, bei der die individuellen Grenznutzen mit den individuellen Grenzkosten übereinstimmen.[1023] Nach diesem Kalkül wird ein Individuum entscheiden, ob es in einen bestehenden Klub eintritt oder ob bei bereits bestehender Mitgliedschaft in einem Klub weitere Mitglieder eintreten oder Mitglieder austreten sollen.[1024] In Abb. 29 wird das individuelle Kalkül grafisch dargestellt.

Liegen bei bestehender Mitgliedschaft eines Individuums beispielsweise bei der Mitgliederzahl X_3 die individuellen Grenzkosten unter den individuellen Grenznutzen, so wird sich das Mitglied für eine Erweiterung des Kollektivs aussprechen, da sich bei zunehmender Nutzerzahl und angenommener Nicht-Rivalität im Konsum die Gesamtkosten auf eine größere Zahl von Nutzern verteilen und damit die Finanzierungslast des Einzelnen sinkt. Das Mitglied wird sich bis zur Mitgliederzahl X_0 für weitere Mitglieder aussprechen, da bis zu dieser Kollektivgröße der individuelle Nettonutzen noch gesteigert werden kann. Umgekehrt wird das Mitglied eines Klubs sich für ein Senken der Mitgliederzahl aussprechen, wenn die Mitgliederzahlen zwischen der Kollektivgröße x_2 und x_0 liegen.

Die Lage der Mitgliederzahlen x_1, x_2 und x_0 hängen vom jeweiligen individuellen Kalkül ab. Daher sind durchaus Situationen vorstellbar, in der auf der einen Seite Mitglieder des bestehenden Klubs sich für die Aufnahme zusätzlicher Mitglieder aussprechen und auf der anderen Seite Mitglieder die Zahl der bestehenden Nutzer senken möchten et vice versa. Mit welchem institutionellen Arrangement die Individuen dieses Problem lösen, ist auf der einen Seite eine Verfassungsfrage der Optimalität des Aggregationsverfahrens und auf der anderen Seite eine Frage des optimalen Delegationsgrades.[1025]

Im Unterschied zu räumlich definierten Organisationseinheiten können Klubs (wie z.B. bei der Straßeninfrastruktur) zwar eine räumliche Komponente besitzen, aufgrund der Exkludierbarkeit zahlungsunwilliger Nutzer ist die räumliche Komponente allerdings nicht das maßgebliche Distinktionsmerkmal des Organisationstyps. Im Unterschied zu räumlich definierten Organsiationseinheiten kann jedes Individuum gänzlich unabhängig vom gewählten Wohnsitz Mitglied in einem Klub seiner Wahl werden.

[1022] Buchanan betont, dass die Klubtheorie auf der strengen Annahme der Exkludierbarkeit von nichtzahlungswilligen Nutzern beruht. Vgl. Buchanan (1965), S. 13.

[1023] Vgl. Sauerland (1997), S. 46.

[1024] Vgl. Buchanan (1965); Kirsch (1997), S. 172; Kirsch (1974), S. 132ff.

[1025] Vgl. hierzu Kapitel II und III.

Abb. 29: Die optimale Mitgliederzahl in einem Klub

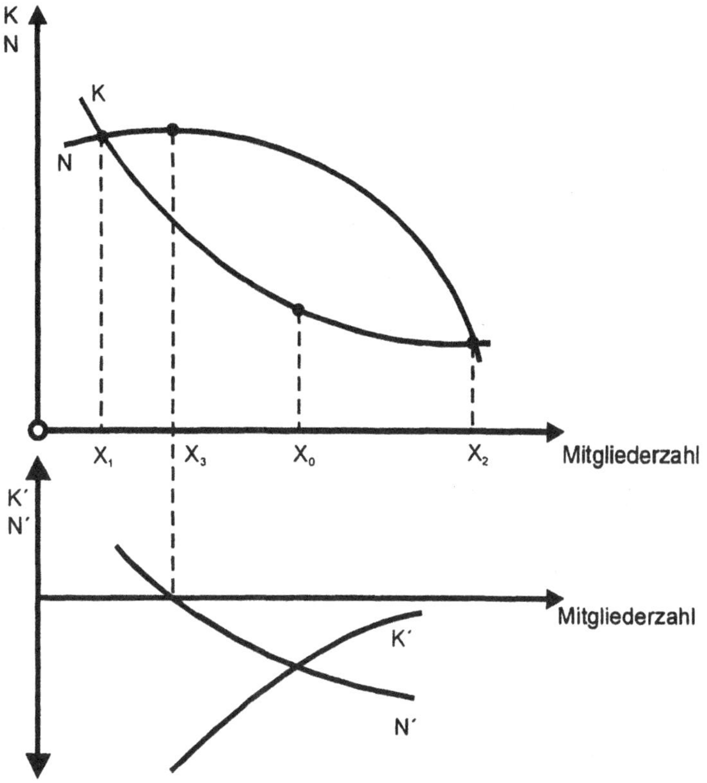

Quelle: Kirsch (1997), S. 172.

20.3.2. Die optimale Größe räumlicher Organisationseinheiten

Bei räumlich abgrenzbaren Organisationseinheiten, also den Gebietskörperschaften, findet im Unterschied zum individuellen Optimierungskalkül der optimalen Klubgröße eine verfassungsökonomische Optimierung auf der Grundlage der zwei oben dargestellten Kostenkategorien statt. Das vor der Verfassungswahl stehende Individuum wird offensichtlich nicht getrennt die jeweiligen Kosten betrachten, sondern versuchen, das Minimum aus der Summe der (wahrscheinlichen) externen Kosten der Zentralisierung sowie den interkollektiven Konsensfindungskosten zu realisieren.[1026] Der in den obigen Abb. 27 und Abb. 28 dargestellte gegenläufige Verlauf der beiden

[1026] Erlei/Leschke/Sauerland sehen eine trade off-Beziehung zwischen intra- und interkollektiven Koordinationskosten. Vgl. Erlei/Leschke/Sauerland (1999), S. 413.

Kostenkurven verdeutlicht unmittelbar, dass es sich hierbei um ein Optimierungsproblem handelt. Während die (wahrscheinlichen) externen Kosten ihr Minimum bei einem vollkommen dezentralisierten Staatsaufbau haben, befindet sich das Minimum der interkollektiven Konsensfindungskosten spiegelbildlich in einem unitären Gemeinwesen.[1027]

Das Minimum der Summe der beiden Kostengrößen – grafisch in Abb. 30 durch die beiden Kurven K_1 und K_2 dargestellt – wird dort erreicht, wo die Zunahme der (wahrscheinlichen) externen Kosten durch eine (streng genommen infinitesimale kleine) Erhöhung des Zentralisierungsgrades genau der Abnahme der interkollektiven Konsensfindungskosten entspricht. Ein vor der Verfassungswahl stehendes Individuum wird also so lange steigenden Zentralisierungsgraden zustimmen, bis die Zunahme der (wahrscheinlichen) externen Kosten der Zentralisierung gerade kleiner ist als die Abnahme der interkollektiven Konsensfindungskosten.[1028] Das Minimum der Gesamtkostenkurve GK stellt den optimalen Zentralisierungsgrad in einer Demokratie dar.[1029] Die Gesamtkostenkurve GK ist der grafische Ort der Transaktionskosten kollektiver Entscheidungen in Abhängigkeit des gewählten Zentralisierungsgrades.

In Abb. 30 wird deutlich, dass extreme Zentralisierungsgrade offensichtlich nicht das Minimum der Gesamtkostenkurve darstellen. Die transaktionskostenoptimale Gliederung eines demokratischen Gemeinwesens liegt demnach im Prinzip in einem Mischsystem. Aus verfassungsökonomischer Sichtweise liegt stets ein Trade-off zwischen den interkollektiven Konsensfindungskosten und den (wahrscheinlichen) externen Kosten vor. Der komparative Vorteil dezentraler Staatsgliederungen besteht darin, dass kollektive Entscheidungen eher im Sinne der Präferenzen der Individuen getroffen werden. Die bessere Präferenzerfüllung kollektiver Entscheidungen wird allerdings mit Kosten der interkollektiven Konsenssuche bezahlt.

Je nach individuellem Standpunkt wird sich die Lage des optimalen Zentralisierungsgrades verändern. Je höher (niedriger) ein Individuum die (wahrscheinlichen) externen Kosten der Zentralisierung einschätzt, desto niedriger (höher) wird der optimale Zentralisierungsgrad ausfallen. Umgekehrt können die interkollektiven Konsensfindungskosten im Verfassungskalkül eine überragende (untergeordnete) Rolle spielen, so dass ein Indiviuum eher für hohe (niedrige) Zentralisierungsgrade plädiert.

In Abb. 30 gibt die Strecke XM die minimalen Transaktionskosten wieder, die das Individuum beim optimalen Zentralisierungsgrad zu tragen hat. Ein Abweichen vom optimalen Zentralisierungsgrad wäre mit Nutzeneinbußen für das Individuum verbunden, da jene Verfassung das kollektive Handeln nicht mehr zu geringstmöglichen Kosten garantieren würde. Höhere bzw. niedrigere Zentralisierungsgrade müssen im Kalkül des Individuums damit als ineffizient gelten.

[1027] Im Rahmen der vorliegenden Untersuchung soll – vereinfachend – davon ausgegangen werden, dass der Zentralisierungsgrad in einer Demokratie stetig ist und keine institutionellen Sprungstellen aufweist.

[1028] Zu einer ähnlichen Trade-off Betrachtung vgl. Pitlik (1997), S. 96.

[1029] Zu einer alternativen Ableitung eines optimalen Zentralisierungsgrades vgl. Sauerland (1997), S. 173f.

Abb. 30: Der optimale Zentralisierungsgrad in einer Demokratie

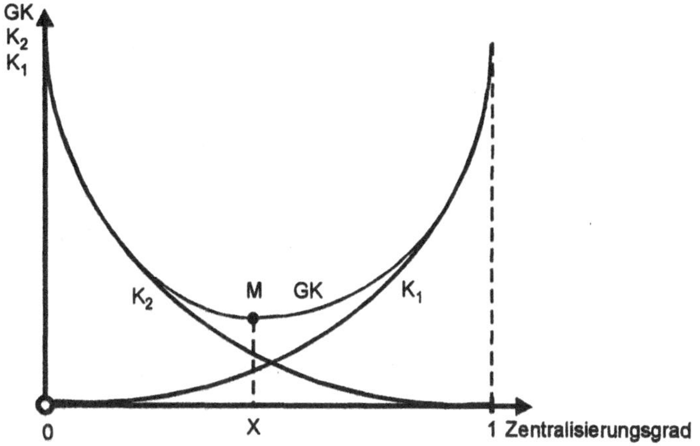

Quelle: Eigene Abbildung.

Je nach individuellem Verfassungskalkül bewegt sich der optimale Zentralisierungsgrad kollektiver Entscheidungen im Intervall zwischen einem vollkommen dezentralisierten Gemeinwesen und einem vollkommen zentralen Staatswesen. Eine Reihe von Einflussfaktoren bestimmt nun die Höhe der (wahrscheinlichen) externen Kosten der Zentralisierung und der interkollektiven Konsensfindungskosten. Das individuelle Verfassungskalkül wird daher im Folgenden unter besonderer Berücksichtigung einiger Einflussfaktoren beschrieben und die Auswirkungen auf den optimalen Zentralisierungsgrad analysiert.

20.3.3. Determinanten der Kostenverläufe

Wichtige Einflussfaktoren des individuellen Verfassungskalküls im Hinblick auf den Zentralisierungsgrad in einer Demokratie stellen der Grad der intrakollektiven Homogenität der Präferenzen, die territoriale Reichweite des Kollektivgutes sowie die mono- bzw. multifunktionale Bereitstellungskompetenz dar.

20.3.3.1. Grad der intrakollektiven Homogenität der Präferenzen

Die Höhe der (wahrscheinlichen) externen Kosten der Zentralisierung wird im Verfassungskakül eines Individuums wesentlich vom Grad der Homogenität der Präferenzen der Individuen beeinflusst. Je größer die Heterogenität der Präferenzen der Individuen in den Kollektiven ist, desto größer fallen im Prinzip die (wahrscheinlichen) externen Kosten der Zentralisierung aus.[1030]

Dazu soll angenommen werden, dass bei einem bestimmten Zentralisierungsgrad ceteris paribus die Heterogenität der Präferenzen der Individuen zunehme. Bei wachsender Heterogenität der Präferenzen wächst damit die Wahrscheinlichkeit, dass kollektive Entscheidungen gegen den Willen eines Individuums getroffen werden, also externe Kosten der Zentralisierung anfallen. In Abb. 31 verschiebt sich die Kurve der (wahrscheinlichen) externen Kosten von K_{11} auf K_{12}. Beim Zentralisierungsgrad x_1 fallen damit in Höhe von A-B höhere (wahrscheinliche) externe Kosten der Zentralisierung an. Die Gesamtkostenkurve verschiebt sich von GK_1 auf GK_2 ebenfalls nach oben, so dass sich der optimale Zentralisierungsgrad x_2 einstellt. Ein höheres Ausmaß der Heterogenität der Präferenzen lässt vor dem Hintergrund des individuellen Verfassungskalküls damit im Prinzip niedrigere Zentralisierungsgrade effizient erscheinen.

Abb. 31: Optimaler Zentralisierungsgrad bei steigender Heterogenität der Präferenzen

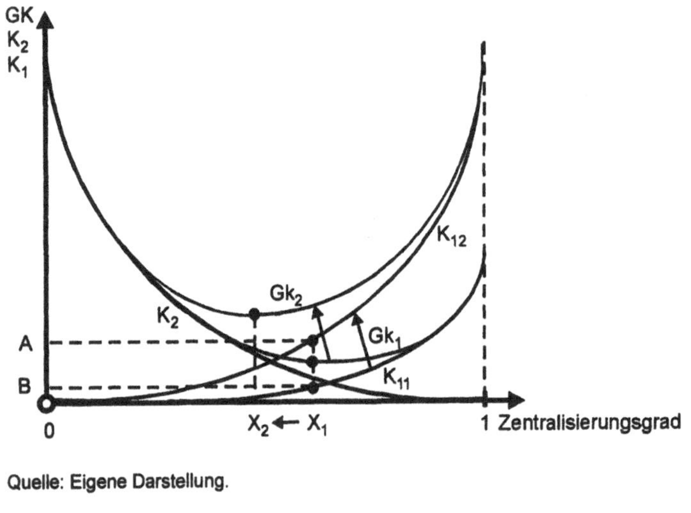

Quelle: Eigene Darstellung.

[1030] Die interkollektiven Konsensfindungskosten dürften bei steigender Heterogenität der Präferenzen der Bürger der an den Verhandlungen beteiligten Jurisdiktionen steigen. Dieser Effekt soll hier nicht weiter berücksichtigt werden. Vgl. Erlei/Leschke/Sauerland (1999), S. 405.

20.3.3.2. Territoriale Reichweite des Kollektivgutes

Das vor der Verfassungswahl stehende Individuum wird die interkollektiven Konsensfindungskosten je nach territorialem Streubereich des Nutzens des Kollektivgutes beurteilen. Treten nur geringe spillover-Effekte auf, so werden ab relativ niedrigen Zentralisierungsgraden die interkollektiven Konsensfindungkosten bei Null liegen, da kein interkollektiver Einigungszwang besteht. Demnach werden im Verfassungskalkül eines Individuums ceteris paribus bei geringerem Umfang an spillover-Effekten geringere Zentralisierungsgrade effizient erscheinen. Dies dürfte beispielsweise bei lokalen öffentlichen Gütern zutreffen.

Bei territorial weiträumig auftretenden spill over-Effekten werden bei einer großen Zahl von Subkollektiven allerdings hohe interkollektive Konsensfindungskosten auftreten. Bei Annahme konstanter (wahrscheinlicher) externer Kosten der Zentralisierung wird ein vor der Verfassungswahl stehendes Individuum sich in diesem Fall für relativ hohe Zentralisierungsgrade aussprechen. In Abb. wird die Situation dargestellt, in der sich der territoriale Streubereich eines Kollektivgutes ceteris paribus erhöht. In den Kurven K_{21} und K_{22} werden die interkollektiven Konsensfindungskosten für jeweils unterschiedliche territoriale Reichweiten des Kollektivgutes dargestellt. Aufgrund der angenommenen größeren territorialen Reichweite verschiebt sich die Kurve der interkollektiven Konsensfindungskosten nach oben. Damit verschiebt sich ebenfalls die Gesamtkostenkurve von GK_1 zu GK_2 nach oben, so dass sich im Endeffekt der optimale Zentralisierungsgrad von x_1 auf x_2 erhöht.

Abb. 32: Optimaler Zentralisierungsgrad bei größerer territorialer Reichweite eines Kollektivgutes

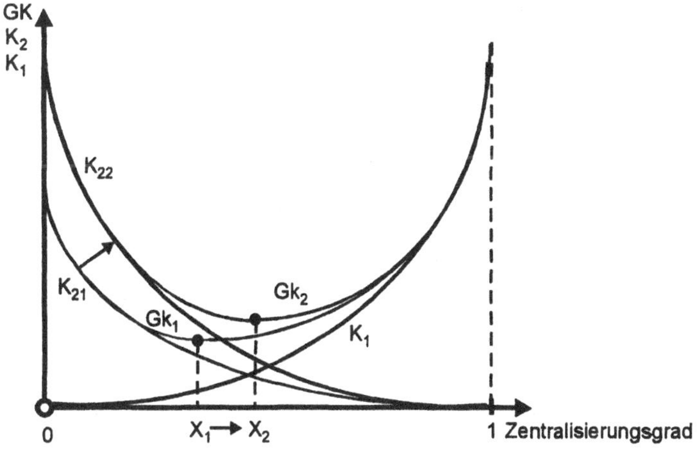

Quelle: Eigene Darstellung.

20.3.3.3. Mono- bzw. multifunktionale Bereitstellungskompetenz

Bisher wurde bei der Ableitung eines optimalen Zentralisierungsgrades unterstellt, dass eine Gebietsköperschaft ausschließlich für die Bereitstellung eines einzigen Kollektivgutes zuständig ist. Unterstellt man nun, dass eine Gebietskörperschaft für die Bereitstellung von zwei oder mehreren Kollektivgütern zuständig ist, so hat dies folgende Konsequenzen.

Im Hinblick auf die Bereitstellung des Kollektivgutes A sei ein optimaler Trade-off zwischen den interkollektiven Konsensfindungskosten und den (wahrscheinlichen) externen Kosten der Zentralisierung gefunden. Der optimale Zentralisierungsgrad möge sich wie in Abb. 33 dargestellt beim Niveau x_A befinden.[1031] Die gegebene Gebietskörperschaft soll nun annahmegemäß ein weiteres Kollektivgut B bereitstellen, welches aufgrund der Nicht-Exkludierbarkeit zahlungsunwilliger Nutzer ebenfalls spillover-Effekte produziert. Aufgrund der größeren territorialen Reichweite der Nutzenströme des Kollektivgutes B ergebe sich ein höherer optimaler Zentralisierungsgrad von x_B. Unterstellt man weiterhin, dass entweder das Zentralisierungsniveau x_A oder x_B gewählt werden kann, so wird bei der (willkürlichen) Wahl des Zentralisierungsgrades x_A die Konsequenz einer multifunktionalen Bereitstellungskompetenz bei ungleichen territorialen Nutzenströmen verschiedener Kollektivgüter unmittelbar deutlich.

Abb. 33: Zentralisierungsgrad multifunktionaler Körperschaften

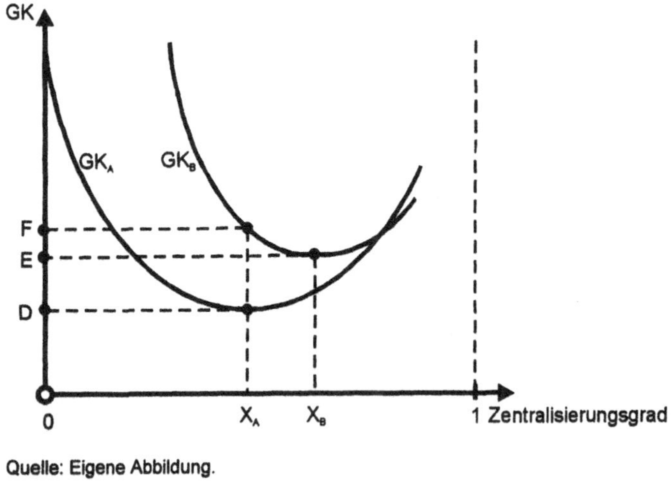

Quelle: Eigene Abbildung.

1031 Zu einer ähnlichen Abbildung vgl. Tullock (1977b), S. 34.

Wenn die beiden Kollektivgüter A und B beim Zentralisierungsgrad x_A bereitgestellt werden, so müssen die Individuen der betreffenden Körperschaft Transaktionskosten in Höhe von D + F tragen. Bei einer getrennten Bereitstellung der beiden Kollektivgüter A und B hätten die Individuen lediglich die Kosten D und E zu tragen. Eine multifunktionale Bereitstellung hat für die Individuen demnach in Höhe von F-E einen Wohlfahrtsverlust zur Folge.[1032]

21. Fazit

Die Analyse des optimalen Zentralisierungsgrades in einer Demokratie hat deutlich gemacht, dass auf der Grundlage des individuellen Verfassungskalküls ein Mischsystem aus dezentralen und zentralen Einheiten offenbar ein transaktionskostenminimales Arrangement darstellt. Weder unitäre noch vollkommen dezentralisierte Staatsgliederungen können auf der Grundlage des aufgestellten Kalküls die politischen Transaktionskosten im Prinzip minimieren.

Statische und dynamische Effizienz im Sinne der Präferenzen der Individuen kann ausschließlich in einem demokratischen System mit kollektiven Subeinheiten erreicht werden. Die Verankerung von kollektiven Entscheidungen auf verschiedenen Jurisdiktionsebenen fördert den politischen Rangordnungswettbewerb und führt einer grundlegenden These der vorliegenden Untersuchung folgend damit im Prinzip zu besseren Politikergebnissen.[1033] Mittels dezentraler Strukturen kann eine stärkere Bindung der Politik an die Wünsche der Bürger gefördert und insofern die Funktionsfähigkeit einer Demokratie wesentlich verbessert werden.

Wie die Analyse multifunktionaler Bereitstellungskompetenzen gezeigt hat, wird durch eine Zusammenlegung von Jurisdiktionen nur zufällig ein Gesamtkostenminimum erreicht. Eine wohlfahrtsoptimale Ausgestaltung eines föderalen Staates legt daher im wesentlichen eine monofunktionale Bereitstellungskompetenz nahe. Der Vorteil eines solchen institutionellen Arrangements liegt darin begründet, dass spillover-Effekte und die (wahrscheinlichen) externen Kosten für jedes Kollektivgut in einen optimalen trade-off gebracht werden können. Die Zusammenlegung von Bereitstellungskompetenzen ist – bei Nicht-Berücksichtigung von Produktionskosten – daher in der Regel mit Wohlfahrtsverlusten für die Bürger einer Demokratie verbunden.

[1032] Wenn die zu Beginn des Kapitels getroffene Annahme konstanter Produktionskosten fallen gelassen wird, so können aufgrund von Verbundvorteilen in der Produktion die Bereitstellungskompetenzen von zwei oder mehr Kollektivgütern durchaus gebündelt werden. Im Verfassungskalkül eines Individuums wird eine multifunktionale Bereitstellung dann effizient erscheinen, wenn die Wohlfahrtsverluste einer einheitlichen Zentralisierung geringer sind als die Produktionskostenvorteile einer gemeinsamen Produktion. Frey/Kirchgässner merken zudem an, dass eine große Zahl von räumlich definierten Gebietskörperschaften u.U. hohe administrative Kosten verursachen kann und wegen einer gewissen Undurchschaubarkeit Probleme der Transparenz politischer Prozesse auftreten können. Vgl. Frey/Kirchgässner (1994), S. 67; Tullock (1977b), S. 32ff.

[1033] Eichenberger/Frey betonen die Bedeutung der Steuerhoheit von Jurisdiktionen als bedeutendes Wettbewerbselement. So besitzen die 26 Kantone in der Schweiz bei den direkten Steuern vollständige Steuerhoheit und die Gemeinden können auf die kantonalen Steuern einen eigenen Hebesatz festlegen. Vgl. Eichenberger/Frey (1994), S. 779.

Von *Frey* wird daher gefordert, sich überlappende und untereinander im Wettbewerb stehende staatliche Körperschaften einzuführen. Ein FOCJ (*F*unctional, *O*verlapping *C*ompeting *J*urisdictions) als eine Körperschaft mit Zwangsgewalt und Steuerhoheit ist im Prinzip nur für die Bereitstellung eines einzigen Kollektivgutes respektive weniger Kollektivgüter zuständig, so dass seine räumliche Ausdehnung nicht starr vorgegeben, sondern der „Geographie der Probleme"[1034] angepasst ist. Die Vorteile von funktionalen, direkt-demokratischen Arrangements mit weitgehender Steuerhoheit gegenüber starren staatlichen Vielzweckgebietskörperschaften liegen auf der Hand:[1035]

- Da je nach Funktion eine andere räumliche Ausdehnung eines FOCJ erforderlich ist, überlappen sich die entsprechenden Organisationseinheiten, so dass ein intensiver Wettbewerb um Gemeinden und Bürger in Gang gesetzt wird. Die exit-Option ist deshalb besonders wirksam, weil der Eintritt bzw. Austritt aus einem FOCJ nicht mit der geographischen Abwanderung verbunden ist.[1036] U.U. bieten FOCJ mit der gleichen Funktion ihre Leistungen im gleichen geographischen Raum an, so dass die Wahlmöglichkeiten für die Bürger und damit der Wettbewerb unter den Anbietern gestärkt wird. Um den politischen Wettbewerb über die exit-Option hinaus zu stärken, bieten sich direktdemokratische Entscheidungsmechanismen an.[1037]
- Weiterhin gewährleistet die räumliche Flexibilität eines FOCJ, dass je nach territorialem Streubereich des entsprechenden Kollektivgutes räumliche spillover-Effekte (weitgehend) internalisiert werden. FOCJ sind demnach „auf die jeweiligen Probleme 'maßgeschneiderte' funktionale[n] Jurisdiktionen."[1038] Aufgrund der räumlichen Flexibilität können zudem „economies of scale" bei der Produktion der öffentlichen Leistung realisiert werden.
- Da der räumliche Geltungsbereich eines FOCJ nicht nach historischen Grenzen festgelegt wird, kann sich im Zeitablauf die räumliche Ausdehnung den jeweiligen vom Bürger gewünschten Erfordernissen anpassen. Dazu sollte den Bürgern das Recht eingeräumt werden, mittels direktdemokratischer Instrumente über die geographische Ausdehnung des FOCJ zu entscheiden. Ändert sich beispielsweise der Wirkungskreis einer öffentlichen Leistung fundamental, so besitzen die Bürger eines FOCJ die Möglichkeit, die Grenzen der Gebietskörperschaft so zu verändern, dass der Kreis der Nutzer und Zahler in größere Übereinstimmung gebracht werden kann. Zahlreiche Erfahrungen in der Schweiz belegen, dass eine große

---

[1034] Frey (1997b), S. 194.

[1035] Vgl. hierzu insbesondere Frey (1997a); auch Frey/Eichenberger (2000); Frey (1997b), S. 194ff.; de Spindler (2001). – Zu einem geschichtlichen Überblick vgl. Frey (2001), S. 171ff.; auch Volckart (2002).

[1036] Dies setzt voraus, dass jeder einzelne Bürger frei entscheiden kann, ob er Mitglied in einem FOCUS ist. Für den Fall einer FOCUS-Mitgliedschaft von Gemeinden sind Bürger automatisch Mitglied derjenigen FOCJ, in denen die Gemeinde Mitglied ist. Die exit-Option kann in diesem Fall nur durch eine – noch relativ kostengünstige – geographische Abwanderung in eine umliegende Gemeinde erfolgen. Vgl. Frey/Eichenberger (2000), S. 338.

[1037] Vgl. hierzu Kapitel II der vorliegenden Untersuchung.

[1038] Frey/Eichenberger (2000), S. 336.

Zahl von Gemeinden und Bezirken mittels Volksabstimmungen zusammengelegt, aufgeteilt oder Kantonsgrenzen verändert wurden.

- Die funktionale Konzentration eines FOCJ vermittelt den Bürgern einen größeren Anreiz, am politischen Prozess zu partizipieren.[1039] Die Bürger haben deutlich geringe Informationskosten zu tragen, da die Komplexität des demokratischen Willensbildungsprozesses vermindert werden kann und insbesondere auf lokaler Ebene informelle Kontakte eine besondere Bedeutung erfahren.[1040] Zudem ist die „Nähe zum Problem" in dezentralen Entscheidungsverfahren wesentlich stärker ausgeprägt, so dass die Bürger wegen der unmittelbaren Betroffenheit in dezentralen Organisationseinheiten die Kosten des Kollektivgüterangebots deutlich besser einschätzen können.[1041] Aufgrund dieser Fühlungsvorteile der Bürger vor Ort wird die Transparenz des politischen Prozesses erhöht.
- Da die Bürger eines FOCJ das Leistungsangebot aufgrund der funktionalen Konzentration gut einschätzen können, impliziert eine dezentrale und funktionale Organisation des Gemeinwesens weiterhin eine bessere Kontrollmöglichkeit der politischen Entscheidungsträger durch die Bürger-Prinzipale.[1042]
- Eine funktionale Orientierung einer Jurisdiktion eröffnet zudem die Möglichkeit, zusätzlich Spezialisierungsgewinne bei den Vertretern der Bürger zu realisieren. Fachlich kompetente Außenseiter können in den politischen Markt eintreten und werden zu einem Teil Allround-Berufspolitiker verdrängen.
- Die Steuerautonomie eines FOCJ vermittelt einen starken Anreiz, die vom Bürger eingezogenen Mittel sparsam einzusetzen. Es ist daher zu vermuten, dass sich ein FOCJ weniger auf die Leistungserstellung als auf die Bereitstellung konzentrieren wird. Je nach Charakteristikum der öffentlichen Leistung wird ein vertikaler Integrationsgrad gewählt, der eine Produktion des Gutes effizient erscheinen lässt. Da „outsourcing"-Aktivitäten im Rahmen dieses Kalküls vielfach die Produktionskosten senken können, wird ein Großteil öffentlicher Leistungen marktlichem Wettbewerb zugänglich gemacht. Die von vielen Ökonomen geforderten Privatisierungen erfolgen demnach endogen.
- Grundsätzlich bleibt der Kollektivgutcharakter einer Abstimmungsteilnahme in FOCJ bestehen. Jedoch hat eine zu vermutende Föderalisierung von Strukturen zur Konsequenz, dass die Bürger in dezentralen Einheiten ihren Einfluss auf das Wahlergebnis höher einschätzen. Da der individuelle Nutzen aus der Wahlteilnahme aufgrund dieses Effektes steigt, wird der Anreiz zur Wahlteilnahme in einem FOCUS größer.[1043]
- Aufgrund der größeren Transparenz politischer Prozesse in einem FOCUS werden die rent seeking-Aktivitäten von organisierten Gruppierungen vom Bürger stärker wahrgenommen. Eine Interessengruppe dürfte in einem FOCUS daher schlechtere Chancen haben, Partikularvorteile auf Kosten einer schlecht organi-

---

1039 Vgl. Frey (1997b), S. 189.

1040 Schumpeter kommt zu folgendem Ergebnis: „Im Gebiet der öffentlichen Angelegenheiten gibt es Sektoren, die mehr innerhalb der Vorstellungskraft des Bürgers liegen als andere. Das gilt erstens für die lokalen Angelegenheiten." Schumpeter (1950/1993), S. 413.

1041 Vgl. Münch/Laufer (1998), S. 29.

1042 Vgl. Frey (1997a), S. 25; Frey/Kirchgässner (1994), S. 61f.; Sauerland (2001), S. 482.

1043 Vgl. Pitlik (1997), S. 188.

sierten Minderheit zu erlangen, da die Belastungen wegen der unmittelbaren Zurechenbarkeit vielfach eine Fühlbarkeitsschwelle überschreiten. Die funktionale Konzentration der Bereitstellungskompetenz fördert die Transparenz des politischen Willensbildungsprozesses, so dass im Ergebnis interessenbezogene Informationen im politischen Diskurs als solche von den Bürgern wahrgenommen werden und so die gemeinwohlschädliche Einflussnahme von Interessengruppen vermindert werden kann.[1044]

[1044] In traditionellen Vielzweckgebietskörperschaften dürften dagegen für organisierte Gruppen mit starken ortsbezogenen Interessen bessere Durchsetzungschancen bestehen, da auf dezentraler Ebene die Interessen aufgrund kleinerer Gruppengrößen schlagkräftiger organisiert werden können. Vgl. Pitlik (1997), S. 204

Schlussbetrachtung

> Demokratie ist kein automatisch wirkendes Heilmittel gegen allerlei Leiden, wie Chinin das angezeigte Medikament bei Malaria ist. Die von ihr gebotenen Chancen müssen ergriffen werden, um die gewünschte Wirkung hervorzubringen.
>
> Amartya Sen (2000), S. 190.

Das mit dem Stichwort der „Politikverdrossenheit" in der Öffentlichkeit diskutierte Phänomen der Unzufriedenheit der Bürger mit den Verfahren, Ergebnissen sowie Akteuren des gegenwärtigen demokratischen Systems scheint keine kurzfristige Verstimmung der Bürger zu sein, sondern auf wesentliche Defizite des bestehenden Institutionengefüges hinzudeuten. Die Ursache des negativen Erscheinungsbildes liegt offenbar in den strukturellen Problemen demokratischer Institutionen. Daher wurde der Blick in der vorliegenden Untersuchung auf eine ungenügende Ausgestaltung institutioneller Arrangements gelenkt und die Frage gestellt, wie die grundlegenden Regeln einer Demokratie derart verändert werden können, dass diese mit dem Legitimationsanspruch der Individuen in Einklang gebracht werden können.
Aus dem Blickwinkel der Neuen Institutionenökonomik wurde ein erster Ansatz entwickelt, die politischen Transaktionskosten, also die „Betriebskosten des politischen Systems" in ihren verschiedenen Dimensionen für die Mitglieder einer demokratischen Gesellschaft transparent und einem konstruktiven Diskurs zugänglich zu machen. Auf der Grundlage verfassungsökonomischer Überlegungen wurde verdeutlicht, wie alternative institutionelle Arrangements die politischen Transaktionskosten verändern können. Die Analyse politischer Transaktionskosten kann damit Ansätze für Reformen bestehender Regeln aufzeigen.
Statt dem Bemühen, die Defizite des bestehenden Institutionengefüges zu überwinden, gewinnen in der gegenwärtigen Politik althergebrachte korporatistische und expertokratische Vermittlungsmuster zunehmend an Bedeutung.[1045] Runde Tische in Form des „Bündnis für Arbeit" oder Expertenkomissionen werden als Möglichkeiten betrachtet, den Reformstau im politischen System der Bundesrepublik zu überwinden. Diese Politikausrichtung muss gleichwohl kritisch betrachtet werden, da gesellschaftspolitische Probleme nicht transparent in der Öffentlichkeit und u.U. zu Lasten unbeteiligter Dritter gelöst werden. In informellen Kreisen wird eine korporatistische Ordnung etabliert, die dem Gesetz der Stärke unterliegt und aus liberal-individualistischer Sicht von höchst zweifelhaftem Nutzen ist. Die Defizite des gegenwärtigen demokratischen Institutionengefüges werden offensichtlich durch die Defizite korporatistischer Interessenvermittlung ersetzt.[1046]
Wie können demgegenüber Reformen im Sinne der Mehrheit der Bürger durchgesetzt werden? Ein grundlegendes Problem in der Umsetzung von Reformen besteht darin, dass unter den gegebenen institutionellen Rahmenbedingungen Reformen Rent Seeking-Prozesse aushöhlen und sich daher benachteiligte Gruppen zur Wehr

---

[1045] Vgl. dazu Wessels (2000), S. 16ff.
[1046] Vgl. dazu ausführlich Kirsch (1999), S. 1149ff.; Kirsch (1997), S. 62ff.; Neumann (2000), S. 540.

setzen. Insbesondere im Falle von Delegations-Reformen dürften sich erhebliche Implementationsprobleme ergeben, da Politiker-Agenten im gegebenen Institutionengefüge über einen hohen Umfang an Kompetenzkompetenz verfügen.[1047] Offenbar wird es nur dann zu Änderungen der institutionellen Anreizbedingungen kommen, wenn jene im Eigeninteresse der Akteure liegen, die die Kompetenz zur Reform der betreffenden Regeln besitzen.[1048]

Ebenfalls sollte die „Machbarkeit gesellschaftlicher Verhältnisse" nicht überschätzt werden.[1049] Wenn im ökonomischen Verhaltensmodell die Veränderung des Verhaltens von Individuen ausschließlich auf Änderungen von Restriktionen zurückgeführt wird, so darf man bei politischen Maßnahmen nicht der Illusion unterliegen, durch das geeignete Setzen von Regeln jedes gewünschte Verhalten der Menschen erzeugen zu können. Das Handeln der Individuen wird ebenfalls durch Präferenzen determiniert, die sich (kurzfristig) u.U. durch veränderte Restriktionen nicht beeinflussen lassen. Bei einer Reform der institutionellen Rahmenbedingungen muss demnach stets bedacht werden, dass sich die involvierten Akteure anders als erhofft verhalten.

In der vorliegenden Untersuchung sollte und konnte kein ideales demokratisches Institutionengefüge vorgestellt werden. Zum einen können die grundlegenden Bewertungen über die Regeln einer demokratischen Ordnung nicht objektiv oder wissenschaftlich abgeleitet werden,[1050] sondern müssen stets an individuelle Interessenlagen rückgebunden werden. Es kann nur von den Individuen einer demokratischen Gesellschaft entschieden werden, ob beispielsweise die Vorteile der Delegation von Entscheidungskompetenz an Intermediäre die Nachteile der Interessenvertretung überwiegen. Zum anderen dürften die verfassungsökonomischen Optimalitätsvorstellungen der Individuen derart unterschiedlich sein, dass sich hieraus kaum eindeutige Regeln für den laufenden Prozess einer Demokratie ableiten lassen. Nicht zuletzt kann entsprechend der vergleichenden Theorie von Institutionen ein bestimmtes System nicht mit einem theoretischen Optimum verglichen werden (Nirwana-Ansatz).[1051] Die Bewertung demokratischer Institutionen sollte stets relativ und nicht absolut vorgenommen werden.[1052]

Wie die Analyse von politischen Transaktionskosten in den jeweiligen Dimensionen kollektiven Handelns gezeigt hat, können gleichwohl Ansätze für Reformen des bestehenden Institutionengefüges aufgezeigt werden. Die Reformvorschläge enthalten entsprechend der eingangs vorgestellten forschungsleitenden Fragestellungen drei wesentliche Punkte:

1. Der politische Wettbewerb in einer (rein repräsentativen) Demokratie kann durch zusätzliche Elemente direkter Demokratie gestärkt werden, weil den Bürgern ne-

---

[1047] Ein Reformvorschlag von Blankart sieht vor, den Delegationsgrad in einer rein repräsentativen Demokratie im Zuge eines „Stimmentausches" zu senken. So könnte die Länge der Legislaturperiode im Sinne der Repräsentanten verlängert und im Gegenzug die Einführung direktdemokratischer Beteiligungsmöglichkeiten erwirkt werden. Vgl. Blankart (2000b).

[1048] Vgl. North (1992), S. 82.

[1049] Vgl. hierzu Kirchgässner (2000), S. 227ff.

[1050] Vgl. Gerken/Schick (2002), S. 526f.

[1051] Vgl. Frey (1997a), S. 31.

[1052] Vgl. Frey/Kirchgässner (1993), S. 146.

ben der periodisch stattfindenden Parlamentswahl zusätzliche Möglichkeiten gegeben werden, ihre Repräsentanten zu sanktionieren sowie ihre eigenen Anliegen auf die politische Agenda zu setzen.[1053]

2. Neben der einfachen Mehrheitswahl existieren eine Reihe von innovativen Abstimmungsverfahren, mit denen die Bürger ihre Präferenzen differenzierter als bisher ausdrücken können.
3. Nicht zuletzt fördert eine funktionale Differenzierung von kollektiven Entscheidungen auf verschiedenen Jurisdiktionsebenen den politischen Wettbewerb.

Die *Intensivierung des Wettbewerbs auf politischen Märkten*, eine *differenziertere Präferenzäußerung* durch die Bürger sowie eine *funktionale Orientierung* von Bereitstellungseinheiten stellen grundlegende Reformansätze dar, die eine stärkere Bindung der Politik an die Wünsche der Bürger fördern und die Funktionsfähigkeit einer Demokratie wesentlich verbessern können.[1054] Die Analogie zu wirtschaftlichen Märkten macht diese Sichtweise deutlich: Die Artikulation der Zahlungsbereitschaft auf Märkten bedeutet ganz ähnlich wie die Präferenzäußerung auf politischen Märkten die „Stimme der Nachfrager". Anbieter auf politischen und wirtschaftlichen Märkten versuchen nun, diese Nachfrage zu befriedigen. Mittels des Wettbewerbs zwischen den Anbietern wird auf Märkten ein effizientes Ergebnis erzielt. In Anlehnung an *v. Hayek* soll die Mustervoraussage gewagt werden, dass sich bei verbesserten Nachfragebedingungen mittels differenzierterer Präferenzartikulation sowie intensiverem politischem Wettbewerb auf der Anbieterseite durch mehr direkte Demokratie und funktionale Entscheidungsstrukturen effizientere Politikergebnisse einstellen werden. Damit dürften gleichzeitig die Chancen für marktwirtschaftliche Reformen steigen.

[1053] Vgl. Frey (1997a), S. 11. – Es sollte gleichwohl nicht übersehen werden, dass auch rein parlamentarische Demokratien reformfähig sind. Blankart/Mueller unterbreiten für die Bundesrepublik Deutschland Reformvorschläge, die eine Direktwahl des Bundeskanzlers, ein Stimmübertragungsverfahren in einem nationalen Wahlkreis oder eine Wahl der Repräsentanten nach einem nationalen Listensystem vorsehen. Volksabstimmungen stellen allerdings ebenfalls ein wesentliches Element der Reformvorschläge dar. Vgl. Blankart/Mueller (2002), S. 16ff.; auch Eichenberger (2001); Leschke (1995), S. 87; Buchanan (1997), S. 168ff.

[1054] Der Adressat solcher Reformüberlegungen sind sowohl Politiker bzw. Regierung als auch die Öffentlichkeit. Zu den Problemen wirtschaftswissenschaftlicher Politikberatung vgl. Pitlik (2001), S. 61ff.; Frey (2000), S. 5ff.

Adamovich, I.B., M. Wohlgemuth (1999): "Exit" und "Voice" im Systemwettbewerb: Das Zusammenwirken von Föderalismus und direkter Demokratie in der Schweiz, in: Streit, M.E., M. Wohlgemuth (Hrsg.): Systemwettbewerb als Herausforderung an Politik und Theorie, Baden-Baden, S. 123-151.

Albert, H. (1994): Das Ideal der Freiheit und das Problem der sozialen Ordnung, Freiburg i. Br.

Aldrich, J.A. (1995): Why parties?, Chicago.

Andel, N. (1998): Finanzwissenschaft, Tübingen.

App, R. (1987): Initiative und ihre Wirkungen auf Bundesebene seit 1974, in: Jahrbuch der Schweizerischen Vereinigung für Politische Wissenschaft, Nr. 27, Bern, S. 189-207.

Arnim, H.H. von (1999): Fetter Bauch regiert nicht gern, Die politische Klasse – selbstbezogen und abgehoben, München.

Arnim, H.H. von (2000): Erneuerung der Demokratie – jetzt, Direktdemokratische Verfahren weisen den Weg aus der derzeitigen Parteienkrise, in: Handelsblatt Nr. 57, S. 53.

Arnold, V. (1992): Theorie der Kollektivgüter, München.

Arrow, K.J. (1951/1963): Social Choice and Individual Values, New York/London/Sydney.

Arrow, K.J. (1969): The Organization of Economic Activity: Issues Pertinent to the Choice of Market versus Non-Market Allocation, in: The Analysis and Evaluation of Public Expenditures: The PBB-System, Joint Economic Comittee, Bd. 1, Washington/D.C.

Arrow, K.J. (1979): Öffentliche und private Wertvorstellungen, in: Pommerehne, W.W., B.S. Frey (Hrsg.): Ökonomische Theorie der Politik, Berlin/Heidelberg/New York, S. 130-150.

Arrow, K.J. (1984): Current Developments in the Theory of Social Choice, in: Arrow, K.J.: Social Choice and Justice, Oxford, S. 162-175.

Arrow, K.J. (1985): The Economics of Agency, in: Pratt, J.W., R.J. Zeckhauser (Hrsg.): Principals and Agents: The Structure of Business, Boston, S. 37-55.

Banducci, S.A. (1998): Direct Legislation: When it is used and when does it pass? In: Bowler, S., T. Donovan, C. Tolbert (Hrsg.): Citizens as Legislators: Direct Democracy in the United States, Columbus, S. 109-132.

Baumol, W., J.C. Panzar, R.D. Willig (1982): Contestable Markets and the Theory of Industry Structure, New York.

Baurmann, M., H. Kliemt (1993): Volksabstimmungen, Verhandlungen und der Schleier der Insignifikanz. Kommentar zu Frey, B.S., G. Kirchgässner: "Diskursethik, Politische Ökonomie und Volksabstimmungen", in: Analyse und Kritik 15, S. 150-167.

Beck, K. (1992): Die Wahrscheinlichkeit paradoxer Abstimmungsergebnisse, Bern u.a.

Becker, G.S. (1976/1982): Der ökonomische Ansatz zur Erklärung menschlichen Verhaltens, in: Becker, G.S.: Der ökonomische Ansatz zur Erklärung menschlichen Verhaltens, Tübingen, S. 1-15.

Becker, G.S. (1996a): Interessengruppen und politisches Verhalten, in: Becker, G.S.: Familie, Gesellschaft und Politik – die ökonomische Perspektive, Tübingen, S. 163-184.

Becker, G.S. (1996b): Politischer Wettbewerb zwischen Interessengruppen, in: Becker, G.S.: Familie, Gesellschaft und Politik – die ökonomische Perspektive, Tübingen, S. 185-196.

Behrends, S. (2001): Neue Politische Ökonomie, München.

Berg, H., D. Cassel, K.-H. Hartwig (1999): Theorie der Wirtschaftspolitik, in: Bender, D. et al. (Hrsg.): Vahlens Kompendium der Wirtschaftstheorie und Wirtschaftspolitik, Bd. 2, München, S. 171-299.

Bergson, A. (1954): On the Concept of Social Welfare, in: Quarterly Journal of Economics 68, S. 233-252.

Bernholz, P. (1974): Logrolling, Arrow Paradox and Cyclical Decision Rules - A Generalization, in: Kyklos 27, S. 49-62.

Bernholz, P., F. Breyer (1993): Grundlagen der Politischen Ökonomie, Band 1: Theorie der Wirtschaftssysteme, Tübingen.

Bernholz, P., F. Breyer (1994): Grundlagen der Politischen Ökonomie, Band 2: Ökonomische Theorie der Politik, Tübingen.

Black, D. (1948): On the Rational of Group Decision Making, in: Journal of Political Economy 56, S. 23-34.

Black, D. (1958): The Theory of Committees and Elections, Cambridge.

Blankart, C.B. (1992): Bewirken Referendum und Volksinitiative einen Unterschied in der Politik?, in: Staatswissenschaften und Staatspraxis 3, S. 509-524.

Blankart, C.B. (1994a): Öffentliche Finanzen in der Demokratie: eine Einführung in die Finanzwissenschaft, München.

Blankart, C.B. (1994b): Club Governments versus Representative Governments, in: Constitutional Political Economy 3 (5), S. 273-286.

Blankart, C.B. (2000a): Vom Parteienstaat zum Bürgerstaat, in: Handelsblatt, Nr. 57, S. 54.

Blankart, C.B. (2000b): Wie könnten Abstimmungen auf Bundesebene geregelt werden?, in: Wirtschaftsdienst 10, S. 607-611.

Blankart, C.B. (2002): Zehn Vorurteile gegen Volksabstimmungen auf Bundesebene, in: Wirtschaftsdienst 9, S. 521-525.

Blankart, C.B., D.C. Mueller (2002): Alternativen der parlamentarischen Demokratie, in: Perspektiven der Wirtschaftspolitik, 3. Jg., Heft 1, S. 1-21.

Blau, J.H. (1957): The Existence of Social Welfare Functions, in: Econometrica, Vol. 25, S. 302-313.

Boehmke, F.J. (2002): The Effect of Direct Democracy on the Size and Diversity of State Interest Group Populations, in: The Journal of Politics 3, Vol. 64, S. 827-844.

Bohnen, A. (1975): Individualismus und Gesellschaftstheorie, Tübingen.

Bohnet, I. (1997): Kooperation und Kommunikation; eine ökonomische Analyse individueller Entscheidungen, Tübingen.

Bohnet, I., B.S. Frey (1994): Direct-Democratic Rules: The Role of Discussion, in: Kyklos 47, S. 341-354.

Bohnet, I., B.S. Frey (1999): The Sound of Silence in Prisoner`s Dilemma and Dictator Games, in: Journal of Economic Behaviour and Organization 38, S. 43-57.

Bonus, H., M. Häder (1998): Zertifikate und Neue Institutionenökonomik, in: Zeitschrift für angewandte Umweltforschung, Sonderheft 9, S. 32-44.

Bordley, R.F. (1983): A Pragmatic Method for Evaluating Election Schemes through Simulation, in: American Political Science Review 77 (1), S. 123-142.

Bordley, R.F. (1985): A Precise Method for Evaluating Election Schemes, in: Public Choice 46, S. 113-123.

Borner, S., A. Brunetti, T. Straubhaar (1990): Schweiz AG: Vom Sonderfall zum Sanierungsfall?, Zürich.

Borrmann, J., J. Finsinger (1999): Markt und Regulierung, München.

Bosbach, W. (2002): Mit der Staatsform spielt man nicht - Gegen eine plebiszitäre Umgestaltung unserer Demokratie, in: Wirtschaftsdienst 9, S. 518-521.

Bossert, W., F. Stehling (1990): Theorie kollektiver Entscheidungen. Eine Einführung, Berlin u.a.

Brams, S.J., P.C. Fishburn (1978): Approval Voting, in: American Political Science Review 72, S. 831-847.

Brams, S.J., P.C. Fishburn (1983): Approval Voting, Boston.

Brennan, G., J.M. Buchanan (1980): The Power to Tax, Cambridge u.a.

Brennan, G., J.M. Buchanan (1993): Die Begründung von Regeln, Konstitutionelle Politische Ökonomie, Tübingen.

Brennan, G., L. Lomasky (1985): The Impartial Spectator goes to Washington – Toward a Smithian Theory of Electoral Behavior, in: Economics and Philosophy 1, S. 189-211.

Brennan, G., L. Lomasky (1993): Democracy and Decision, The Pure Theory of Electoral Preference, Cambridge.

Breyer, F. (1980): Das Sen-Paradox, in: WiSt 12, S. 580-582.

Broder, D.S. (2001): Democracy derailed - Initiative Campaigns and the Power of Money, San Diego/New York/London.

Brümmerhoff, D. (1996): Finanzwissenschaft, München/Wien.

Brunetti, A. (1990): Integration und politisch-ökonomischer Sonderfall Schweiz, in:

Schweizerische Zeitschrift für Volkswirtschaft und Statistik 3, S. 435-448.

Brunetti, A., T. Straubhaar (1991): Internationalisierung und direkte Demokratie, in: Jahrbuch der Schweizerischen Vereinigung für Politische Wissenschaft 31, Bern/Stuttgart, S. 237-256.

Buchanan, J.M. (1954a): Individual Choice in Voting and in the Market, in: Journal of Political Economy 62, S. 334-343.

Buchanan, J.M. (1954b): Social Choice, Democracy, and Free Markets, in: The Journal of Political Economy LXII, S. 114-124.

Buchanan, J.M. (1965): An Economic Theory of Clubs, in: Economica 32, S. 1-14.

Buchanan, J.M. (1975): The Limits of Liberty: Between Anarchy and Leviathan, Chicago, London.

Buchanan, J.M. (1977): Freedom in Constitutional Contract, Perspectives of a Political Economist, London.

Buchanan, J.M. (1984): Politics without Romance: A Sketch of Positive Public Choice Theory and its Normative Implications, in: Buchanan, J.M., R.D. Tollison (Hrsg.): The Theory of Public Choice – II, Ann Arbor, S. 11-23.

Buchanan, J.M. (1987a): Konstitutionelle Demokratie, individuelle Freiheit und politische Gleichberechtigung, in: Buhofer, H. (Hrsg.): Liberalismus als Verjüngungskur, Zürich/Wiesbaden, S. 37-48.

Buchanan, J.M. (1987b): Constitutional Economics, in: The New Palgrave, Bd. 1, S. 585-588.

Buchanan, J.M. (1989): Die Verfassung der Wirtschaftspolitik. Nobel-Lesung vom 8. Dezember 1986, in: Recktenwald, H.C. (Hrsg.): Die Nobelpreisträger der ökonomischen Wissenschaft 1969-1988, Band II, Düsseldorf, S. 932-949.

Buchanan, J.M. (1993): How can Constitutions be designed so that Politicians who seek to serve "Public Interest" can survive and prosper?, in: Constitutional Political Economy 4, Nr. 1, S. 1-6.

Buchanan, J.M. (1997): Can Democracy promote the General Welfare?, in: Social Philosophy and Policy, Vol. 14, Nr. 2, S. 165-179.

Buchanan, J.M. (2001): Direct Democracy, Classical Liberalism, and Constitutional Strategy, in: Kyklos 54, Nr. 2/3, S. 235-242.

Buchanan, J.M., R.D. Tollison, G. Tullock (1980): Toward a Theory of the Rent-seeking Society, College Station.

Buchanan, J.M., G. Tullock (1965/1999): The Calculus of Consent, Logical Foundations of Constitutional Democracy, Ann Arbor.

Bürklin, W., M. Klein (1998): Wahlen und Wählerverhalten - Eine Einführung, Opladen.

Bund, D. (1984): Die ökonomische Theorie der Verfassung, Baden-Baden.

Caplin, A., B. Nalebuff (1988): On 64%-Majority Rule, in: Econometrica 56, S. 787-814.

Cassel, S. (1998): Direkte Demokratie, Bürgerpräferenzen und die Rolle von Politikberatung, in: Renner, A., F. Hinterberger (Hrsg.): Zukunftsfähigkeit und Neoliberalismus: Zur Vereinbarkeit von Umweltschutz und Wettbewerbswirtschaft, Baden-Baden, S. 465-483.

Castoriadis, C. (1990): Die griechische polis und die Schaffung der Demokratie, in: Rödel, U. (Hrsg.): Autonome Gesellschaft und libertäre Demokratie, S. 298-329.

Clarke, E.H. (1971): Multipart Pricing of Public Goods, in: Public Choice 11, S. 17-33.

Coase, R. (1937): The Nature of the Firm, in: Economica 4, S. 386-405.

Coase, R. (1960): The Problem of Social Cost, in: Journal of Law and Economics 3, S. 1-44.

Condorcet, M. de (1785): Essai sur l´application de l´analyse à la probilité des décisions rendues a la pluralité des voix, Paris.

Coombs, C. (1964): A Theory of Data, New York.

Cox, G.W. (1990): Centripetal und Centrifugal Incentives in Electoral Systems, in: American Journal of Political Science 34, S. 903-935.

Cronin, T.E. (1999): Direct Democracy, The Politics of Initiative, Referendum, and Recall, Cambridge/Massachusettes/London.

Dahl, R. (1971): Polyarchie, New Haven.

Dahl, R.A., C.E. Lindblom (1953): Politics Economics and Welfare, New York.

Dalton, R.J., W. Bürklin, A. Drummond (2001): Puplic Opinion and Direct Democracy, in: Journal of Democracy 12, S. 141-154.

Demsetz, H. (1969): Information and Efficiency: Another Viewpoint, in: Journal of Law and Economics 12, S. 1-22.

Detjen, J. (2000): Die Demokratiekompetenz der Bürger, Herausforderung für die politische Bildung, in: Aus Politik und Zeitgeschichte, B25, S. 11-21.

Dichmann, W. (1994): Subsidiarität, in: Ordo 45, S. 195-249.

Dietl, H. (1993): Institutionen und Zeit, Tübingen.

Donovan, T., S. Bowler (1998): Direct Democracy and Minority Rights: An Extension, in: American Journal of Political Science, Vol. 42, No. 3, S. 1020-1024.

Donovan, T., S. Bowler, D. McCuan, K. Fernandez (1998): Contending Players and Strategies: Opposition Advantages in Initiative Elections, in: Bowler, S., T. Donovan, C. Tolbert (Hrsg.): Citizens as Legislators: Direct Democracy in the United States, Columbus, S. 80-104.

Doron, G. (1979): The Hare Voting System is Inconsistent, in: Political Studies 27, S. 283-286.

Doron, G. , Kronick, R. (1977): Single Transferable Vote: an Example of a Perverse Social Choice Function, in: American Journal of Political Science 21, S. 303-311.

Downs, A. (1968): Ökonomische Theorie der Demokratie, Tübingen.

Dummet, M. (1984): Voting Procedures, Oxford.

Durkheim, É. (1999): Die Regeln der soziologischen Methode, Frankfurt a.M.

Durth, R. (2000): Transaktionskosten und "Neue Ökonomie", in: WiSt 11, S. 637-639.

Eichenberger, R. (2001): Die Deregulierung des politischen Prozesses: Ein neuer Weg zu besserer Politik, in: Jahrbuch für Neue Politische Ökonomie 19, S. 310-323.

Eichenberger, R., B.S. Frey (1994): Bessere Politik durch Föderalismus und direkte Demokratie, in: C. Hermann-Pillath, O. Schlecht, H.F. Wünsche (Hrsg.): Marktwirtschaft als Aufgabe: Wirtschaft und Gesellschaft im Übergang vom Plan zum Markt, Stuttgart, S. 773-787.

Eisenführ, F., M. Weber (1994): Rationales Entscheiden, Berlin u.a.

Elschen, R. (1993): Gegenstand und Anwendungsmöglichkeiten der Agency-Theorie, in: Zeitschrift für betriebswirtschaftliche Forschung 43, S. 1002-1012.

Erlei, M., M. Leschke, D. Sauerland (1999): Neue Institutionenökonomik, Stuttgart.

Eschenburg, R. (1977): Der ökonomische Ansatz zu einer Theorie der Verfassung, Die Entwicklung einer liberalen Verfassung im Spannungsverhältnis zwischen Produktivität und Effektivität der Kooperation, Tübingen.

Eucken, W. (1952/1990): Grundsätze der Wirtschaftspolitik, Bern/Tübingen.

Evers, T. (1999): Volkssouveränität und parlamentarisches System – Ideologiegeschichtliche Wurzeln einer aktuellen Debatte, in: H.K. Heußner, O. Jung (Hrsg.): Mehr direkte Demokratie wagen, Volksbegehren und Volksentscheid: Geschichte - Praxis – Vorschläge, München, S. 23-41.

Falk, A. (2001): Wirtschaftswissenschaftliche Experimente: Homo Oeconomicus auf dem Prüfstand, in: Wirtschaftsdienst 5, S. 300-304.

Fama, E.F. (1980): Agency Problems and the Theory of the Firm, in: Journal of Political Economy 88, S. 288-307.

Feld, L.P., G. Kirchgässner (1998): Die politische Ökonomie der direkten Demokratie: Eine Übersicht, in: Diskussionsbeiträge aus der volkswirtschaftlichen Abteilung der Universität St. Gallen, Nr. 9807, St. Gallen.

Feld, L.P., M.R. Savioz (1998): Vox Populi, Vox Bovi? Ökonomische Auswirkungen direkter Demokratie, in: Grözinger, G., S. Panther (Hrsg.): Konstitutionelle Ökonomie - Sind unsere gesellschaftlichen Regelsysteme in Form und guter Verfassung?, Marburg, S. 29-81.

Feldmann, H. (1997): Die Einstimmigkeitsregel als wirtschaftspolitische Norm, in: WiSt 10, S. 523-525.

Feldmann, H. (1998): Zur Problematik des Effizienzziels in der Wirtschaftspolitik, in: WiSt 7, S. 354-361.

Fetscher, I. (1984): Wieviel Konsens gehört zur Demokratie?, in: Guggenberger, G., C. Offe (Hrsg.): An den Grenzen der Mehrheitsdemokratie: Politik und Soziologie der Mehrheitsregel, Opladen, S. 196-207.

Fishburn, P.C. (1974): Paradoxes of Voting, in: American Political Science Review 68, S. 537-546.

Fishburn, P.C., S. Brams (1983): Paradoxes of Preferential Voting, in: Mathematics Magazine 56, S. 207-214.

Folkers, C. (1996): Konstitutionelle Ökonomik und Finanzwissenschaft, in: Pies, I., M. Leschke (Hrsg.): James Buchanans konstitutionelle Ökonomik, Tübingen, S. 111-150.

Frey, B.S. (1974): Entwicklung und Stand der Neuen Politischen Ökonomie, in: Widmaier, H.P. (Hrsg.): Politische Ökonomie des Wohlfahrtsstaates - Eine kritische Darstellung der Neuen Politischen Ökonomie, Frankfurt a.M., S. 30-66.

Frey, B.S. (1976): Gesellschaftliche Entscheidungssysteme, in: WiSt 5, S. 153-158.

Frey, B.S. (1977): Moderne Politische Ökonomie, Die Beziehungen zwischen Wirtschaft und Politik, München/Zürich.

Frey, B.S. (1979): Economic Policy by Constitutional Contract, in: Kyklos 32, Heft 1/2, S. 307-319.

Frey, B.S. (1990): Ökonomie ist Sozialwissenschaft, Die Anwendung der Ökonomie auf neue Gebiete, München.

Frey, B.S. (1994): Direct Democracy: Politico-economic Lessons from Swiss Experience, in: American Economic Review, Papers and proceedings, S. 338-342.

Frey, B.S. (1997a): Ein neuer Föderalismus für Europa: Die Idee der FOCJ, Tübingen.

Frey, B.S. (1997b): Neubelebung: Direkte Demokratie und dynamischer Föderalismus, in: Borner, S., H. Rentsch (Hrsg.): Wieviel direkte Demokratie verträgt die Schweiz?, Chur, S. 183-205.

Frey, B.S. (1997c): Markt und Motivation - Wie ökonomische Anreize die (Arbeits-) Moral verdrängen, München.

Frey, B.S. (2000): Was bewirkt die Volkswirtschaftslehre?, in: Perspektiven der Wirtschaftspolitik, Nr. 1, S. 5-33.

Frey, B.S. (2001): A Utopia? Government without Territorial Monopoly, in: Journal of Institutional and Theoretical Economics (JITE), Nr. 157, S. 162-175.

Frey, B.S., Eichenberger, R. (2000): Jenseits des Gebietsmonopols des Staates: Föderalismus mittels FOCJ, in: Gerken, L., G. Schick (Hrsg.): Grüne Ordnungsökonomik: Eine Option modener Wirtschaftspolitik?, Marburg, S. 331-349.

Frey, B.S., G. Kirchgässner (1993): Diskursethik, Politische Ökonomie und Volksabstimmungen, in: Analyse und Kritik, Nr. 15, S. 129-149.

Frey, B.S., G. Kirchgässner (1994): Demokratische Wirtschaftspolitik: Theorie und Anwendung, München.

Frey, B.S., L. Goette (1998): Does the Popular Vote destroy Civil Rights?, in: American Journal of Political Science 42, S. 1343-1348.

Frey, B.S., M. Kucher, A. Stutzer (2001): Outcome, Process and Power in Direct Democracy - New Econometric Results, in: Public Choice 107, S. 271-293.

Frey, B.S., W.W. Pommerehne (1993): On the Fairness of Pricing - An Empirical Survey among the General Population, in: Journal of Economic Behavior and Organization 20, S. 295-307.

Fritsch, M. (1983): Ökonomische Ansätze zur Legitimation kollektiven Handelns, Berlin.

Fritsch, M., T. Wein, H.-J. Ewers (1999): Marktversagen und Wirtschaftspolitk, Mikroökonomische Grundlagen staatlichen Handelns, München.

Fukuyama, F. (1992): Das Ende der Geschichte, München.

Gabriel, J.M. (1997): Wahlen statt Abstimmungen, in: Borner, S., H. Rentsch (Hrsg.): Wieviel direkte Demokratie verträgt die Schweiz?, Chur, S. 243-247.

Gäfgen, G. (1968): Theorie der wirtschaftlichen Entscheidung, Untersuchungen zur Logik und ökonomischen Bedeutung des rationalen Handelns, Tübingen.

Gaertner, W. (1978): Über Kenneth Arrows allgemeines Unmöglichkeitstheorem und einige Auswege aus dem Dilemma, in: Jahrbuch für Sozialwissenschaft, Band 29, S. 288-310.

Galbraith, J.K. (1952): The American Capitalism. The Concept of Countervailing Power, London.

Galeotti, G., A. Breton (1986): An Economic Theory of Political Parties, in: Kyklos 39, S. 47-65.

Gamble, B.S. (1997): Putting Civil Rights to a Popular Vote, in: American Journal of Political Science, Vol. 41, Nr. 1, S. 245-269.

Garman, M.B., M.I. Kamien (1968): The Paradox of Voting: Probability Calculations, in: Behavorial Science, Vol. 13, S. 306-316.

Gehrlein, W. v. (1983): Condorcet's Paradox, in: Theory and Decision 15, S. 161-197.

Gerber, E.R. (1996): Legislative Response to the Threat of Initiatives, in: American Journal of Political Science 40, S. 99-128.

Gerber, E.R. (1998): Pressuring Legislatures Through the Use of Initiatives: Two Forms of Indirect Influence, in: Bowler, S., T. Donovan, C. Tolbert (Hrsg.): Citizens as Legislators: Direct Democracy in the United States, Columbus, S. 191-208.

Gerber, E.R. (1999): The Populist Paradox: Interest Group Influence and the Promis of Direct Legislation, Princeton.

Gerber, E.R., A. Lupia, M.D. McCubbins, D.R. Kiewiet (2001): Stealing the Initiative, How State Government responds to Direct Democracy, New Jersey.

Gerken, L., G. Schick (2002): Alle Staatsgewalt geht vom Volke aus, in: Wirtschaftsdienst 9, S. 525-528.

Gibbard, A. (1973): Manipulating of Voting Schemes: A General Result, in: Econometrica 41, S. 587-601.

Glaser, U. (1991): Direktdemokratische Elemente in den Wahlverfahren der USA: Das "Recall"-Verfahren, in: Schweizerische Vereinigung für Politische Wissenschaft: SVPW-Jahrbuch 31, Bern/Stuttgart, S. 45-59.

Glaser, U. (1997): Direkte Demokratie als politisches Routineverfahren: Volksabstimmungen in den USA und in Kalifornien, Erlangen/Jena.

Graaf, J. de V. (1962): On Making a Recommondation in a Democracy, in: Economic Journal 72, S. 293-298.

Greiffenhagen, M. (1997): Politische Legitimität in Deutschland, Gütersloh.

Grözinger, G. (1996): Entscheidungskompetenz und Abstimmungslogik, Zur Wahl von Wahlverfahren, in: Staatswissenschaften und Staatspraxis 7, S. 195-232.

Grözinger, G., S. Panther (1998): Einleitung, in: Grözinger, G., S. Panther (Hrsg.): Konstitutionelle Ökonomie - Sind unsere gesellschaftlichen Regelsysteme in Form und guter Verfassung?, Marburg.

Gross, A. (1999): Die schweizerische Direkte Demokratie, in: Heußner, H.K., J. Otmar (Hrsg.): Mehr direkte Demokratie wagen, Volksbegehren und Volksentscheid: Geschichte - Praxis – Vorschläge, München, S. 87-101.

Grossekettler, H. (1995): Öffentliche Finanzen, in: Bender, D. et al. (Hrsg.): Vahlens Kompendium der Wirtschaftstheorie und Wirtschaftspolitik, Band 1, München, S. 483-631.

Grossekettler, H. (1997): Die Wirtschaftsordnung als Gestaltungsaufgabe. Entstehungsgeschichte und Entwicklungsperspektiven des Ordoliberalismus nach 50 Jahren sozialer Marktwirtschaft, Münster/Hamburg.

Groves, T. (1973): Incentives in Teams, in: Econometrica 4, S. 617-633.

Groves, T., J. Ledyard (1977a): Some Limitations of Demand-Revealing Processes, in: Public Choice 29-2, S. 107-124.

Groves, T., J. Ledyard (1977b): Reply, in: Public Choice 29-2, S. 139-143.

Grüner, H.P. (2001): Wirtschaftspolitik - Allokationstheoretische Grundlagen und politisch-ökonomische Analyse, Berlin/Heidelberg/New York.

Güth, W., H. Weck-Hannemann (1997): Do People care about Democracy? An Experiment exploring the Value of Voting Rights, in: Public Choice 91, S. 27-47.

Guilbaud, G.T. (1952): Les Théories de l´Intérêt Général et le Problème Logique de l´Aggrégation, in: Economie Appliqué 5, S. 501-584.

Habermas, J. (1992): Faktizität und Geltung, Beiträge zur Diskurstheorie des Rechts und des demokratischen Rechtsstaats, Frankfurt a.M.

Hättich, M. (1991): Begriff und Formen der Demokratie, Mainz/München.

Hanusch, H. (1994): Nutzen-Kosten-Analyse, München.

Hare, T. (1859): Treatise on the Election of Representatives, Parlamentary and Municipal, London.

Hartwig, K.-H. (1997), Wirtschaftsverbände und Soziale Marktwirtschaft, in: Ordo – Jahrbuch für die Ordnung von Wirtschaft und Gesellschaft, Band 48, Stuttgart, S. 655-676.

Hayek, F.A. von (1969/1994): Freiburger Studien, Tübingen.

Hayek, F.A. von (1977): Drei Vorlesungen über Demokratie, Gerechtigkeit und Sozialismus, Vorträge und Aufsätze aus dem Walter Eucken Institut, Nr. 63, Tübingen.

Hayek, F.A. von (1996): Die Anmaßung von Wissen, Neue Freiburger Studien, Tübingen.

Head, J.G. (1988): On Merit Wants, Reflections on the Evolution, Normative Status and Policy Relevance of a Controversial Public Finance Concept, in: Finanzarchiv 1, S. 1-38.

Herber, R. (1982): Wahlensysteme im Vergleich, Eine sozialökonomische Analyse, in: Boettcher, E., P. Herder-Dorneich, K.-E. Schenk (Hrsg.): Jahrbuch für Neue Politische Ökonomie, Band 1, S. 39-57.

Herder-Dorneich, P., M. Groser (1977): Ökonomische Theorie des politischen Wettbewerbs, Göttingen.

Herdzina, K. (1993): Wettbewerbspolitik, Stuttgart.

Hernekamp, K. (1979): Formen und Verfahren der direkten Demokratie - Dargestellt anhand ihrer Rechtsgrundlagen in der Schweiz und in Deutschland, Veröffentlichungen aus dem Institut für Internationale Angelegenheiten der Universität Hamburg, Band 8, Frankfurt a.M.

Hertig, H.P. (1982): Sind Abstimmungserfolge käuflich? Elemente der Meinungsbildung bei eidgenössischen Abstimmungen, in: Schweizerisches Jahrbuch für Politische Wissenschaft 22, S. 35-57.

Herzinger, R. (2000): Lasst das Volk wählen!, in: Die Tageszeitung v. 17.3.2000, S. 12.

Hess, T. (1999): Die Agency-Theorie als Gestaltungshilfe für Führungsinformationssysteme, in: WISU 11, S. 1503-1509.

Heuser, U.J., G. von Randow, U. Watermann (1998): Jetzt werden wir direkt - überall fordern Bürger Volksabstimmungen. Die Zeit ist reif für mehr direkte Demokratie, in: Die Zeit, Nr. 16, S. 17-19.

Heußner, H.K., O. Jung (1999): Einleitung, in: Heußner, H.K., O. Jung (Hrsg.): Mehr direkte Demokratie wagen, Volksbegehren und Volksentscheid: Geschichte - Praxis - Vorschläge, München, S. 11-23.

Hildreth, C. (1953): Alternative Conditions for Social Orderings, in: Econometrica 21, S. 81-95.

Hinsch, W. (1997): Politischer Konsens in einer streitbaren Welt, in: Philosophische Gesellschaft Bad Homburg und W. Hinsch (Hrsg.): Zur Idee des politischen Liberalismus - John Rawls in der Diskussion, Frankfurt a.M., S. 9-39.

Hirschman, A.O. (1974): Abwanderung und Widerspruch, Reaktionen auf Leistungsabfall bei Unternehmungen, Organisationen und Staaten, in: Boettcher, E. (Hrsg.): Schriften zur Kooperationsforschung, Band 8, Tübingen.

Hobbes, T. (1651/1980): Leviathan oder Stoff, Form und Gewalt eines kirchlichen und bürgerlichen Staates, Stutttgart.

Höffe, O. (2002): Demokratie im Zeitalter der Globalisierung, München.

Hofer, B. (1987): Die Volksinitiative als Verhandlungspfand, in: Jahrbuch der Schweizerischen Vereinigung für Politische Wissenschaft 27, Bern, S. 207-236.

Holcombe, R.G., J.D. Gwartney (1989): Political Parties and the Legislative Principal-Agent Relationship, in: Journal of Institutional and Theoretical Economics 145, S. 669-675.

Holler, M.J., G. Illing (1996): Einführung in die Spieltheorie, Berlin u.a.

Holubiec, J.W, J.W. Mercik (1994): Inside Voting Procedures, München.

Homann, K. (1980): Die Interdependenz von Zielen und Mitteln, Tübingen.

Homann, K. (1982): Zum Problem rationaler Politik in demokratischen Gesellschaften, in: Boettcher, E., P. Herder-Dorneich, K.-E. Schenk (Hrsg.): Jahrbuch für Neue Politische Ökonomie, Band 1, S. 11-39.

Homann, K. (1988): Rationalität und Demokratie, Tübingen.

Homann, K., I. Pies (1996): Sozialpolitik für den Markt: Theoretische Perspektiven konstitutioneller Ökonomik, in: Pies, I., M. Leschke (Hrsg.): James Buchanans konstitutionelle Ökonomik, Tübingen, S. 203- 240.

Homann, K., A. Suchanek (2000): Ökonomik - Eine Einführung, Tübingen.

Hoppmann, E. (1987): Ökonomische Theorie der Verfassung, in: Ordo 38, Stuttgart/New York, S. 31-45.

Hotelling, H. (1929): Stability in Competition, in: The Economic Journal XXXIX, S. 41-57.

Hübl, L., D. Swieter (2000): Neue Institutionenökonomik und Fußball-Bundesliga, in:

WISU 3, S. 305-308.

Hume, D. (1739/1962): A Treatise of Human Nature, Oxford.

Jakubowski, P. (1999): Demokratische Umweltpolitik, Eine institutionenökonomische Analyse umweltpolitischer Zielfindung, Frankfurt a.M. u.a.

Jakubowski, P., H. Tegner, S. Kotte (1999): Strategien umweltpolitischer Zielfindung: Eine ökonomische Perspektive, Münster.

Jensen, M.C., W.H. Meckling (1976): Theory of the Firm: Managerial Behavior, Agency Costs and Ownership Structure, in: Journal of Financial Economics 3, S. 305-360.

Jöhr, A.W. (1976): Das Abstimmungsproblem bei drei Alternativen, Versuch einer systematischen Erklärung, in: Schweizerische Zeitschrift für Volkswirtschaft und Statistik 3, S. 469-534.

Jones, P., J. Hudson (1998): The Role of Political Parties: An Analysis based on Transaction Costs, in: Public Choice 94, S. 175-189.

Jones, P., J. Hudson (2000): Civic Duty and Expressive Voting: Is Virtue its Own Reward?, in: Kyklos 53, S. 3-16.

Jung, O. (1992): Der Volksentscheid über das Abfallrecht in Bayern am 17. Februar 1991, in: Zeitschrift für Parlamentsfragen 1, S. 48- 69.

Jung, O. (1999): Das Quorenproblem beim Volksentscheid. Legitimität und Effizienz beim Abschluss des Verfahrens der Volksgesetzgebung, Zeitschrift für Politikwissenschaft 9, S. 863-898.

Jung, S. (2001): Die Logik direkter Demokratie, Wiesbaden.

Kaase, M., G. Schmid (1999): Eine lernende Demokratie, in: WZB-Mitteilungen 84, S. 5-7.

Kaina, V. (2002): Direkte Demokratie als Ausweg? Repräsentativverfassung und Reformforderungen im Meinungsbild von Politikeliten und Bevölkerung, in: Zeitschrift für Politikwissenschaft 3 (49), S. 1045-1072.

Kalt, J.P., M.A. Zupan (1984): Capture and Ideology in the Economic Theory of Politics, in: American Economic Review 74, S. 279-300.

Kalt, J.P., M.A. Zupan (1990): The Apparent Ideological Behavior of Legislators: Testing for Principal Agent Slack in Political Institutions, in: Journal of Law and Economics 33, S. 103-131.

Kerber, W. (2003): Wettbewerbspolitik, in: Bender, D. et al. (Hrsg.): Vahlens Kompendium der Wirtschaftstheorie und Wirtschaftspolitik, Band 2, S. 297-362.

Kern, L. (1977): Neuere Ergebnisse der Theorie kollektiver Entscheidungen, in: Zeitschrift für die gesamte Staatswissenschaft, Band 133, S. 652-680.

Kersting, W. (1994): Die politische Philosophie des Gesellschaftsvertrags, Darmstadt.

Kiener, S. (1990): Die Principal-Agent-Theorie aus informationsökonomischer Sicht, Heidelberg.

Kiewiet, R.D., M.D. McCubbins (1991): The Logic of Delegation, Chicago.

Kirchgässner, G. (1997): Vom Mythos der politischen Führung: Einige Bemerkungen zur gegenwärtigen Diskussion um die direkte Demokratie, in: Borner, S., H. Rentsch (Hrsg.): Wieviel direkte Demokratie verträgt die Schweiz?, Chur, S. 247-259.

Kirchgässner, G. (2000): Homo Oeconomicus, Tübingen.

Kirchgässner, G. (2001): Direkte Volksrechte und die Effizienz des demokratischen Staates, in: Ordo, Bd. 52, Stuttgart, S. 155-174.

Kirchgässner, G. (2002): Direkte Demokratie: Das Beispiel der Schweiz, in: Zeitschrift für Politikwissenschaft 3 (49), S. 306-332.

Kirchgässner, G., L.P. Feld, M.R. Savioz (1999): Die direkte Demokratie - Modern, erfolgreich, entwicklungs- und exportfähig, Basel/Genf/München.

Kirchgässner, G., W.W. Pommerehne (1993): Low-Cost Decisions as a Challenge to Public Choice, in: Public Choice 77, S. 107-115.

Kirsch, G. (1974): Die Betroffenen und die Beteiligten, Ehrenwirth.

Kirsch, G. (1977): Einleitung, in: Kirsch, G., W. Wittmann (Hrsg.): Föderalismus, Wirtschaftswissenschaftliches Seminar, Band 5, Stuttgart u.a., S. 1-15.

Kirsch, G. (1997): Neue Politische Ökonomie, Düsseldorf.

Kirsch, G. (1999): Runde Tische: Stabilisatoren oder Störelemente einer liberalen Ordnung?, in : WISU 8-9, S. 1149-1156.

Klages, A., P. Paulus (1996): Direkte Demokratie in Deutschland, Impulse aus der deutschen Einheit, Marburg.

Kleinewefers, H. (1995): "Verwesentlichung" der Politik durch Einschränkung der direkten Volksrechte?, Institut für Wirtschafts- und Sozialpolitik, Freiburg/Schweiz.

Kleinewefers, H. (1997): Die direkten Volksrechte in der Schweiz aus ökonomischer Sicht - ein Überblick, in: Borner, S., H. Rentsch (Hrsg.): Wieviel direkte Demokratie verträgt die Schweiz?, Chur, S. 61-93.

Knappe, E. (1984): Die Bedeutung zyklischer Mehrheiten in der Demokratie, Trier.

Knieps, G. (2001): Wettbewerbsökonomie - Regulierungstheorie, Industrieökonomie, Wettbewerbspolitik, Berlin u.a.

Kochin, M.S., L.A. Kochin (1998): When is buying Votes Wrong?, in: Public Choice 97, S. 645-662.

Koschwald, U. (1976): Ökonomische Theorien kollektiver Entscheidungen – Darstellung und Kritik ihrer Grundlagen, Regensburg.

Koslowski, P. (1989): Markt und Demokratie als Diskurse, Grenzen diskursiver gesellschaftlicher Koordination, in: Koslowski, P. (Hrsg.): Individuelle Freiheit und demokratische Entscheidung, Ethische, ökonomische und politische Theorie der Demokratie, Vorträge und Aufsätze aus dem Walter Eucken Institut, Nr. 123, Tübingen, S. 49-83.

Kramer, G. (1973): On a Class of Equilibrium Conditions for Majority Rule, in: Econometrica 4, S. 285-297.

Kriesi, H. (1991): Direkte Demokratie in der Schweiz, in: Aus Politik und Zeitgeschichte, B23/91, S. 44-54.

Krueger, A.O. (1974): The Political Economy of the Rent-Seeking Society, in: The American Economic Review, S. 291-303.

Kruse, J. (1985): Ökonomie der Monopolregulierung, Göttingen.

Kruse, J. (1989): Das ideal-repräsentative und das dialektische Prinzip der kollektiven Delegation, in: Jahrbuch für Neue Politische Ökonomie 8, S. 243-258.

Kruse, J. (1995): Demokratiedefizite und Funktionsmängel in der Demokratie. Ein Essay über Strukturprobleme der repräsentativen Demokratie und Vorschläge für konstitutionelle Reformen, in: Diskussionsbeiträge aus dem Institut für Volkswirtschaftslehre der Universität Hohenheim, Nr. 112.

Kühnel, S.M., D. Fuchs (1998): Nichtwählen als rationales Handeln: Anmerkungen zum Nutzen des Rational-Choice-Ansatzes in der empirischen Wahlforschung II, in: Kaase, M., H.-D. Klingemann (Hrsg.): Wahlen und Wähler, Analysen aus der Bundestagswahl 1994, Schriften des Zentralinstituts für sozialwissenschaftliche Forschung der Freien Universität Berlin, Band 85, Opladen/Wiesbaden, S. 317-356.

Kurrild-Klitgaard, P. (2001): An Empirical Example of the Condorcet Paradox of Voting in a Large Electorate, in: Public Choice 107, S. 135-145.

Ladner, A., M. Brändle (1999): Does Direct Democracy matter for Political Parties? An Empirical Test in the Swiss Cantons, in: Party Politics, Vol. 5, No. 3, S. 283-302.

Langmann, H. (1990): Die Widersprüchlichkeit gesellschaftlicher Entscheidungen oder widersprechender Individualismus, Frankfurt a.M.

Laufer, H., U. Münch (1998): Das föderative System der Bundesrepublik Deutschland, Opladen.

Leggewie, C., C. Bieber (2001): Interaktive Demokratie - Politische Online-Kommunikation und digitale Politikprozesse, in: Aus Politik und Zeitgeschichte, B41-42, S. 37-46.

Lehner, F. (1979): Grenzen des Regierens, Eine Studie zur Regierungsproblematik hochindustrialisierter Demokratien, Königstein/Ts.

Lehner, F. (1981): Einführung in die neue politische Ökonomie, Königstein/Ts.

Leipold, H. (1987): Vertragstheoretische Begründung staatlicher Aufgaben, in: Wirtschaftswissenschaftliches Studium, Nr. 4, S. 177-182.

Leipold, H. (1988): Ordnungspolitische Konsequenzen der ökonomischen Theorie der Verfassung, in: Cassel, D. , B.-T. Ramb, H.J. Thieme (Hrsg.): Ordnungspolitik, München, S. 257-283.

Leipold, H. (1994): Interdependenz von wirtschaftlicher und politischer Ordnung, in: Hermann-Pillath, C., O. Schlecht, H.F. Wünsche (Hrsg.): Marktwirtschaft als Aufgabe: Wirtschaft und Gesellschaft im Übergang vom Plan zum Markt, Stuttgart, S. 723-739.

Leipold, H. (2000): "In Deutschland muss sich eine Bürgergesellschaft entwickeln!" - Ist das realistisch?, in: Orientierungen zur Wirtschafts- und Gesellschaftspolitik 86, S. 14-20.

Lenk, T., V. Teichmann (1999): Arrows Unmöglichkeitstheorem, in: WISU 6, S. 866-870.

Leschke, M. (1995): Die Beiträge von John Rawls und James M. Buchanan zur liberalen Gestaltung einer demokratischen Grundordnung, in: Pies, I., M. Leschke (Hrsg.): John Rawls' politischer Liberalismus, Tübingen, S. 63-92.

Levin, J., B. Nalebuff (1995): An Introduction to Vote-Counting Schemes, in: Journal of Economic Perspectives 9, S. 3-26.

Lichtblau, K.G. (1988): Public Choice und die Bestimmung kollektiver Budgets in direkten Demokratien: eine theoretische Analyse, Würzburg.

Linder, W. (1997): Das politische System der Schweiz, in: Ismayr, W. (Hrsg.): Die politischen Systeme Westeuropas, Opladen, S. 445-477.

Locke, J. (1977): Zwei Abhandlungen über die Regierung, Frankfurt a.M.

Longchamp, C. (1991): Herausgeforderte politische Öffentlichkeit: Zu den Möglichkeiten und Grenzen des politischen Marketings bei Abstimmungen und Wahlen in der Schweiz, in: Schweizerisches Jahrbuch für politische Wissenschaft 31, S. 303-326.

Luce, R.D., Raiffa, H. (1957): Games and Decisions, Introduction and Critical Survey, New York.

Ludwin, W. (1976): Voting Methods: A simulation, in: Public Choice 25, S. 19-30.

Luhmann, N. (1969): Legitimation durch Verfahren, Darmstadt.

Lupia, A., M.D. McCubbins (2000): Representation or Abdiction? How Citizens use Institutions to help Delegation Succeed, in: European Journal of Political Research 37, S. 291-307.

Luthardt, W. (1994): Direkte Demokratie: Ein Vergleich in Westeuropa, Baden-Baden.

Märkt, J. (2001): Knut Wicksell: Zum Geburtstag des Begründers einer kritischen Vertragstheorie, in: Ordo 52, Stuttgart, S. 189-215.

Maier, J. (2000): Politikverdrossenheit in der Bundesrepublik Deutschland. Dimensionen - Determinanten – Konsequenzen, Opladen.

Mangelsdorff, L. (1990): Aggregationsmechanismen in der Kollektiventscheidungstheorie, in: WiSt 4, S. 189-192.

Margolis, H. (1982): Selfishness, Altruism and Rationality: A Theory of Social Choice, Cambridge.

Matsusaka, J.G. (1992): Economics of Direct Legislation, in: Quarterly Journal of Economics 107, S. 541-571.

Maurer, H. (1997): Plebiszitäre Elemente in der repräsentativen Demokratie, Schriftenreihe der Juristischen Studiengesellschaft Karlsruhe 227, Heidelberg.

May, K.O. (1952): A Set of Independent, Necessary and Sufficient Conditions for Simple Majority Decision, in: Econometrica 20, S. 680-684.

Meinhövel, H. (1999): Defizite der Principal-Agent-Theorie, Lohmar/Köln.

Mensch, G. (1999): Grundlagen der Agency-Theorie, in: WISU 5, S. 686-688.

Merill, S. (1984): A Comparison of Efficiency of Multicandidate Electoral Systems, in: American Journal of Political Science 28, S. 23-48.

Merville, L.J., D.K. Osborne (1990): Constitutional Democracy and Theory of Agency, in: Constitutional Political Economy 3 (1), S. 21-47.

Meyerson, R. (1993): Incentives to Cultivate Favored Minorities under Alternative Electoral Systems, in: American Political Science Review 87, S. 856-869.

Mitchell, P. (2000): Voters and their Representatives: Electoral Institutions and Delegation in Parliamentary Democracies, in: European Journal of Political Research 37, S. 335-351.

Möckli, S. (1991a): Direkte Demokratie im Vergleich, in: Aus Politik und Zeitgeschichte, B23/91, S. 31-44.

Möckli, S. (1991b): Direkte Demokratie in Kalifornien, in: Jahrbuch der Schweizerischen Vereinigung für Politische Wissenschaft 31, Bern/Stuttgart, S. 27-44.

Möckli, S. (1993): Stärken und Schwächen der direkten Demokratie in der Schweiz, in: Beiträge und Berichte aus dem Institut für Politikwissenschaft an der Hochschule St. Gallen 202, St. Gallen.

Möckli, S. (1994a): Direkte Demokratie, Ein Vergleich der Einrichtungen und Verfahren in der Schweiz und Kalifornien, unter Berücksichtigung von Frankreich,

Italien Dänemark, Irland, Österreich, Liechtenstein und Australien, Bern/Stuttgart/Wien.

Möckli, S. (1994b): Die direkte Demokratie als Chance: Über den Umgang mit einer mühseligen Staatsform, in: Beiträge und Berichte aus dem Institut für Politikwissenschaft an der Hochschule St. Gallen 233, St. Gallen.

Möckli, S. (1995): Funktionen und Dysfunktionen der direkten Demokratie, in: : Beiträge und Berichte aus dem Institut für Politikwissenschaft an der Hochschule St. Gallen 237, St. Gallen.

Möckli, S. (1996): Direktdemokratische Einrichtungen und Verfahren in den Mitgliedstaaten des Europarates, in: Beiträge und Berichte aus dem Institut für Politikwissenschaft an der Hochschule St. Gallen 249, St. Gallen.

Moser, C. (1987): Erfolge kantonaler Volksinitiativen nach formalen und inhaltlichen Gesichtspunkten, in: Jahrbuch der Schweizerischen Vereinigung für Politische Wissenschaft 27, Bern, S. 159-189.

Moser, P. (1996): Why is Swiss Politics so Stable?, in: Schweizerische Zeitschrift für Volkswirtschaft und Statistik 132, S. 31-61.

Moser, P. (1997): Die Schweiz zwischen Immobilität und Instabilität: Auswirkungen der Einführung der allgemeinen Volksinitiative und der Verfassungsgerichtsbarkeit, in: Borner, S., H. Rentsch (Hrsg.): Wieviel direkte Demokratie verträgt die Schweiz?, Chur, S. 259-285.

Mueller, D.C. (1978): Voting by Veto, in: Journal of Public Economics 10, S. 57-75.

Mueller, D.C. (1989): Public Choice II, A Revised Edition of Public Choice, Cambridge.

Müller, C. (1997): Der "Schleier des Nichtwissens" und der "Schleier der Unsicherheit", in: WiSt 5, S. 245-247.

Müller, C. (2000a): Das vertragstheoretische Argument in der Ökonomik, Berlin.

Müller, W.C. (2000b): Political Parties in Parliamentary Democracies: Making delegation and Accountability work, in: European Journal of Political Research 37, S. 309-333.

Musgrave, R.A., P.B. Musgrave, L. Kullmer (1990): Die öffentlichen Finanzen in Theorie und Praxis, 1. Band, Tübingen.

Mussler, W. (1998): Wahlausgang ist nicht von der Konjunktur abhängig, in: Handelsblatt Nr. 180, S. 7.

Neidhart, L. (1970): Plebiszit und pluralitäre Demokratie: Eine Analyse der Funktion des schweizerischen Gesetzesreferendums, Bern.

Neumärker, K.J.B. (1998): Konstitutionelle Grundlagen einer Langzeitorientierung in liberalen Gesellschaften, in: Klemmer, P., D. Becker-Soest, R. Wink (Hrsg.): Liberale Grundrisse einer zukunftsfähigen Entwicklung, Baden-Baden, S. 185-206.

Neumann, M.J.M. (2000): Korporatismus - eine Gefahr für die marktwirtschaftliche Ordnung, in: Wirtschaftsdienst 9, S. 538-541.

Niemi, R.G., H.F. Weisberg (1968): A Mathematical Solution for the Probability of the Paradox of Voting, in: Behavorial Science 13, S. 317-323.

Niemi, R.G., W.H. Riker (1976): The Choice of Voting Systems, in: Scientific American 234, S. 21-27.

Nienhaus, V. (1985): Konsens als praktische Entscheidungsregel, in: Jahrbuch für Neue Politische Ökonomie, Band 4, S. 137-159.

Niskanen, W.A. (1971): Bureaucracy and Reprensentative Government, Chicago.

Nitzan, S. (1994): Modelling Rent-Seeking Contests, in: European Journal of Political Economy 10, S. 41-60.

Noam, E.M. (1980): The Efficiency of Direct Democracy, in: Journal of Political Economy 88, S. 803-810.

Nordhaus, W.D. (1975): The Political Business Cycle, in: Review of Economic Studies 42, S. 169-190.

North, D.C. (1992): Institutionen, institutioneller Wandel und Wirtschaftsleistung, Tübingen.

Nurmi, H. (1999): Voting Paradoxes and how to deal with them, Berlin u.a.

Oberreuter, H. (2002): Direkte Demokratie und die repräsentative Verfassung der Bundesrepublik Deutschland, in: Zeitschrift für Politikwissenschaft 3 (49), S. 290-306.

o.V. (1997): Wachsender Frust über "Real-Demokratie", in: Zeitschrift für Direkte Demokratie 1, S. 17.

o.V. (1999a): SPD verlor vor allem Wähler aus der umworbenen "neuen Mitte", in: Handelsblatt Nr. 112, S. 3.

o.V. (1999b): 25 Millionen Stimmen in den Papierkorb, in: Zeitschrift für Direkte Demokratie 44, S. 17.

o.V. (2000): Die Schweizer wollen weiter Gas geben, in: Handelsblatt Nr. 51 v. 13.3.2000, S. 10.

Oates, W.E. (1972): Fiscal Federalism, New York.

Oates, W.E. (1977): Ein ökonomischer Ansatz zum Föderalismusproblem, in: Kirsch, G., W. Wittmann (Hrsg.): Föderalismus, Wirtschaftswissenschaftliches Seminar, Band 5, Stuttgart u.a., S. 15-27.

Oberholzer-Gee, F., I. Bohnet, B.S. Frey (1997): Fairness and Competence in Democratic Decisions, in: Public Choice 91, S. 89-105.

Oehsen, J.H. von (1983): Der Medianwähler in der Ökonomischen Theorie der Politik, in: WiSt 1, S. 35-37.

Olson, M. (1968/1998): Die Logik kollektiven Handelns, Kollektivgüter und die Theorie der Gruppen, Tübingen.

Olson, M. (1977): Das Prinzip "fiskalischer Gleichheit": Die Aufteilung der Verantwortung zwischen verschiedenen Regierungsebenen, in: Kirsch, G., W. Wittmann (Hrsg.): Föderalismus, Wirtschaftswissenschaftliches Seminar, Band 5, Stuttgart u.a., S. 51-66.

Olson, M. (1991): Aufstieg und Niedergang von Nationen, Tübingen.

Opper, S. (2001): Der Stand der Neuen Institutionenökonomik, in: Wirtschaftsdienst 10, S. 601-608.

Pabst, A. (2003): Die Athenische Demokratie, München.

Papadopoulos, Y. (2001): How does Direct Democracy Matter? The Impact of Referendum Votes on Politics and Policy-Making, in: West European Politics 24/2, S. 35-58.

Pappi, F.U. (1990): Die Republikaner im Parteiensystem der Bundesrepublik: Protesterscheinung oder politische Alternative?, in: Aus Politik und Zeitgeschichte, B21, S. 37-44.

Pattanaik, P.K. (1971): Voting and Collective Choice - Some Aspects of the Theory of

Group Decision-Making, Cambridge.

Pearce, D.W., C.A. Nash (1981): The Social Appraisal of Projects, London.

Pennock, J. (1959): Federal and Unitary Government Disharmony and Frustration, in: Behavorial Science IV, S. 147-157.

Peters, H.-R. (2000): Wirtschaftspolitik, München/Wien.

Petersen, H.-G. (1993): Finanzwissenschaft I, Stuttgart/Berlin/Köln.

Pfaff, D., P. Zweifel (1998): Die Principal-Agent Theorie - Ein fruchtbarer Beitrag der Wirtschaftstheorie zur Praxis, in: WiSt 4, S. 184-191.

Pfingsten, A., A. Wagener (1996): Gibbard/Satterthwaite-Theorem, Hare-Regel und die Vergabe der Olympischen Sommerspiele 1996 an Atlanta, in: WiSt 7, S. 355-357.

Picot, A., H. Dietl (1990): Transaktionskostentheorie, in: WiSt 4, S. 178-184.

Pies, I. (1995): Theoretische Grundlagen demokratischer Wirtschafts- und Gesellschaftspolitik - Der Beitrag der Gerechtigkeitstheorie, in: Pies, I., M. Leschke (Hrsg.): John Rawls` politischer Liberalismus, Tübingen, S. 1-21.

Pies, I. (1996): Theoretische Grundlagen demokratischer Wirtschafts- und Gesellschaftspolitik - Der Beitrag James Buchanans, in: Pies, I., M. Leschke (Hrsg.): James Buchanans konstitutionelle Ökonomik, Tübingen, S. 1-19.

Pies, I. (1998): Theoretische Grundlagen einer Konzeption der ´sozialen Marktwirtschaft`: Normative Institutionenökonomik als Renaissance der klassischen Ordnungstheorie, in: Cassel, D. (Hrsg.): 50 Jahre Soziale Marktwirtschaft, Schriften zu Ordnungsfragen der Wirtschaft, Band 57, S. 97-133.

Pilkington, C. (1997): Representative Democracy in Britain Today, Manchester/New York.

Pitlik, H. (1997): Politische Ökonomie des Föderalismus, Föderative Kompetenzverteilung im Lichte der konstitutionellen Ökonomik, Frankfurt a.M. u.a.

Pitlik, H. (2001): Politikberatung der Öffentlichkeit?, in: Perspektiven der Wirtschaftspolitik, Nr. 1, S. 61-73.

Plott, C.R. (1972): Ethics, Social Choice Theory and the Theory of Economic Policy, in: Journal of Mathematical Sociology 2, S. 181-208.

Pommerehne, W.W. (1978): Institutional Approaches to Public Expenditure: Empirical Evidence from Swiss Municipalities, in: Journal of Public Economics 9, S. 255-280.

Pommerehne, W.W. (1990): The Empirical Relevance of Comparative Institutional Analysis, in: European Economic Review 34, S. 458-469.

Popper, K.R. (1945/1992): Die offene Gesellschaft und ihre Feinde 1, Tübingen.

Popper, K.R. (1994): Alles Leben ist Problemlösen, Über Erkenntnis, Geschichte und Politik, Darmstadt.

Popper, K.R. (1995): Lesebuch: ausgewählte Texte zu Erkenntnistheorie, Philosophie der Naturwissenschaften, Metaphysik, Sozialphilosophie, Tübingen.

Posner, R.A. (1975): The Social Cost of Monopoly and Regulation, in: The Journal of Political Economy, S. 807-827.

Pratt, J.W., R.J. Zeckhauser (1985): Principals and Agents: An Overview, in: Pratt, J.W., R.J. Zeckhauser (Hrsg.): Principals and Agents: The Structure of Business, Boston, S. 1-37.

Pruitt, D.G. (1970): Motivational Processes in the Decomposed Prisoners Dilemma Game, in: Journal of Personality and Social Psychology 14, S. 227-237.

Putnam, R. (1993): The Prosperous Community: Social Capital and Public Life, in: The American Prospect 13, S. 35-42.

Rabushka, A., K.A. Shepsle (1972): Politics in Plural Societies, A Theory of Democratic Instability, Columbus.

Radcliffe, B. (1992): Majority Rule and Impossibility Theorem, in: Social Science Quarterly 13, S. 511-522.

Rattinger, H. (1993): Abkehr von den Parteien? Dimensionen der Parteiverdrossenheit, in: Aus Politik und Zeitgeschichte, B 11, S. 24-35.

Rattinger, H., J. Maier (1998): Der Einfluss der Wirtschaftslage auf die Wahlentscheidung bei den Bundestagswahlen 1994 und 1998, in: Aus Politik und Zeitgeschichte, B52, S. 45-56.

Rawls, J. (1994): Eine Theorie der Gerechtigkeit, Frankfurt a.M.

Rawls, J. (1997a): Das Ideal des öffentlichen Vernunftgebrauchs, in: Philosophische Gesellschaft Bad Homburg und Hinsch W. (Hrsg.): Zur Idee des politischen

Liberalismus - John Rawls in der Diskussion, Frankfurt a.M., S. 116-142.

Rawls, J. (1997b): Erwiderung auf Habermas, in: Philosophische Gesellschaft Bad Homburg und Hinsch W. (Hrsg.): Zur Idee des politischen Liberalismus - John Rawls in der Diskussion, Frankfurt a.M., S. 196-263.

Rawls, J. (2003): Politischer Liberalismus, Frankfurt a.M.

Remper, E. (2001): Keine Demokratie zum Anklicken, Argumente gegen die E-Demokratie, in: Zeitschrift für direkte Demokratie 3, S. 40-41.

Reutter, W. (2000): Organisierte Interessen in Deutschland – Entwicklungstendenzen, Strukturveränderungen und Zukunftsperspektiven, in: Aus Politik und Zeitgeschichte, B26-27, S. 7-16.

Rhinow, R. (1997): Warum eine Reform der Volksrechte?, in: Borner, S., H. Rentsch (Hrsg.): Wieviel direkte Demokratie verträgt die Schweiz?, Chur, S. 135-143.

Richter, R. (1994): Institutionen ökonomisch analysiert: zur jüngeren Entwicklung auf einem Gebiet der Wirtschaftstheorie, Tübingen.

Richter, R., E.G. Furubotn (1999): Neue Institutionenökonomik, Tübingen.

Riker, W.H. (1982): Liberalism against Populism. A Confrontation between the Theory of Democracy and the Theory of Social Choice, Illinois.

Riker, W.H., P.C. Ordeshook (1968): A Theory of the Calculus of Voting, in: The American Political Science Review 62, S. 25-42.

Röhrich, W. (1981): Die repräsentative Demokratie, Ideen und Interessen, Opladen.

Roth, C. (2002): Das Politikmonopol der Parteien durchbrechen - Direkte Demokratie stärken, in: Wirtschaftsdienst 9, S. 515-518.

Rousseau, J.-J. (2000): Vom Gesellschaftsvertrag oder Grundlagen des politischen Rechts, Frankfurt a.M./Leipzig.

Rowley, C.K. (1987): The Calculus of Consent, in: Rowley, C.K., G. Tullock (Hrsg.): Democracy and Public Choice: Essays in Honour of Gordon Tullock, Oxford, S. 41-60.

Saris, W.E. (1991): New Possibilities for Political Participation: Tele-democracy, in: Jahrbuch der Schweizerischen Vereinigung für Politische Wissenschaft 31, Bern/Stuttgart, S. 327-336.

Sartori, G. (1997): Demokratietheorie, Darmstadt.

Satterthwaite, M.A. (1975): Strategy-Proofness and Arrow`s Conditions: Existence and Correspondence Theorems for Voting Procedure and Social Welfare Functions, in: Journal of Economic Theory 10, S. 187-217.

Sauerland, D. (1997): Föderalismus zwischen Freiheit und Effizienz, Der Beitrag der ökonomischen Theorie zur Gestaltung dezentralisierter politischer Systeme, Berlin.

Sauerland, D. (2001): Die politische und wirtschaftliche Bedeutung der Regionen – Betrachtungen aus Sicht der Institutionenökonomik, in: Informationen zur Raumentwicklung 8, S. 481-491.

Scarrow, S.E. (2001): Direct Democracy and Institutional Change - A comparative Investigation, in: Comparative Political Studies 6 (34), S. 651-665.

Schaper, H. (1984): Wählerkontrolle und Handlungsspielraum in der Wirtschaftspolitik, Ein erweiterter Ansatz der Ökonomischen Theorie der Politik, Pfaffenweiler.

Schieren, S. (1996): Plebiszitäre Elemente in der parlamentarischen Demokratie: einige theoretische Überlegungen zu den Verfahrensproblemen, in: Staatswissenschaften und Staatspraxis 7, S. 63-87.

Schiller, T. (2002): Direkte Demokratie - eine Einführung, Frankfurt a.M./New York.

Schmidt, I. (1999): Wettbewerbspolitik und Kartellrecht, Eine Einführung, Stuttgart.

Schmidt, M.G. (1997): Demokratietheorien - Eine Einführung, Opladen.

Schmidt-Trenz, H.-J. (1996): Die Logik kollektiven Handelns bei Delegation: das Organisationsdilemma der Verbände am Beispiel des Beitragszwangs bei den Industrie- und Handelskammern, Tübingen.

Schramm, A. (1980): Methodologischer und ontologischer Individualismus, in: Speck, J. (Hrsg.): Handbuch wissenschaftstheoretischer Begriffe (1), Göttingen, S. 295.

Schumann, J. (1992): Grundzüge der mikroökonomischen Theorie, Berlin u.a.

Schumpeter, J.A. (1950/1993): Kapitalismus, Sozialismus und Demokratie, Tübingen/Basel.

Schwartz, T. (1995): The Paradox of Representation, in: The Journal of Politics 57, S. 309-323.

Schwarz, G. (1997): Ordnungspolitischer Niedergang trotz direkter Demokratie, Eine Handvoll Überlegungen, in: Borner, S., H. Rentsch (Hrsg.): Wieviel direkte Demokratie verträgt die Schweiz?, Chur, S. 285-297.

Schweizer, U. (1993): Politische Regeln als unvollständige Verträge: Ursache von Staatsversagen, in: Jahrbuch für Neue politische Ökonomie 12, S. 210-223.

Schweizer, U. (1996): Vertragstheorie, in: Hagen, J. von, A. Börsch-Supan, P.J.J. Welfens (Hrsg.): Springers Handbuch der Volkswirtschaftslehre 1, Berlin u.a., S. 229-269.

Seliger, B., C. Herrmann-Pillath (2000): Wettbewerb auf Gütermärkten, politischer Wettbewerb und Systemwettbewerb, in: WISU 8-9, S. 1148-1155.

Selten, R. (1990): Bounded Rationality, in: Zeitschrift für die gesamte Staatswissenschaft 146, S. 649-658.

Sen, A. (2001): Another Direct Proof of the Gibbard-Satterthwaite Theorem, in: Economics Letters 70, S. 381-385.

Sen, A.K. (1970): Collective Choice and Social Welfare, San Francisco.

Sen, A.K. (1987): Social Choice, in: Eatwell, J., M. Milgate, P. Newman (Hrsg.): The New Palgrave, London u.a., S. 382-393.

Sen, A.K. (1993): Rationality and Social Choice, in: American Economic Review 85, S. 1-24.

Sen, A.K (1995): How to Judge Voting Schemes, in: Journal of Economic Perspectives 9, S. 91-98.

Sen, A.K (1999a): Democracy as a Universal Value, in: Journal of Democracy 3, S. 3-18.

Sen, A.K (1999b): The Possibility of Social Choice, in: American Economic Review 89, Nr. 3, S. 349-378.

Sen, A.K. (2000): Ökonomie für den Menschen, Wege zu Gerechtigkeit und Solidarität in der Marktwirtschaft, München/Wien.

Shepsle, K.A. (1979): Institutional Arrangements and Equilibrium in Multidimensional Voting Models, in: American Journal of Political Science, S. 27-59.

Shepsle, K.A., B.R. Weingast (1994): Positive Theories of Congressional Institutions, in: Legislative Studies Quarterly 19 (2), S. 149-180.

Simon, H. (1957): Models of Man, London/New York.

Simon, H. (1959): Theories of Decision-Making in Economics and Behavioral Science, in: American Economic Review 49, S. 253-283.

Sinn, H.-W. (1986): Sufficient Conditions for a Vanishing Clarke Tax - a Note, in: Zeitschrift für Nationalökonomie 46, Nr. 1, S. 65-72.

Smith, A. (1776/1986): The Wealth of Nations, Books I-III, London.

Smith, J.H. (1973): Aggregation of Preferences with Variable Electorate, in: Econometrica 51, S. 1027-1041.

Smithies, A. (1941): Optimum Location in Spatial Competition, in: The Journal of Political Economy XLIX, S. 423-439.

Söllner, F. (1993): Das Arrow-Unmöglichkeitstheorem, in: WiSt 1, S. 29-32.

Söllner, F. (1998): Geht Homo oeconomicus zur Wahl?, in: WiSt 1, S. 14-20.

Sohmen, E. (1976): Allokationstheorie und Wirtschaftspolitik, Tübingen.

Spindler de, J. (2001): FOCJ - ein staatspolitisches Konzept für eine wirksamere Erfüllung öffentlicher Aufgaben, in: Informationen zur Raumentwicklung 8, S. 491- 502.

Sterk, T. (2002): Abstimmen per Mausklick, in: Zeitschrift für direkte Demokratie 56, S. 34-37.

Stevens, J.B. (1993): The Economics of Collective Choice, Boulder u.a.

Stigler, G.J. (1971): Economic Competition and Political Competition, in: Public Choice XIII, S. 91-106.

Stiglitz, J.E. (1989): Finanzwissenschaft, München/Wien.

Streit, M.E. (1987): Ordnungspolitische Probleme einer Interessenvertretung durch Verbände, in: Zeitschrift für Wirtschaftspolitik 36, S. 43-54.

Strom, K. (2000): Delegation and Accountability in Parliamentary Democracies, in: European Journal of Political Research 37, S. 261-289.

Struthers, J. (1989): Economics of Voting, Bradford.

Stutzer, A., B.S. Frey (2002): Prozessnutzen in der Demokratie, in: Rehbinder, M., M. Usteri (Hrsg.): Glück als Ziel der Rechtspolitik, Schriften zur Rechtspsychologie, Band 6, S. 193-209.

Suchanek, A. (1994): Ökonomischer Ansatz und theoretische Integration, Tübingen.

Sugden, R. (1981): The Political Economy of Public Choice, An Introduction to Welfare Economics, Oxford.

Tideman, T.N. (1977): Introduction, in: Public Choice 29-2, S. 1-14.

Tideman, T.N. (1995): The Single Transferable Vote, in: Journal of Economic Perspectives 9, S. 27-38.

Tideman, T.N., G. Tullock (1976): A New and Superior Process for Making Social Choices, in: Journal of Political Economy 6, S. 1145-1160.

Tideman, T.N., G. Tullock (1977): Some Limitations of Demand-Revealing Process: Comment, in: Public Choice 29-2, S. 125-128.

Tiebout, C.M. (1977): Eine ökonomische Theorie fiskalischer Dezentralisierung, in: Kirsch, G., W. Wittmann (Hrsg.): Föderalismus, Wirtschaftswissenschaftliches Seminar, Band 5, Stuttgart u.a., S. 27-36.

Tiefenbach, P. (2002): Gefährden Volksentscheide Minderheiten?, in: Zeitschrift für direkte Demokratie 55, S. 22-24.

Tocqueville, A. de (1956/1984): Democracy in America, New York u.a.

Tolbert, C.J., D.H. Lowenstein, T. Donovan (1998): Election Law and Rules for Using Initiatives, in: Bowler, S., T. Donovan, C. Tolbert (Hrsg.): Citizens as Legislators: Direct Democracy in the United States, Columbus, S. 27-55.

Tollison, R.D. (1982): Rent Seeking: A Survey, in: Kyklos 35, S. 575-602.

Trechsel, A.H., P. Sciarini (1998): Direct Democracy in Switzerland: Do Elites matter?, in: European Journal of Political Research 33, S. 99-124.

Tristram, K. (1974): Aggregation von Präferenzordnungen durch Abstimmung, Meisenheim am Glan.

Tullock, G. (1967): The General Irrelevance of the General Impossibility Theorem, in: Quarterly Journal of Economics 2, S. 256-271.

Tullock, G. (1974a): Zugangsbarrieren in der Politik, in: Widmaier, H.P. (Hrsg.): Politische Ökonomie des Wohlfahrtsstaates - Eine kritische Darstellung der Neuen Politischen Ökonomie, Frankfurt a.M., S. 163-173.

Tullock, G. (1974b): Öffentliche Entscheidungen als öffentliche Güter, in: Frey, B.S., W. Meißner (Hrsg.): Zwei Ansätze der Politischen Ökonomie, Frankfurt a.M., S. 97-105.

Tullock, G. (1977a): The Demand-Revealing Process, Coalitions, and Public Goods, in: Public Choice 29-2, S. 103-106.

Tullock, G. (1977b): Föderalismus: Zum Problem der optimalen Kollektivgröße, in: Kirsch, G., W. Wittmann (Hrsg.): Föderalismus, Wirtschaftswissenschaftliches Seminar, Band 5, Stuttgart u.a., S. 15-27.

Tullock, G. (1987): Die sozialen Kosten der Ausschaltung sozialer Kosten, in: Buhofer, H. (Hrsg.): Liberalismus als Verjüngungskur, Zürich/Wiesbaden, S. 93-103.

Tullock, G. (1998a): On voting: a public choice approach, Cheltenham/Northhampton.

Tullock, G. (1998b): Why no Cycles, in: Buchanan, J.M., B. Monissen (Hrsg.): The Economists´ Vision, Essays in Modern Economic Perspectives, Frankfurt a.M./New York, S. 57-74.

Tullock, G. (2002): Undemocratic Governments, in: Kyklos 55, S. 247-264.

Vanberg, V. (1981): Liberaler Evolutionismus oder vertragstheoretischer Konstitutionalismus? Zum Problem institutioneller Reformen bei F.A. von Hayek und J.M. Buchanan, in: Vorträge und Aufsätze aus dem Walter Eucken Institut, Nr. 80, Tübingen.

Vanberg, V. (1997): Die normativen Grundlagen von Ordnungspolitik, in: Ordo – Jahrbuch für die Ordnung von Wirtschaft und Gesellschaft, Band 48, Stuttgart, S. 707-727.

Varian, H.R. (1994): Mikroökonomie, München/Wien.

Vaubel, R. (1992): Die politische Ökonomie der wirtschaftlichen Zentralisierung in der Europäischen Gemeinschaft, in: Jahrbuch für Politische Ökonomie 11, Tübingen, S. 30-65.

Vickrey, W. (1961): Counterspeculation, Auctions and Competitive Sealed Tenders, in: Journal of Finance 16, S. 1-17.

Vieler, A. (1986): Interessen, Gruppen und Demokratie, Eine sozialökonomische Untersuchung über den Einfluss von Interessenverbänden auf wirtschaftspolitische Entscheidungen, Tübingen.

Voigt, S. (1996): Die konstitutionelle Ökonomik als Herausforderung für die Theorie der Wirtschaftspolitik; zugleich eine Skizze zur Weiterentwicklung einer ökonomischen Theorie der Verfassung, in: Pies, I., M. Leschke (Hrsg.): James Buchanans konstitutionelle Ökonomik, Tübingen, S. 157-184.

Volckart, O. (2002): No Utopia: Government without Territorial Monopoly in Medieval Central Europe, in: Journal of Institutional and Theoretical Economics 158, S. 325-344.

Wagener, A. (1999): "Le Royaume-Uni - douze Points", Der Grand Prix d`Eurovision als kollektives Entscheidungsverfahren, in: WiSt 9, S. 498-501.

Wagener, A. (2001): Ab und zu muss auch mal der Verlierer gewinnen - Zur US-Präsidentschaftswahl aus Sicht der social choice-Theorie, in: WiSt 12, S. 669-673.

Walter, F. (2001): Die deutschen Parteien: Entkernt, ermattet, ziellos, in: Aus Politik und Zeitgeschichte, B10/2001, S. 3-7.

Weber, R.J. (1995): Approval Voting, in: Journal of Economic Perspectives 9, S. 39-49.

Weber, T. (1998): Schlechter Verlierer: Bayerischer Senat verklagt Volk, in: Zeitschrift für Direkte Demokratie 41, S. 22-23.

Weck-Hannemann, H., W. W. Pommerehne (1989): Einkommenssteuerhinterziehung in der Schweiz: Eine empirische Analyse, in: Schweizerische Zeitschrift für Volkswirtschaft und Statistik 125, S. 515-556.

Weimann, J. (1996): Wirtschaftspolitik - Allokation und kollektive Entscheidung, Berlin u.a.

Weizsäcker, C.C. v. (1994): Zeitpräferenz und Delegation, in: Zeitschrift für Wirtschaftspolitik 2, Jg. 43, S. 121-139.

Weizsäcker, C.C. v. (2000): Logik der Globalisierung, Göttingen.

Wellisch, D. (1999): Finanzwissenschaft I, Rechtfertigung der Staatstätigkeit, München.

Wenzel, J., T. Donovan, S. Bowler (1998): Direct Democracy and Minorities: Changing Attitudes about Minorities Targetes by Initiatives, in: Bowler, S., T. Donovan, C. Tolbert (Hrsg.): Citizens as Legislators: Direct Democracy in the United States, Columbus, S. 228-249.

Wessels, B. (2000): Die Entwicklung des deutschen Korporatismus, in: Aus Politik und Zeitgeschichte, B26-27, S. 16-22.

Wicksell, K. (1896): Finanztheoretische Untersuchungen nebst Darstellung und Kritik des Steuersystems Schwedens, Jena.

Wiesendahl, E. (2001): Keine Lust mehr auf Parteien. Zur Abwendung Jugendlicher von den Parteien, in: Aus Politik und Zeitgeschichte, B10/2001, S. 7-20.

Williamson, O.E. (1990): Die ökonomischen Institutionen des Kapitalismus, Tübingen.

Wittman, D. (1989): Why Democracies produce Efficient Results, in: Journal of Political Economy 97 (6), S. 1395-1425.

Wohlgemuth, M. (2000): Political Entrepreneurship and Bidding for Political Monopoly, in: Journal of Evolutionary Economics 10, S. 273-295.

Wust, H.F. (1981): Föderalismus: Grundlage für Effizienz in der Staatswirtschaft, Göttingen.

Young, H.P. (1974): An Axiomatization of Borda`s Rule, in: Journal of Economic Theory 9, S. 43-52.

Young, H.P. (1975): Social Choice Scoring Functions, in: SIAM Journal of Applied Mathematics 28, S. 824-838.

Young, P. (1995): Optimal Voting Rules, in: Journal of Economic Perspectives 9, S. 51-64.

Zimmermann, K.W., T. Just (2000): Interest Groups, Referenda, and the Political Process: On the Efficiency of Direct Democracy, in: Constitutional Political Economy 11, S. 147-163.

Kollektive Entscheidungen, Wirtschaftspolitik und öffentliche Finanzen

Herausgegeben von Cay Folkers

Band 1 Gerald Pech: Besteuerung und Staatsverschuldung in der Demokratie. Zur dynamischen Analyse staatlicher Budgetpolitiken. 1996.

Band 2 Wolfgang Rippin: Theorie spekulativer Blasen. 1997.

Band 3 Claus Schnabel: Tariflohnpolitik und Effektivlohnfindung. Eine empirische und wirtschaftspolitische Analyse für die alten Bundesländer. 1997.

Band 4 Michael Grüne: Subventionen in der Demokratie. Analytische Grundlagen einer Subventionsordnung. 1997.

Band 5 Frank Ziegele: Hochschule und Finanzautonomie. Grundlagen und Anwendung einer politisch-ökonomischen Theorie der Hochschule. 1997. 2., durchges. Aufl. 1998.

Band 6 Petra Mühl-Schimmele: Die Behandlung von Erbschaften und Schenkungen in einem konsumorientierten Einkommensteuersystem. 1999.

Band 7 Stefan Boeters: Arbeitsmarktwirkungen einer budgetneutralen Reform der Besteuerung von Produktionsfaktoren. 2000.

Band 8 Frank Brocks: Die staatliche Förderung alternativer Kraftstoffe: Das Beispiel Biodiesel. 2001.

Band 9 Roman Dawid: Demokratische Kontrolle staatlicher Budgetierungsprozesse – Das Haushaltsverfahren der Europäischen Union. 2002.

Band 10 Karl Justus Bernhard Neumärker: Die politische Ökonomie der privaten Bereitstellung öffentlicher Güter. Ein vernachlässigtes Grundproblem der Finanzwissenschaft. 2003.

Band 11 Gerhard Schick: Doppelter Föderalismus in Europa. Eine verfassungsökonomische Untersuchung. 2003.

Band 12 Luis Gerardo González Morales: The Economics of Corruption and Bureaucratic Inefficiency in Weak States. Theory and Evidence. 2003.

Band 13 Stefan Kotte: Politische Transaktionskosten in der Demokratie. 2004.

Weitere Veröffentlichungen zum Themenkreis dieser Reihe

Claus Schnabel: Zur ökonomischen Analyse der Gewerkschaften in der Bundesrepublik Deutschland. Theoretische und empirische Untersuchungen von Mitgliederentwicklung, Verhalten und Einfluß auf wirtschaftliche Größen, 1989.

Thomas Märtz: Interessengruppen und Gruppeninteressen in der Demokratie. Zur Theorie des Rent-Seeking, 1990.

Peter Mendler: Zur ökonomischen und politisch-institutionellen Analyse öffentlicher Kredithilfen, 1992.

Karin Beckmann: Probleme der Regionalpolitik im Zuge der Vollendung des Europäischen Binnenmarktes. Eine ökonomische Analyse, 1995.

Karl Justus Bernhard Neumärker: Finanzverfassung und Staatsgewalt in der Demokratie. Ein Beitrag zur konstitutionellen Finanztheorie, 1995.

www.peterlang.de

FSC
www.fsc.org
MIX
Papier | Fördert gute Waldnutzung
FSC® C083411

Kolibri 360 GmbH
Ferdinand-Jühlke-Straße 7
99095 Erfurt, Deutschland
produktsicherheit@kolibri360.de

Druck:
CPI Druckdienstleistungen GmbH
im Auftrag der
Kolibri 360 GmbH
Ferdinand-Jühlke-Str. 7
99095 Erfurt